KB153390

ひらがな　ひらがな 50음도

단(段) 행(行)	あ단	い단	う단	え단	お단
あ행	あ a 아	い i 이	う u 우	え e 에	お o 오
か행	か ka 카	き ki 키	く ku 쿠	け ke 케	こ ko 코
さ행	さ sa 사	し shi 시	す su 스	せ se 세	そ so 소
た행	た ta 타	ち chi 치	つ tsu 츠	て te 테	と to 토
な행	な na 나	に ni 니	ぬ nu 누	ね ne 네	の no 노
は행	は ha 하	ひ hi 히	ふ fu 후	へ he 헤	ほ ho 호
ま행	ま ma 마	み mi 미	む mu 무	め me 메	も mo 모
や행	や ya 야		ゆ yu 유		よ yo 요
ら행	ら ra 라	り ri 리	る ru 루	れ re 레	ろ ro 로
わ행	わ wa 와				を o 오
	ん n,m,ng 응				

자판 입력시에는 wo를 사용함.

カタカナ 카타카나 50음도

단(段) 행(行)	**ア**단	**イ**단	**ウ**단	**エ**단	**オ**단
ア행	ア a 아	イ i 이	ウ u 우	エ e 에	オ o 오
カ행	カ ka 카	キ ki 키	ク ku 쿠	ケ ke 케	コ ko 코
サ행	サ sa 사	シ si 시	ス su 스	セ se 세	ソ so 소
タ행	タ ta 타	チ chi 치	ツ tsu 츠	テ te 테	ト to 토
ナ행	ナ na 나	ニ ni 니	ヌ nu 누	ネ ne 네	ノ no 노
ハ행	ハ ha 하	ヒ hi 히	フ fu 후	ヘ he 헤	ホ ho 호
マ행	マ ma 마	ミ mi 미	ム mu 무	メ me 메	モ mo 모
ヤ행	ヤ ya 야		ユ yu 유		ヨ yo 요
ラ행	ラ ra 라	リ ri 리	ル ru 루	レ re 레	ロ ro 로
ワ행	ワ wa 와				ヲ o 오
	ン n,m,ng 응				

자판 입력시에는
wo를 사용함.

초보자를 위한

컴팩트

일한+한일

단어

초보자를 위한 컴팩트

일한+한일 단어

이형석 엮음

비타민북 Book

머리말

　서점에 가 보면 어학교재처럼 흔한 책도 없습니다. 스마트폰 시대가 되어 책을 읽는 문화가 크게 위축되었음에도 외국어교재만큼은 그 종류가 늘어나고 있습니다. 전에는 들어보지도 못한 언어의 책들이 그 영역을 확대해가고 있습니다.

　많은 분들이 취업쪽에 무게를 두고 외국어를 공부하고 있지만 외국어학습의 효용가치는 여러 가지입니다.

　첫째, 인내심을 키울 수 있습니다. 단기간에 끝낼 수 있는 만만한 공부가 아니라 엄청난 끈기가 없으면 중급까지 가기도 힘듭니다.

　둘째, 객관적인 시야를 갖출 수 있습니다. 외국어를 접함으로써 우리나라를 객관적으로 바라보는 눈을 가지고 넓은 세상을 볼 수 있습니다.

　셋째, 자격증을 따서 취업에 도움을 얻을 수 있습니다. 단순한 취업보다도 자기 만족과 자신감을 얻을 수 있습니다. 이것은 다른 일을 할 때 큰 도움이 됩니다.

　넷째, 외국어 자체가 친구가 되어 줍니다. 인터넷 공간에서 외국어로 된 문화매체나 음악을 접하면 외로울 때 친구 이상의 위안을 얻을 수 있습니다.

　이런 장점 외에도 외국어 공부를 함으로써 두뇌개발이 이루어져

노화 방지를 얻을 수도 있습니다.

이 책은 사전과 단어장의 중간역할을 합니다. 일한부분은 7천개 이상의 단어를 담고 있습니다. 이 정도를 알면 학습자로서 고급 실력을 갖추었다고 자부할 수 있습니다.

한국어는 일본어와 상당한 유사성을 갖고 있어서 처음 배울 때는 다른 외국인보다 쉽고 빠르게 이해할 수 있는 강점이 있습니다. 하지만 대충 이해시킬 수 있다고 만족해 버리면 실력은 정체되어 더이상 진보하지 못합니다. 한국어에 서툰 외국인의 한국어를 들으면 유치하게 들리듯이 어중간한 일어실력을 갖춘 한국인의 일본어 역시 유치하게 들리기도 합니다.

그래서 한국인의 경우는 つ、ざ、ず、ぜ、ぞ 발음을 제대로 익힐 필요가 있습니다.

그리고 모르는 단어는 꼭 찾아봐야 합니다. 그것도 한번으론 안되고 여러번 찾아봐야 확실한 기억으로 남습니다.

독자님들께서 이 책으로 일본어 학습에 조금이라도 도움이 되신다면 엮은이로서 가장 큰 보람으로 생각하겠습니다.

엮은이 드림

목차

일본어 + 한국어 단어

한국어 + 일본어 단어

일본어의 문자

일본어의 문자는 히라가나(ひらがな)와 카타카나(カタカナ)가 있고 여기에 한자(漢字)를 병행해서 사용합니다. 히라가나와 카타카나를 통틀어 가나(仮名)라고 하며, 한자의 일부를 빌려 만들어진 표음문자입니다.

1 히라가나 (ひらがな)

히라가나(ひらがな)는 초서체의 한자 일부를 간단히 하여 만들어진 문자입니다. 붓으로 흘려 쓴 한자의 윤곽만 남았기 때문에 곡선적인 형태입니다. 우리가 일본어를 배울 때 가장 먼저 배우게 되는 문자이며 일반적으로 가장 많이 쓰이기 때문에 처음 시작할 때 확실히 익혀두어야 합니다.

예 こんにちは 콘니찌와 (안녕하세요〈낮인사〉)
おかあさん 오까-상 (어머니)

2 카타카나 (カタカナ)

카타카나(カタカナ)는 한자의 자획 일부에서 따오거나 단순화하여 만들어졌기 때문에 직선적인 형태입니다. 외래어·의성어·의태어·전보·광고문 등에 쓰거나 특별히 강조하고 싶은 부분

에 부분적으로 사용합니다. 일본 잡지나 간판은 카타카나로 넘쳐날 정도로 일본에서 외래어를 많이 사용하므로 처음부터 확실히 외워둡시다.

예 テレビ 테레비 (텔레비전)　　　トマト 토마또 (토마토)

3 한자 (漢字)

일본어 문장은 주로 히라가나와 한자를 섞어 씁니다. 한자가 들어가면 문장의 의미파악이 쉽고 명확해집니다. 한자 읽기는 중국의 음을 따라 소리 나는 대로 읽는 음독(音讀)과 한자의 뜻으로 읽는 훈독(訓讀)이 있습니다. 우리와 달리 읽는 방법이 다양하며 일부 한자는 약자를 사용하므로 주의해야 합니다.

예 先 ┌ 음독 せん 셍
　　　└ 훈독 さき 사끼

学 ┌ 음독 がく 가꾸
　　└ 훈독 まなぶ 마나부

일본어 한자 읽기

1 오쿠리가나 送り仮名

한자와 가나(仮名)를 섞어 쓰는 단어에서 한자의 오른쪽 옆에 붙는 가나 부분을 오쿠리가나라고 합니다. 한자의 읽는 방법을 확정 짓기 위해 사용하며 한자로만 이루어진 단어에서는 사용하지 않습니다. 같은 한자라도 뒤에 달린 오쿠리가나에 따라 읽는 방법이 달라지므로 주의합시다.

예 明<u>るい</u> 아까루이 (밝다)   食<u>べる</u> 타베루 (먹다)

* 오쿠리가나에 따라 한자 읽는 법이 달라지는 경우

예 ┌ 出<u>る</u> 데루 (나가다)   ┌ 苦<u>しい</u> 쿠루시- (괴롭다)
   └ 出<u>す</u> 다스 (내다)   └ 苦<u>い</u> 니가이 (쓰다)

2 후리가나 振り仮名

일본어에서 한자를 읽는 방법을 나타내기 위해 주위에 작게 가나를 달아 놓은 것을 후리가나라고 합니다. 가로쓰기인 경우 일반적으로 글자 위에, 세로쓰기인 경우 글자의 오른쪽에 주로 씁니다. 어려운 한자나 어린이나 외국인을 위한 책에는 학습자의 이

해를 돕기 위해 붙이지만, 일반적인 표기에는 붙이지 않으므로 평소에 한자 읽는 법을 잘 숙지해야합니다. 후리가나는 루비(ルビ)라고도 합니다.

예 韓国<ruby>かんこく</ruby> 캉꼬꾸 (한국)　　来<ruby>く</ruby>る 쿠루 (오다)

　　顔<ruby>かお</ruby> 카오 (얼굴)　　寒<ruby>さむ</ruby>い 사무이 (춥다)

히라가나

단(段) 행(行)	あ단	い단	う단	え단	お단
あ행	あ a 아	い i 이	う u 우	え e 에	お o 오
か행	か ka 카	き ki 키	く ku 쿠	け ke 케	こ ko 코
さ행	さ sa 사	し shi 시	す su 스	せ se 세	そ so 소
た행	た ta 타	ち chi 치	つ tsu 츠	て te 테	と to 토
な행	な na 나	に ni 니	ぬ nu 누	ね ne 네	の no 노
は행	は ha 하	ひ hi 히	ふ fu 후	へ he 헤	ほ ho 호
ま행	ま ma 마	み mi 미	む mu 무	め me 메	も mo 모
や행	や ya 야		ゆ yu 유		よ yo 요
ら행	ら ra 라	り ri 리	る ru 루	れ re 레	ろ ro 로
わ행	わ wa 와				を o 오
	ん n,m,ng 응				

자판 입력시에는 wo를 사용함.

단(段) 행(行)	ア단	イ단	ウ단	エ단	オ단
ア행	ア a 아	イ i 이	ウ u 우	エ e 에	オ o 오
カ행	カ ka 카	キ ki 키	ク ku 쿠	ケ ke 케	コ ko 코
サ행	サ sa 사	シ shi 시	ス su 스	セ se 세	ソ so 소
タ행	タ ta 타	チ chi 치	ツ tsu 츠	テ te 테	ト to 토
ナ행	ナ na 나	ニ ni 니	ヌ nu 누	ネ ne 네	ノ no 노
ハ행	ハ ha 하	ヒ hi 히	フ fu 후	ヘ he 헤	ホ ho 호
マ행	マ ma 마	ミ mi 미	ム mu 무	メ me 메	モ mo 모
ヤ행	ヤ ya 야		ユ yu 유		ヨ yo 요
ラ행	ラ ra 라	リ ri 리	ル ru 루	レ re 레	ロ ro 로
ワ행	ワ wa 와				ヲ o 오
	ン n,m,ng 응				

자판 입력시에는
wo를 사용함.

탁음 (濁音) · 반탁음 (半濁音)

단(段) 행(行)	あ단	い단	う단	え단	お단
が행	が ga 가	ぎ gi 기	ぐ gu 구	げ ge 게	ご go 고
ざ행	ざ za 자	じ ji 지	ず zu 즈	ぜ ze 제	ぞ zo 조
だ행	だ da 다	ぢ ji 지	づ zu 즈	で de 데	ど do 도
ば행	ば ba 바	び bi 비	ぶ bu 부	べ be 베	ぼ bo 보
ぱ행	ぱ pa 파	ぴ pi 피	ぷ pu 푸	ぺ pe 페	ぽ po 포

단(段) 행(行)	ア단	イ단	ウ단	エ단	オ단
ガ행	ガ ga 가	ギ gi 기	グ gu 구	ゲ ge 게	ゴ go 고
ザ행	ザ za 자	ジ ji 지	ズ zu 즈	ゼ ze 제	ゾ zo 조
ダ행	ダ da 다	ヂ ji 지	ヅ zu 즈	デ de 데	ド do 도
バ행	バ ba 바	ビ bi 비	ブ bu 부	ベ be 베	ボ bo 보
パ행	パ pa 파	ピ pi 피	プ pu 푸	ペ pe 페	ポ po 포

요음 (拗音)

きゃ행	きゃ キャ kya 캬	きゅ キュ kyu 큐	きょ キョ kyo 쿄
しゃ행	しゃ シャ sha 샤	しゅ シュ shu 슈	しょ ショ sho 쇼
ちゃ행	ちゃ チャ cha 챠	ちゅ チュ chu 츄	ちょ チョ cho 쵸
にゃ행	にゃ ニャ nya 냐	にゅ ニュ nyu 뉴	にょ ニョ nyo 뇨
ひゃ행	ひゃ ヒャ hya 햐	ひゅ ヒュ hyu 휴	ひょ ヒョ hyo 효
みゃ행	みゃ ミャ mya 먀	みゅ ミュ myu 뮤	みょ ミョ myo 묘
りゃ행	りゃ リャ rya 랴	りゅ リュ ryu 류	りょ リョ ryo 료
ぎゃ행	ぎゃ ギャ gya 갸	ぎゅ ギュ gyu 규	ぎょ ギョ gyo 교
じゃ행	じゃ ジャ ja 쟈	じゅ ジュ ju 쥬	じょ ジョ jo 죠
びゃ행	びゃ ビャ bya 뱌	びゅ ビュ byu 뷰	びょ ビョ byo 뵤
ぴゃ행	ぴゃ ピャ pya 퍄	ぴゅ ピュ pyu 퓨	ぴょ ピョ pyo 표

발음 (撥音)

○ (ng) **ん(ン) + か が행**

おんがく 옹가꾸 음악   げんき 겡끼 건강함

インク 잉꾸 잉크

ㄴ (n) **ん(ン) + さ ざ た だ なら행**

せんせい 센세- 선생님   にんじん 닌징 당근

パンダ 판다 팬더

ㅁ (m) **ん(ン) + ま ば ぱ행**

しんぶん 심붕 신문   えんぴつ 엠삐쯔 연필

ハンバーガー 함바-가- 햄버거

콧소리 (N) **ん(ン) + は や わ행, ん(ン)으로 끝날 때**

にほん 니홍 일본   でんわ 뎅와 전화

パン 팡 빵

촉음 (促音)

ㄱ (k) | っ(ッ) + か행

けっか _{켁까} 결과　　がっこう _{각꼬-} 학교

サッカー _{삭까-} 축구

ㅅ (s) | っ(ッ) + さ행, っ(ッ) + た행

ざっし _{잣시} 잡지　　メッセージ _{멧세-지} 메시지

きって _{킷떼} 우표

ㅂ (p) | っ(ッ) + ぱ행

いっぱい _{입빠이} 가득　　きっぷ _{킵뿌} 표

コップ _{콤뿌} 컵

장음 (長音)

あ　あ단 + あ

おかあさん 오까-상 어머니　　デパート 데빠-또 백화점

い　い단 + い

おにいさん 오니-상 형, 오빠　　ビール 비-루 맥주

う　う단 + う

ふつう 후쯔- 보통　　スーパー 스-파- 슈퍼마켓

え　え단 + え

おねえさん 오네-상 누나, 언니　　ページ 페-지 페이지

え단 + い

とけい 토께- 시계　　えいが 에-가 영화

お　お단 + お

おおきい 오-끼 크다　　ノート 노-또 노트

お단 + う

こうえん 코-엥 공원　　そうじ 소-지 청소

きょう 쿄- 오늘　　しょうかい 쇼-까이 소개

약어정리

명사 – 명	대명사 – 대	연체사 – 연
부사 – 부	형용사 – 형	な형용사 – な형
감탄사 – 감	조사 – 조	접속사 – 접
연어 – 연	부조사 – 부조	접미사 – 접미
5단동사 – 5동	상1단동사 – 상1	하1단동사 – 하1
サ행변격동사 – サ변	カ행변격동사 – カ변	

일본어
+
한글 단어

あ

アーチ (arch)	아ー찌	뗑 아치, 위쪽이 반원형 구조물
相変(あいか)わらず	아이카와라즈	뗑 변함없이, 여전히
合鍵(あい かぎ)	아이카기	뗑 여벌 열쇠
愛嬌(あいきょう)	아이꾜ー	뗑 애교
合(あ)い言葉(ことば)	아이코토바	뗑 암호, 암구호
アイコン (icon)	아이꽁	뗑 아이콘
挨拶(あいさつ)	아이사쯔	뗑 인사, 말

彼(かれ)は僕(ぼく)に「こんにちは」と挨拶した。
그는 내게 '안녕!'하고 인사했다.

アイシャドー (eye shadow)	아이샤도ー	뗑 아이섀도
相性(あいしょう)	아이쇼ー	뗑 궁합, 성격이 맞음
愛称(あいしょう)	아이쇼ー	뗑 애칭
愛情(あいじょう)	아이죠ー	뗑 애정
アイス (ice)	아이스	뗑 아이스, 얼음
合図(あいず)	아이즈	뗑 신호, 몸짓
アイスクリーム (ice cream)	아이스쿠리ー무	뗑 아이스크림
愛(あい)する	아이스루	사변 사랑하다

愛想(あいそ)	아이소	몡 붙임성, 정나미
間(あいだ)	아이다	몡 사이, 간격, ~동안
愛着(あいちゃく)	아이차쿠	몡 애착, 애정
相槌(あいづち)	아이즈찌	몡 맞장구
相手(あいて)	아이떼	몡 상대, 대상
アイディア (idea)	아이디아	몡 아이디어, 생각
アイドル (idol)	아이도루	몡 아이돌, 인기인
あいにく	아이니꾸	튐 공교롭게도

あいにく社長は留守です。
공교롭게도 사장님은 부재중입니다.

愛撫(あいぶ)	아이부	몡 애무
アイロン (iron)	아이롱	몡 다리미
合(あ)う	아우	5동 맞다, 합쳐지다, 만나다
会(あ)う	아우	5동 만나다, 마주치다
アウト (out)	아우또	몡 아웃
喘(あえ)ぐ	아에구	5동 숨차하다, 허덕이다
敢(あ)えて	아에떼	튐 감히, 구태여
青(あお)い	아오이	혱 파랗다, 푸르다
扇(あお)ぐ	아오구	5동 부채질하다
青白(あおじろ)い	아오지로이	혱 창백하다

煽(あお)る	아오루	5동 선동하다, 부추기다
垢(あか)	아까	명 때, 더러움
赤(あか)	아까	명 빨강
赤字(あかじ)	아까지	명 적자
明(あか)す	아까스	5동 밝히다, 털어놓다
赤(あか)ちゃん	아까쨩	명 아기, 새끼
灯(あか)り	아까리	명 불, 전등
上(あ)がる	아가루	5동 오르다, 올라가다, 높아지다
明(あか)るい	아까루이	형 밝다, 훤하다
秋(あき)	아끼	명 가을
明(あき)らか	아끼라까	나형 밝음, 명백함 かのじょ せきにん 彼女に責任があるのは明らか だ。 그녀에게 책임이 있는 것은 분명하다.
諦(あきら)める	아끼라메루	하1 단념하다, 포기하다
飽(あ)きる	아끼루	상1 싫증나다, 물리다
アキレス腱(けん) (Achilles-)	아키레스껭	명 아킬레스건
呆(あき)れる	아끼레루	하1 어이없다, 기가 막히다
開(あ)く	아꾸	5동 열리다, 시작하다
空(あ)く	아꾸	5동 비다, 차지하지 않다

悪質(あくしつ)	아꾸시쯔	〔な형〕 악질
握手(あくしゅ)	아꾸슈	〔명〕 악수
悪臭(あくしゅう)	아꾸슈—	〔명〕 악취
悪条件(あくじょうけん)	아꾸죠—껭	〔명〕 악조건
アクション(action)	아꾸숑	〔명〕 액션
悪性(あくせい)	아꾸세—	〔명〕 악성, 악질
アクセサリー (accessories)	아꾸세사리—	〔명〕 액세서리
アクセル (accelerator)	아꾸세루	〔명〕 액셀(자동차)
アクセント (accent)	아꾸센또	〔명〕 액센트
欠伸(あくび)	아꾸비	〔명〕 하품
悪魔(あくま)	아꾸마	〔명〕 악마
あくまで	아꾸마데	〔부〕 어디까지나, 철저히
悪夢(あくむ)	아꾸무	〔명〕 악몽
悪用(あくよう)	아꾸요—	〔명〕 악용
開(あ)ける	아께루	〔하1〕 뜨다(눈을), 열다
空(あ)ける	아께루	〔하1〕 비우다

コップの水を空けてください。
컵의 물을 비워 주세요.

上(あ)げる	아게루	〔하1〕 올리다, 쳐들다
揚(あ)げる	아게루	〔하1〕 높이 올리다, 튀기다(기름)

顎(あご)	아고	圀 턱
憧(あこが)れ	아꼬가레	圀 동경함
朝(あさ)	아사	圀 아침
痣(あざ)	아자	圀 멍, 반점
浅(あさ)い	아사이	圀 얕다, 천박하다
明後日(あさって)	아삿떼	圀 모레
朝寝坊(あさねぼう)	아사네보-	圀 잠꾸러기
鮮(あざ)やか	아자야까	圀 선명, 뚜렷함
脚(あし)	아시	圀 다리, 발(足)
味(あじ)	아지	圀 맛, 느낌
足(あし)の甲(こう)	아시노코-	圀 발등
足(あし)の裏(うら)	아시노우라	圀 발바닥
アジア (Asia)	아지아	圀 아시아
足跡(あしあと)	아시아또	圀 발자취, 발자국
足首(あしくび)	아시꾸비	圀 발목
明日(あした)	아시따	圀 내일
足場(あしば)	아시바	圀 발판, 디딜곳
味(あじ)わう	아지와우	5동 맛보다, 감상하다

勝利の喜びを味わいたい。
승리의 기쁨을 맛보고싶다.

明日(あす)	아스	명 내일(문어체표현)
預(あず)かる	아즈까루	5동 맡다, 보관하다
預(あず)ける	아즈께루	하1 맡기다, 보관시키다
小豆(あずき)	아즈끼	명 팥
アスパラガス(asparagus)	아스파라가스	명 아스파라거스
アスファルト (asphalt)	아스화루또	명 아스팔트
汗(あせ)	아세	명 땀
焦(あせ)る	아세루	하1 초조해하다, 안달하다
褪(あ)せる	아세루	하1 바래다, 퇴색하다
あそこ	아소꼬	대 저기, 거기
遊(あそ)び	아소비	명 놀이, 유흥
遊(あそ)ぶ	아소부	5동 놀다, 쉬다
与(あた)える	아따에루	하1 주다, 수여하다
暖(あたた)かい	아따따까이	형 따뜻하다, 다정하다
温(あたた)まる	아따따마루	5동 따뜻해지다
温(あたた)める	아따따메루	하1 데우다, 따뜻하게 하다
あだ名(な)	아다나	명 별명
頭(あたま)	아따마	명 머리, 두뇌, 두발

風呂(ふろ)に入(はい)ると体(からだ)が温(あたた)まる。
목욕을 하면 몸이 따뜻해진다.

あ
い
う
え
お
か
き
く
け
こ
さ
し
す
せ

新(あたら)しい	아따라시ー	형 새롭다, 싱싱하다
辺(あた)り	아따리	명 근처, 부근
当(あ)たり前(まえ)	아타리마에	な형 당연함, 보통
当(あ)たる	아따루	5동 맞다, 적중하다, 명중하다
あちこち	아찌꼬찌	명 여기저기
暑(あつ)い	아쯔이	형 덥다
熱(あつ)い	아쯔이	형 뜨겁다, 열중하다
厚(あつ)い	아쯔이	형 두껍다, 두텁다
悪化(あっか)	악까	명 악화
扱(あつか)う	아쯔까우	5동 다루다, 취급하다
厚(あつ)さ	아쯔사	명 두께
暑(あつ)さ	아쯔사	명 더위
圧縮(あっしゅく)	앗슈꾸	명 압축
斡旋(あっせん)	앗셍	명 알선, 주선
圧迫(あっぱく)	압빠꾸	명 압박
集(あつ)まり	아쯔마리	명 모임, 회합

我々は2ヶ月に一度集まりがある。
우리는 2개월에 한 번 모임이 있다.

集(あつ)まる	아쯔마루	5동 모이다, 집중하다
集(あつ)める	아쯔메루	하1 모으다, 집중시키다

圧力(あつりょく)	아쯔료꾸	명 압력
あて先(さき)	아떼사끼	명 수신인(주소)
当(あ)てる	아떼루	하1 대다, 맞히다, 판단하다
後(あと)	아또	명 뒤쪽, 나중
跡(あと)	아또	명 자국, 흔적, 유적
後味(あとあじ)	아또아지	명 뒷맛
あどけない	아도께나이	형 천진난만하다
アドバイス (advice)	아도바이스	명 어드바이스
アトピー (atopy)	아또삐-	명 아토피
穴(あな)	아나	명 구멍, 빈곳
あなた	아나따	대 당신, 그대, 여보
アナログ (analog)	아나로구	명 아날로그
兄(あに)	아니	명 오빠, 형
アニメ (animation)	아니메	명 애니메이션

僕(ぼく)が一番(いちばん)好(す)きなアニメは未来(みらい)
少年(しょうねん)コナンです。
내가 제일 좋아하는 애니메이션은 미래소년 코
난입니다.

姉(あね)	아네	명 누나, 언니
あの	아노	연 저, 그
アパート (apartment)	아빠-또	명 아파트

あ
い
う
え
お
か
き
く
け
こ
さ
し
す
せ

暴(あば)れる	아바레루	[하1] 난폭하게 굴다, 날뛰다
あひる	아히루	[명] 집오리
浴(あ)びる	아비루	[상1] 뒤집어쓰다, 쬐다
アフターサービス (after-service)	아후따―사―비스	[명] 애프터서비스
危(あぶ)ない	아부나이	[형] 위험하다, 불안하다
油(あぶら)	아부라	[명] 기름, 활력소
脂(あぶら)っこい	아부락꼬이	[형] 기름지다, 느끼하다
アフリカ (Aftrica)	아후리까	[명] 아프리카
溢(あふ)れる	아후레루	[하1] (가득 차서)넘치다
甘(あま)い	아마이	[형] 달다, 달콤하다, 싱겁다
甘(あま)える	아마에루	[하1] 응석부리다, 어리광부리다
雨(あま)だれ	아마다레	[명] 빗방울, 낙숫물
アマチュア (amateur)	아마쮸아	[명] 아마추어
天(あま)の川(がわ)	아마노가와	[명] 은하수
雨宿(あまやど)り	아마야도리	[명] 비를 피함
あまり	아마리	[부] 너무, 별로, 그다지 [명] 나머지

あまり心配_{しんぱい}しないでね.
너무 걱정하지마.

余(あま)る	아마루	[5동] 남다, 지나치다

編(あみ)	아미	명 그물, 망
雨(あめ)	아메	명 비, 우천
あめ	아메	명 엿, 조청
アメリカ(America)	아메리까	명 미국
怪(あや)しい	아야시ー	형 수상하다, 괴상하다
あやす	아야스	5동 달래다, 어르다
過(あやま)ち	아야마찌	명 잘못, 오류
謝(あやま)る	아야마루	5동 사과하다, 사죄하다
誤(あやま)る	아야마루	5동 틀리다, 실패하다
歩(あゆ)み	아유미	명 걸음, 진행, 추이
アラーム (alarm)	아라ー무	명 알람
粗(あら)い	아라이	형 거칠다, 난폭하다
洗(あら)う	아라우	5동 씻다, 세탁하다
予(あらかじ)め	아라까지메	부 미리, 사전에
嵐(あらし)	아라시	명 폭풍, 풍파
荒(あら)す	아라스	5동 휩쓸다, 파손하다
争(あらそ)い	아라소이	명 싸움, 분쟁
争(あらそ)う	아라소우	5동 다투다, 경쟁하다
改(あらた)める	아라타메루	하1 고치다, 변경하다

あ い う え お か き く け こ さ し す せ

あらゆる	아라유루	연 온갖, 모든
表(あらわ)す	아라와스	5동 나타내다, 표현하다

自分(じぶん)の気持(きも)ちを絵(え)で表(あらわ)してみた。
내 기분을 그림으로 표현해봤다.

著(あらわ)す	아라와스	5동 저술하다
現(あらわ)れる	아라와레루	하1 나타나다, 드러나다
蟻(あり)	아리	명 개미
有(あ)り得(う)る	아리우루	하2 있을 수 있다
有(あ)り得(え)ない	아리에나이	연 있을 수 없다
ありがたい	아리가따이	형 고맙다, 감사하다
ありがとう	아리가토-	감 고맙다; 고마워
アリバイ (alibi)	아리바이	명 알리바이
ありふれる	아리후레루	하1 흔하다, 어디에나 있다
ある	아루	5동 (사물)있다, 존재하다
ある	아루	연 어떤, 어느
あるいは	아루이와	접 또는, 혹은
歩(ある)く	아루꾸	5동 걷다, 산책하다
アルコール (alcohol)	아루꼬-루	명 알코올
アルバイト (독 Arbeit)	아루바이또	명 아르바이트

アルバム (album)	아루바무	명 앨범
アルファベット (alphabet)	아루화벳또	명 알파벳
アルミニウム (aluminum)	아루미니우무	명 알루미늄
あれ	아레	대 저것, 그것
アレルギー (allergy)	아레루기-	명 알레르기
泡(あわ)	아와	명 거품
合(あ)わせる	아와세루	하1 합치다, 섞다, 대조하다
慌(あわ)てる	아와떼루	하1 당황하다

慌てると失敗するから落ち着いてね。
당황하면 실패하니까 침착해.

慌(あわ)ただしい	아와따다시-	형 어수선하다, 경황없다
憐(あわ)れむ	아와레무	5동 동정하다, 불쌍히 여기다
安易(あんい)	앙이	な형 안이, 안일
案外(あんがい)	앙가이	な형 뜻밖, 예상 외
暗記(あんき)	앙끼	명 암기
アンケート (불 enquête)	앙께-또	명 앙케트
暗号(あんごう)	앙고-	명 암호
暗黒(あんこく)	앙꼬꾸	명 암흑

あ
い
う
え
お
か
き
く
け
こ
さ
し
す
せ

暗殺(あんさつ)	안사쯔	몡 암살
暗示(あんじ)	안지	몡 암시
安心(あんしん)	안싱	몡 안심
杏(あんず)	안즈	몡 살구
安全(あんぜん)	안젱	な형 안전
安定(あんてい)	안떼-	몡 안정
アンテナ (antenna)	안떼나	몡 안테나
あんな	안나	옌 저런
案内(あんない)	안나이	몡 안내
安否(あんぴ)	암삐	몡 안부
按摩(あんま)	암마	몡 안마
あんまり	암마리	뷔 너무, 지나치게; 지나침
アンモニア (ammonia)	암모니아	몡 암모니아

い

イ―メール (e-mail)	이―메―루	명 이메일
胃(い)	이	명 위, 밥통
いい	이이	형 좋다, 괜찮다
言(い)い争(あらそ)い	이이아라소이	명 말다툼
いいえ	이이에	감 아니오
言(い)い返(かえ)す	이이까에스	5동 말대꾸하다
言(い)い過(す)ぎ	이이스기	명 과언, 지나친 말
言(い)い出(だ)す	이―다스	5동 말을 꺼내다
言(い)い訳(わけ)	이이와께	명 **변명, 해명** 言い訳の繰り返しは聴きたくないよ。 변명을 반복하는 거 듣기 싫어.
言(い)う	이우	5동 말하다, 얘기하다
家(いえ)	이에	명 (자기)집, 주택
硫黄(いおう)	이오―	명 유황
烏賊(いか)	이까	명 오징어
以下(いか)	이까	명 이하
意外(いがい)	이가이	명 의외, 뜻밖

以外(いがい)	이가이	명 이외
いかが	이카가	부 어떻게; 어떠함
怒(いか)り	이까리	명 노여움, 분노
いかり	이까리	명 닻
遺憾(いかん)	이깡	な형 유감
異議(いぎ)	이기	명 이의
息(いき)	이끼	명 숨, 호흡
勢(いきお)い	이끼오이	명 기세, 힘
生(い)き返(かえ)る	이끼까에루	하1 되살아나다
いきなり	이끼나리	부 갑자기, 돌연
イギリス (포 Inglez)	이기리스	명 영국
行(い)く	이꾸	5동 가다, 향하다

<ruby>今回<rt>こんかい</rt></ruby>はどこまで行きますか。
이번엔 어디까지 갑니까?

育児(いくじ)	이꾸지	명 육아
いくつ	이꾸쯔	명 몇개
いくら	이꾸라	명 얼마, 아무리
いくらでも	이꾸라데모	부 얼마든지
池(いけ)	이께	명 연못
いけない	이케나이	형 안된다, 나쁘다

意見(いけん)	이껭	몡 의견, 생각
威厳(いげん)	이겡	몡 위엄
囲碁(いご)	이고	몡 바둑
以後(いご)	이고	몡 이후
意向(いこう)	이꼬—	몡 의향
移行(いこう)	이꼬—	몡 이행
遺産(いさん)	이상	몡 유산
石(いし)	이시	몡 돌, 석재, 암석
意志(いし)	이시	몡 의지, 뜻
意思(いし)	이시	몡 의사
意地(いじ)	이지	몡 고집, 오기, 심술
維持(いじ)	이지	몡 유지
意識(いしき)	이시끼	몡 의식
いじめる	이지메루	하1 괴롭히다

<ruby>弱<rt>よわ</rt></ruby>いものをいじめるのは<ruby>格好悪<rt>かっこうわる</rt></ruby>
いよ。
약한 사람을 괴롭히는 것은 꼴불견이야.

医者(いしゃ)	이샤	몡 의사
移住(いじゅう)	이쥬—	몡 이주
萎縮(いしゅく)	이슈꾸	몡 위축

遺書(いしょ)	이쇼	명 유서
衣装(いしょう)	이쇼-	명 의상
以上(いじょう)	이죠-	명 이상
移植(いしょく)	이쇼꾸	명 이식
意地悪(いじわる)	이지와루	な형 심술궂음
椅子(いす)	이스	명 의자
泉(いずみ)	이즈미	명 샘, 근원
イスラム教(きょう)(Islam-)	이스라무 꾜-	명 이슬람교
異性(いせい)	이세-	명 이성
遺跡(いせき)	이세끼	명 유적
以前(いぜん)	이젱	명 이전
磯(いそ)	이소	명 해변, 물가
忙(いそが)しい	이소가시-	형 바쁘다, 분주하다
急(いそ)ぐ	이소구	5동 서두르다

もう時間(じかん)ないから急(いそ)いでね。
이제 시간 없으니까 서둘러줘.

遺族(いぞく)	이조꾸	명 유족
依存(いぞん)	이존	명 의존
板(いた)	이따	명 널빤지, 판자

痛(いた)い	이따이	형 아프다, 쓰라리다
偉大(いだい)	이다이	な형 위대
抱(いだ)く	이다꾸	5동 품다, 안다
致(いた)す	이따스	5동 する(하다)의 겸손표현
悪戯(いたずら)	이따즈라	명 장난
頂(いただ)く	이따다꾸	5동 (머리에)이다, 얹다, 받다의 겸손표현
痛(いた)み	이따미	명 아픔, 통증, 괴로움
炒(いた)める	이따메루	하1 볶다
至(いた)る	이따루	5동 다다르다, 찾아오다
一(いち)	이찌	명 하나, 첫째, 최고
位置(いち)	이찌	명 위치
一応(いちおう)	이찌오-	부 일단, 우선

それは一応検討してみます。
けんとう
그건 일단 검토해 보겠습니다.

一月(いちがつ)	이찌가쯔	명 일월
苺(いちご)	이찌고	명 딸기
著(いちじる)しい	이찌지루시-	형 현저하다, 두드러지다
一度(いちど)	이찌도	명 한번
一同(いちどう)	이찌도-	명 일동, 모두

あ
い
う
え
お
か
き
く
け
こ
さ
し
す
せ

一日(いちにち)	이찌니찌	몡 하루
一人前(いちにんまえ)	이찌님마에	몡 일인분
一年(いちねん)	이찌넹	몡 일년
市場(いちば)	이찌바	몡 시장(재래시장)
一番(いちばん)	이찌방	몡 1번, 첫째 분 가장, 제일
一部(いちぶ)	이찌부	몡 일부
胃腸(いちょう)	이쪼-	몡 위장
銀杏(いちょう)	이쪼-	몡 은행(나무)
いつ	이쯔	분 언제
いつか	이츠카	분 언젠가(는)
一回(いっかい)	익카이	몡 한번
一個(いっこ)	익꼬	몡 한 개
一行(いっこう)	익꼬-	몡 일행
一切(いっさい)	잇사이	몡 일체, 전부 분 전혀
一週間(いっしゅうかん)	잇슈-칸	몡 일주일
一緒(いっしょ)	잇쇼	몡 더불어, 함께함

夫婦は一緒に生きていく味方です。
부부는 함께 살아가는 우군입니다.

一生(いっしょう)	잇쇼-	몡 일생, 평생

一所懸命 (いっしょけんめい)	잇쇼껨메–	な형 **열심히 노력함**
一石二鳥 (いっせきにちょう)	잇세끼니 쬬–	명 **일석이조**
一体(いったい)	잇따이	부 **도대체** 명 **일체**
一致(いっち)	잇찌	명 **일치**
いつつ	이츠츠	명 **다섯**
一等(いっとう)	잇또–	명 **일등, 최고**
一杯(いっぱい)	입빠이	부 **가득** 명 **한잔**
一般(いっぱん)	입빵	명 **일반, 보통**
一方(いっぽう)	입뽀–	명 **한쪽, 일방**
いつも	이쯔모	부 **늘, 항상**
遺伝(いでん)	이뎅	명 **유전**
移転(いてん)	이뗑	명 **이전, 이사**
糸(いと)	이또	명 **실**
意図(いと)	이또	명 **의도**
井戸(いど)	이도	명 **우물**
愛(いと)しい	이또시–	형 **사랑스럽다**
移動(いどう)	이도–	명 **이동**
いとこ	이토코	명 **사촌**

あ
い
う
え
お
か
き
く
け
こ
さ
し
す
せ

以内(いない)	이나이	명 이내
田舎(いなか)	이나까	명 시골, 농촌
稲妻(いなずま)	이나즈마	명 번개
委任(いにん)	이닝	명 위임
犬(いぬ)	이누	명 개
稲(いね)	이네	명 벼
居眠(いねむ)り	이네무리	명 졸음

居眠り運転は一番危ないです。
졸음운전은 가장 위험합니다.

猪(いのしし)	이노시시	명 멧돼지
命(いのち)	이노찌	명 목숨
祈(いの)り	이노리	명 기도, 기원
祈(いの)る	이노루	5동 빌다, 기원하다
威張(いば)る	이바루	5동 뽐내다, 위세를 부리다
違反(いはん)	이항	명 위반
いびき	이비끼	명 코골이
遺品(いひん)	이힝	명 유품
衣服(いふく)	이후꾸	명 의복, 옷
疣(いぼ)	이보	명 사마귀(피부)
今(いま)	이마	명 지금, 현재

あ
い
う
え
お
か
き
く
け
こ
さ
し
す
せ

今頃(いまごろ)	이마고로	圐 지금쯤

今頃空港に到着したかな。
지금쯤 공항에 도착했을까?

今更(いまさら)	이마사라	图 새삼스럽게
意味(いみ)	이미	圐 의미
妹(いもうと)	이모-또	圐 여동생
嫌(いや)がらせ	이야가라세	圐 짓궂은 행동, 괴롭힘
卑(いや)しい	이야시-	圐 천하다, 저속하다
嫌(いや)らしい	이야라시-	圐 역겹다, 징그럽다
イヤリング (earring)	이야링구	圐 귀고리
以来(いらい)	이라이	圐 이래
入(い)り口(ぐち)	이리구찌	圐 입구
威力(いりょく)	이료꾸	圐 위력
いる	이루	图 (사람, 동물이)있다, 존재하다
要(い)る	이루	5동 필요하다
異例(いれい)	이레-	圐 이례
刺青(いれずみ)	이레즈미	圐 문신

最近刺青をしている若者が多い。
요즘 문신을 한 젊은이가 많다.

入(い)れ歯(ば)	이레바	圐 틀니

入(い)れる	이레루	하1 넣다, 포함시키다
色(いろ)	이로	명 색, 빛깔
色々(いろいろ)	이로이로	부 な형 여러가지
色付(いろづ)く	이로즈꾸	5동 물들다
彩(いろど)り	이로도리	명 채색, 배색
岩(いわ)	이와	명 바위, 암석
祝(いわ)い	이와이	명 축하 卒業祝いで時計をもらいました。 졸업축하로 시계를 받았습니다.
祝(いわ)う	이와우	5동 축하하다, 축복하다
曰(いわ)く	이와꾸	부 가라사대
印鑑(いんかん)	잉깡	명 인감, 도장
陰気(いんき)	잉끼	명 음침함, 음산함
インコ	잉꼬	명 잉꼬
印刷(いんさつ)	인사쯔	명 인쇄
印象(いんしょう)	인쇼-	명 인상
インスタント (instant)	인스딴또	명 인스턴트
インストール (install)	인스또-루	명 인스톨
インターネット (Internet)	인따-넷또	명 인터넷

引退(いんたい)	인따이	명 은퇴
インタビュー (interview)	인따뷰–	명 인터뷰
引導(いんどう)	인도–	명 안내, 인도
陰謀(いんぼう)	임보–	명 음모
引用(いんよう)	인요–	명 인용
飲料(いんりょう)	인료–	명 음료
引力(いんりょく)	인료꾸	명 인력

あ
い
う
え
お
か
き
く
け
こ
さ
し
す
せ

| 일본어 필수 단어 | |

う

ウイルス (virus)	우이루스	몡 바이러스
上(うえ)	우에	몡 위, 더 높음, ～에 관한 것
ウエイトレス (waitress)	우에이또레스	몡 웨이트리스
飢(う)える	우에루	하1 굶주리다
植(う)える	우에루	하1 심다, 주입하다
魚(うお)	우오	몡 생선, 물고기
迂回(うかい)	우까이	몡 우회
うかがう	우카가우	5동 엿보다, 살피다
浮(うか)ぶ	우까부	5동 (물에)뜨다, 생각나다
浮(う)かべる	우까베루	하1 띄우다, 떠올리다
浮(う)く	우꾸	5동 뜨다, 떠오르다
鶯(うぐいす)	우구이스	몡 휘파람새
受(う)け入(い)れる	우께이레루	하1 받아들이다

私を受け入れてくださって, ありがとうございます。
저를 받아들여주셔서 감사합니다.

請負(うけおい)	우께오이	몡 청부, 도급
受(う)け継(つ)ぐ	우께쯔구	5동 물려받다

受(う)け付(つ)ける	우께쯔께루	하1 접수하다, 받아들이다
受(う)け取(と)る	우께또루	5동 수취하다, 받다
受(う)ける	우께루	하1 받다, 승낙하다
動(うご)かす	우고까스	5동 움직이다, 옮기다
動(うご)く	우고꾸	5동 움직이다, 작동하다
兎(うさぎ)	우사기	명 토끼
蛆(うじ)	우지	명 구더기
牛(うし)	우시	명 소
失(うしな)う	우시나우	5동 잃다, 상실하다
後(うし)ろ	우시로	명 (공간적)뒤, 등
渦(うず)	우즈	명 소용돌이, 와중
薄(うす)い	우스이	형 엷다, 얇다, 적다
薄薄(うすうす)	우스우스	부 어렴풋이

前から薄薄気づいてはいた。
전부터 어렴풋이 눈치채고 있었다.

埋(うず)める	우즈메루	하1 파묻다, 보충하다
鶉(うずら)	우즈라	명 메추라기
右折(うせつ)	우세쯔	명 우회전
嘘(うそ)	우소	명 거짓말, 설마
嘘(うそ)つき	우소쯔끼	명 거짓말쟁이

あ
い
う
え
お
か
き
く
け
こ
さ
し
す
せ

歌(うた)	우따	명 노래
歌(うた)う	우따우	5통 노래하다, 칭송하다
疑(うたが)う	우따가우	5통 의심하다, 걱정하다
疑(うたが)わしい	우따가와시-	형 의심스럽다
内(うち)	우찌	명 안, 집
打(う)ち明(あ)ける	우찌아께루	하1 고백하다
内側(うちがわ)	우찌가와	명 안쪽
内気(うちき)	우찌끼	な형 내성적인 성격
打(う)ち消(け)す	우찌께스	5통 부정하다
宇宙(うちゅう)	우쮸-	명 우주
団扇(うちわ)	우찌와	명 부채
打(う)つ	우쯔	5통 때리다, 치다
美(うつく)しい	우쯔꾸시-	형 아름답다, 우아하다
写(うつ)す	우쯔스	5통 베끼다
移(うつ)す	우쯔스	5통 옮기다

先月(せんげつ)住(す)まいを移(うつ)しました。
지난달 거처를 옮겼습니다.

訴(うった)える	웃따에루	하1 호소하다, 고소하다
俯(うつむ)く	우쯔무꾸	5통 (고개)숙이다
移(うつ)る	우쯔루	5통 바뀌다, 옮겨지다

器(うつわ)	우쯔와	몡 그릇, 기구
腕(うで)	우데	몡 팔, 힘, 솜씨
腕時計(うでどけい)	우데도께-	몡 손목시계
うどん	우동	몡 우동
鰻(うなぎ)	우나기	몡 장어, 뱀장어
己惚(うぬぼ)れる	우누보레루	하1 우쭐대다, 자만하다
奪(うば)う	우바우	5동 빼앗다
乳母車(うばぐるま)	우바구루마	몡 유모차
馬(うま)	우마	몡 말
旨(うま)い	우마이	형 맛있다, 유리하다
埋(う)まる	우마루	5동 메워지다, 파묻히다
生(う)まれる	우마레루	하1 태어나다, 생기다

僕は冬に生まれました。
나는 겨울에 태어났습니다.

海(うみ)	우미	몡 바다
産(う)む	우무	5동 낳다, 창조하다
梅(うめ)	우메	몡 매실, 매화
梅干(うめぼ)し	우메보시	몡 매실절임
埋(う)める	우메루	하1 메우다, 매장하다
裏(うら)	우라	몡 뒷면, 안쪽

裏切(うらぎ)る	우라기루	5동 배신하다
裏口(うらぐち)	우라구찌	명 뒷문
裏付(うらづ)ける	우라즈께루	하1 증명하다, 뒷받침하다
占(うらな)い	우라나이	명 점 (길흉)
占(うらな)い師(し)	우라나이시	명 점쟁이
恨(うら)み	우라미	명 원한, 한
恨(うら)む	우라무	5동 원망하다, 유감으로여기다
羨(うらや)む	우라야무	5동 부러워하다
羨(うらや)ましい	우라야마시-	형 부럽다

金持ちのお嬢さんと結婚するの？羨ましいね。
부자 아가씨와 결혼하는 거야? 부럽네.

売(う)り上(あ)げ	우리아게	명 매상
売(う)り切(き)れ	우리끼레	명 매진
売(う)り出(だ)し	우리다시	명 매출
売場(うりば)	우리바	명 매장, 파는곳
売(う)る	우루	5동 팔다, 배신하다
閏年(うるうどし)	우루우도시	명 윤년
潤(うるお)い	우루오이	명 혜택, 축축함
うるさい	우루사이	형 시끄럽다, 귀찮다

嬉(うれ)しい	우레시-	형 기쁘다
売(う)れる	우레루	하1 팔리다
うろたえる	우로따에루	하1 허둥거리다
上着(うわぎ)	우와기	명 윗도리, 겉옷
噂(うわさ)	우와사	명 소문
うわの空(そら)	우와노소라	명 건성
運営(うんえい)	웅에-	명 운영
運河(うんが)	웅가	명 운하
うんこ	웅꼬	명 똥
うんざり	운자리	명 싫증이 나서 지겨움
運賃(うんちん)	운찡	명 차비
運転(うんてん)	운뗀	명 운전
運動(うんどう)	운도-	명 운동
運命(うんめい)	움메-	명 운명

あ
い
う
え
お
か
き
く
け
こ
さ
し
す
せ

え

絵(え)	에	명 그림
エアコン (air conditioner)	에아꽁	명 에어컨
エアロビクス (aerobics)	에아로비꾸스	명 에어로빅
永遠(えいえん)	에-엔	な형 영원

王子様との出逢いは永遠な夢です。
왕자님과의 만남은 영원한 꿈입니다.

映画(えいが)	에-가	명 영화
影響(えいきょう)	에-꾜-	명 영향
営業(えいぎょう)	에-교-	명 영업
英語(えいご)	에-고	명 영어
英国(えいこく)	에-꼬꾸	명 영국
エイズ (AIDS)	에이즈	명 에이즈
衛生(えいせい)	에-세-	명 위생
衛星(えいせい)	에-세-	명 위성
映像(えいぞう)	에-조-	명 영상
鋭敏(えいびん)	에-빈	な형 예민함
英雄(えいゆう)	에-유-	명 영웅

栄誉(えいよ)	에-요	명 영예
栄養(えいよう)	에-요-	명 영양
エース (ace)	에-스	명 에이스
笑顔(えがお)	에가오	명 웃는 얼굴, 미소
描(えが)く	에가꾸	5동 그리다, 묘사하다
駅(えき)	에끼	명 (열차)역
液晶(えきしょう)	에끼쇼-	명 액정
エキス (extract)	에끼스	명 엑기스
液体(えきたい)	에끼따이	명 액체
えくぼ	에꾸보	명 **보조개**

彼女(かのじょ)は可愛(かわい)いえくぼを持(も)っている。
그녀는 귀여운 보조개를 갖고있다.

餌(えさ)	에사	명 먹이
エスカレーター(escalator)	에스까레-따-	명 에스컬레이터
枝(えだ)	에다	명 가지(나무)
エチケット (프 etiquette)	에찌껫또	명 에티켓
エネルギー (energy)	에네루기-	명 에너지
絵(え)の具(ぐ)	에노구	명 그림물감
海老(えび)	에비	명 새우

あ
い
う
え
お
か
き
く
け
こ
さ
し
す
せ

絵本(えほん)	에홍	명 그림책
鰓(えら)	에라	명 아가미
エラー (error)	에라—	명 에러
偉(えら)い	에라이	형 훌륭하다, 큰일이다
選(えら)ぶ	에라부	5동 고르다, 선택하다
襟(えり)	에리	명 옷깃
エリート (elite)	에리—또	명 엘리트
えりまき	에리마끼	명 목도리
得(え)る	에루	하1 얻다, 이해하다
エレベーター (elevator)	에레베—따—	명 엘리베이터
宴会(えんかい)	엥까이	명 연회
遠隔(えんかく)	엥까꾸	명 원격
延期(えんき)	엥끼	명 연기, 미룸
演技(えんぎ)	엥기	명 연기
縁故(えんこ)	엥꼬	명 연고, 관련
援助(えんじょ)	엔죠	명 원조
炎症(えんしょう)	엔쇼—	명 염증
演(えん)じる	엔지루	사변 연기하다

	映画でヒロインを演じたのは誰なの？ 영화에서 여주인공을 연기한 것은 누구지？
エンジン (engine)	엔징　명 엔진
遠征(えんせい)	엔세ー　명 원정
演説(えんぜつ)	엔제쯔　명 연설
演奏(えんそう)	엔소ー　명 연주
遠足(えんそく)	엔소꾸　명 소풍
円高(えんだか)	엔다까　명 엔고, 엔화강세
延長(えんちょう)	엔쬬ー　명 연장
煙突(えんとつ)	엔또쯔　명 굴뚝
鉛筆(えんぴつ)	엠삐쯔　명 연필
塩分(えんぶん)	엠붕　명 염분, 소금기
円満(えんまん)	엠만　な형 원만, 너그러움
遠慮(えんりょ)	엔료　명 사양, 조심함

お

オアシス (oasis)	오아시스	몡 오아시스
甥(おい)	오이	몡 조카
美味(おい)しい	오이시-	혱 맛있다
追(お)いかける	오이까께루	하1 쫓아가다
追(お)い越(こ)す	오이꼬스	5동 앞지르다, 추월하다

彼は会社で先輩たちを追い越した。
그는 회사에서 선배들을 추월했다.

お医者(いしゃ)さん	오이샤상	몡 의사선생님
追(お)い出(だ)す	오이다스	5동 내쫓다, 쫓아내다
追(お)いつく	오이쯔꾸	5동 따라붙다
おいて	오이테	옌 ~에 있어서, ~에서
老(お)いる	오이루	상1 늙다, 쇠퇴하다
追(お)う	오우	5동 쫓다, 추구하다, 추방하다
負(お)う	오우	5동 업다, 떠맡다
応援(おうえん)	오-엥	몡 응원
王国(おうこく)	오-꼬꾸	몡 왕국
黄金(おうごん)	오-공	몡 황금, 돈

王様(おうさま)	오-사마	명 왕
王子(おうじ)	오-지	명 왕자
押収(おうしゅう)	오-슈-	명 압수
応(おう)じる	오-지루	サ변 응하다
応接間(おうせつま)	오-세쯔마	명 거실, 응접실
横断(おうだん)	오-당	명 횡단
王朝(おうちょう)	오-쪼-	명 왕조
応答(おうとう)	오-또-	명 응답
王妃(おうひ)	오-히	명 왕비
往復(おうふく)	오-후꾸	명 왕복
おうむ	오-무	명 앵무새
応用(おうよう)	오-요-	명 응용
往来(おうらい)	오-라이	명 왕래

この田舎は車の往来が少ない。
이 시골은 자동차의 왕래가 적다.

横領(おうりょう)	오-료-	명 횡령
終(お)える	오에루	하1 마치다, 끝내다
多(おお)い	오-이	형 많다
覆(おお)う	오-우	5동 덮다, 가리다
大(おお)きい	오-끼-	형 크다, 많다, 넓다

あ
い
う
え
お
か
き
く
け
こ
さ
し
す
せ

大(おお)きさ	오-끼사	몡 크기
狼(おおかみ)	오-까미	몡 늑대
オーケー (O.K.)	오-께-	괌 오케이
大袈裟(おおげさ)	오-게사	な형 허풍, 과장됨
大(おお)ざっぱ	오-잡빠	な형 조잡
大勢(おおぜい)	오-제-	몡 많은 사람, 여럿
オーディオ (audio)	오-디오	몡 오디오
オートバイ (일 auto+bicycle)	오-토바이	몡 오토바이
オートマチック (automatic)	오-또마찍꾸	몡 오토매틱, 자동방식
大文字(おおもじ)	오-모지	몡 대문자
大家(おおや)	오-야	몡 집주인
公(おおやけ)	오-야께	몡 공공, 관청, 공적임
大(おお)らか	오-라까	な형 대범하고 느긋함

大らかな人は他人の小さな無礼を気にしない。
대범한 사람은 남의 작은 무례를 신경쓰지 않는다.

丘(おか)	오까	몡 언덕
お母(かあ)さん	오카-상	몡 어머니
お陰(かげ)	오까게	몡 덕분, 덕택

おかしい	오까시ー	형 우습다, 이상하다
犯(おか)す	오까스	5동 범하다, 침범하다
おかず	오까즈	명 반찬
お金(かね)	오까네	명 돈
拝(おが)む	오가무	5동 절하다, 간청하다
悪寒(おかん)	오깡	명 오한
補(おぎな)う	오기나우	5동 보충하다, 메우다
起(お)きる	오끼루	상1 일어나다, 잠에서 깨다
置(お)く	오꾸	5동 두다, 놓다
億(おく)	오꾸	명 억
屋外(おくがい)	오꾸가이	명 옥외
奥(おく)さん	오꾸상	명 부인
屋上(おくじょう)	오꾸죠ー	명 옥상
贈(おく)り物(もの)	오꾸리모노	명 선물
送(おく)る	오꾸루	5동 보내다, 전송하다
贈(おく)る	오꾸루	5동 선사하다, 증정하다
遅(おく)れる	오꾸레루	하1 늦다, 뒤떨어지다
起(お)こす	오꼬스	5동 일으키다, [불]피우다

あ
い
う
え
お
か
き
く
け
こ
さ
し
す
せ

	トラブルを起こしてしまって, すみません。 말썽을 일으켜 버려 죄송합니다.	
怠(おこた)る	오꼬따루	5동 게을리하다, 등한시하다
行(おこな)う	오꼬나우	5동 행하다, 처리하다
起(おこ)る	오꼬루	5동 발생하다, 벌어지다
怒(おこ)る	오꼬루	5동 화내다, 분노하다
奢(おご)る	오고루	5동 한턱내다
押(お)さえる	오사에루	하1 누르다, 참다
幼(おさな)い	오사나이	형 어리다, 미숙하다
収(おさ)まる	오사마루	5동 알맞게 들어앉다, 수납되다
収(おさ)める	오사메루	하1 받아들이다, 거두다
惜(お)しい	오시-	형 아깝다, 애석하다
おじいさん	오지-상	명 할아버지
教(おし)える	오시에루	하1 가르치다, 일러주다
お辞儀(じぎ)	오지기	명 절, 인사
	ちゃんとお辞儀をすることが大事(だいじ)です。 제대로 인사를 하는 것이 중요합니다.	
おしっこ	오식꼬	명 오줌, 소변
鴛鴦(おしどり)	오시도리	명 원앙

お喋(しゃべ)り	오샤베리	몡 수다, 재잘거림
お嬢(じょう)さん	오죠-상	몡 아가씨
押(お)す	오스	5동 밀다, 누르다
雄(おす)	오스	몡 수컷
お世辞(せじ)	오세지	몡 겉치레말
お節介(せっかい)	오섹까이	몡 참견
汚染(おせん)	오셍	몡 오염
遅(おそ)い	오소이	혱 느리다, 늦다
襲(おそ)う	오소우	5동 덮치다, 습격하다
おそらく	오소라꾸	튀 아마, 필경
恐(おそ)れる	오소레루	하1 무서워하다, 두려워하다
恐(おそ)ろしい	오소로시-	혱 무섭다, 두렵다
教(おそ)わる	오소와루	5동 배우다, 가르침을 받다
穏(おだ)やか	오다야까	나형 온화함, 평온함
お玉杓子(たまじゃくし)	오따마쟈꾸시	몡 올챙이
陷(おちい)る	오찌이루	5동 빠지다, 걸려들다
	色仕掛けのわなに陥りました。 いろじか 미인계의 덫에 걸렸습니다.	
落(お)ち着(つ)く	오치쯔쿠	5동 자리잡다, 정착되다

落(お)ち葉(ば)	오찌바	명 낙엽
お茶(ちゃ)	오짜	명 차
落(お)ちる	오찌루	상1 떨어지다, 빠지다, 없어지다
夫(おっと)	옷또	명 남편
おつり	오쯔리	명 거스름돈
おでき	오데끼	명 종기
汚点(おてん)	오뗑	명 오점
お転婆(てんば)	오템바	명 말괄량이
音(おと)	오또	명 소리
お父(とう)さん	오또-상	명 아버지
弟(おとうと)	오또-또	명 남동생
男(おとこ)	오또꼬	명 사나이, 남자
落(お)とす	오또스	5동 떨어뜨리다
脅(おど)す	오도스	5동 위협하다
訪(おとず)れる	오또즈레루	하1 방문하다
一昨日(おととい)	오또또이	명 그저께
一昨年(おととし)	오또또시	명 재작년
大人(おとな)	오또나	명 어른, 성인
大人(おとな)しい	오또나시-	형 얌전하다, 조용하다

| | 大人しいお嬢さんだと思ったのに。 |
| | 얌전한 아가씨라고 생각했는데. |

乙女(おとめ)	오또메	몡 처녀
おとり	오또리	몡 미끼
劣(おと)る	오또루	5동 뒤지다, 열등하다
踊(おど)る	오도루	5동 춤추다
衰(おとろ)える	오또로에루	하1 쇠퇴하다, 약해지다
驚(おどろ)かす	오도로까스	5동 놀라게하다
驚(おどろ)く	오도로꾸	5동 놀라다
おなか	오나카	몡 배(복부)
同(おな)じ	오나지	な형 연 같음, 마찬가지
おなら	오나라	몡 방귀
鬼(おに)	오니	몡 귀신, 도깨비, 무서운 존재
斧(おの)	오노	몡 도끼
おばあさん	오바—상	몡 할머니
おばさん	오바상	몡 아주머니
帯(おび)	오비	몡 (허리)띠
夥(おびただ)しい	오비타다시이	형 엄청나다, 심하다
オフィス (office)	오휘스	몡 오피스

あ
い
う
え
お
か
き
く
け
こ
さ
し
す
せ

覚(おぼ)える	오보에루	하1 기억하다, 배우다
お盆(ぼん)	오봉	명 쟁반
お前(まえ)	오마에	대 너, 자네
おまけ	오마께	명 덤
お守(まも)り	오마모리	명 부적 神社(じんじゃ)でお守(まも)りを買(か)いました。 신사에서 부적을 샀습니다.
お巡(まわ)りさん	오마와리상	명 순경, 경찰관
おむつ	오무쯔	명 기저귀
重(おも)い	오모이	형 무겁다, 중요하다
思(おも)い出(だ)す	오모이다스	5동 생각해내다
思(おも)い切(き)り	오모이키리	부 실컷, 마음껏 명 체념
思(おも)いつく	오모이쯔꾸	5동 생각나다
思(おも)い出(で)	오모이데	명 추억
思(おも)う	오모우	5동 생각하다, 느끼다, 추측하다
重苦(おもくる)しい	오모꾸루시—	형 답답하다
面白(おもしろ)い	오모시로이	형 재미있다, 즐겁다
表(おもて)	오모떼	명 밖, 표면
主(おも)な	오모나	연 주된, 주요한
重(おも)み	오모미	명 (정신적)무게, 묵직함

重(おも)んじる	오몬지루	[サ변] 중시하다
	韓国人は親孝行を重んじます。 한국인은 효도를 중시합니다.	
親(おや)	오야	[명] 부모, 어버이
親子(おやこ)	오야꼬	[명] 부모자식
親孝行(おやこうこう)	오야코-꼬-	[명] 효도
親知(おやし)らず	오야시라즈	[명] 사랑니
お八(や)つ	오야쯔	[명] 간식
親指(おやゆび)	오야유비	[명] 엄지손가락
泳(およ)ぐ	오요구	[5동] 헤엄치다, 헤쳐나가다
凡(およ)そ	오요소	[부] 대강, 대개
及(およ)び	오요비	[접] 및
及(およ)ぶ	오요부	[5동] (영향이)닿다, 미치다
折(お)りよく	오리요꾸	[부] 때마침, 때맞게
降(お)りる	오리루	[상1] 내리다, 내려오다
オリンピック (Olympic)	오림삑꾸	[명] 올림픽
折(お)る	오루	[5동] 접다, 꺾다
織(お)る	오루	[5동] 짜다(실)
折(お)れる	오레루	[하1] 부러지다
オレンジ (orange)	오렌지	[명] 오렌지

あ
い
う
え
お
か
き
く
け
こ
さ
し
す
せ

愚(おろ)か	오로까	な형 어리석음, 바보같음

愚かな人間ほどよく威張る。
어리석은 사람일수록 흔히 위세를 부린다.

下(お)ろす	오로스	5동 내리다, 하차시키다
終(お)わり	오와리	명 끝, 마지막
終(お)わる	오와루	5동 끝나다, 끝내다
恩(おん)	옹	명 은혜
音楽(おんがく)	옹가꾸	명 음악
音響(おんきょう)	옹꾜-	명 음향
穏健(おんけん)	옹껜	な형 온건
温室(おんしつ)	온시쯔	명 온실
恩人(おんじん)	온징	명 은인
音声(おんせい)	온세-	명 음성
温泉(おんせん)	온셍	명 온천
音痴(おんち)	온찌	명 음치
温度(おんど)	온도	명 온도
女(おんな)	온나	명 계집, 여자
女(おんな)らしい	온나라시-	형 여자답다
おんぶする	옴부스루	サ변 업다
オンライン (on-line)	온라잉	명 온라인

か

蚊(か)	카	명 모기
蛾(が)	가	명 나방
カーディガン (cardigan)	카-디간	명 카디건
カーテン (curtain)	카-뗑	명 커튼
カード (card)	카-도	명 카드
カーネーション (carnation)	카-네-숑	명 카네이션
カーブ (curve)	카-부	명 커브
階(かい)	카이	명 층, 계단
貝(かい)	카이	명 조개, 소라
害(がい)	가이	명 해, 해로움
会員(かいいん)	카이잉	명 회원
海外(かいがい)	카이가이	명 해외
改革(かいかく)	카이까꾸	명 개혁
快活(かいかつ)	가이까쯔	な형 쾌활, 활발

快活な人は明るい雰囲気を作る。
쾌활한 사람은 밝은 분위기를 만든다.

会館(かいかん)	카이깡	명 회관

海岸(かいがん)	카이강	몡 해안
会議(かいぎ)	카이기	몡 회의
階級(かいきゅう)	카이뀨ー	몡 계급
開業(かいぎょう)	카이교ー	몡 개업
海軍(かいぐん)	카이궁	몡 해군
会計(かいけい)	카이께ー	몡 회계
解決(かいけつ)	카이께쯔	몡 해결
会見(かいけん)	카이껭	몡 회견
解雇(かいこ)	카이코	몡 해고
蚕(かいこ)	카이꼬	몡 누에
介護(かいご)	카이고	몡 뒷바라지, 몸시중

年寄りの母親の介護をしています。
늙은 모친을 돌봐드리고 있습니다.

外交(がいこう)	가이꼬ー	몡 외교
外国(がいこく)	가이꼬꾸	몡 외국
開催(かいさい)	카이사이	몡 개최
解散(かいさん)	카이상	몡 해산
海産物(かいさんぶつ)	카이삼부쯔	몡 해산물
会社(かいしゃ)	카이샤	몡 회사
解釈(かいしゃく)	카이샤꾸	몡 해석

回収(かいしゅう)	카이슈―	명 회수
外出(がいしゅつ)	가이슈쯔	명 외출
解除(かいじょ)	카이죠	명 해제
解消(かいしょう)	카이쇼―	명 해소
海上(かいじょう)	카이죠―	명 해상
外食(がいしょく)	가이쇼꾸	명 외식
外人(がいじん)	가이징	명 (서양)외국인
海水浴(かいすいよく)	카이스이요꾸	명 해수욕
回数(かいすう)	카이스―	명 횟수
解説(かいせつ)	카이세쯔	명 해설
改善(かいぜん)	카이젱	명 개선
海草(かいそう)	카이소―	명 해초
回想(かいそう)	카이소―	명 회상
快速(かいそく)	카이소꾸	명 쾌속

この列車は普通じゃなくて快速
です。
이 열차는 보통이 아니라 쾌속입니다.

海賊(かいぞく)	카이조꾸	명 해적
開拓(かいたく)	카이따꾸	명 개척
階段(かいだん)	카이당	명 계단, 층계

あ
い
う
え
お
か
き
く
け
こ
さ
し
す
せ

会談(かいだん)	카이당	명 회담
害虫(がいちゅう)	가이쮸-	명 해충
会長(かいちょう)	카이쬬-	명 회장
快適(かいてき)	카이떼끼	な형 쾌적
回転(かいてん)	카이뗑	명 회전
解答(かいとう)	카이또-	명 해답
介入(かいにゅう)	카이뉴-	명 개입
概念(がいねん)	가이넹	명 개념
開発(かいはつ)	카이하쯔	명 개발
会費(かいひ)	카이히	명 회비
回避(かいひ)	카이히	명 회피
外部(がいぶ)	가이부	명 외부
回復(かいふく)	카이후꾸	명 회복
怪物(かいぶつ)	카이부쯔	명 괴물
開放(かいほう)	카이호-	명 개방
解剖(かいぼう)	카이보-	명 해부
開幕(かいまく)	카이마꾸	명 개막
買(か)い物(もの)	카이모노	명 쇼핑, 물건구입

<ruby>女性<rt>じょせい</rt></ruby>は買い物が<ruby>大好<rt>だいす</rt></ruby>きです。
여성은 쇼핑을 아주 좋아합니다.

解約(かいやく)	카이야꾸	명 해약
外来語(がいらいご)	가이라이고	명 외래어
改良(かいりょう)	카이료-	명 개량
会話(かいわ)	카이와	명 회화
買(か)う	카우	5동 사다, 구입하다, 높이 평가하다
飼(か)う	카우	5동 사육하다, 기르다
ガウン (gown)	가운	명 가운
カウンター (counter)	카운따-	명 카운터
返(かえ)す	카에스	5동 돌려주다, 되갚다
却(かえ)って	가엣떼	부 오히려
顧(かえり)みる	카에리미루	상1 뒤돌아보다, 회고하다
帰(かえ)る	카에루	5동 돌아가다, 되돌아가다
変(か)える	카에루	하1 바꾸다, 변화시키다
蛙(かえる)	카에루	명 개구리
顔(かお)	카오	명 얼굴, 표정, 안면
顔色(かおいろ)	카오이로	명 안색, 기색
香(かお)り	카오리	명 향기

このお茶はいい香りがします。
이 차는 좋은 향기가 납니다.

あ
い
う
え
お
か
き
く
け
こ
さ
し
す
せ

画家(がか)	가까	명 화가
抱(かか)える	카까에루	하1 껴안다, 떠맡다
科学(かがく)	카가꾸	명 과학
化学(かがく)	카가꾸	명 화학
案山子(かかし)	카까시	명 허수아비
かかと	카까또	명 발뒤꿈치
鏡(かがみ)	카가미	명 거울
輝(かがや)く	카가야꾸	5동 빛나다
係員(かかりいん)	카까리잉	명 담당자
掛(か)かる	카까루	5동 걸리다, 소요되다
関(かか)わる	카까와루	5동 관계하다, 구애받다
柿(かき)	카끼	명 감
牡蛎(かき)	카끼	명 굴(해산물)
鍵(かぎ)	카기	명 열쇠
餓鬼(がき)	가끼	명 개구쟁이
書(か)き取(と)り	카끼또리	명 받아쓰기
垣根(かきね)	카끼네	명 울타리
下級(かきゅう)	카뀨ー	명 하급
家業(かぎょう)	카교ー	명 가업

限(かぎ)り	카기리	명 한계, 마지막

タバコは今回限(こんかい)りで許(ゆる)します。
담배는 이번만 허락합니다.

限(かぎ)る	카기루	5동 한정하다, 경계짓다
角(かく)	카꾸	명 각
書(か)く	카꾸	5동 쓰다(글), 저술하다
掻(か)く	카꾸	5동 긁다
嗅(か)ぐ	카구	5동 냄새맡다
家具(かぐ)	카구	명 가구
各駅停車 (かくえきていしゃ)	카꾸에끼 떼—샤	명 완행열차
覚悟(かくご)	카꾸고	명 각오
格差(かくさ)	카꾸사	명 격차
各自(かくじ)	카꾸지	명 각자
確実(かくじつ)	카꾸지쯔	な형 확실, 분명

よく眠(ねむ)る確実(かくじつ)な方法(ほうほう)はありますか。
잠을 잘 자는 확실한 방법은 있습니까?

学習(がくしゅう)	가꾸슈—	명 학습
核心(かくしん)	카꾸싱	명 핵심
確信(かくしん)	카꾸싱	명 확신
学習(がくしゅう)	가쿠슈—	명 학습

あ
い
う
え
お
か
き
く
け
こ
さ
し
す
せ

隠(かく)す	카꾸스	5동 숨기다, 감추다
覚醒(かくせい)	카꾸세―	명 각성
学生(がくせい)	가쿠세―	명 학생
拡大(かくだい)	카꾸다이	명 확대
各地(かくち)	카꾸찌	명 각지
拡張(かくちょう)	카꾸쬬―	명 확장
確定(かくてい)	카꾸떼―	명 확정
カクテル (cocktail)	카꾸떼루	명 칵테일
角度(かくど)	카꾸도	명 각도
獲得(かくとく)	카꾸또꾸	명 획득
確認(かくにん)	카꾸닝	명 확인
学年(がくねん)	가꾸넹	명 학년
学費(がくひ)	가꾸히	명 학비
楽譜(がくふ)	가꾸후	명 악보
額縁(がくぶち)	가꾸부찌	명 액자
確保(かくほ)	카꾸호	명 확보
革命(かくめい)	카꾸메―	명 혁명

じんるい　れきし　いちばんおお　じけん
人類の歴史で一番大きな事件は
さんぎょう
産業革命です。
인류 역사에서 가장 큰 사건은 산업혁명입니다.

学問(がくもん)	가꾸몽	명 학문
確率(かくりつ)	카꾸리쯔	명 확률
学歴(がくれき)	가꾸레끼	명 학력
隠(かく)れる	카꾸레루	하1 숨다, 가려지다
賭(か)け	카께	명 내기, 도박
影(かげ)	카게	명 그림자, 응달
崖(がけ)	가께	명 절벽
険口(かげくち)	카게쿠찌	명 험담
掛(か)け算(ざん)	카께장	명 곱셈
駆(か)け引(ひ)き	카께히끼	명 흥정
掛(か)ける	카께루	하1 걸다, 걸터앉다, 덮다
加減(かげん)	카겐	명 조절함, 가감, 알맞음
過去(かこ)	카꼬	명 과거
籠(かご)	카고	명 바구니
加工(かこう)	카꼬-	명 가공
化合(かごう)	카고-	명 화합
苛酷(かこく)	카꼬꾸	な형 가혹

これは過酷な労働条件です。
이것은 가혹한 노동조건입니다.

あ
い
う
え
お
か
き
く
け
こ
さ
し
す
せ

囲(かこ)む	카꼬무	5동 둘러싸다, 포위하다
傘(かさ)	카사	명 우산
重(かさ)なる	카사나루	5동 겹치다, 거듭되다
重(かさ)ねる	카사네루	하1 포개다, 거듭하다
飾(かざ)る	카자루	5동 꾸미다, 장식하다
火山(かざん)	카장	명 화산
歌詞(かし)	카시	명 가사(노랫말)
菓子(かし)	카시	명 과자
火事(かじ)	카지	명 화재
貸(か)し切(き)り	카시끼리	명 전세
賢(かしこ)い	카시꼬이	형 영리하다, 현명하다
貸出(かしだ)し	카시다시	명 대출, 빌려줌
過失(かしつ)	카시쯔	명 과실
加湿器(かしつき)	카시쯔끼	명 가습기
貸家(かしや)	카시야	명 셋집
歌手(かしゅ)	카슈	명 가수
果樹園(かじゅえん)	카쥬엔	명 과수원
齧(かじ)る	카지루	5동 베어먹다, 깨물다
貸(か)す	카스	5동 빌려주다, 도와주다

	あの一、お金(かね)を貸(か)してください。 저, 돈을 빌려주세요.		あ
数(かず)	카즈	명 수, 수량	い
ガス (gas)	가스	명 가스	う
微(かす)か	카스까	な형 희미함, 어렴풋함	え
霞(かす)み	카스미	명 안개(같은 것)	お
風(かぜ)	카제	명 바람, 형편	か
風邪(かぜ)	카제	명 감기	
化石(かせき)	카세끼	명 화석	き
稼(かせ)ぐ	카세구	5동 벌다, 열심히 일하다	
カセット (cassette)	카셋또	명 카세트	く
河川(かせん)	카셍	명 하천	け
仮想(かそう)	카소-	명 가상	
画像(がぞう)	가조-	명 화상	こ
数(かぞ)える	카조에루	하1 세다, 계산하다	
家族(かぞく)	카조꾸	명 가족	さ
ガソリン (gasoline)	가소링	명 가솔린	し
ガソリンスタンド (일 gasoline stand)	가소린스딴도	명 주유소	す
			せ

	彼女はガソリンスタンドでバイトしています。 그녀는 주유소에서 알바를 하고 있습니다.
肩(かた)	카따　　명 어깨
型(かた)	카따　　명 거푸집, 틀, 원형
硬(かた)い	카따이　　형 단단하다, 견고하다
片想(かたおも)い	카타오모이　　명 짝사랑
肩書(かたが)き	카따가끼　　명 직함
敵(かたき)	카따끼　　명 적, 원수
形(かたち)	카따찌　　명 형태, 모양
片付(かたづ)ける	카따즈께루　　하1 정리하다
蝸牛(かたつむり)	카따쯔무리　　명 달팽이
刀(かたな)	카따나　　명 칼, 도검
塊(かたまり)	카따마리　　명 덩어리, 뭉치
固(かた)まる	카따마루　　5동 굳다, 단단해지다
片道(かたみち)	카따미찌　　명 편도
傾(かたむ)く	카따무꾸　　5동 기울다, 치우치다
固(かた)める	카따메루　　하1 다지다, 굳히다
偏(かたよ)る	카따요루　　5동 치우치다, 기울다
語(かた)る	카따루　　5동 이야기하다

カタログ (catalog)	카따로구	몡 카탈로그
傍(かたわ)ら	카따와라	몡 곁, 옆
勝(か)ち	카찌	몡 이김, 승리

勝ち負けに拘る人はゆとりがない。
승패에 집착하는 사람은 여유가 없다.

価値(かち)	카찌	몡 가치
家畜(かちく)	카찌꾸	몡 가축
課長(かちょう)	카쪼-	몡 과장
勝(か)つ	카쯔	5동 이기다, 승리하다, 극복하다
かつお	카쯔오	몡 가다랑어
学科(がっか)	각까	몡 학과
がっかりする	각까리스루	サ변 실망하다
活気(かっき)	칵끼	몡 활기
楽器(がっき)	각끼	몡 악기
学期(がっき)	각끼	몡 학기
画期的(かっきてき)	칵끼떼끼	な형 획기적
学級(がっきゅう)	각뀨-	몡 학급
格好(かっこう)	칵꼬-	몡 모양, 볼품
学校(がっこう)	각꼬-	몡 학교
郭公(かっこう)	칵꼬-	몡 뻐꾸기

あ
い
う
え
お
か
き
く
け
こ
さ
し
す
せ

喝采(かっさい)	캇사이	몡 갈채
合唱(がっしょう)	갓쇼-	몡 합창
滑走路(かっそうろ)	캇소-로	몡 활주로
かつて	카쯔떼	틘 일찍이, 이전에
勝手(かって)	캇떼	松형 편리함, 제멋대로함
	どうぞご勝手に。 원하시는대로 하세요.	
カット (cut)	캇또	몡 커트
葛藤(かっとう)	캇또-	몡 갈등
活動(かつどう)	카쯔도-	몡 활동
かっと	캇또	틘 갑자기 발끈하는 모양
活発(かっぱつ)	캅빠쯔	松형 활발, 활동적
カップ (cup)	캅뿌	몡 컵
カップル (couple)	캅뿌루	몡 커플
合併(がっぺい)	갑뻬-	몡 합병
活躍(かつやく)	카쯔야꾸	몡 활약
活用(かつよう)	카쯔요-	몡 활용
かつら	카쯔라	몡 가발
家庭(かてい)	카떼-	몡 가정
仮定(かてい)	카떼-	몡 가정

過程(かてい)	카떼-	명 과정
角(かど)	카도	명 모퉁이, 모서리
カトリック (Catholic)	카또릭꾸	명 가톨릭, 천주교
適(かな)う	카나우	5동 맞다, 이루어지다

僕の長い夢が適いました。
내 오랜 꿈은 이루어졌습니다.

悲(かな)しい	카나시-	형 슬프다, 불쌍하다
悲(かな)しみ	카나시미	명 슬픔
悲(かな)しむ	카나시무	5동 슬퍼하다
カナダ (Canada)	카나다	명 캐나다
金(かな)づち	카나즈찌	명 망치
要(かなめ)	카나메	명 요점, 급소
金物(かなもの)	카나모노	명 철물
必(かなら)ず	카나라즈	부 반드시
かなり	카나리	부 상당히, 꽤
蟹(かに)	카니	명 게
加入(かにゅう)	카뉴-	명 가입
鐘(かね)	카네	명 종
金持(かねも)ち	카네모찌	명 부자
兼(か)ねる	카네루	하1 겸하다, ~하기 어렵다

	この問題が長引くと会社は倒産しかねません。 이 문제가 오래 지속되면 회사가 망할 수도 있습니다.
可能(かのう)	카노- 몡 가능
彼女(かのじょ)	카노죠 때 그녀, 여자친구, 애인
カバー (cover)	카바- 몡 커버
鞄(かばん)	카방 몡 가방
下半身(かはんしん)	카한싱 몡 하반신
過半数(かはんすう)	카한스- 몡 과반수
かび	카비 몡 곰팡이
カフェイン (caffeine)	카훼잉 몡 카페인
株式(かぶしき)	카부시끼 몡 주식
カプセル (capsule)	카뿌세루 몡 캡슐
被(かぶ)る	카부루 5동 뒤집어쓰다, 짊어지다
花粉(かふん)	카훙 몡 꽃가루
壁(かべ)	카베 몡 벽, 장애물
貨幣(かへい)	카헤- 몡 화폐
カボチャ	카보쨔 몡 호박
釜(かま)	카마 몡 솥

構(かま)う	카마우	[5동] 상관하다, 관계하다
かまきり	카마끼리	[명] 사마귀(곤충)
蒲鉾(かまぼこ)	카마보꼬	[명] 어묵
我慢(がまん)	가망	[명] 참음, 인내, 용서함
神(かみ)	카미	[명] 신, 하늘
紙(かみ)	카미	[명] 종이
髪(かみ)	카미	[명] 머리털
剃(かみ)そり	카미소리	[명] 면도기
雷(かみなり)	카미나리	[명] 천둥
髪(かみ)の毛(け)	카미노께	[명] 머리카락
嚙(か)む	카무	[5동] 씹다, 깨물다

悔(くや)しくて唇(くちびる)を嚙みました。
분해서 입술을 깨물었습니다.

ガム (chewing gum)	가무	[명] 껌
亀(かめ)	카메	[명] 거북
仮名(かめい)	카메-	[명] 가명
カメラ (camera)	카메라	[명] 카메라
仮面(かめん)	카멩	[명] 가면
画面(がめん)	가멩	[명] 화면
鴨(かも)	카모	[명] 오리

あ
い
う
え
お
か
き
く
け
こ
さ
し
す
せ

課目(かもく)	카모꾸	명	과목
貨物(かもつ)	카모쯔	명	화물
鴎(かもめ)	카모메	명	갈매기
火薬(かやく)	카야꾸	명	화약
粥(かゆ)	카유	명	죽
痒(かゆ)い	카유이	형	가렵다
通(かよ)う	카요우	5동	다니다, 통하다
火曜日(かようび)	카요-비	명	화요일
か弱(よわ)い	카요와이	형	가냘프다
柄(がら)	가라	명	무늬
カラー (color)	카라-	명	컬러
辛(から)い	카라이	형	맵다, 가혹하다
カラオケ (karaoke)	카라오케	명	노래방
からかう	카라까우	5동	놀리다, 조롱하다

2人は似合いだとよくからかわれた。
두 사람은 어울린다고 자주 놀림을 받았다.

がらくた	가라꾸따	명	잡동사니
辛口(からくち)	카라꾸찌	명	매운맛
芥子(からし)	카라시	명	겨자

烏(からす)	카라스	몡 까마귀
ガラス (네 glas)	가라스	몡 유리
体(からだ)	카라다	몡 몸, 신체
狩(か)り	카리	몡 사냥
仮(かり)	카리	몡 임시, 가짜
カリスマ (charisma)	카리스마	몡 카리스마
下流(かりゅう)	카류-	몡 하류
借(か)りる	카리루	상1 꾸다, 빌리다

お金を借りるのは危険です。
돈을 빌리는 것은 위험합니다.

刈(か)る	카루	5동 깎다, 베다
軽(かる)い	카루이	혱 가볍다
カルシウム (calcium)	카루시우무	몡 칼슘
彼(かれ)	카레	때 그 남자
カレー (curry)	카레-	몡 카레
彼(かれ)ら	카레라	때 그들
枯(か)れる	카레루	하1 시들다, 마르다
カレンダー (calendar)	카렌다-	몡 캘린더, 달력
過労(かろう)	카로-	몡 과로
かろうじて	카로-지떼	昺 간신히, 겨우

あ
い
う
え
お
か
き
く
け
こ
さ
し
す
せ

カロリー (calorie)	카로리—	명 칼로리
軽(かろ)んじる	카론지루	サ변 경시하다
川(かわ)	카와	명 강, 하천
皮(かわ)	카와	명 껍질, 표면
側(がわ)	가와	명 ~쪽, 측, 방면
乾(かわ)く	카와꾸	5동 마르다
可愛(かわい)い	카와이—	형 귀엽다
可愛(かわい)がる	카와이가루	5동 귀여워하다
可哀想(かわいそう)	카와이소—	な형 불쌍함, 가엾음
乾(かわ)かす	카와까스	5동 (건조)말리다
乾(かわ)く	카와쿠	5동 마르다, 건조해지다
代(かわ)り	카와리	명 대신, 교대
代(か)わる	카와루	5동 대신하다, 교체되다
変(か)わる	카와루	5동 변하다, 바뀌다
勘(かん)	칸	명 눈치, 육감
缶(かん)	깡	명 캔, 깡통
癌(がん)	강	명 암, 독소
肝炎(かんえん)	캉엥	명 간염
眼科(がんか)	강까	명 안과

考(かんが)える	캉가에루	하1 생각하다, 고안하다
間隔(かんかく)	캉까꾸	명 간격
感覚(かんかく)	캉까꾸	명 감각
換気(かんき)	캉끼	명 환기
観客(かんきゃく)	캉꺄꾸	명 관객
環境(かんきょう)	캉꾜ー	명 환경

しず　じゅうたくがい
静かな住宅街がいい環境です。
조용한 주택가가 좋은 환경입니다.

監禁(かんきん)	캉낑	명 감금
玩具(がんぐ)	강구	명 완구
関係(かんけい)	캉께ー	명 관계, 관련
歓迎(かんげい)	캉게ー	명 환영
感激(かんげき)	캉게끼	명 감격
簡潔(かんけつ)	캉께쯔	な형 간결
看護(かんご)	캉고	명 간호
頑固(がんこ)	강꼬	な형 완고함
慣行(かんこう)	캉꼬ー	명 관행
観光(かんこう)	캉꼬ー	명 관광
韓国(かんこく)	캉꼬꾸	명 한국
監獄(かんごく)	캉고꾸	명 감옥

観察(かんさつ)	칸사쯔	명 관찰
監視(かんし)	칸시	명 감시
感(かん)じ	칸지	명 느낌, 인상
漢字(かんじ)	칸지	명 한자
元日(がんじつ)	간지쯔	명 설날
感謝(かんしゃ)	칸샤	명 감사
患者(かんじゃ)	칸쟈	명 환자
観衆(かんしゅう)	칸슈—	명 관중
感受性(かんじゅせい)	칸쥬세—	명 감수성
願書(がんしょ)	간쇼	명 원서
干渉(かんしょう)	칸쇼—	명 간섭
鑑賞(かんしょう)	칸쇼—	명 감상(예술)
感情(かんじょう)	칸죠—	명 감정, 느낌
勘定(かんじょう)	칸죠—	명 금전지불, 계산
感触(かんしょく)	칸쇼꾸	명 감촉
関心(かんしん)	칸싱	명 관심
感心(かんしん)	칸신	명 감탄, 기특함
肝心(かんじん)	칸진	な형 중요, 핵심

<ruby>一番<rt>いちばん</rt></ruby>肝心なことは<ruby>温<rt>あたた</rt></ruby>かい<ruby>心<rt>こころ</rt></ruby>です。
가장 중요한 것은 따뜻한 마음입니다.

感(かん)ずる	칸즈루	ᄲᄇ 느끼다, 마음에 품다
完成(かんせい)	칸세-	冏 완성
歓声(かんせい)	칸세-	冏 환성
関税(かんぜい)	칸제-	冏 관세
岩石(がんせき)	간세끼	冏 암석
間接(かんせつ)	칸세쯔	冏 간접
関節(かんせつ)	칸세쯔	冏 관절
感染(かんせん)	칸센	冏 감염
完全(かんぜん)	칸젠	冏 완전
感想(かんそう)	칸소-	冏 감상, 느낌
乾燥(かんそう)	칸소-	冏 건조
肝臓(かんぞう)	칸조-	冏 간
寛大(かんだい)	칸다이	な형 관대
簡単(かんたん)	칸딴	な형 간단, 쉬움
感嘆(かんたん)	칸땅	冏 감탄
勘違(かんちが)い	칸찌가이	冏 착각, 오해 にんげんかんけい 人間関係で勘違いは起きるもの です。 인간관계에서 오해는 일어나는 것입니다.
缶詰(かんづめ)	칸즈메	冏 통조림

観点(かんてん)	칸뗑	몡 관점
乾電池(かんでんち)	칸덴찌	몡 건전지
感動(かんどう)	칸도-	몡 감동
監督(かんとく)	칸또꾸	몡 감독
観念(かんねん)	칸넹	몡 관념
寒波(かんぱ)	캄빠	몡 한파
乾杯(かんぱい)	캄빠이	몡 건배
頑張(がんば)る	감바루	5동 분발하다, 힘내다
看板(かんばん)	캄방	몡 간판
幹部(かんぶ)	캄부	몡 간부
完璧(かんぺき)	캄뻬끼	な형 완벽

<ruby>彼<rt>かれ</rt></ruby>の<ruby>英語能力<rt>えいごのうりょく</rt></ruby>は完璧です。
그의 영어실력은 완벽합니다.

勘弁(かんべん)	캄벵	몡 용서, 봐줌
勧誘(かんゆう)	칸유-	몡 권유
関与(かんよ)	캉요	몡 관여
陥落(かんらく)	칸라꾸	몡 함락
観覧席(かんらんせき)	칸란세끼	몡 관람석
管理(かんり)	칸리	몡 관리
官僚(かんりょう)	칸료-	몡 관료

完了(かんりょう)	칸료-	명 완료
慣例(かんれい)	칸레-	명 관례
関連(かんれん)	칸렝	명 관련
緩和(かんわ)	캉와	명 완화

あ
い
う
え
お
か
き
く
け
こ
さ
し
す
せ

き

気(き)	키	몡 분위기, 기운, 마음
木(き)	키	몡 나무
気圧(きあつ)	키아쯔	몡 기압
キーボード (keyboard)	키-보-도-	몡 키보드
黄色(きいろ)	키이로	몡 노랑
議員(ぎいん)	기잉	몡 의원
消(き)える	키에루	하1 꺼지다, 사라지다
記憶(きおく)	키오꾸	몡 기억
キオスク (kiosk)	키오스꾸	몡 매점
気温(きおん)	키옹	몡 기온
帰化(きか)	키까	몡 귀화
機械(きかい)	키까이	몡 기계
機会(きかい)	키까이	몡 기회
飢餓(きが)	키가	몡 기아
議会(ぎかい)	기까이	몡 의회
聞(き)かせる	키까세루	하1 들려주다
気軽(きがる)	키가루	な형 소탈함, 부담없음

気軽に話しかけてください。
부담없이 말을 걸어주세요.

期間(きかん)	키깡	명 기간
気管支(きかんし)	키깐시	명 기관지
危機(きき)	키끼	명 위기
聞(き)き取(と)り	키끼또리	명 청취
気球(ききゅう)	키뀨—	명 기구
企業(きぎょう)	키교—	명 기업
基金(ききん)	키낑	명 기금
貴金属(ききんぞく)	키낀조꾸	명 귀금속
聞(き)く	키꾸	5동 듣다, 묻다
菊(きく)	키꾸	명 국화
器具(きぐ)	키구	명 기구
気配(きくば)り	키꾸바리	명 배려
危険(きけん)	키껭	な형 위험
起源(きげん)	키겡	명 기원(시초)
機嫌(きげん)	키겡	명 안부, 기분(좋음)

あの人、ご機嫌のようだね。
저 사람 기분이 좋은가봐.

| 期限(きげん) | 키겡 | 명 기한 |

記号(きごう)	키고-	명 기호
聞(き)こえる	키꼬에루	하1 들리다, 알아듣다
帰国(きこく)	키꼬꾸	명 귀국
ぎこちない	기꼬찌나이	형 딱딱하다, 어색하다
既婚(きこん)	키꽁	명 기혼
記載(きさい)	키사이	명 기재
ぎざぎざ	기자기자	명 톱니모양
気(き)さく	키사꾸	な형 싹싹함, 소탈함
兆(きざ)し	키자시	명 조짐, 기미
刻(きざ)む	키자무	5동 새기다, 잘게 썰다
雉(きじ)	키지	명 꿩
気質(きしつ)	키시쯔	명 기질
軋(きし)む	키시무	5동 삐걱거리다
記者(きしゃ)	키샤	명 기자
技術(ぎじゅつ)	기쥬쯔	명 기술
基準(きじゅん)	키즁	명 기준
キス (kiss)	키스	명 키스
傷(きず)	키즈	명 흠, 상처
奇数(きすう)	키스-	명 홀수

築(きず)く	키즈꾸	5동 쌓다, 구축하다
	あか かてい 明るい家庭を築いてください。 밝은 가정을 꾸려주세요.	
絆(きずな)	키즈나	명 굴레, 유대
犠牲(ぎせい)	기세-	명 희생
奇跡(きせき)	키세끼	명 기적
寄生虫(きせいちゅう)	키세-쮸-	명 기생충
季節(きせつ)	키세쯔	명 계절
気絶(きぜつ)	키제쯔	명 기절
偽善(ぎぜん)	기젱	명 위선
起訴(きそ)	키소	명 기소
基礎(きそ)	키소	명 기초
競(きそ)う	키소우	5동 겨루다, 경쟁하다
偽装(ぎそう)	기소-	명 위장
規則(きそく)	키소꾸	명 규칙
貴族(きぞく)	키조꾸	명 귀족
北(きた)	키따	명 북쪽
ギター (guitar)	기따-	명 기타
期待(きたい)	키따이	명 기대
気体(きたい)	키따이	명 기체

あ
い
う
え
お
か
き
く
け
こ
さ
し
す
せ

議題(ぎだい)	기다이	뗑 의제
帰宅(きたく)	키따꾸	뗑 귀가
汚(きたな)い	키따나이	뗑 더럽다, 불결하다

危険で汚い仕事は嫌です。
위험하고 더러운 일은 싫습니다.

貴重(きちょう)	키쬬-	뗑형 귀중, 소중함
議長(ぎちょう)	기쬬-	뗑 의장
几帳面(きちょうめん)	키쬬-멘	뗑형 꼼꼼함, 고지식함
きちんと	키찐또	뛔 깔끔히, 제대로
きつい	키쯔이	뗑 힘들다, 엄하다
喫煙(きつえん)	키쯔엥	뗑 흡연
気遣(きづか)う	키즈까우	5동 염려하다, 애쓰다
切(き)っ掛(か)け	킥까께	뗑 계기, 실마리
気(き)づく	키즈꾸	5동 알아차리다, 눈치채다
切手(きって)	킷떼	뗑 우표
きっと	킷또	뛔 꼭, 반드시
狐(きつね)	키쯔네	뗑 여우
切符(きっぷ)	킵뿌	뗑 표, 티켓
危篤(きとく)	키또꾸	뗑 위독
絹(きぬ)	키누	뗑 비단

記念(きねん)	키넹	명 기념
機能(きのう)	키노-	명 역할, 기능
昨日(きのう)	키노-	명 어제
茸(きのこ)	키노꼬	명 버섯
牙(きば)	키바	명 송곳니
奇抜(きばつ)	키바쯔	な형 기발함
気晴(きば)らし	키바라시	명 기분전환
基盤(きばん)	키방	명 기반
厳(きび)しい	키비시-	い형 엄하다, 심하다
気品(きひん)	키힝	명 기품
寄付(きふ)	키후	명 기부
気分(きぶん)	키붕	명 기분, 몸 컨디션, 느낌

今日は気分が悪くて参加できません。
오늘은 컨디션이 나빠서 참가할 수 없습니다.

規模(きぼ)	키보	명 규모
技法(ぎほう)	기호-	명 기법
希望(きぼう)	키보-	명 희망
基本(きほん)	키홍	명 기본
気紛(きまぐ)れ	키마구레	な형 변덕, 일시적 현상

期末(きまつ)	키마쯔	명 기말
決(き)まる	키마루	5동 정해지다, 결정되다
君(きみ)	키미	대 너, 자네
黄身(きみ)	키미	명 노른자위
奇妙(きみょう)	키묘-	な형 기묘
義務(ぎむ)	기무	명 의무
気難(きむずか)しい	키무즈까시-	형 까다롭다
決(き)める	키메루	5동 정하다, 마음먹다
気持(きも)ち	키모찌	명 기분, 느낌, 생각
	先生に褒められて気持ちよかった。 선생님에게 칭찬을 받아 기분이 좋았다.	
着物(きもの)	키모노	명 기모노
疑問(ぎもん)	기몽	명 의문
客(きゃく)	캬꾸	명 손님, 고객
逆(ぎゃく)	갸꾸	명 역, 반대
客席(きゃくせき)	캬꾸세끼	명 객석
虐待(ぎゃくたい)	갸꾸따이	명 학대
逆転(ぎゃくてん)	갸꾸뗑	명 역전
客観的(きゃっかんてき)	캭깡테키	な형 객관적
逆境(ぎゃっきょう)	갹꾜-	명 역경

脚光(きゃっこう)	캭꼬-	图 각광
キャプテン (captain)	카뿌뗑	图 캡틴
キャベツ (cabbage)	카베쯔	图 양배추
キャンセル (cancel)	칸세루	图 캔슬
キャンデー (candy)	칸네-	图 캔디
キャンプ (camp)	캄뿌	图 캠프
キャンペーン (campaign)	캄뻰-	图 캠페인
急(きゅう)	큐-	な형 다급함, 갑작스러움
休暇(きゅうか)	큐-까	图 휴가
休業(きゅうぎょう)	큐-교-	图 휴업
休憩(きゅうけい)	큐-께-	图 휴게
急激(きゅうげき)	큐-게끼	な형 급격
急行(きゅうこう)	큐-꼬-	图 급행
求婚(きゅうこん)	큐-꽁	图 구혼

ローマンチックな求婚の儀式がほ
しい。
로맨틱한 구혼 의식을 원해요.

旧式(きゅうしき)	큐-시끼	图 구식
休日(きゅうじつ)	큐-지쯔	图 휴일
吸収(きゅうしゅう)	큐-슈-	图 흡수

あ
い
う
え
お
か
き
く
け
こ
さ
し
す
せ

急所(きゅうしょ)	큐―쇼	명 급소
救助(きゅうじょ)	큐―죠	명 구조
求職(きゅうしょく)	큐―쇼꾸	명 구직
給食(きゅうしょく)	큐―쇼꾸	명 급식
求人(きゅうじん)	큐―징	명 구인
急速(きゅうそく)	큐―소꾸	な형 급속
休息(きゅうそく)	큐―소꾸	명 휴식
宮殿(きゅうでん)	큐―뎅	명 궁전
牛肉(ぎゅうにく)	규―니꾸	명 쇠고기
牛乳(ぎゅうにゅう)	규―뉴―	명 우유
急用(きゅうよう)	큐―요―	명 급한 용무
胡瓜(きゅうり)	큐―리	명 오이
給料(きゅうりょう)	큐―료―	명 급료
清(きよ)い	키요이	형 맑다, 깨끗하다
今日(きょう)	쿄―	명 오늘, 금일
器用(きよう)	키요―	な형 재주있음, 약삭빠름

彼女はいつも器用に服をたたむ。
그녀는 언제나 솜씨 좋게 옷을 갠다.

驚異(きょうい)	쿄―이	명 경이

教育(きょういく)	쿄-이꾸	圐	교육
強化(きょうか)	쿄-까	圐	강화
教会(きょうかい)	쿄-까이	圐	교회
境界(きょうかい)	쿄-까이	圐	경계
競技(きょうぎ)	쿄-기	圐	경기
行儀(ぎょうぎ)	교-기	圐	행동거지, 예의범절
供給(きょうきゅう)	쿄-뀨-	圐	공급
教訓(きょうくん)	쿄-꿍	圐	교훈
恐慌(きょうこう)	쿄-꼬-	圐	공황
餃子(ぎょうざ)	교-자	圐	만두
教材(きょうざい)	쿄-자이	圐	교재
共産主義(きょうさんしゅぎ)	쿄-산슈기	圐	공산주의
教師(きょうし)	쿄-시	圐	교사
行事(ぎょうじ)	교-지	圐	행사
教室(きょうしつ)	쿄-시쯔	圐	교실
教授(きょうじゅ)	쿄-쥬	圐	교수
強制(きょうせい)	쿄-세-	圐	강제
行政(ぎょうせい)	교-세-	圐	행정
業績(ぎょうせき)	교-세끼	圐	업적

あ
い
う
え
お
か
き
く
け
こ
さ
し
す
せ

競争(きょうそう)	쿄-소-	명 경쟁
兄弟(きょうだい)	쿄-다이	명 형제
強調(きょうちょう)	쿄-쬬-	명 강조
共通(きょうつう)	쿄-쯔-	명 공통
協定(きょうてい)	쿄-떼-	명 협정
共同(きょうどう)	쿄-도-	명 공동
脅迫(きょうはく)	쿄-하꾸	명 협박
恐怖(きょうふ)	쿄-후	명 공포
興味(きょうみ)	쿄-미	명 흥미

<ruby>私<rt>わたし</rt></ruby>は<ruby>日本<rt>にほん</rt></ruby>の<ruby>映画<rt>えいが</rt></ruby>に興味があります。
나는 일본영화에 관심이 있습니다.

共有(きょうゆう)	쿄-유-	명 공유
教養(きょうよう)	쿄-요-	명 교양
恐竜(きょうりゅう)	쿄-류-	명 공룡
協力(きょうりょく)	쿄-료꾸	명 협력
強力(きょうりょく)	쿄-료꾸	な형 강력, 폭력
行列(ぎょうれつ)	교-레쯔	명 행렬
虚栄心(きょえいしん)	쿄에-싱	명 허영심
許可(きょか)	쿄까	명 허가
漁業(ぎょぎょう)	교교-	명 어업

極限(きょくげん)	쿄꾸겡	명 극한
曲線(きょくせん)	쿄꾸셍	명 곡선
極端(きょくたん)	쿄꾸땅	な형 극단
虚弱(きょじゃく)	쿄자꾸	な형 허약

虚弱な人でも努力すれば強くなれます。
허약한 사람이라도 노력하면 강해질 수 있습니다.

居住(きょじゅう)	쿄쥬-	명 거주
巨人(きょじん)	쿄징	명 거인
漁船(ぎょせん)	교셍	명 어선
漁村(ぎょそん)	교송	명 어촌
巨大(きょだい)	쿄다이	な형 거대, 큰 규모
去年(きょねん)	쿄넹	명 작년
拒否(きょひ)	쿄히	명 거부
虚無(きょむ)	쿄무	な형 허무
許容(きょよう)	쿄요-	명 허용
距離(きょり)	쿄리	명 거리, 간격
嫌(きら)い	키라이	な형 싫어함, 차별
嫌(きら)う	키라우	5동 싫어하다, 꺼리다
きらきら	키라끼라	부 반짝반짝

あ
い
う
え
お
か
き
く
け
こ
さ
し
す
せ

霧(きり)	키리	몡 안개
錐(きり)	키리	몡 송곳
義理(ぎり)	기리	몡 의리, 친척관계
霧雨(きりさめ)	키리사메	몡 이슬비
切(き)り離(はな)す	키리하나스	5동 잘라내다
切(き)り札(ふだ)	키리후다	몡 최후의 수단
気力(きりょく)	키료꾸	몡 기력
麒麟(きりん)	키링	몡 기린
切(き)る	키루	5동 베다, 자르다, 끊다

さっき爪(つめ)を切った。
아까 손톱을 깎았다.

着(き)る	키루	상1 입다, 뒤집어쓰다
奇麗(きれい)	키레–	な형 깨끗함, 아름다움
切(き)れる	키레루	하1 베이다, 잘리다, 끊기다
記録(きろく)	키로꾸	몡 기록
疑惑(ぎわく)	기와꾸	몡 의혹
際立(きわだ)つ	키와다쯔	5동 두드러지다
際(きわ)どい	키와도이	형 아슬아슬하다
極(きわ)めて	키와메떼	🅱 지극히, 몹시
金(きん)	킹	몡 금, 돈

銀(ぎん)	깅	명 은
禁煙(きんえん)	킹엥	명 금연
銀河(ぎんが)	깅가	명 은하수
金額(きんがく)	킹가꾸	명 금액
緊急(きんきゅう)	킹뀨-	な형 긴급

緊急の用事ができてタクシーで行きました。
긴급한 용무가 생겨서 택시로 갔습니다.

金魚(きんぎょ)	킹교	명 금붕어
金庫(きんこ)	킹꼬	명 금고
均衡(きんこう)	킹꼬-	명 균형
銀行(ぎんこう)	깅꼬-	명 은행
近視(きんし)	킨시	명 근시
禁止(きんし)	킨시	명 금지
緊縮(きんしゅく)	킨슈꾸	명 긴축
近所(きんじょ)	킨죠	명 이웃
金星(きんせい)	킨세-	명 금성
金属(きんぞく)	킨조꾸	명 금속
緊張(きんちょう)	킨쬬-	명 긴장
筋肉(きんにく)	킨니꾸	명 근육

近年(きんねん)	킨넨	명 근래, 근년
勤勉(きんべん)	킨벤	な형 근면
吟味(ぎんみ)	김미	명 음미
勤務(きんむ)	킴무	명 근무
金融(きんゆう)	킹유-	명 금융
金曜日(きんようび)	킹요-비	명 금요일
禁欲(きんよく)	킹요꾸	명 금욕

く

具合(ぐあい)	구아이	명 상태, 형편
区域(くいき)	쿠이끼	명 구역
悔(く)いる	쿠이루	상1 뉘우치다
食(く)う	쿠우	5동 (속어)먹다, 생활하다
空間(くうかん)	쿠-깡	명 공간
空気(くうき)	쿠-끼	명 공기
空港(くうこう)	쿠-꼬-	명 공항
空襲(くうしゅう)	쿠-슈-	명 공습
偶数(ぐうすう)	구-스-	명 짝수
偶然(ぐうぜん)	구-젠	부 우연히 な형 우연

偶然好きな人にばったり出会いました。
우연히 좋아하는 사람과 딱 마주쳤습니다.

空想(くうそう)	쿠-소-	명 공상
偶像(ぐうぞう)	구-조-	명 우상
空中(くうちゅう)	쿠-쮸-	명 공중
空白(くうはく)	쿠-하꾸	명 공백
九月(くがつ)	쿠가쯔	명 구월

あ
い
う
え
お
か
き
く
け
こ
さ
し
す
せ

釘(くぎ)	쿠기	몡 못(쇠)
草(くさ)	쿠사	몡 풀, 잡초
臭(くさ)い	쿠사이	혱 냄새나다
鎖(くさり)	쿠사리	몡 쇠사슬
腐(くさ)る	쿠사루	5동 썩다, 상하다
串(くし)	쿠시	몡 꼬챙이
櫛(くし)	쿠시	몡 빗
挫(くじ)く	쿠지꾸	5동 삐다, 꺾다
くじ引(び)き	쿠지비끼	몡 제비뽑기
孔雀(くじゃく)	쿠쟈꾸	몡 공작
くしゃみ	쿠샤미	몡 재채기
鯨(くじら)	쿠지라	몡 고래
くず	쿠즈	몡 쓰레기
ぐずぐず	구즈구즈	분 꾸물거리는 모양

ぐずぐずしないで速く出かけよう。
꾸물꾸물하지 말고 빨리 나가자.

崩(くず)す	쿠즈스	5동 무너뜨리다
崩(くず)れる	쿠즈레루	하1 무너지다
くすぐったい	쿠스굿따이	혱 간지럽다
薬(くすり)	쿠스리	몡 약

癖(くせ)	쿠세	몡 버릇
具体的(ぐたいてき)	구따이떼끼	な형 구체적
砕(くだ)く	쿠다쿠	5동 부수다, 깨뜨리다
くたびれる	쿠따비레루	하1 지치다, 허름해지다
果物(くだもの)	쿠다모노	몡 과일
口(くち)	쿠찌	몡 입, 입맛, 말솜씨, 입구
口癖(くちぐせ)	쿠찌구세	몡 말버릇
口喧嘩(くちげんか)	쿠찌겡까	몡 언쟁
嘴(くちばし)	쿠찌바시	몡 부리
唇(くちびる)	쿠찌비루	몡 입술
口笛(くちぶえ)	쿠찌부에	몡 휘파람
口紅(くちべに)	쿠찌베니	몡 입술연지
靴(くつ)	쿠쯔	몡 구두
苦痛(くつう)	쿠쯔-	몡 고통
覆(くつがえ)す	쿠쯔가에스	5동 뒤엎다
靴下(くつした)	쿠쯔시따	몡 양말
くっつく	쿳쯔꾸	5동 달라붙다

フライパンに卵焼きがくっついた。
프라이팬에 계란후라이가 달라붙었다.

寛(くつろ)ぐ	쿠쯔로구	5동 편히 쉬다

あ
い
う
え
お
か
き
く
け
こ
さ
し
す
せ

国(くに)	쿠니	명 나라, 국가
配(くば)る	쿠바루	5동 나누어주다
首(くび)	쿠비	명 고개, 머리
区別(くべつ)	쿠베쯔	명 구별
窪(くぼ)み	쿠보미	명 우묵한 곳
熊(くま)	쿠마	명 곰
組(くみ)	쿠미	명 (~학년 ~반) 반
組合(くみあい)	쿠미아이	명 조합
組(く)み合(あ)わせ	쿠미아와세	명 짜맞추기, 편성
組(く)み立(た)てる	쿠미따떼루	하1 조립하다, 짜맞추다
組(く)む	쿠무	5동 짜다(편성), 조직하다
汲(く)む	쿠무	5동 푸다, 따라서 마시다
蜘蛛(くも)	쿠모	명 거미
雲(くも)	쿠모	명 구름
曇(くも)り	쿠모리	명 흐림
曇(くも)る	쿠모루	5동 흐리다, 흐려지다
悔(くや)しい	쿠야시-	형 억울하다, 분하다
	囲碁に負けて悔しいです。 바둑에서 져서 분합니다.	
暗(くら)い	쿠라이	형 어둡다

位(くらい)	쿠라이	몡 지위; 정도, 쯤, 만큼
クライマックス (climax)	쿠라이막꾸스	몡 클라이맥스
クラシック (classic)	쿠라식꾸	몡 클래식
暮(く)らし	쿠라시	몡 생활, 일상
暮(くら)す	쿠라스	5동 생활하다, 시내나
クラブ (club)	쿠라부	몡 클럽, 모임
グラフ (graph)	구라후	몡 그래프
比(くら)べる	쿠라베루	하1 비교하다, 견주다
グラム (gram)	구라무	몡 그램
栗(くり)	쿠리	몡 밤(견과)
繰(く)り返(かえ)す	쿠리카에스	5동 되풀이하다, 반복하다
クリスマス (Christmas)	쿠리스마스	몡 크리스마스
クリック (click)	쿠릭꾸	몡 클릭
来(く)る	쿠루	力변 오다, 다가오다
狂(くる)う	쿠루우	5동 (정신이) 미치다, 잘못되다
グループ (group)	구루-뿌	몡 그룹
苦(くる)しい	쿠루시-	형 괴롭다, 곤란하다
苦(くる)しむ	쿠루시무	5동 시달리다, 고생하다

	頭痛で苦しい時はコーヒーを飲みます。 두통으로 괴로울 땐 커피를 마십니다.
車(くるま)	쿠루마　명 자동차
胡桃(くるみ)	쿠루미　명 호두
クレーン (crane)	쿠렌-　명 크레인
クレジットカード (credit card)	쿠레짓또 카-도　명 신용카드
くれる	쿠레루　하1 (내게) 주다, ~해주다
黒(くろ)い	쿠로이　형 검다, 까맣다
苦労(くろう)	쿠로-　명 고생
玄人(くろうと)	쿠로우또　명 전문가
グローバル (global)	구로-바루　な형 글로벌
黒字(くろじ)	쿠로지　명 흑자
加(くわ)える	쿠와에루　하1 더하다, 추가하다
詳(くわ)しい	쿠와시-　형 상세하다
群衆(ぐんしゅう)	군슈-　명 군중
勲章(くんしょう)	쿤쇼-　명 훈장
軍人(ぐんじん)	군징　명 군인
訓練(くんれん)	쿤렝　명 훈련

け

毛(け)	케	명 털, 머리카락
経営(けいえい)	케-에-	명 경영
経過(けいか)	케-까	명 경과
警戒(けいかい)	케-까이	명 경계(조심)
軽快(けいかい)	케-까이	な형 경쾌

軽快な音楽に合わせて踊りました。
경쾌한 음악에 맞춰 춤췄습니다.

計画(けいかく)	케-까꾸	명 계획
景気(けいき)	케-끼	명 경기, 호황
経験(けいけん)	케-껭	명 경험
敬語(けいご)	케-고	명 경어
稽古(けいこ)	케-꼬	명 (무술, 기술 등의) 연습
傾向(けいこう)	케-꼬-	명 경향
警告(けいこく)	케-꼬꾸	명 경고
掲載(けいさい)	케-사이	명 게재
経済(けいざい)	케-자이	명 경제
警察官(けいさつかん)	케-사쯔깡	명 경찰관

計算(けいさん)	케-상	명 계산
掲示(けいじ)	케이지	명 게시
刑事(けいじ)	케-지	명 형사
形式(けいしき)	케-시끼	명 형식
芸術(げいじゅつ)	게-쥬쯔	명 예술
形成(けいせい)	케-세-	명 형성
継続(けいぞく)	케-조꾸	명 계속
軽率(けいそつ)	케-소쯔	な형 경솔
携帯(けいたい)	케-따이	명 휴대
芸能人(げいのうじん)	게-노-징	명 연예인
競馬(けいば)	케-바	명 경마
軽薄(けいはく)	케-하꾸	な형 경박

軽薄（ひと）な人とは結婚（けっこん）したくないです。
경박한 사람과는 결혼하고 싶지 않습니다.

刑罰(けいばつ)	케-바쯔	명 형벌
警備(けいび)	케-비	명 경비
軽(けい)べつ	케-베쯔	명 경멸
刑務所(けいむしょ)	케-무쇼	명 교도소
契約(けいやく)	케-야꾸	명 계약
経由(けいゆ)	케-유	명 경유

経理(けいり)	케-리	몡 경리
経歴(けいれき)	케-레끼	몡 경력
経路(けいろ)	케-로	몡 경로
ケーキ (cake)	케-끼	몡 케이크
ケータイ	케-타이	몡 휴대폰
ケーブル (cable)	케-부루	몡 케이블
ゲーム (game)	게-무	몡 게임
怪我(けが)	케가	몡 부상, 상처

怪我はしなかったからご安心ください。
다치지는 않았으니까 안심하세요.

毛皮(けがわ)	케가와	몡 모피
今朝(けさ)	케사	몡 오늘 아침
景色(けしき)	케시끼	몡 경치
消(け)しゴム	케시고무	몡 지우개
下車(げしゃ)	게샤	몡 하차
下宿(げしゅく)	게슈꾸	몡 하숙
下旬(げじゅん)	게쥰	몡 하순
化粧(けしょう)	케쇼-	몡 화장
化粧品(けしょうひん)	케쇼-힌	몡 화장품

あ
い
う
え
お
か
き
く
け
こ
さ
し
す
せ

消(け)す	케스	5동 끄다, 지우다
下水道(げすいどう)	게스이도-	명 하수도
削(けず)る	케즈루	5동 깎다, 삭감하다
けた	케따	명 자릿수
下駄(げた)	게따	명 나막신
気高(けだか)い	케다까이	형 고상하다
獣(けだもの)	케다모노	명 짐승
けち	케찌	な형 인색함, 비열함, 구두쇠
ケチャップ (catchup)	케쨥뿌	명 케첩
血圧(けつあつ)	케쯔아쯔	명 혈압
決意(けつい)	케쯔이	명 결의
血液(けつえき)	케쯔에끼	명 혈액
結果(けっか)	켁까	명 결과
欠陥(けっかん)	켓깡	명 결함
血管(けっかん)	켁깡	명 혈관
月給(げっきゅう)	겍뀨-	명 월급
結局(けっきょく)	켁꾜꾸	부 결국
欠勤(けっきん)	켁낑	명 결근
結構(けっこう)	켁코-	な형 좋음, 충분함 부 제법, 상당히

	この本は結構面白い。 이 책은 상당히 재미있다.	
結婚(けっこん)	켓꽁	명 결혼
決済(けっさい)	켓사이	명 결제
傑作(けっさく)	켓사꾸	명 걸작
決(けっ)して	켓시떼	부 결코, 절대로
決勝(けっしょう)	켓쇼-	명 결승
決心(けっしん)	켓싱	명 결심
欠席(けっせき)	켓세끼	명 결석
決断(けつだん)	케쯔당	명 결단
決定(けってい)	켓떼-	명 결정
欠点(けってん)	켓뗑	명 결점
げっぷ	겝뿌	명 트림
欠乏(けつぼう)	케쯔보-	명 결핍
月曜日(げつようび)	게쯔요-비	명 월요일
結論(けつろん)	케쯔롱	명 결론
貶(けな)す	케나스	5동 헐뜯다, 비난하다
気配(けはい)	케하이	명 낌새, 조짐
	誰も見えないが、人の気配がする。 아무도 안 보이지만 인기척이 느껴진다.	

仮病(けびょう)	케뵤-	圐 꾀병
煙(けむり)	케무리	圐 연기
下落(げらく)	게라꾸	圐 하락
下痢(げり)	게리	圐 설사
蹴(け)る	케루	5동 차다, 일축하다
けれど	케레도	젭 하지만, 그러나
険(けわ)しい	케와시-	혱 험하다
県(けん)	켕	圐 현, 행정구역
権威(けんい)	켕이	圐 권위
原因(げんいん)	겡잉	圐 원인
現役(げんえき)	겡에끼	圐 현역
嫌悪(けんお)	켕오	圐 혐오
見解(けんかい)	켕까이	圐 견해
限界(げんかい)	겡까이	圐 한계
見学(けんがく)	켕가꾸	圐 견학
厳格(げんかく)	겡까꾸	나혱 엄격
玄関(げんかん)	겡깡	圐 현관
元気(げんき)	겡키	나혱 원기, 기운, 활력

その間お元気でしたか。
그 동안 잘 지내셨습니까?

研究(けんきゅう)	켕뀨—	명 연구
謙虚(けんきょ)	켕꾜	な형 겸허, 겸손
厳禁(げんきん)	겡낑	명 엄금
現金(げんきん)	겡낑	명 현금
献血(けんけつ)	겡께쯔	명 헌혈
言語(げんご)	겡고	명 언어
健康(けんこう)	켕꼬—	な형 건강
原稿(げんこう)	겡꼬—	명 (출판)원고
原告(げんこく)	겡꼬꾸	명 (재판)원고
検査(けんさ)	켄사	명 검사(조사)
健在(けんざい)	켄자이	な형 건재
現在(げんざい)	겐자이	명 현재
検索(けんさく)	켄사꾸	명 검색
原作(げんさく)	겐사꾸	명 원작
原産地(げんさんち)	겐산찌	명 원산지
原子(げんし)	겐시	명 원자
現実(げんじつ)	겐지쯔	명 현실
研修(けんしゅう)	켄슈—	명 연수
厳粛(げんしゅく)	겐슈꾸	な형 엄숙

減少(げんしょう)	겐쇼ー	몡 감소
現象(げんしょう)	겐쇼ー	몡 현상
検診(けんしん)	켄싱	몡 검진
献身(けんしん)	켄싱	몡 헌신
建設(けんせつ)	켄세쯔	몡 건설
健全(けんぜん)	켄젠	나형 건전
原則(げんそく)	겐소꾸	몡 원칙
謙遜(けんそん)	켄손	나형 겸손

謙遜な人が愛されます。
겸손한 사람이 사랑 받습니다.

現代(げんだい)	겐다이	몡 현대
現地(げんち)	겐찌	몡 현지
建築(けんちく)	켄찌꾸	몡 건축
限度(げんど)	겐도	몡 한도
検討(けんとう)	켄또ー	몡 검토
見当(けんとう)	켄또ー	몡 짐작, 예상; 방향

この本を読めば大体見当がつくだろう。
이 책을 읽으면 대략 짐작이 갈 것이다.

| 原動力 (げんどうりょく) | 겐도ー료꾸 | 몡 원동력 |
| 現場(げんば) | 겜바 | 몡 현장 |

顕微鏡(けんびきょう)	켐비꾜-	명 현미경
見物(けんぶつ)	켐부쯔	명 구경
憲法(けんぽう)	켐뽀-	명 헌법
賢明(けんめい)	켄메-	명 현명
倹約(けんやく)	켕야쿠	명 검약, 절약
権利(けんり)	켄리	명 권리
原理(げんり)	겐리	명 원리
原料(げんりょう)	겐료-	명 원료
言論(げんろん)	겐롱	명 언론

あ
い
う
え
お
か
き
く
け
こ
さ
し
す
せ

こ

子(こ)	코	圐 자식, 아이, 애
濃(こ)い	코이	圐 진하다, 짙다
鯉(こい)	코이	圐 잉어
恋(こい)	코이	圐 (남녀간)사랑, 연애
故意(こい)	코이	圐 고의, 의도적임
語彙(ごい)	고이	圐 어휘
恋(こい)しい	코이시―	圐 그립다
子犬(こいぬ)	코이누	圐 강아지
恋人(こいびと)	코이비또	圐 애인

私(わたし)の恋人になってください。
나의 애인이 되어주세요.

コイン (coin)	코잉	圐 코인
こう	코―	圐 이렇게, 이처럼
行為(こうい)	코―이	圐 행위
好意(こうい)	코―이	圐 호의
合意(ごうい)	고―이	圐 합의
後遺症(こういしょう)	코―이쇼―	圐 후유증
幸運(こううん)	코―웅	圐 행운

光栄(こうえい)	코-에-	な형 영광
講演(こうえん)	코-엥	명 강연
公園(こうえん)	코-엥	명 공원
効果(こうか)	코-까	명 효과
豪華(ごうか)	고-까	な형 호화로움, 사치
公開(こうかい)	코-까이	명 공개
航海(こうかい)	코-까이	명 항해
後悔(こうかい)	코-까이	명 후회
公害(こうがい)	코-가이	명 공해
郊外(こうがい)	코-가이	명 교외
高額(こうがく)	코-가꾸	명 고액
工学(こうがく)	코-가꾸	명 공학
合格(ごうかく)	고-까꾸	명 합격
交換(こうかん)	코-깡	명 교환
好感(こうかん)	코-깡	명 호감

初対面から好感を持っていました。
초면부터 호감을 갖고 있었습니다.

講義(こうぎ)	코-기	명 강의
抗議(こうぎ)	코-기	명 항의
高気圧(こうきあつ)	코-끼아쯔	명 고기압

好奇心(こうきしん)	코-끼싱	圀 호기심
高級(こうきゅう)	코-뀨-	圀 고급
工業(こうぎょう)	코-교-	圀 공업
航空(こうくう)	코-꾸-	圀 항공
光景(こうけい)	코-케-	圀 광경
合計(ごうけい)	고-께-	圀 합계
後継者(こうけいしゃ)	코-께-샤	圀 후계자
攻撃(こうげき)	코-게끼	圀 공격
貢献(こうけん)	코-껭	圀 공헌
高原(こうげん)	코-겡	圀 고원
交互(こうご)	코-고	圀 번갈아 함, 교대
高校(こうこう)	코-꼬-	圀 고교
広告(こうこく)	코-꼬꾸	圀 광고
口座(こうざ)	코-자	圀 계좌
講座(こうざ)	코-자	圀 강좌
交際(こうさい)	코-사이	圀 교제
降参(こうさん)	코-상	圀 항복

日本軍は武器を捨てて降参した。
일본군은 무기를 버리고 항복했다.

講師(こうし)	코-시	圀 강사

工事(こうじ)	코-지	몡 공사
公式(こうしき)	코-시끼	몡 공식
後者(こうしゃ)	코-샤	몡 후자
交渉(こうしょう)	코-쇼-	몡 교섭
工場(こうじょう)	코-죠-	몡 공장
更新(こうしん)	코-싱	몡 갱신
行進(こうしん)	코-싱	몡 행진
香水(こうすい)	코-스이	몡 향수
洪水(こうずい)	코-즈이	몡 홍수
構成(こうせい)	코-세-	몡 구성
公正(こうせい)	코-세-	나형 공정
合成(ごうせい)	고-세-	몡 합성
光線(こうせん)	코-셍	몡 광선
公然(こうぜん)	코-젠	몡 공공연함
酵素(こうそ)	코-소	몡 효소
構想(こうそう)	코-소-	몡 구상
構造(こうぞう)	코-조-	몡 구조
拘束(こうそく)	코-소꾸	몡 구속
高速(こうそく)	코-소꾸	몡 고속

あ
い
う
え
お
か
き
く
け
こ
さ
し
す
せ

交代(こうたい)	코-따이	명 교대
広大(こうだい)	코-다이	な형 광대함, 광범위

_{たいへいよう} _は
太平洋は果てしなく広大だ。
태평양은 한없이 광대하다.

皇太子(こうたいし)	코-따이시	명 황태자
光沢(こうたく)	코-따꾸	명 광택
紅茶(こうちゃ)	코-쨔	명 홍차
校長(こうちょう)	코-쪼-	명 교장
好調(こうちょう)	코-쪼-	な형 호조, 순조로움
交通(こうつう)	코-쯔-	명 교통
肯定(こうてい)	코-떼-	명 긍정
皇帝(こうてい)	코-떼-	명 황제
好転(こうてん)	코-뗑	명 호전
行動(こうどう)	코-도-	명 행동
講堂(こうどう)	코-도-	명 강당
合同(ごうどう)	고-도-	명 합동
公認(こうにん)	코-닝	명 공인
後任(こうにん)	코-닝	명 후임
荒廃(こうはい)	코-하이	명 황폐

_{せんそう} _{と かい}
戦争で都会が荒廃した。
전쟁으로 도시가 황폐해졌다.

後輩(こうはい)	코-하이	명 후배
勾配(こうばい)	코-바이	명 경사, 비탈
購買(こうばい)	코-바이	명 구매
香(こう)ばしい	코-바시-	형 고소하다, 향기롭다
後半(こうはん)	코-항	명 후반
交番(こうばん)	코-방	명 파출소
交尾(こうび)	코-비	명 교미
好評(こうひょう)	코-효-	명 호평
幸福(こうふく)	코-후쿠	な형 행복
興奮(こうふん)	코-훙	명 흥분
公平(こうへい)	코-헤-	な형 공평
候補(こうほ)	코-호	명 후보
酵母(こうぼ)	코-보	명 효모
合法(ごうほう)	고-호-	명 합법
傲慢(ごうまん)	고-만	な형 거만, 우월감

傲慢な態度はもうやめてくれ。
거만한 태도는 이제 그만둬라.

光明(こうみょう)	코-묘-	명 광명
巧妙(こうみょう)	코-묘-	な형 교묘
公務員(こうむいん)	코-무잉	명 공무원

あ
い
う
え
お
か
き
く
け
こ
さ
し
す
せ

項目(こうもく)	코-모꾸	똉 항목
蝙蝠(こうもり)	코-모리	똉 박쥐, 기회주의자
拷問(ごうもん)	고-몽	똉 고문
肛門(こうもん)	코-몽	똉 항문
荒野(こうや)	코-야	똉 황야
紅葉(こうよう)	코-요-	똉 단풍
公立(こうりつ)	코-리쯔	똉 공립
効率(こうりつ)	코-리쯔	똉 효율
交流(こうりゅう)	코-류-	똉 교류
合流(ごうりゅう)	고-류-	똉 합류
効力(こうりょく)	코-료꾸	똉 효력
功労(こうろう)	코-로-	똉 공로
声(こえ)	코에	똉 소리, 음성
越(こ)える	코에루	하1 넘다, 지나다
コース (course)	코-스	똉 코스
コーチ (coach)	코-찌	똉 코치
コート (coat)	코-또	똉 코트, 외투
コーヒー (coffee)	코-히-	똉 커피
氷(こおり)	코-리	똉 얼음

蒸気(じょうき)も雪(ゆき)も氷(こおり)も水(みず)になる。
증기도 눈도 얼음도 물이 된다.

凍(こお)る	코-루	5동 얼다
こおろぎ	코-로기	명 귀뚜라미
誤解(ごかい)	고까이	명 오해
顧客(こかく)	코카꾸	명 고객, 손님
語学(ごがく)	고가꾸	명 어학
小型(こがた)	코가따	명 소형
五月(ごがつ)	고가쯔	명 오월
互換(ごかん)	고깡	명 호환
小切手(こぎって)	코깃떼	명 수표
ゴキブリ	고끼부리	명 바퀴벌레
呼吸(こきゅう)	코뀨-	명 호흡
故郷(こきょう)	코꾜-	명 고향
国語(こくご)	코꾸고	명 국어
国際(こくさい)	코꾸사이	명 국제
国産(こくさん)	코꾸상	명 국산
黒人(こくじん)	코꾸징	명 흑인
国籍(こくせき)	코꾸세끼	명 국적
告訴(こくそ)	코꾸소	명 고소

国土(こくど)	코꾸도	명 국토
国内(こくない)	코꾸나이	명 국내
告白(こくはく)	코꾸하꾸	명 고백

告白する時は胸がドキドキする。
고백할 때는 가슴이 두근두근한다.

告発(こくはつ)	코꾸하쯔	명 고발
克服(こくふく)	코꾸후꾸	명 극복
国民(こくみん)	코꾸밍	명 국민
苔(こけ)	코께	명 이끼
ここ	코꼬	대 여기, 이곳, 이때
午後(ごご)	고고	명 오후
故国(ここく)	코꼬꾸	명 고국
小言(こごと)	코고또	명 잔소리, 불평
心(こころ)	코꼬로	명 마음, 기분, 진심
心得(こころえ)る	코꼬로에루	하1 터득하다
心(こころ)がける	코꼬로가 께루	하1 주의하다
志(こころざし)	코꼬로자시	명 의지, 호의
試(こころ)みる	코꼬로미루	상1 시도하다
誤算(ごさん)	고상	명 오산
腰(こし)	코시	명 허리

孤児(こじ)	코지	명 고아
乞食(こじき)	코지끼	명 거지
後日(ごじつ)	고지쯔	명 후일
故障(こしょう)	코쇼-	명 고장
個人(こじん)	코징	명 개인
越(こ)す	코스	5동 넘다, 지나다; 오다, 가다

だんせい びじん
男性にとって美人に越したことは
ない。
남자에게 미인보다 나은 것은 없다.

コスモス (cosmos)	코스모스	명 코스모스
擦(こす)る	코스루	5동 문지르다, 비비다
個性(こせい)	고세-	명 개성
戸籍(こせき)	코세끼	명 호적
小銭(こぜに)	코제니	명 동전, 잔돈
午前(ごぜん)	고젱	명 오전
固体(こたい)	코따이	명 고체
答(こた)える	코따에루	하1 대답하다, 응하다
木霊(こだま)	코다마	명 메아리
拘(こだわ)る	코다와루	5동 구애받다
誇張(こちょう)	코쬬-	명 과장

あ
い
う
え
お
か
き
く
け
こ
さ
し
す
せ

誇張しないで事実だけ言ってくれ。
과장하지 말고 사실만 말해줘.

こちら	코치라	대 **이쪽, 이곳**
こぢんまり	코짐마리	부 **조촐하고 아늑함**
国家(こっか)	콕까	명 **국가**
小遣(こづか)い	코즈까이	명 **용돈**
国会(こっかい)	콕까이	명 **국회**
国旗(こっき)	콕끼	명 **국기**
国境(こっきょう)	콕꾜-	명 **국경**
骨折(こっせつ)	콧세쯔	명 **골절**
こっち	콧찌	대 **이쪽, 여기**
小包(こづつみ)	코즈쯔미	명 **소포**
骨董品(こっとうひん)	콧또-힝	명 **골동품**
コップ (네 kop)	콥뿌	명 **컵**
固定(こてい)	코떼-	명 **고정**
古典(こてん)	코뗑	명 **고전**
こと	코토	명 **일, 사정, 경우**
孤独(こどく)	코도꾸	な형 **고독**

人間はみんな孤独な存在だ。
사람은 모두 고독한 존재다.

今年(ことし)	코또시	명 **올해, 금년**

異(こと)なる	코또나루	5동	다르다, 상이하다
言葉(ことば)	코또바	명	말
子供(こども)	코도모	명	어린이, 아이, 자식
断(ことわ)る	코또와루	5동	양해를 구하다, 거절하다
諺(ことわざ)	코또와자	명	속담
粉(こな)	코나	명	가루, 분말
こなす	코나스	5동	해치우다
コネ (connections)	코네	명	연줄, 빽
この	코노	연	이
木(こ)の葉(は)	코노하	명	나뭇잎
好(この)み	코노미	명	기호, 취향
好(この)む	코노무	5동	좋아하다, 선호하다
拒(こば)む	코바무	5동	거부하다
ご飯(はん)	고항	명	밥
こぶ	코부	명	혹
拳(こぶし)	코부시	명	주먹
零(こぼ)す	코보스	5동	흘리다, 엎지르다
独楽(こま)	코마	명	팽이
胡麻(ごま)	고마	명	참깨

あ
い
う
え
お
か
き
く
け
こ
さ
し
す
せ

細(こま)かい	코마까이	형 잘다
誤魔化(ごまか)す	고마까스	5동 얼버무리다, 속이다
困(こま)る	코마루	5동 곤란해지다, 힘들어지다
ごみ	고미	명 쓰레기
込(こ)み合(あ)う	코미아우	5동 혼잡하다
ごみ箱(ばこ)	고미바코	명 쓰레기통
混(こ)む	코무	5동 붐비다, 혼잡하다

電車(でんしゃ)はすごく混んでいた。
전철은 무척 혼잡했다.

小麦(こむぎ)	코무기	명 밀
小麦粉(こむぎこ)	코무기코	명 밀가루
米(こめ)	코메	명 쌀
こめかみ	코메까미	명 관자놀이
コメント (comment)	코멘또	명 코멘트
小文字(こもじ)	코모지	명 소문자
顧問(こもん)	코몽	명 고문
小屋(こや)	코야	명 오두막집
固有(こゆう)	코유-	な형 고유
小指(こゆび)	코유비	명 새끼손가락
こらえる	코라에루	하1 참다, 견디다

娯楽(ごらく)	고라꾸	명 오락
こらしめる	코라시메루	하1 혼내주다, 응징하다
孤立(こりつ)	코리쯔	명 고립
ゴリラ (gorilla)	고리라	명 고릴라
こりる	코리루	상1 질리다, 혼나다
ゴルフ (golf)	고루후	명 골프
これ	코레	대 이것, 이사람, 지금
これから	코레까라	연 앞으로

これから仲良く過ごしましょう。
앞으로 사이좋게 지냅시다.

頃(ころ)	코로	명 때, 쯤, 무렵
転(ころ)がる	코로가루	5동 구르다, 넘어지다
殺(ころ)す	코로스	5동 죽이다, 억제하다
コロッケ (프 croquette)	코록께	명 크로켓
恐(こわ)い	코와이	형 무섭다, 두렵다
怖(こわ)がる	코와가루	5동 두려워하다
壊(こわ)す	코와스	5동 파괴하다, 부수다
壊(こわ)れる	코와레루	하1 부서지다, 깨지다
根気(こんき)	콩끼	명 끈기
根拠(こんきょ)	콩꾜	명 근거

コンクリート (concrete)	콩꾸리-또	몡 콘크리트
混合(こんごう)	콩고-	몡 혼합
コンサート (concert)	콘사-또	몡 콘서트
混雑(こんざつ)	콘자쯔	몡 혼잡
根性(こんじょう)	콘죠-	몡 근성, 성질
コンセント (concentric plug)	콘센또	몡 콘센트
昆虫(こんちゅう)	콘쮸-	몡 곤충
コンテスト (contest)	콘떼스또	몡 콘테스트
今度(こんど)	콘도	몡 이번, 이 다음
	今度はどこで会いましょうか。 다음엔 어디에서 만날까요?	
混同(こんどう)	콘도-	몡 혼동
コントロール (control)	콘또로-루	몡 컨트롤
こんな	콘나	옌 이런
困難(こんなん)	콘난	な형 곤란, 역경
今日(こんにち)	콘니찌	몡 금일, 오늘
コンパクト (compact)	콤빠꾸또	몡 콤팩트
今晩(こんばん)	콤방	몡 오늘밤, 오늘저녁
コンビニ (convenience store)	콤비니	몡 편의점

	コンビニの弁当も美味しいです。 편의점 도시락도 맛있습니다.
コンピューター (computer)	콤쀼-따- 명 컴퓨터
昆布(こんぶ)	콤부 명 다시마
コンプレックス(complex)	콤쁘렉꾸스 명 콤플렉스
根本(こんぽん)	콤뽕 명 근본
今夜(こんや)	콘야 명 오늘밤
婚約(こんやく)	콩야꾸 명 약혼
混乱(こんらん)	콘랑 명 혼란
困惑(こんわく)	콩와꾸 명 곤혹

あ い う え お か き く け こ さ し す せ

サークル (circle)	사―꾸루	명 서클
サーバー (server)	사―바―	명 서버
サービス (service)	사―비스	명 서비스
サーフィン (surfing)	사―휭	명 서핑
さい	사이	명 코뿔소
最悪(さいあく)	사이아꾸	명 최악
再開(さいかい)	사이까이	명 재개
災害(さいがい)	사이가이	명 재해
才覚(さいかく)	사이카꾸	명 재치
在学(ざいがく)	자이가꾸	명 재학
細菌(さいきん)	사이킹	명 세균
最近(さいきん)	사이킹	명 최근
歳月(さいげつ)	사이게쯔	명 세월

歳月人を待たず。
세월은 사람을 기다리지 않는다. (속담)

採決(さいけつ)	사이께쯔	명 채결
再現(さいげん)	사이겡	명 재현

最後(さいご)	사이고	몡 **최후, 마지막**
在庫(ざいこ)	자이꼬	몡 **재고**
最高(さいこう)	사이꼬-	몡 **최고**
さいころ	사이꼬로	몡 **주사위**
財産(ざいさん)	자이상	몡 **재산**
最終(さいしゅう)	사이슈-	몡 **최종**
最初(さいしょ)	사이쇼	몡 **최초, 맨처음**
最小(さいしょう)	사이쇼-	몡 **최소**
最上(さいじょう)	사이죠-	몡 **최상**
最新(さいしん)	사이싱	몡 **최신**
細心(さいしん)	사이싱	な형 **세심함**

<ruby>細<rt>さい</rt></ruby><ruby>心<rt>しん</rt></ruby>の<ruby>注意<rt>ちゅうい</rt></ruby>を<ruby>払<rt>はら</rt></ruby>うようにしてね。
세심한 주의를 기울이도록 해.

サイズ (size)	사이즈	몡 **사이즈**
財政(ざいせい)	자이세-	몡 **재정**
最善(さいぜん)	사이젱	몡 **최선**
催促(さいそく)	사이소꾸	몡 **재촉, 독촉**
最大(さいだい)	사이다이	몡 **최대**
最大限(さいだいげん)	사이다이겡	몡 **최대한**
採点(さいてん)	사이뗑	몡 **채점**

あ
い
う
え
お
か
き
く
け
こ
さ
し
す
せ

サイト (site)	사이또	똉 **사이트**
災難(さいなん)	사이낭	똉 **재난**
才能(さいのう)	사이노-	똉 **재능, 재주**
栽培(さいばい)	사이바이	똉 **재배**
再発(さいはつ)	사이하쯔	똉 **재발**
財閥(ざいばつ)	자이바쯔	똉 **재벌**
裁判(さいばん)	사이방	똉 **재판**
財布(さいふ)	사이후	똉 **지갑**
細胞(さいぼう)	사이보-	똉 **세포**
裁縫(さいほう)	사이호-	똉 **재봉**
催眠術(さいみんじゅつ)	사이민쥬쯔	똉 **최면술**
債務(さいむ)	사이무	똉 **채무**
財務(ざいむ)	자이무	똉 **재무**
採用(さいよう)	사이요-	똉 **채용**
材料(ざいりょう)	자이료-	똉 **재료**
裁量(さいりょう)	사이료-	똉 **재량**
幸(さいわ)い	사이와이	뎌형 **행운** 뷔 **다행히** <ruby>不幸中<rt>ふこうちゅう</rt></ruby>の<ruby>幸<rt>さいわ</rt></ruby>いと<ruby>思<rt>おも</rt></ruby>います。 불행중 다행이라고 생각합니다.
サイン (signature)	사잉	똉 **사인**

サウナ (sauna)	사우나	명 사우나
さえぎる	사에기루	5동 가리다, 막다
竿(さお)	사오	명 장대, 삿대
坂(さか)	사까	명 비탈, 경사
境(さかい)	사까이	명 경계(지점), 기로
逆(さか)さま	사카사마	명 거꾸로 됨, 역
探(さが)す	사가스	5동 찾다, 탐색하다
杯(さかずき)	사까즈끼	명 술잔
逆立(さかだ)ち	사까다찌	명 물구나무서기
魚(さかな)	사카나	명 물고기, 술안주(肴)
遡(さかのぼ)る	사까노보루	5동 거슬러 올라가다
酒場(さかば)	사까바	명 술집
逆(さか)らう	사까라우	5동 거역하다, 역행하다
盛(さか)り	사카리	명 한창때
下(さ)がる	사가루	5동 내려가다, 하락하다
盛(さか)ん	사깐	な형 왕성함, 번성함, 열렬함

昔は盛んな文化交流がありました。
옛날엔 왕성한 문화교류가 있었습니다.

先(さき)	사키	명 끝, 선두, 앞날

あ
い
う
え
お
か
き
く
け
こ
さ
し
す
せ

さ

詐欺(さぎ)	사기	명 사기
作業(さぎょう)	사교–	명 작업
割(さ)く	사꾸	5동 가르다, 떼다
咲(さ)く	사꾸	5동 꽃피다
搾取(さくしゅ)	사꾸슈	명 착취
削除(さくじょ)	사꾸죠	명 삭제
作成(さくせい)	사꾸세–	명 작성
作戦(さくせん)	사꾸셍	명 작전
昨年(さくねん)	사꾸넹	명 작년
作品(さくひん)	사꾸힝	명 작품
作文(さくぶん)	사꾸붕	명 작문
昨夜(さくや)	사꾸야	명 어젯밤
桜(さくら)	사꾸라	명 벚꽃, 벚나무
桜桃(さくらんぼ)	사꾸람보	명 버찌
探(さぐ)る	사구루	5동 더듬다, 탐색하다
石榴(ざくろ)	자꾸로	명 석류
酒(さけ)	사께	명 술
鮭(さけ)	사께	명 연어
叫(さけ)ぶ	사께부	5동 외치다, 소리치다

避(さ)ける	사께루	[하1] **피하다, 멀리하다**

飲み屋で宗教の話は避けた方がいいね。
술집에서 종교 얘기는 피하는 게 좋아.

裂(さ)ける	사께루	[하1] **찢어지다**
下(さ)げる	사게루	[하1] **낮추다, 내리다**
些細(ささい)	사사이	[な형] **사소함, 하찮음**
支(ささ)える	사사에루	[하1] **지탱하다, 떠받치다**
捧(ささ)げる	사사게루	[하1] **바치다, 받들다**
囁(ささや)く	사사야꾸	[5동] **속삭이다**
刺(さ)さる	사사루	[5동] **찔리다**
差(さ)し上(あ)げる	사시아게루	[하1] **쳐들다, 드리다**
差(さ)し出(だ)す	사시다스	[5동] **내밀다**
差(さ)し支(つか)え	사시쯔까에	[명] **지장**

お返事は明日でも差し支えありません。
대답은 내일이라도 괜찮습니다.

刺身(さしみ)	사시미	[명] **생선회**
指(さ)す	사스	[5동] **가리키다, 지적하다**
刺(さ)す	사스	[5동] **찌르다, 쏘다**
座席(ざせき)	자세끼	[명] **좌석**
左折(させつ)	사세쯔	[명] **좌회전**

あ
い
う
え
お
か
き
く
け
こ
さ
し
す
せ

挫折(ざせつ)	자세쯔	명 좌절
させる	사세루	하1 시키다, ~하게하다
誘(さそ)う	사소우	5동 권유하다, 꾀다
蠍(さそり)	사소리	명 전갈
定(さだ)める	사다메루	하1 결정하다, 고정시키다
冊(さつ)	사쯔	접 (책) ~권
札(さつ)	사쯔	명 지폐
撮影(さつえい)	사쯔에-	명 촬영
作家(さっか)	삭까	명 작가
サッカー (soccer)	삭까-	명 축구
錯覚(さっかく)	삭까꾸	명 착각
さっき	삭끼	부 아까, 조금전
作曲(さっきょく)	삭꾜꾸	명 작곡
殺菌(さっきん)	삭낑	명 살균
雑誌(ざっし)	잣시	명 잡지
雑種(ざっしゅ)	잣슈	명 잡종
殺人(さつじん)	사쯔징	명 살인
雑草(ざっそう)	잣소-	명 잡초
早速(さっそく)	삿소꾸	부 즉시, 빨리

	早速ご連絡^{れんらく}いただきまして、ありがとうございます。 즉시 연락을 받아서 감사드립니다.
雑談(ざつだん)	자쯔당　몡 잡담
殺虫剤(さっちゅうざい)	삿쮸-자이　몡 살충제
殺到(さっとう)	삿또-　몡 쇄도
さっぱり	삽빠리　톔 산뜻함; 깨끗이
薩摩芋(さつまいも)	사쯔마이모　몡 고구마
砂糖(さとう)	사또-　몡 설탕
茶道(さどう)	사도-　몡 다도
悟(さと)る	사또루　5동 깨닫다
さなぎ	사나기　몡 번데기
鯖(さば)	사바　몡 고등어
裁(さば)く	사바꾸　5동 심판하다, 판가름하다
砂漠(さばく)	사바꾸　몡 사막
	こっちは砂漠のように何^{なに}もないんだ。 여기는 사막과 같이 아무것도 없다.
さび	사비　몡 녹
寂(さび)しい	사비시-　톓 쓸쓸하다
錆(さ)びる	사비루　상1 녹슬다

座布団(ざぶとん)	자부똥	명 방석
差別(さべつ)	사베쯔	명 차별
サボテン (ス sapoten)	사보뗑	명 선인장
様々(さまざま)	사마자마	な형 여러가지
妨(さまた)げる	사마따게루	하1 방해하다, 막다
さ迷(まよ)う	사마요우	5동 헤매다, 방황하다
寒(さむ)い	사무이	형 춥다, 차갑다
寒(さむ)さ	사무사	명 추위
侍(さむらい)	사무라이	명 무사
鮫(さめ)	사메	명 상어
冷(さ)める	사메루	하1 식다, 차가워지다
左右(さゆう)	사유-	명 좌우
作用(さよう)	사요-	명 작용
皿(さら)	사라	명 접시
ざらざら	자라자라	부 까칠까칠
サラダ (salad)	사라다	명 샐러드
更(さら)に	사라니	부 더욱 더, 한번 더
去(さ)る	사루	5동 떠나다, 사라지다

猿(さる)	사루	몡 원숭이
ざる	자루	몡 소쿠리
騒(さわ)ぐ	사와구	5동 떠들다, 동요하다
爽(さわ)やか	사와야까	な형 상쾌함, 시원함

爽やかな女性は明るく返事をする。
상쾌한 여성은 밝게 대답을 한다.

触(さわ)る	사와루	5동 만지다, 닿다
さん	상	접 씨, 님
参加(さんか)	상까	몡 참가
三角(さんかく)	상까꾸	몡 삼각
三角形(さんかくけい)	상까꾸께-	몡 삼각형
三月(さんがつ)	상가쯔	몡 삼월
産業(さんぎょう)	상교-	몡 산업
残業(ざんぎょう)	장교-	몡 잔업, 야근
サングラス (sunglasses)	상구라스	몡 선글라스
参考(さんこう)	상꼬-	몡 참고
残酷(ざんこく)	장꼬꾸	な형 잔혹
斬新(ざんしん)	잔신	な형 참신
賛成(さんせい)	산세-	몡 찬성
酸素(さんそ)	산소	몡 산소

あ
い
う
え
お
か
き
く
け
こ
さ
し
す
せ

残高(ざんだか)	잔다까	명 잔고
サンダル (sandals)	산다루	명 샌들
サンドイッチ (sandwich)	산도잇찌	명 샌드위치
残念(ざんねん)	잔넹	な형 유감스러움, 분함

残念ながら売り切れてしまいました。
유감이지만 매진되어버렸습니다.

散髪(さんぱつ)	삼빠쯔	명 이발
産婦人科(さんふじんか)	상후징까	명 산부인과
サンプル (sample)	삼뿌루	명 샘플
散歩(さんぽ)	삼뽀	명 산보
秋刀魚(さんま)	삼마	명 꽁치
散漫(さんまん)	삼망	な형 산만, 어지럽게 분산됨
山脈(さんみゃく)	삼먀꾸	명 산맥

し

四(し)	시	명 사, 4
市(し)	시	명 시, 도시
詩(し)	시	명 시
死(し)	시	명 죽음
字(じ)	지	명 글자
時(じ)	지	명 시, 때, 시간
試合(しあい)	시아이	명 시합, 경기
仕上(しあ)げる	시아게루	하1 끝내다, 마무리하다
明明後日(しあさって)	시아삿떼	명 글피
幸(しあわ)せ	시아와세	な형 행복, 행운

あなたと一緒にいると幸せです。
당신과 함께 있으면 행복합니다.

辞意(じい)	지이	명 사의
飼育(しいく)	시이꾸	명 사육
シーフード (seafood)	씨-후-도	명 씨푸드, 해산물
強(し)いる	시이루	상1 강요하다
支援(しえん)	시엥	명 지원
塩(しお)	시오	명 소금

あ
い
う
え
お
か
き
く
け
こ
さ
し
す
せ

し

鹿(しか)	시까	몡 사슴
司会(しかい)	시까이	몡 사회
紫外線(しがいせん)	시가이셍	몡 자외선
仕返(しかえ)し	시까에시	몡 앙갚음, 보복
四角(しかく)	시카꾸	몡 네모, 사각형
資格(しかく)	시카꾸	몡 자격
自覚(じかく)	지까꾸	몡 자각
仕掛(しか)け	시까께	몡 장치, 구조
しかし	시까시	쩹 그러나, 하지만
四月(しがつ)	시가쯔	몡 사월
しかばね	시까바네	몡 시체
しかも	시까모	쩹 게다가, 그리고도
叱(しか)る	시까루	5동 꾸짖다, 질책하다

部長にひどく叱られました。
부장님께 심하게 질책받았습니다.

志願(しがん)	시강	몡 지원
時間(じかん)	지깡	몡 시간
指揮(しき)	시끼	몡 지휘
時期(じき)	지끼	몡 시기
次期(じき)	지끼	몡 차기

敷金(しききん)	시끼낑	몡 (집세)보증금
色彩(しきさい)	시끼사이	몡 색채
式場(しきじょう)	시끼죠―	몡 식장
直(じき)に	지키니	甲 금방, 바로
子宮(しきゅう)	시뀨―	몡 자궁
支給(しきゅう)	시뀨―	몡 지급
時給(じきゅう)	지뀨―	몡 시급
事業(じぎょう)	지교―	몡 사업
仕切(しき)る	시끼루	5동 구분하다, 결산하다
資金(しきん)	시낑	몡 자금
敷(し)く	시꾸	5동 깔다, 펴다
仕草(しぐさ)	시구사	몡 하는 짓, 몸짓

可愛い仕草は女子の武器です。
귀여운 몸짓은 여자의 무기입니다.

死刑(しけい)	시께―	몡 사형
茂(しげ)る	시게루	하1 무성해지다
刺激(しげき)	시게끼	몡 자극
試験(しけん)	시껭	몡 시험
資源(しげん)	시겡	몡 자원
事件(じけん)	지껭	몡 사건

あ
い
う
え
お
か
き
く
け
こ
さ
し
す
せ

次元(じげん)	지겐	명 차원
事故(じこ)	지꼬	명 사고
思考(しこう)	시꼬-	명 생각, 사고
施行(しこう)	시꼬-	명 시행
事項(じこう)	지꼬-	명 사항
試行錯誤(しこうさくご)	시코-사쿠고	명 시행착오
地獄(じごく)	지고꾸	명 지옥
仕事(しごと)	시고또	명 일, 작업
時差(じさ)	지사	명 시차
思索(しさく)	시사꾸	명 사색
自殺(じさつ)	지사쯔	명 자살
資産(しさん)	시상	명 자산
持参(じさん)	지상	명 지참

りれきしょ
履歴書を持参してください。
이력서를 지참해주세요.

指示(しじ)	시지	명 지시
支持(しじ)	시지	명 지지, 옹호
時事(じじ)	지지	명 (현정세)시사
事実(じじつ)	지지쯔	명 사실, 정말
支社(ししゃ)	시샤	명 지사

あ
い
う
え
お
か
き
く
け
こ
さ
し
す
せ

磁石(じしゃく)	지샤꾸	명 자석
刺繍(ししゅう)	시슈–	명 자수
支出(ししゅつ)	시슈쯔	명 지출
辞書(じしょ)	지쇼	명 사전
事情(じじょう)	지죠–	명 사정
試食(ししょく)	시쇼꾸	명 시식
辞職(じしょく)	지쇼꾸	명 사직
詩人(しじん)	시징	명 시인
自信(じしん)	지싱	명 자신감
地震(じしん)	지싱	명 지진
静(しず)か	시즈까	な형 고요함 心を静かな湖のようにしてください。 마음을 조용한 호수처럼 가지세요.
滴(しずく)	시즈꾸	명 물방울
システム (system)	시스떼무	명 시스템
沈(しず)む	시즈무	5동 가라앉다, (해가)지다
鎮(しず)める	시즈메루	하1 진정시키다
姿勢(しせい)	시세–	명 자세
私生活(しせいかつ)	시세–까쯔	명 사생활

施設(しせつ)	시세쯔	몡 시설
視線(しせん)	시센	몡 시선, 눈길
自然(しぜん)	시젱	な형 자연 튄 자연히
事前(じぜん)	지젱	몡 사전
思想(しそう)	시소-	몡 사상
時速(じそく)	지소꾸	몡 시속
持続(じぞく)	지조꾸	몡 지속
子孫(しそん)	시송	몡 자손
自尊心(じそんしん)	지손싱	몡 자존심
下(した)	시따	몡 밑, 아래, 속
舌(した)	시따	몡 혀
次第(しだい)	시다이	몡 사정, 점차, ~에 따라 결정됨 今は支持政党なしという次第です。 지금은 지지 정당이 없는 상황입니다.
事態(じたい)	지따이	몡 사태
時代(じだい)	지다이	몡 시대
慕(した)う	시따우	5동 흠모하다, 그리워하다
下請(したう)け	시따우께	몡 하청
従(したが)う	시따가우	5동 따르다, 복종하다

下着(したぎ)	시따기	명 속옷
自宅(じたく)	지따꾸	명 자택
親(した)しい	시따시-	형 친하다, 익숙하다
親(した)しみ	시따시미	명 친숙함
七(しち)	시찌	명 일곱, 7
自治(じち)	지찌	명 자치
七月(しちがつ)	시찌가쯔	명 칠월
質屋(しちや)	시찌야	명 전당포
視聴者(しちょうしゃ)	시쪼-샤	명 시청자
歯痛(しつう)	시쯔-	명 치통
実家(じっか)	직까	명 친정, 본가
失格(しっかく)	식까꾸	명 실격
しっかり	식까리	부 튼튼한 모양, 똑바로
失業(しつぎょう)	시쯔교-	명 실업
じっくり	직꾸리	부 차분히, 곰곰이
仕付(しつ)け	시쯔께	명 예의범절(을 가르침)

あの子は仕付けがいい。
저 애는 매너가 좋다.

湿気(しっけ)	식께	명 습기
実現(じつげん)	지쯔겡	명 실현

あ
い
う
え
お
か
き
く
け
こ
さ
し
す
せ

実験(じっけん)	직껭	명 실험
しつこい	시쯔꼬이	형 집요하다, 끈질기다
実行(じっこう)	직꼬-	명 실행
実際(じっさい)	짓사이	명 실제 부 정말로
実在(じつざい)	지쯔자이	명 실재
実施(じっし)	짓시	명 실시
実習(じっしゅう)	짓슈-	명 실습
失神(しっしん)	싯싱	명 실신
実績(じっせき)	짓세끼	명 실적
実践(じっせん)	짓셍	명 실천
質素(しっそ)	싯소	な형 검소, 절약
実体(じったい)	짓따이	명 실체
嫉妬(しっと)	싯또	명 질투
湿度(しつど)	시쯔도	명 습도
じっと	짓또	부 꾹, 가만히 動かないでじっとしていなさい。 움직이지 말고 가만히 있어라.
室内(しつない)	시쯔나이	명 실내
失敗(しっぱい)	십빠이	명 실패
執筆(しっぴつ)	십삐쯔	명 집필

実物(じつぶつ)	지쯔부쯔	명 실물
尻尾(しっぽ)	싯뽀	명 꼬리
失望(しつぼう)	시쯔보-	명 실망
実務(じつむ)	지쯔무	명 실무
質問(しつもん)	시쯔몽	명 질문
実用(じつよう)	지쯔요-	명 실용
質量(しつりょう)	시쯔료-	명 질량
実力(じつりょく)	지쯔료꾸	명 실력
失礼(しつれい)	시쯔레-	명 な형 실례
指定(してい)	시떼-	명 지정
指摘(してき)	시떼끼	명 지적
私鉄(してつ)	시떼쯔	명 민영철도
支店(してん)	시뗑	명 지점
辞典(じてん)	지뗑	명 사전, 사서
自転車(じてんしゃ)	지뗑샤	명 자전거
指導(しどう)	시도-	명 지도
児童(じどう)	지도-	명 아동
自動(じどう)	지도-	명 자동
淑(しと)やか	시또야까	な형 정숙(貞淑)함, 조용하고 우아함

あ
い
う
え
お
か
き
く
け
こ
さ
し
す
せ

品(しな)	시나	冏 물건, 상품, 품질

ここはいい品を安く売る。
여기는 좋은 물건을 싸게 판다.

品物(しなもの)	시나모노	冏 물품, 상품
しなやか	시나야까	な형 나긋나긋함
シナリオ (scenario)	시나리오	冏 시나리오
次男(じなん)	지낭	冏 차남
辞任(じにん)	지닝	冏 사임
死(し)ぬ	시누	5동 죽다, 멈추다
シネマ (cinema)	시네마	冏 시네마
支配(しはい)	시하이	冏 지배
芝居(しばい)	시바이	冏 연극
しばしば	시바시바	凬 자주, 여러번
芝生(しばふ)	시바후	冏 잔디
支払(しはら)い	시하라이	冏 지불
暫(しばら)く	시바라꾸	凬 잠시, 잠깐
縛(しば)る	시바루	5동 묶다, 매다
慈悲(じひ)	지히	冏 자비
痺(しび)れる	시비레루	하1 마비되다, 저리다

長く正座していたら足が痺れた。
오래 무릎꿇고 있었더니 다리가 저렸다.

辞表(じひょう)	지효-	명 사표
持病(じびょう)	지뵤-	명 지병, 나쁜 버릇
支部(しぶ)	시부	명 지부
渋(しぶ)い	시부이	형 떫다, 은근한 멋이 있다
自分(じぶん)	지붕	명 자기, 나
自閉症(じへいしょう)	지헤-쇼-	명 자폐증
四方(しほう)	시호-	명 사방
死亡(しぼう)	시보-	명 사망
脂肪(しぼう)	시보-	명 지방
搾(しぼ)る	시보루	5동 짜다(압착), 징수하다
資本(しほん)	시홍	명 자본
島(しま)	시마	명 섬
姉妹(しまい)	시마이	명 자매
仕舞(しま)う	시마우	5동 안에 넣다
字幕(じまく)	지마꾸	명 자막
始末(しまつ)	시마츠	명 형편, 상태, 경위
閉(し)まる	시마루	5동 닫히다, 잠기다
自慢(じまん)	지망	명 자랑
染(し)み	시미	명 얼룩

地味(じみ)	지미　　　　[な형] 수수함
	派手なスカートは恥ずかしい、 地味な方がいいです。 화려한 스커트는 부끄러워요, 수수한 게 좋 아요.
染(し)みる	시미루　　[상1] 스며들다, 물들다
市民(しみん)	시민　　　　[명] 시민
事務(じむ)	지무　　　　[명] 사무
氏名(しめい)	시메-　　　[명] 성명
指名(しめい)	시메-　　　[명] 지명
締(し)め切(き)り	시메끼리　[명] 마감, 기한
示(しめ)す	시메스　　[5동] 가리키다, 보이다
占(し)める	시메루　　[하1] 차지하다, 점유하다
締(し)める	시메루　　[하1] 죄다, 조르다, 단속하다
湿(しめ)る	시메루　　[하1] 습기차다
閉(し)める	시메루　　[하1] 잠그다, 닫다
霜(しも)	시모　　　[명] 서리
指紋(しもん)	시몽　　　[명] 지문
視野(しや)	시야　　　[명] 시야
社員(しゃいん)	샤잉　　　[명] 사원
釈迦(しゃか)	샤까　　　[명] 석가

社会(しゃかい)	샤까이	몡 사회
じゃが芋(いも)	쟈가이모	몡 감자
しゃがむ	샤가무	5동 웅크리고 앉다
杓子(しゃくし)	샤꾸시	몡 국자

猫も杓子もゴルフをする時代になった。
개나 소나 골프를 하는 시대가 되었다.

市役所(しやくしょ)	시야꾸쇼	몡 시청
蛇口(じゃぐち)	쟈구찌	몡 수도꼭지
釈放(しゃくほう)	샤꾸호-	몡 석방
射撃(しゃげき)	샤게끼	몡 사격
車庫(しゃこ)	샤꼬	몡 차고
社交(しゃこう)	샤꼬-	몡 사교
謝罪(しゃざい)	샤자이	몡 사죄
写真(しゃしん)	샤싱	몡 사진
遮断(しゃだん)	샤당	몡 차단
社長(しゃちょう)	샤쪼-	몡 사장
シャツ (shirt)	샤쯔	몡 셔츠
借金(しゃっきん)	샥낑	몡 빚, 부채

金持ちの第一歩は借金をなくすことだ。
부자로 가는 첫걸음은 빚을 없애는 것이다.

우 | あ | い | う | え | お | か | き | く | け | こ | さ | し | す | せ

しゃっくり	샥꾸리	몡 딸꾹질
シャベル (shovel)	샤베루	몡 삽
邪魔(じゃま)	쟈마	몡 방해, 장애, 실례
しゃもじ	샤모지	몡 주걱
砂利(じゃり)	쟈리	몡 자갈
車両(しゃりょう)	샤료—	몡 차량
車輪(しゃりん)	샤링	몡 바퀴
洒落(しゃれ)	샤레	몡 멋, 익살
謝礼(しゃれい)	샤레—	몡 사례
シャワー (shower)	샤와—	몡 샤워
ジャングル (jungle)	쟝구루	몡 정글
じゃんけん	쟝껜	몡 가위바위보
シャンパン (프 champagne)	샴빵	몡 샴페인
シャンプ (shampoo)	샴뿌	몡 샴푸
自由(じゆう)	지유—	몡 な형 자유
周囲(しゅうい)	슈—이	몡 주위
十一月(じゅういちがつ)	쥬—이찌가쯔	몡 십일월
集会(しゅうかい)	슈—까이	몡 집회

収穫(しゅうかく)	슈-까꾸	몡 수확
十月(じゅうがつ)	쥬-가쯔	몡 시월
習慣(しゅうかん)	슈-깡	몡 습관
周期(しゅうき)	슈-끼	몡 주기
住居(じゅうきょ)	쥬-꾜	몡 주거
宗教(しゅうきょう)	슈-꾜-	몡 종교
従業員(じゅうぎょういん)	쥬-교-잉	몡 종업원
集金(しゅうきん)	슈-낑	몡 수금
襲撃(しゅうげき)	슈-게끼	몡 습격
集合(しゅうごう)	슈-고-	몡 집합

あした の しゅうごう じかん は ごぜんくじ です。
明日の集合時間は午前9時です。
내일 집합시간은 오전 9시입니다.

重工業(じゅうこうぎょう)	쥬-꼬-교-	몡 중공업
終始(しゅうし)	슈-시	뷔 시종, 처음부터 끝까지
重視(じゅうし)	쥬-시	몡 중요시
終日(しゅうじつ)	슈-지쯔	몡 하루종일
充実(じゅうじつ)	쥬-지쯔	몡 충실
終止符(しゅうしふ)	슈-시후	몡 종지부
収集(しゅうしゅう)	슈-슈-	몡 수집
収縮(しゅうしゅく)	슈-슈꾸	몡 수축

あ
い
う
え
お
か
き
く
け
こ
さ
し
す
せ

従順(じゅうじゅん)	쥬―즁	な형 순종함
住所(じゅうしょ)	쥬―쇼	명 주소
重傷(じゅうしょう)	쥬―쇼―	명 중상
就職(しゅうしょく)	슈―쇼꾸	명 취직
ジュース (juice)	쥬―스	명 주스
修正(しゅうせい)	슈―세―	명 수정
重体(じゅうたい)	쥬―따이	명 중태
重大(じゅうだい)	쥬―다이	な형 중대
住宅(じゅうたく)	쥬―따꾸	명 주택
集団(しゅうだん)	슈―당	명 집단
執着(しゅうちゃく)	슈―쨔꾸	명 집착
集中(しゅうちゅう)	슈―쮸―	명 집중
終点(しゅうてん)	슈―뗑	명 종점
終電(しゅうでん)	슈―뎅	명 막차(전철)
充電(じゅうでん)	쥬―뎅	명 충전

スマホは充電するのが面倒くさい。
스마트폰은 충전하는 것이 귀찮다.

重点(じゅうてん)	쥬―뗑	명 중점
シュート (shot)	슈―또	명 슛
しゅうと	슈―또	명 시아버지, 장인

柔道(じゅうどう)	쥬-도-	명 유도
修道女(しゅうどうじょ)	슈-도-죠	명 수녀
姑(しゅうとめ)	슈-또메	명 시어머니, 장모
柔軟(じゅうなん)	쥬-난	な형 유연
十二月(じゅうにがつ)	쥬-니가쯔	명 십이월
収入(しゅうにゅう)	슈-뉴-	명 수입
就任(しゅうにん)	슈-닝	명 취임
執念(しゅうねん)	슈-넹	명 집념
収納(しゅうのう)	슈-노-	명 수납
重複(じゅうふく)	쥬-후꾸	명 중복
秋分(しゅうぶん)	슈-붕	명 추분
十分(じゅうぶん)	쥬-분	な형 충분, 십분

みんな十分満足しました。
모두 충분히 만족했습니다.

週末(しゅうまつ)	슈-마쯔	명 주말
住民(じゅうみん)	쥬-밍	명 주민
重役(じゅうやく)	쥬-야꾸	명 중역
収容(しゅうよう)	슈-요-	명 수용
重要(じゅうよう)	쥬-요-	な형 중요
修理(しゅうり)	슈-리	명 수리

우측 색인: あ い う え お か き く け こ さ し す せ

終了(しゅうりょう)	슈-료-	圏 종료
重量(じゅうりょう)	쥬-료-	圏 중량
主観(しゅかん)	슈깡	圏 주관
主義(しゅぎ)	슈기	圏 주의
授業(じゅぎょう)	쥬교-	圏 수업
塾(じゅく)	쥬꾸	圏 사설학원
熟(じゅく)す	쥬꾸스	5동 무르익다, 숙달되다
淑女(しゅくじょ)	슈꾸죠	圏 숙녀
縮小(しゅくしょう)	슈꾸쇼-	圏 축소
宿題(しゅくだい)	슈꾸다이	圏 숙제
宿泊(しゅくはく)	슈꾸하꾸	圏 숙박

宿泊先はマイステイホテルです。
숙박처는 마이스테이 호텔입니다.

祝福(しゅくふく)	슈꾸후꾸	圏 축복
熟練(じゅくれん)	쥬꾸렝	圏 숙련
主権(しゅけん)	슈껭	圏 주권
受験(じゅけん)	쥬껭	圏 수험
主催(しゅさい)	슈사이	圏 주최
手術(しゅじゅつ)	슈쥬쯔	圏 수술
首相(しゅしょう)	슈쇼-	圏 수상, 총리대신

受賞(じゅしょう)	쥬쇼-	명 수상
受信(じゅしん)	쥬싱	명 수신
主人公(しゅじんこう)	슈징꼬-	명 주인공
首席(しゅせき)	슈세끼	명 수석
主題(しゅだい)	슈다이	명 주제
手段(しゅだん)	슈당	명 수단
主張(しゅちょう)	슈쬬-	명 주장
出演(しゅつえん)	슈쯔엥	명 출연
出荷(しゅっか)	슉까	명 출하
出勤(しゅっきん)	슉낑	명 출근
出血(しゅっけつ)	슉께쯔	명 출혈
出現(しゅつげん)	슈쯔겡	명 출현
出国(しゅっこく)	슉꼬꾸	명 출국

空港で出国の手続きをしています。
공항에서 출국 수속을 하고 있습니다.

出身(しゅっしん)	슛싱	명 출신
出世(しゅっせ)	슛세	명 출세
出生(しゅっせい)	슛세-	명 출생
出席(しゅっせき)	슛세끼	명 출석, 참석
出張(しゅっちょう)	슛쬬-	명 출장

出発(しゅっぱつ)	슙빠쯔	명 출발
出版(しゅっぱん)	슙빵	명 출판
出費(しゅっぴ)	슙삐	명 비용, 출비
出力(しゅつりょく)	슈쯔료꾸	명 출력
首都(しゅと)	슈또	명 수도
手動(しゅどう)	슈도–	명 수동
受動(じゅどう)	쥬도–	명 수동
取得(しゅとく)	슈또꾸	명 취득

とうとう資格を取得しました。
드디어 자격을 취득했습니다.

受難(じゅなん)	쥬낭	명 수난
守備(しゅび)	슈비	명 수비, 방어
主婦(しゅふ)	슈후	명 주부
趣味(しゅみ)	슈미	명 취미
寿命(じゅみょう)	쥬묘–	명 수명
種目(しゅもく)	슈모꾸	명 종목
主役(しゅやく)	슈야꾸	명 주역
主要(しゅよう)	슈요–	な형 주요, 중요
需要(じゅよう)	쥬요–	명 수요
修羅場(しゅらば)	슈라바	명 수라장, 난장판

種類(しゅるい)	슈루이	명 종류
手話(しゅわ)	슈와	명 수화
手腕(しゅわん)	슈왕	명 수완
順位(じゅんい)	쥰이	명 순위
瞬間(しゅんかん)	슝깡	명 순간
循環(じゅんかん)	쥼깡	명 순환
純金(じゅんきん)	쥰낑	명 순금
純粋(じゅんすい)	쥰스이	な형 순수
順調(じゅんちょう)	쥰쬬-	な형 순조로움
順番(じゅんばん)	쥼방	명 순서, 차례
春分(しゅんぶん)	슘붕	명 춘분
女医(じょい)	죠이	명 여의사
私用(しよう)	시요-	명 사적용무
使用(しよう)	시요-	명 사용
情(じょう)	죠-	명 정, 인정, 애정
錠(じょう)	죠-	명 자물쇠
上映(じょうえい)	죠-에-	명 상영
消化(しょうか)	쇼-까	명 소화
生姜(しょうが)	쇼-가	명 생강

あ
い
う
え
お
か
き
く
け
こ
さ
し
す
せ

	生姜は体を温めます。 생강은 몸을 따뜻하게 합니다.
紹介(しょうかい)	쇼-까이　명 소개
生涯(しょうがい)	쇼-가이　명 생애
障害(しょうがい)	쇼-가이　명 장애
奨学金(しょうがくきん)	쇼-가꾸낑　명 장학금
小学生(しょうがくせい)	쇼-가꾸세-　명 초등학생
正月(しょうがつ)	쇼-가쯔　명 설, 정월
小学校(しょうがっこう)	쇼-각꼬-　명 초등학교
将棋(しょうぎ)	쇼-기　명 장기
蒸気(じょうき)	죠-끼　명 증기
定規(じょうぎ)	죠-기　명 자, 기준
乗客(じょうきゃく)	죠-꺄꾸　명 승객
上級(じょうきゅう)	죠-뀨-　명 상급
商業(しょうぎょう)	쇼-교-　명 상업
状況(じょうきょう)	죠-꾜-　명 상황
消極的(しょうきょくてき)	쇼-꾜꾸떼 끼　な형 소극적
将軍(しょうぐん)	쇼-궁　명 장군
上下(じょうげ)	죠-게　명 상하, 위아래

	韓国_{かんこく}は上下_{じょうげ}関係_{かんけい}が厳_{きび}しいです。 한국은 상하관계가 엄격합니다.
衝撃(しょうげき)	쇼-게끼　명 충격
証言(しょうげん)	쇼-겡　명 증언
条件(じょうけん)	죠-껭　명 조건
証拠(しょうこ)	쇼-꼬　명 증거
条項(じょうこう)	죠-꼬-　명 조항
上司(じょうし)	죠-시　명 상사, 웃사람
正直(しょうじき)	쇼-지끼　な형 정직
常識(じょうしき)	죠-시끼　명 상식
乗車(じょうしゃ)	죠-샤　명 승차
成就(じょうじゅ)	죠-쥬　명 성취
招集(しょうしゅう)	쇼-슈-　명 소집
常習(じょうしゅう)	죠-슈　명 상습
証書(しょうしょ)	쇼-쇼　명 증서
少女(しょうじょ)	쇼-죠　명 소녀
少々(しょうしょう)	쇼-쇼-　부 잠시, 잠깐, 좀 少々_{しょうしょう}お待_まちください。 잠시 기다려주십시오.
賞状(しょうじょう)	쇼-죠-　명 상장
症状(しょうじょう)	쇼-죠-　명 증상, 증세

上昇(じょうしょう)	죠-쇼-	명 상승
生(しょう)ずる	쇼-즈루	サ변 생기다, 발생하다
昇進(しょうしん)	쇼-싱	명 승진
上手(じょうず)	죠-즈	な형 능숙함, 뛰어남
情勢(じょうせい)	죠-세-	명 정세
小説(しょうせつ)	쇼세쯔	명 소설
肖像(しょうぞう)	쇼-조-	명 초상
正体(しょうたい)	쇼-따이	명 정체
招待(しょうたい)	쇼-따이	명 초대
承諾(しょうだく)	쇼-다꾸	명 승낙
上達(じょうたつ)	죠-따쯔	명 향상
冗談(じょうだん)	죠-당	명 농담
承知(しょうち)	쇼-찌	명 알고 있음, 승낙, 용서함

君の言うことなど百も承知だ。
네가 말하는 것은 충분히 알고 있다.

焼酎(しょうちゅう)	쇼-쮸-	명 소주
情緒(じょうちょ)	죠-쪼	명 정서, 감정
象徴(しょうちょう)	쇼-쪼-	명 상징
商店(しょうてん)	쇼-뗑	명 상점

焦点(しょうてん)	쇼-뗑	몡 초점
譲渡(じょうと)	죠-또	몡 양도
衝動(しょうどう)	쇼-도-	몡 충동
消毒(しょうどく)	쇼-도꾸	몡 소독
衝突(しょうとつ)	쇼-또쯔	몡 충돌
小児科(しょうにか)	쇼-니까	몡 소아과
承認(しょうにん)	쇼-닝	몡 승인
情熱(じょうねつ)	죠-네쯔	몡 정열
少年(しょうねん)	쇼-넹	몡 소년
乗馬(じょうば)	죠-바	몡 승마
商売(しょうばい)	쇼-바이	몡 장사
勝敗(しょうはい)	쇼-하이	몡 승패, 승부
蒸発(じょうはつ)	죠-하쯔	몡 증발
消費(しょうひ)	쇼-히	몡 소비
商品(しょうひん)	쇼-힝	몡 상품
勝負(しょうぶ)	쇼-부	몡 승부, 시합

これじゃ勝負にならない。
이래선 승부가 안된다.

| 丈夫(じょうぶ) | 죠-부 | な형 건강함, 견고함 |
| 小便(しょうべん) | 쇼-벵 | 몡 소변 |

あいうえおかきくけこさしすせ

譲歩(じょうほ)	죠-호	명 양보
情報(じょうほう)	죠-호-	명 정보
乗務員(じょうむいん)	죠-무잉	명 승무원
照明(しょうめい)	쇼-메-	명 조명
証明(しょうめい)	쇼-메-	명 증명
正面(しょうめん)	쇼-멩	명 정면
消耗(しょうもう)	쇼-모-	명 소모
条約(じょうやく)	죠-야꾸	명 조약, 약속
醤油(しょうゆ)	쇼-유	명 간장
将来(しょうらい)	쇼-라이	명 장래
勝利(しょうり)	쇼-리	명 승리
上陸(じょうりく)	죠-리꾸	명 상륙
勝率(しょうりつ)	쇼-리쯔	명 승률
上流(じょうりゅう)	죠-류-	명 상류
少量(しょうりょう)	쇼-료-	명 소량
女王(じょおう)	죠오-	명 여왕
ジョーク (joke)	죠-꾸	명 조크
除外(じょがい)	죠가이	명 제외
初期(しょき)	쇼끼	명 초기

初級(しょきゅう)	쇼뀨ー	圏 초급
職(しょく)	쇼꾸	圏 (업무상) 자리, 직무, 직업
食(しょく)あたり	쇼꾸아따리	圏 식중독

夏には食あたりが起きやすい。
여름엔 식중독이 일어나기 쉽다.

職員(しょくいん)	쇼꾸잉	圏 직원
処遇(しょぐう)	쇼구ー	圏 처우, 대우
職業(しょくぎょう)	쇼꾸교ー	圏 직업
食後(しょくご)	쇼꾸고	圏 식후
食事(しょくじ)	쇼꾸지	圏 식사
食堂(しょくどう)	쇼꾸도ー	圏 식당
職場(しょくば)	쇼꾸바	圏 직장, 일터
食(しょく)パン	쇼꾸팡	圏 식빵
食費(しょくひ)	쇼꾸히	圏 식비
食品(しょくひん)	쇼꾸힝	圏 식품
植物(しょくぶつ)	쇼꾸부쯔	圏 식물
職務(しょくむ)	쇼꾸무	圏 직무
食欲(しょくよく)	쇼꾸요꾸	圏 식욕
食糧(しょくりょう)	쇼꾸료ー	圏 식량
助言(じょげん)	죠겡	圏 조언

所在地(しょざいち)	쇼자이찌	명 소재지
女子(じょし)	죠시	명 여자

好きな女子アナランキングが
面白い。
좋아하는 여자아나운서 랭킹이 재미있다.

女史(じょし)	죠시	명 여사
助手(じょしゅ)	죠슈	명 조수
初旬(しょじゅん)	쇼즁	명 초순
処女(しょじょ)	쇼죠	명 처녀
徐々(じょじょ)に	죠죠니	부 서서히, 차츰
女性(じょせい)	죠세ー	명 여성, 여자
書籍(しょせき)	쇼세끼	명 서적
所属(しょぞく)	쇼조꾸	명 소속
所帯(しょたい)	쇼따이	명 가정, 세대, 생계
初対面(しょたいめん)	쇼따이멩	명 초면
処置(しょち)	쇼찌	명 처치
女中(じょちゅう)	죠쮸ー	명 하녀
触覚(しょっかく)	속까꾸	명 촉각
食器(しょっき)	속끼	명 식기
ショック (shock)	속꾸	명 쇼크

しょっぱい	숍빠이	형 짜다(맛), 인색하다
ショッピング (shopping)	숍삥구	명 쇼핑
書店(しょてん)	쇼뗑	명 서점
所得(しょとく)	쇼또꾸	명 소득

所得税は給与から引かれる。
소득세는 급여에서 공제된다.

処罰(しょばつ)	쇼바쯔	명 처벌
処分(しょぶん)	쇼붕	명 처분
初歩(しょほ)	쇼호	명 초보
処方(しょほう)	쇼호-	명 처방
庶民(しょみん)	쇼밍	명 서민
署名(しょめい)	쇼메-	명 서명
除名(じょめい)	죠메-	명 제명
所有(しょゆう)	쇼유-	명 소유
女優(じょゆう)	죠유-	명 여배우
処理(しょり)	쇼리	명 처리
書類(しょるい)	쇼루이	명 서류
白髪(しらが)	시라가	명 백발
白(しら)ける	시라께루	하1 희어지다, 흥이 깨지다
知(し)らせる	시라세루	하1 알리다, 통지하다

あ い う え お か き く け こ さ し す せ

調(しら)べる	시라베루	[하1] 조사하다, 검토하다
尻(しり)	시리	[명] 엉덩이, 바닥, 뒷수습
知(し)り合(あ)い	시리아이	[명] 아는 사람

あの温泉で彼と知り合いになりました。
그 온천에서 그와 아는사이가 되었습니다.

シリーズ (series)	시리-즈	[명] 시리즈
自力(じりき)	지리끼	[명] 자력
シリコン (silicon)	시리꽁	[명] 실리콘
退(しりぞ)く	시리조꾸	[5동] 물러나다, 후퇴하다
退(しりぞ)ける	시리조께루	[하1] 물리치다, 격퇴하다
私立(しりつ)	시리쯔	[명] 사립
自立(じりつ)	지리쯔	[명] 자립
尻餅(しりもち)	시리모찌	[명] 엉덩방아
支流(しりゅう)	시류-	[명] 지류
思慮(しりょ)	시료	[명] 사려, 생각
資料(しりょう)	시료-	[명] 자료
視力(しりょく)	시료꾸	[명] 시력
知(し)る	시루	[5동] 알다, 인식하다
汁(しる)	시루	[명] 즙, 국물

印(しるし)	시루시	명 표, 표시
焦(じ)れったい	지렛따이	형 안달나다

焦れったくて見ていられない。
안달이 나서 봐줄 수가 없다.

試練(しれん)	시렝	명 시련
ジレンマ (dilemma)	지렘마	명 딜레마
城(しろ)	시로	명 성
白(しろ)	시로	명 흰색, 무죄
白(しろ)い	시로이	형 하얗다, 희다
素人(しろうと)	시로우또	명 초보자
四六時中(しろくじちゅう)	시로꾸지쮸—	부 하루종일, 항상
白黒(しろくろ)	시로꾸로	명 흑백
皺(しわ)	시와	명 (피부)주름, 구김살
人員(じんいん)	징잉	명 인원
進化(しんか)	싱까	명 진화
侵害(しんがい)	싱가이	명 침해
進学(しんがく)	싱가꾸	명 진학
人格(じんかく)	징까꾸	명 인격
新型(しんがた)	싱가따	명 신형
新幹線(しんかんせん)	싱깐셍	명 신칸센

あ
い
う
え
お
か
き
く
け
こ
さ
し
す
せ

新規(しんき)	싱끼	명 신규
進級(しんきゅう)	싱뀨-	명 진급
新記録(しんきろく)	싱끼로꾸	명 신기록
親近感(しんきんかん)	싱낑깡	명 친근감
ジンクス (jinx)	징꾸스	명 징크스
神経(しんけい)	싱께-	명 신경
神経質(しんけいしつ)	싱께-시쯔	명 신경질
親権(しんけん)	싱껭	명 친권
人権(じんけん)	징껭	명 인권
真剣(しんけん)	싱껜	な형 진지함, 진검

真剣に私と付き合ってください。
진지하게 저와 사귀어주세요.

進行(しんこう)	싱꼬-	명 진행
信仰(しんこう)	싱꼬-	명 신앙
信号(しんごう)	싱고-	명 (교통)신호
人工(じんこう)	징꼬-	명 인공
人口(じんこう)	징꼬-	명 인구
深呼吸(しんこきゅう)	싱꼬뀨-	명 심호흡
申告(しんこく)	싱꼬꾸	명 신고
深刻(しんこく)	싱꼬꾸	な형 심각

新婚(しんこん)	싱꽁	몡 신혼
人材(じんざい)	진자이	몡 인재
診察(しんさつ)	신사쯔	몡 진찰
紳士(しんし)	신시	몡 신사

彼の紳士的なマナーがよかった。
그의 신사적인 매너가 좋았다.

寝室(しんしつ)	신시쯔	몡 침실
真実(しんじつ)	신지쯔	な형 진실
神社(じんじゃ)	진쟈	몡 신사(신을 모신곳)
真珠(しんじゅ)	신쥬	몡 진주
人種(じんしゅ)	진슈	몡 인종
伸縮(しんしゅく)	신슈꾸	몡 신축
進出(しんしゅつ)	신슈쯔	몡 진출
新人(しんじん)	신징	몡 신인
浸水(しんすい)	신스이	몡 침수
信(しん)ずる	신즈루	サ변 믿다, 신용하다
申請(しんせい)	신세-	몡 신청
人生(じんせい)	진세-	몡 인생
親戚(しんせき)	신세끼	몡 친척
親切(しんせつ)	신세쯔	な형 친절

あ
い
う
え
お
か
き
く
け
こ
さ
し
す
せ

新鮮(しんせん)	신셍	な형 신선
真相(しんそう)	신소-	명 진상
心臓(しんぞう)	신조-	명 심장
腎臓(じんぞう)	진조-	명 신장, 콩팥
人造(じんぞう)	진조-	명 인조
迅速(じんそく)	진소꾸	な형 신속
身体(しんたい)	신따이	명 신체
人体(じんたい)	진따이	명 인체
診断(しんだん)	신당	명 진단
身長(しんちょう)	신쪼-	명 신장, 키
慎重(しんちょう)	신쪼-	な형 신중

けっこん あいて　　　　　　　　　　 えら
結婚の相手は慎重に選びなさい。
결혼 상대는 신중하게 골라라.

新陳代謝 (しんちんたいしゃ)	신찐따이샤	명 신진대사
進展(しんてん)	신뗑	명 진전
振動(しんどう)	신도-	명 진동
浸透(しんとう)	신또-	명 침투
シンナー (thinner)	신나-	명 시너
侵入(しんにゅう)	신뉴-	명 침입

新年(しんねん)	신넹	명 신년, 새해
心配(しんぱい)	심빠이	명 걱정, 근심
審判(しんぱん)	심빵	명 심판
神秘(しんぴ)	심삐	명 신비
信憑性(しんぴょうせい)	심뾰-세-	명 신빙성
新品(しんぴん)	심삥	명 새것
新婦(しんぷ)	심뿌	명 신부, 새색시
人物(じんぶつ)	짐부쯔	명 인물
シンプル (simple)	심뿌루	な형 심플, 단순함

シンプルなデザインがいいですよ。
심플한 디자인이 좋아요.

新聞(しんぶん)	심붕	명 신문
進歩(しんぽ)	심뽀	명 진보
辛抱(しんぼう)	심보-	명 인내, 참음
親睦(しんぼく)	심보꾸	명 친목
シンボル (symbol)	심보루	명 심볼
蕁麻疹(じんましん)	짐마싱	명 두드러기
親密(しんみつ)	심미쯔	な형 친밀
人民(じんみん)	짐밍	명 인민, 국민
人命(じんめい)	짐메-	명 인명

あ
い
う
え
お
か
き
く
け
こ
さ
し
す
せ

深夜(しんや)	싱야	몡 심야
信用(しんよう)	싱요-	몡 신용
信頼(しんらい)	신라이	몡 신뢰
辛辣(しんらつ)	신라쯔	な형 신랄, 가혹
心理(しんり)	신리	몡 심리
真理(しんり)	신리	몡 진리
侵略(しんりゃく)	신라꾸	몡 침략

強い国は弱い国を侵略するものだ。
강한 나라는 약한 나라를 침략하는 법이다.

診療(しんりょう)	신료-	몡 진료
人類(じんるい)	진루이	몡 인류
進路(しんろ)	신로	몡 진로
新郎(しんろう)	신로-	몡 신랑
神話(しんわ)	싱와	몡 신화

す

巣(す)	스	閏 둥지, 소굴
酢(す)	스	閏 식초
水泳(すいえい)	스이에ー	閏 수영
西瓜(すいか)	스이까	閏 수박
水銀(すいぎん)	스이깅	閏 수은
吸(す)い込(こ)む	스이꼬무	5動 빨아들이다
水彩画(すいさいが)	스이사이가	閏 수채화
水車(すいしゃ)	스이샤	閏 물레방아, 수차
衰弱(すいじゃく)	스이쟈꾸	閏 쇠약
水準(すいじゅん)	스이즁	閏 수준
水晶(すいしょう)	스이쇼ー	閏 수정
水蒸気(すいじょうき)	스이죠ー끼	閏 수증기
推進(すいしん)	스이싱	閏 추진
推薦(すいせん)	스이셍	閏 추천

この本は高校の推薦図書です。
이 책은 고등학교 추천도서입니다.

水素(すいそ)	스이소	閏 수소
推測(すいそく)	스이소꾸	閏 추측

あ
い
う
え
お
か
き
く
け
こ
さ
し
す
せ

す

水族館(すいぞくかん)	스이조꾸깡	명 수족관
垂直(すいちょく)	스이쬬꾸	な형 수직
スイッチ (switch)	스잇찌	명 스위치
推定(すいてい)	스이떼–	명 추정
水道(すいどう)	스이도–	명 수도
随筆(ずいひつ)	즈이히쯔	명 수필
水分(すいぶん)	스이붕	명 수분
随分(ずいぶん)	즈이붕	부 꽤, 상당히, 대단히
睡眠(すいみん)	스이밍	명 수면 けんこう だいじ た もの 健康に大事なのは食べ物と睡眠です。 건강에 중요한 것은 음식과 수면입니다.
水曜日(すいようび)	스이요–비	명 수요일
推理(すいり)	스이리	명 추리
スイング (swing)	스잉구	명 스윙
吸(す)う	스우	5동 들이마시다, 빨다
数学(すうがく)	스–가꾸	명 수학
崇高(すうこう)	스–꼬–	な형 숭고
数字(すうじ)	스–지	명 숫자
図々(ずうずう)しい	즈–즈–시–	형 뻔뻔스럽다

数年(すうねん)	스-넹	명 몇년
スーパー (super)	스-빠-	명 슈퍼
スーパーマーケット (supermarket)	스-빠-마-켓또	명 슈퍼마켓
崇拝(すうはい)	스-하이	명 숭배
スープ (soup)	스-뿌	명 수프
末(すえ)	스에	명 끝, 마지막, 결과
末子(すえっこ)	스엑꼬	명 막내
据(す)える	스에루	하1 설치하다, 고정시키다
スカート (skirt)	스까-또	명 스커트
スカーフ (scarf)	스까-후	명 스카프
素顔(すがお)	스가오	명 민낯, 맨얼굴, 꾸미지 않은 모습
素顔のままで、いいんだよ。 꾸미지 않은 모습으로 괜찮아.		
姿(すがた)	스가따	명 모습, 몸매, 모양
好(す)き	스키	な형 좋아함, 마음대로 함
杉(すぎ)	스기	명 삼나무
スキー (ski)	스끼-	명 스키
好(す)き嫌(きら)い	스끼끼라이	명 호불호, 좋고 싫음
隙間(すきま)	스끼마	명 틈, 짬

あ
い
う
え
お
か
き
く
け
こ
さ
し
す
せ

スキャンダル (scandal)	스깐다루	명 스캔들
過(す)ぎる	스기루	상1 지나다, 통과하다
スキンシップ (일 skin+ship)	스킨십뿌	명 스킨십
すぐ	스구	부 금방, 즉시; 직접
救(すく)い	스꾸이	명 도움, 구조
救(すく)う	스꾸우	5동 구하다, 건지다
掬(すく)う	스꾸우	5동 떠내다, 떠올리다
すくすく	스꾸스꾸	부 무럭무럭
少(すく)ない	스꾸나이	형 적다, 어리다
少(すく)なくとも	스꾸나꾸또모	부 적어도
スクリーン (screen)	스꾸리-잉	명 스크린
優(すぐ)れる	스구레루	하1 뛰어나다, 우수하다

フランスには優れた画家が多い。
프랑스엔 뛰어난 화가가 많다.

図形(ずけい)	즈께-	명 도형
スケート (skate)	스께-또	명 스케이트
スケール (scale)	스께-루	명 스케일
スケジュール (schedule)	스께쥬-루	명 스케줄
凄(すご)い	스고이	형 대단하다, 엄청나다
スコア (score)	스꼬아	명 스코어

少(すこ)し	스꼬시	🎈 약간, 좀
健(すこ)やか	스꼬야까	な형 튼튼함, 건강함
鮨(すし)	스시	명 생선초밥
素性(すじょう)	스죠ー	명 천성
鈴(すず)	스즈	명 방울
濯(すす)ぐ	스스구	5동 헹구다, 씻다
涼(すず)しい	스즈시ー	형 시원하다
進(すす)む	스스무	5동 나아가다, 전진하다
雀(すずめ)	스즈메	명 참새
勧(すす)める	스스메루	하1 권하다
スター (star)	스따ー	명 스타
スタート (start)	스따ー또	명 스타트
スタイル (style)	스따이루	명 스타일
スタジオ (studio)	스따지오	명 스튜디오
スタッフ (staff)	스땁후	명 스태프
頭痛(ずつう)	즈쯔ー	명 두통
すっかり	슥까리	🎈 모조리, 완전히
すっきり	슥끼리	🎈 후련한 모양, 산뜻한 모양

あ
い
う
え
お
か
き
く
け
こ
さ
し
す
せ

	シャワーを浴びると気分がすっきりする。 샤워를 하면 기분이 후련합니다.
ずっと	즛또 부 훨씬, 계속하여
酸(す)っぱい	습빠이 형 시다, 시큼하다
素手(すで)	스데 명 맨손, 빈손
ステーキ (steak)	스떼-끼 명 스테이크
素敵(すてき)	스떼끼 な형 멋있음, 근사함
ステップ (step)	스텝뿌 명 스텝, 단계
すでに	스데니 부 이미, 벌써
捨(す)てる	스떼루 하1 버리다, 방치하다
ストーカー (stalker)	스또-까- 명 스토커
ストーブ (stove)	스또-부 명 난로
ストーリー (story)	스또-리- 명 스토리
ストッキング (stockings)	스똑낑구 명 스타킹
ストップ (stop)	스똡뿌 명 스톱
ストライキ (strike)	스또라이끼 명 파업
ストレス (stress)	스또레스 명 스트레스
ストレッチ (stretch)	스또렛찌 명 스트레치
砂(すな)	스나 명 모래

素直(すなお)	스나오	[な형] 순박함, 순종적

素直に指示に従いなさい。
고분고분하게 지시에 따르거라.

スナック (snack)	스낙꾸	[명] 스낵
即(すなわ)ち	스나와찌	[부] 즉, 다시 말하면
すね	스네	[명] 정강이
すねる	스네루	[하1] 토라지다
頭脳(ずのう)	즈노-	[명] 두뇌
スノーボード(snowboard)	스노-보-도	[명] **스노보드**
スパイ (spy)	스빠이	[명] 스파이
スパゲッティ (이 spaghetti)	스빠겟띠	[명] 스파게티
素肌(すはだ)	스하다	[명] 맨살
素早 (すばや)い	스바야이	[형] 재빠르다
素晴(すば)らしい	스바라시-	[형] 멋지다, 훌륭하다

人生は素晴らしい物語です。
인생은 멋진 이야기입니다.

スピーカー (speaker)	스삐-까-	[명] 스피커
スピード (speed)	스삐-도	[명] 스피드
図表(ずひょう)	즈효-	[명] 도표
スプーン (spoon)	스푸-은	[명] 숟가락

スプレー (spray)	스뿌레―	명 스프레이
スペシャル (special)	스뻬샤루	명 스페셜
全(すべ)て	스베떼	부 전부, 모조리
滑(すべ)る	스베루	하1 미끄러지다, 탈락하다
スペル (spell)	스뻬루	명 스펠링
スポーツ (sports)	스뽀―쯔	명 스포츠
ズボン (불 jupon)	즈봉	명 바지
スポンジ (sponge)	스뽄지	명 스펀지
済(す)ます	스마스	5동 마치다, 끝내다
すまない	스마나이	형 미안하다
スマホ (smart phone)	스마호	명 스마트폰
隅(すみ)	스미	명 구석, 모퉁이
炭(すみ)	스미	명 숯, 목탄
住(す)みか	스미까	명 거처, 보금자리
住(す)む	스무	5동 살다, 거주하다
済(す)む	스무	5동 끝나다, 해결되다
相撲(すもう)	스모―	명 스모(일본씨름)
李(すもも)	스모모	명 자두
スランプ (slump)	스람뿌	명 슬럼프

擦(す)り傷(きず)	스리끼즈	명 찰과상
スリッパ (slippers)	스립빠	명 슬리퍼
スリル (thrill)	스리루	명 스릴
する	스루	사변 하다, ~하겠다
ずるい	즈루이	형 교활하다, 약삭빠르다

ずるい人に騙された。
교활한 사람에게 속았다.

鋭(するど)い	스루도이	형 날카롭다
するめ	스루메	명 말린 오징어
擦(す)れる	스레루	하1 닳다, 스치다
ずれる	즈레루	하1 어긋나다, 빗나가다
スロー (slow)	스로-	명 슬로, 속도가 느림
座(すわ)る	스와루	5동 앉다, 차지하다
寸前(すんぜん)	슨젱	명 직전
すんなり	슨나리	부 날씬함, 원활하게 진행됨
寸法(すんぽう)	슴뽀-	명 치수, 척도

あ
い
う
え
お
か
き
く
け
こ
さ
し
す
せ

せ

背(せ)	세	몡 키
せい	세-	몡 탓, 이유, 원인
性(せい)	세-	몡 성
誠意(せいい)	세-이	몡 성의
精一杯(せいいっぱい)	세-입빠이	튀 힘껏, 최대한
声援(せいえん)	세-엥	몡 성원
成果(せいか)	세-까	몡 성과
正解(せいかい)	세-까이	몡 정답
性格(せいかく)	세-까꾸	몡 성격
正確(せいかく)	세-까꾸	な형 정확
生活(せいかつ)	세-까쯔	몡 생활
税関(ぜいかん)	제-깡	몡 세관
世紀 (せいき)	세-끼	몡 세기
正義(せいぎ)	세-기	몡 정의

彼は正義の味方のような人です。
그는 정의의 사도 같은 사람입니다.

請求(せいきゅう)	세-뀨-	몡 청구
税金(ぜいきん)	제-낑	몡 세금

清潔(せいけつ)	세-께쯔	な형 청결
制限(せいげん)	세-겡	명 제한
政権(せいけん)	세-껭	명 정권
成功(せいこう)	세-꼬-	명 성공
制裁(せいさい)	세-사이	명 제재
政策(せいさく)	세-사꾸	명 정책
製作(せいさく)	세-사꾸	명 제작
生産(せいさん)	세-상	명 생산
精子(せいし)	세-시	명 정자
政治(せいじ)	세-지	명 정치
正式(せいしき)	세-시끼	な형 정식
性質(せいしつ)	세-시쯔	명 성질
誠実(せいじつ)	세-지쯔	な형 성실
静寂(せいじゃく)	세-쟈꾸	명 정적
成熟(せいじゅく)	세-쥬꾸	명 성숙
青春(せいしゅん)	세-슝	명 청춘
聖書(せいしょ)	세-쇼	명 성경
正常(せいじょう)	세-죠-	な형 정상

あなたの血圧(けつあつ)は正常です。
당신의 혈압은 정상입니다.

あ
い
う
え
お
か
き
く
け
こ
さ
し
す
せ

青少年(せいしょうねん)	세-쇼-넹	몡 청소년
生殖(せいしょく)	세-쇼꾸	몡 생식
精神(せいしん)	세-싱	몡 정신
成人(せいじん)	세-징	몡 성인
成績(せいせき)	세-세끼	몡 성적
清楚(せいそ)	세-소	다형 청초, 청순
製造(せいぞう)	세-조-	몡 제조
生存(せいぞん)	세-종	몡 생존
盛大(せいだい)	세-다이	다형 성대함
贅沢(ぜいたく)	제-따꾸	다형 사치, 호사 こんかい りょこう 今回の旅行では贅沢なホテルに と 泊まってみたい。 이번 여행에선 호화로운 호텔에 묵고 싶다.
成長(せいちょう)	세-쬬-	몡 성장
静電気(せいでんき)	세-뎅끼	몡 정전기
生徒(せいと)	세-또	몡 학생
制度(せいど)	세-도	몡 제도
政党(せいとう)	세-또-	몡 정당
正当(せいとう)	세-또-	다형 정당
整頓(せいとん)	세-똥	몡 정돈

青年(せいねん)	세-넹	몡 청년
生年月日(せいねんがっぴ)	세-넹갑삐	몡 생년월일
性能(せいのう)	세-노-	몡 성능
正反対(せいはんたい)	세-한따이	몡 정반대
整備(せいび)	세-비	몡 정비
製品(せいひん)	세-힝	몡 제품
政府(せいふ)	세-후	몡 정부
征服(せいふく)	세-후꾸	몡 정복
制服(せいふく)	세-후꾸	몡 제복
生物(せいぶつ)	세-부쯔	몡 생물
成分(せいぶん)	세-붕	몡 성분
性別(せいべつ)	세-베쯔	몡 성별
正方形(せいほうけい)	세-호-께-	몡 정사각형
精密(せいみつ)	세-미쯔	な형 정밀
生命(せいめい)	세-메-	몡 생명
西洋(せいよう)	세-요-	몡 서양
整理(せいり)	세-리	몡 정리

デスクと引き出しを整理した。
책상과 서랍을 정리했다.

生理(せいり)	세-리	몡 생리

成立(せいりつ)	세-리쯔	명 성립
勢力(せいりょく)	세-료꾸	명 세력
西暦(せいれき)	세-레끼	명 서기
整列(せいれつ)	세-레쯔	명 정렬
セーター (sweater)	세-따-	명 스웨터
セール (sale)	세-루	명 세일
背負(せお)う	세오우	5동 짊어지다, 지다
世界(せかい)	세까이	명 세계
咳(せき)	세끼	명 기침
赤外線(せきがいせん)	세끼가이셍	명 적외선
石炭(せきたん)	세끼땅	명 석탄
脊椎(せきつい)	세끼쯔이	명 척추
責任(せきにん)	세끼닝	명 책임
石油(せきゆ)	세끼유	명 석유
赤裸々(せきらら)	세끼라라	な형 적나라
セクハラ (sexual harassment)	세꾸하라	명 성희롱
世間(せけん)	세껜	명 세상, 사회, 활동범위

世間は広いようで狭い。
세상은 넓은 것같으면서도 좁다.

世代(せだい)	세다이	몡 세대
世知辛(せちがら)い	세찌가라이	혱 박하다, 야박하다
せっかく	섹까꾸	믠 모처럼, 일부러
せっかち	섹까찌	다형 성급함, 덜렁거림
説教(せっきょう)	섹꾜-	몡 설교
積極的(せっきょくてき)	섹꾜꾸떼끼	다형 적극적
セックス (sex)	섹꾸스	몡 섹스
石(せっ)けん	섹껭	몡 비누
絶好(ぜっこう)	젝꼬-	몡 절호
切実(せつじつ)	세쯔지쯔	다형 절실
	あなたの承諾を切実に願います。	
	당신의 승낙을 절실히 원합니다.	
摂取(せっしゅ)	셋슈	몡 섭취
雪辱(せつじょく)	세쯔죠꾸	몡 설욕
接触(せっしょく)	셋쇼꾸	몡 접촉
節制(せっせい)	셋세-	몡 절제
接続(せつぞく)	세쯔조꾸	몡 접속
接待(せったい)	셋따이	몡 접대
絶対(ぜったい)	젯따이	믠 절대, 결코
切断(せつだん)	세쯔당	몡 절단

接着剤(せっちゃくざい)	셋짜꾸자이	몡 접착제
絶頂(ぜっちょう)	젯쪼-	몡 절정
設定(せってい)	셋떼-	몡 설정
セット (set)	셋또	몡 세트
窃盗(せっとう)	셋또-	몡 절도
説得(せっとく)	셋또꾸	몡 설득
刹那(せつな)	세쯔나	몡 찰나
切迫(せっぱく)	셉빠꾸	몡 절박
切腹(せっぷく)	셉뿌꾸	몡 할복
絶望(ぜつぼう)	제쯔보-	몡 절망
説明(せつめい)	세쯔메-	몡 설명
節約(せつやく)	세쯔야꾸	몡 절약
設立(せつりつ)	세쯔리쯔	몡 설립
瀬戸物(せともの)	세또모노	몡 도자기
背中(せなか)	세나까	몡 등, 뒤쪽
背伸(せの)び	세노비	몡 발돋움
是非(ぜひ)	제히	뷔 아무쪼록 몡 옳고 그름
背広(せびろ)	세비로	몡 남성정장, 신사복
背骨(せぼね)	세보네	몡 등뼈

狭(せま)い	세마이	형	좁다
迫(せま)る	세마루	5동	다가오다, 박두하다
	締め切りが迫ってくる。 마감이 다가온다.		
蝉(せみ)	세미	명	매미
せめて	세메떼	부	그런대로, 최소한
セメント (cement)	세멘또	명	시멘트
ゼリー (jelly)	제리-	명	젤리
台詞(せりふ)	세리후	명	대사
ゼロ (zero)	제로	명	제로
世話(せわ)	세와	명	보살핌, 알선, 수고
千(せん)	셍	명	천, 1000
栓(せん)	셍	명	마개
善悪(ぜんあく)	젱아꾸	명	선악
繊維(せんい)	셍이	명	섬유
善意(ぜんい)	젱이	명	선의
船員(せんいん)	셍잉	명	선원
全快(ぜんかい)	젱까이	명	완쾌
選挙(せんきょ)	셍꾜	명	선거
先駆者(せんくしゃ)	셍꾸샤	명	선구자

あ
い
う
え
お
か
き
く
け
こ
さ
し
す
せ

せ

先月(せんげつ)	셍게쯔	뗑 지난달
宣言(せんげん)	셍겡	뗑 선언
前後(ぜんご)	젱고	뗑 전후
専攻(せんこう)	셍꼬-	뗑 전공
宣告(せんこく)	셍꼬꾸	뗑 선고

いよいよ無罪の宣告が下ろされた。
마침내 무죄 선고가 내려졌다.

全国(ぜんこく)	젱꼬꾸	뗑 전국
センサー (sensor)	센사-	뗑 센서
繊細(せんさい)	센사이	な형 섬세, 고움
洗剤(せんざい)	센자이	뗑 세제
潜在(せんざい)	센자이	뗑 잠재
先日(せんじつ)	센지쯔	뗑 전날, 얼마 전
全自動(ぜんじどう)	젠지도-	뗑 전자동
選手(せんしゅ)	센슈	뗑 선수
先週(せんしゅう)	센슈-	뗑 지난주
選出(せんしゅつ)	센슈쯔	뗑 선출
戦術(せんじゅつ)	센쥬쯔	뗑 전술
煎(せん)じる	센지루	サ변 달이다(약, 차)
全身(ぜんしん)	젠싱	뗑 전신

202 | 필수 단어

前進(ぜんしん)	젠싱	몡 전진
センス (sense)	센스	몡 센스, 감각
扇子(せんす)	센스	몡 접는 부채
潜水(せんすい)	센스이	몡 잠수
前世(ぜんせ)	젠세	몡 전생

彼と私は前世では夫婦だった。
그와 나는 전생에 부부였다.

先生(せんせい)	센세-	몡 선생, 교사
宣誓(せんせい)	센세-	몡 선서
全盛期(ぜんせいき)	젠세-끼	몡 전성기
全然(ぜんぜん)	젠젱	閉 전혀; 매우
戦争(せんそう)	센소-	몡 전쟁
前奏曲(ぜんそうきょく)	젠소-꾜꾸	몡 전주곡
喘息(ぜんそく)	젠소꾸	몡 천식
センター (center)	센따-	몡 센터
全体(ぜんたい)	젠따이	몡 전체
選択(せんたく)	센따꾸	몡 선택
洗濯(せんたく)	센따꾸	몡 세탁

洗濯は日曜にやります。
빨래는 일요일에 합니다.

先端(せんたん)	센땅	몡 첨단

あ
い
う
え
お
か
き
く
け
こ
さ
し
す
せ

センチメートル (프 centimetre)	센찌메-또루	명 **센티미터**
センチメンタル (sentimental)	센치멘따루	な형 **감상적**
船長(せんちょう)	센쬬-	명 **선장**
前兆(ぜんちょう)	젠쬬-	명 **전조**
選定(せんてい)	센떼-	명 **선정**
前提(ぜんてい)	젠떼-	명 **전제**
宣伝(せんでん)	센뎅	명 **선전**
全天候(ぜんてんこう)	젠뗑꼬-	명 **전천후**
扇動(せんどう)	센도-	명 **선동**
先頭(せんとう)	센또-	명 **선두**
戦闘(せんとう)	센또-	명 **전투**
銭湯(せんとう)	센토-	명 **대중목욕탕**
先入観(せんにゅうかん)	센뉴-깡	명 **선입관**
専念(せんねん)	센넹	명 **전념**
洗脳(せんのう)	센노-	명 **세뇌**
先輩(せんぱい)	셈빠이	명 **선배**
船舶(せんぱく)	셈빠꾸	명 **선박**
選抜(せんばつ)	셈바쯔	명 **선발**

前半(ぜんはん)	젱항	몡 전반
全部(ぜんぶ)	젬부	몡 튀 전부, 모두
扇風機(せんぷうき)	셈뿌−끼	몡 선풍기

扇風機があればクーラーがなくても結構です。

선풍기가 있으면 에어컨이 없어도 괜찮습니다.

潜伏(せんぷく)	셈뿌꾸	몡 잠복
羨望(せんぼう)	셈보−	몡 선망
鮮明(せんめい)	셈메−	몡 선명
全滅(ぜんめつ)	젬메쯔	몡 전멸
全面(ぜんめん)	젬멩	몡 전면
洗面台(せんめんだい)	셈멘다이	몡 세면대
専門(せんもん)	셈몽	몡 전문
先約(せんやく)	센야꾸	몡 선약
占有(せんゆう)	셍유−	몡 점유
専用(せんよう)	센요−	몡 전용
戦略(せんりゃく)	센랴꾸	몡 전략
占領(せんりょう)	센료−	몡 점령
善良(ぜんりょう)	젠료−	몡 선량
全力(ぜんりょく)	젠료꾸	몡 전력

あ
い
う
え
お
か
き
く
け
こ
さ
し
す
せ

洗礼(せんれい)	센레-	명 세례
前例(ぜんれい)	젠레-	명 전례
洗練(せんれん)	센렝	명 세련

そ

そう	소-	图 그렇게, 그래
沿(そ)う	소우	5동 따르다, ~을 따라가다
象(ぞう)	조-	명 코끼리
相異(そうい)	소-이	명 상이
憎悪(ぞうお)	조-오	명 증오
騒音(そうおん)	소-옹	명 소음
増加(ぞうか)	조-까	명 증가
総額(そうがく)	소-가꾸	명 총액
早期(そうき)	소-끼	명 조기
操業(そうぎょう)	소-교-	명 조업
創業(そうぎょう)	소-교-	명 창업
雑巾(ぞうきん)	조-낑	명 걸레

車の汚れを雑巾で拭いた。
자동차 얼룩을 걸레로 닦았다.

送金(そうきん)	소-낑	명 송금
総計(そうけい)	소-께-	명 총계
相互(そうご)	소-고	명 상호

そ
た
ち
つ
て
と
な
に
ぬ
ね
の
は
ひ
ふ

倉庫(そうこ)	소-꼬	몡 창고
走行(そうこう)	소-꼬-	몡 주행
総合(そうごう)	소-고-	몡 종합
捜査(そうさ)	소-사	몡 수사
操作(そうさ)	소-사	몡 조작
相殺(そうさい)	소-사이	몡 상쇄
捜索(そうさく)	소-사꾸	몡 수색
創作(そうさく)	소-사꾸	몡 창작
掃除(そうじ)	소-지	몡 청소
葬式(そうしき)	소-시끼	몡 장례식
喪失(そうしつ)	소-시쯔	몡 상실
操縦(そうじゅう)	소-쥬-	몡 조종
装飾(そうしょく)	소-쇼꾸	몡 장식
送信(そうしん)	소-싱	몡 송신
創設(そうせつ)	소-세쯔	몡 창설
想像(そうぞう)	소-조-	몡 상상

想像を絶する逆境がありました。
상상을 초월하는 역경이 있었습니다.

| 創造(そうぞう) | 소-조- | 몡 창조 |
| 相続(そうぞく) | 소-조꾸 | 몡 상속 |

早退(そうたい)	소-따이	명 조퇴
相談(そうだん)	소-당	명 상담
装置(そうち)	소-찌	명 장치
贈呈(ぞうてい)	조-떼-	명 증정
相当(そうとう)	소-또-	명 상당, 합당함 な형 제법
騒動(そうどう)	소-도-	명 소동
総動員(そうどういん)	소-도-잉	명 총동원
遭難(そうなん)	소-난	명 조난
挿入(そうにゅう)	소-뉴-	명 삽입
相場(そうば)	소-바	명 시세, 통념
装備(そうび)	소-비	명 장비
送別(そうべつ)	소-베쯔	명 송별
聡明(そうめい)	소-메-	명 총명
総理大臣 (そうりだいじん)	소-리다이징	명 총리대신, 수상

総理大臣は首相とも呼びます。
총리대신은 수상이라고도 부릅니다.

添(そ)える	소에루	하1 첨부하다, 곁들이다
ソース (sauce)	소-스	명 소스
ソーセージ (sausage)	소-세-지	명 소시지
俗語(ぞくご)	조꾸고	명 속어

そ
た
ち
つ
て
と
な
に
ぬ
ね
の
は
ひ
ふ

促進(そくしん)	소꾸싱	명 촉진
属(ぞく)する	조꾸스루	사변 속하다, 따르다
即席(そくせき)	소꾸세끼	명 즉석
速度(そくど)	소꾸도	명 속도
束縛(そくばく)	소꾸바꾸	명 속박
俗物(ぞくぶつ)	조꾸부쯔	명 속물
測量(そくりょう)	소꾸료-	명 측량
そこ	소꼬	대 그곳
底(そこ)	소꼬	명 밑바닥, 바닥, 한계
祖国(そこく)	소꼬꾸	명 조국
そこそこ	소꼬소꼬	부 가량, 될까말까
底力(そこぢから)	소꼬지까라	명 저력
損(そこ)なう	소꼬나우	5동 해치다, 파손하다
組織(そしき)	소시끼	명 조직
素質(そしつ)	소시쯔	명 소질
そして	소시떼	접 그래서, 게다가
祖先(そせん)	소셍	명 선조, 조상
注(そそ)ぐ	소소구	5동 붓다, 따르다
そそっかしい	소속까시-	형 경솔하다

	そそっかしい人には失敗が多い。 딸랑대는 사람에겐 실수가 많다.
育(そだ)つ	소다쯔 [5동] 자라다, 성장하다
育(そだ)てる	소다떼루 [하1] 육성하다, 기르다
措置(そち)	소찌 [명] 조치
そちら	소찌라 [대] 그쪽, 거기
卒業(そつぎょう)	소쯔교- [명] 졸업
即効(そっこう)	속꼬- [명] 즉효
率直(そっちょく)	솟쬬꾸 [な형] 솔직
ぞっとする	좃또스루 [サ변] 오싹하다, 소름끼치다
袖(そで)	소데 [명] (옷)소매
外(そと)	소또 [명] 바깥, 외부
外側(そとがわ)	소또가와 [명] 바깥쪽
備(そな)える	소나에루 [하1] 대비하다, 갖추다
その	소노 [연] 그
そのうえ	소노우에 [접] 더구나, 게다가
そのまま	소노마마 [부] 그대로
傍(そば)	소바 [명] 옆, 가까이
そばかす	소바까스 [명] 주근깨
聳(そび)える	소비에루 [하1] 우뚝 솟다

そ
た
ち
つ
て
と
な
に
ぬ
ね
の
は
ひ
ふ

	<ruby>新宿<rt>しんじゅく</rt></ruby>には<ruby>高層<rt>こうそう</rt></ruby>ビルたちがそびえている。 신주쿠엔 고층빌딩이 솟아 있다.
祖父(そふ)	소후 　　　명 조부
ソファー (sofa)	소화ー 　　명 소파
ソフトウェア (software)	소후또웨아 명 소프트웨어
祖父母(そふぼ)	소후보 　　명 조부모
素振(そぶ)り	소부리 　　명 기색, 기미
祖母(そぼ)	소보 　　　명 조모
素朴(そぼく)	소보꾸 　　な형 소박
粗末(そまつ)	소마쯔 　　な형 엉성함, 변변치 　　　　　 못함
背(そむ)く	소무꾸 　　5동 어기다, 등지다
背(そむ)ける	소무께루 　하1 등돌리다, 외면하 　　　　　 다
染(そ)める	소메루 　　하1 물들이다, 　　　　　 염색하다
	あなたの<ruby>色<rt>いろ</rt></ruby>に染められていくわ。 당신의 색으로 물들어 갈거야.
微風(そよかぜ)	소요까제 　명 미풍, 산들바람
空(そら)	소라 　　　명 하늘
逸(そ)らす	소라스 　　5동 딴데로 돌리다
それ	소레 　　　대 그것
それから	소레까라 　접 그리고, 그러고나서

それぞれ	소레조레	图 각각
それとも	소레또모	图 혹은, 또는
それなら	소레나라	图 그러면
揃(そろ)う	소로우	5동 갖추어지다, 고루 모이다
そろそろ	소로소로	图 슬슬, 이제 곧
損(そん)	손	图 손해
尊敬(そんけい)	송께–	图 존경
存在(そんざい)	손자이	图 존재
ぞんざい	존자이	な형 함부로 다루거나 행함
損失(そんしつ)	손시쯔	图 손실
損傷(そんしょう)	손쇼–	图 손상
尊重(そんちょう)	손쬬–	图 존중
損得(そんとく)	손또꾸	图 손익
そんな	손나	연 그런, 그러한

| 일본어 필수 단어 |

た

田(た)	타	몡 논(한국에선 밭전이지만 일본에선 논)
ターゲット (target)	타-겟또	몡 타겟
ダース (dozen)	다-스	몡 다스
ターミナル (terminal)	타-미나루	몡 터미널
体当(たいあ)たり	타이아따리	몡 몸으로 부딪침
体育(たいいく)	타이이꾸	몡 체육
第一(だいいち)	다이이찌	몡 제일
退院(たいいん)	타이잉	몡 퇴원
ダイエット (diet)	다이엣또	몡 다이어트
対応(たいおう)	타이오-	몡 대응
体温(たいおん)	타이옹	몡 체온
大家(たいか)	타이까	몡 대가, 뛰어난 사람
大会(たいかい)	타이까이	몡 대회
体格(たいかく)	타이까꾸	몡 체격

かれ りっぱ
彼は立派な体格をしている。
그는 훌륭한 체격을 갖고 있다.

退学(たいがく)	타이가꾸	몡 퇴학
大学(だいがく)	다이가꾸	몡 대학

待機(たいき)	타이끼	몡 대기(기다림)
大規模(だいきぼ)	다이끼보	몡 대규모
退却(たいきゃく)	타이까꾸	몡 퇴각
代金(だいきん)	다이낑	몡 대금
大工(だいく)	다이꾸	몡 목수
待遇(たいぐう)	타이구ー	몡 대우
退屈(たいくつ)	타이꾸쯔	な형 따분함, 지루함
体系(たいけい)	타이께ー	몡 체계
体型(たいけい)	타이께ー	몡 체형
対決(たいけつ)	타이께쯔	몡 대결
体験(たいけん)	타이껭	몡 체험
太鼓(たいこ)	타이꼬	몡 북
対抗(たいこう)	타이꼬ー	몡 대항
大根(だいこん)	다이꽁	몡 무
滞在(たいざい)	타이자이	몡 체재
対策(たいさく)	타이사꾸	몡 대책
退治(たいじ)	타이지	몡 퇴치
大事(だいじ)	다이지	な형 소중함 몡 큰일
大(たい)した	타이시따	연 굉장한, 특별한

	大したことではありません。 대수로운 일이 아닙니다.
体質(たいしつ)	타이시쯔　몡 체질
大衆(たいしゅう)	타이슈ー　몡 대중
体重(たいじゅう)	타이쥬ー　몡 체중
対処(たいしょ)	타이쇼　몡 대처
対象(たいしょう)	타이쇼ー　몡 대상
大将(たいしょう)	타이쇼ー　몡 대장
対照(たいしょう)	타이쇼ー　몡 대조, 큰차이
退場(たいじょう)	타이죠ー　몡 퇴장
大丈夫(だいじょうぶ)	다이죠ー부　な형 괜찮음, 걱정 없음
退職(たいしょく)	타이쇼꾸　몡 퇴직
対(たい)**する**	타이스루　サ변 대하다, 대항하다
体制(たいせい)	타이세ー　몡 체제
大切(たいせつ)	타이세츠　な형 소중함, 정중함 瀬戸物は大切に扱ってください。 도자기는 소중히 다루어 주세요.
対戦(たいせん)	타이셍　몡 대전
体操(たいそう)	타이소ー　몡 체조
大体(だいたい)	다이따이　閂 대체로, 대략
大多数(だいたすう)	다이따스ー　몡 대다수

大胆(だいたん)	다이딴	な형 대담
大地(だいち)	다이찌	명 대지
体調(たいちょう)	타이쬬-	명 컨디션, 건강
大抵(たいてい)	타이테-	부 명 대개, 보통
態度(たいど)	타이도	명 태도
対等(たいとう)	타이또-	명 대등
大統領(だいとうりょう)	다이또-료-	명 대통령
台所(だいどころ)	다이도꼬로	명 부엌, 주방
タイトル (title)	타이또루	명 타이틀
台無(だいな)し	다이나시	명 망침, 엉망이 됨
ダイナマイト (dynamite)	다이나마이또	명 다이너마이트
代表(だいひょう)	다이효-	명 대표
タイプ (type)	타이뿌	명 타입
大分(だいぶ)	다이부	부 상당히, 꽤

たいちょう
体調は大分よくなりました。
컨디션은 상당히 좋아졌습니다.

台風(たいふう)	타이후-	명 태풍
大部分(だいぶぶん)	다이부붕	명 대부분
太平洋(たいへいよう)	타이헤-요-	명 태평양
大便(だいべん)	다이벵	명 대변

そ た ち つ て と な に ぬ ね の は ひ ふ

大変(たいへん)	타이헨	부 매우, 몹시
逮捕(たいほ)	타이호	명 체포
大砲(たいほう)	타이호–	명 대포
タイマー (timer)	타이마–	명 타이머
怠慢(たいまん)	타이만	명 태만
タイミング (timing)	타이밍구	명 타이밍
タイム (time)	타이무	명 타임
対面(たいめん)	타이멩	명 대면
タイヤ (tire)	타이야	명 타이어
ダイヤモンド	다이야몬도	명 다이아몬드
太陽(たいよう)	타이요–	명 태양, 해
平(たい)ら	타이라	な형 평평, 평탄함 うんどうじょう 運動場を平らにしている。 운동장을 평평하게 만들고 있다.
大陸(たいりく)	타이리꾸	명 대륙
対立(たいりつ)	타이리쯔	명 대립
大量(たいりょう)	타이료–	명 대량
体力(たいりょく)	타이료꾸	명 체력
タイル (tile)	타이루	명 타일
対話(たいわ)	타이와	명 대화

台湾(たいわん)	타이완	몡 대만
田植(たう)え	타우에	몡 모내기
ダウンロード (download)	다운로-도	몡 다운로드
唾液(だえき)	다에끼	몡 타액
耐(た)える	타에루	하1 견디다, 감당하다
絶(た)える	타에루	하1 끊어지다
楕円(だえん)	다엥	몡 타원
倒(たお)す	타오스	5동 넘어뜨리다, 쓰러뜨리다
タオル (towel)	타오루	몡 타올
倒(たお)れる	타오레루	하1 넘어지다, 쓰러지다
鷹(たか)	타까	몡 매
高(たか)い	타까이	혱 높다, 비싸다, 뛰어나다
互(たが)い	타가이	몡 서로, 교대로
高(たか)める	타까메루	하1 높이다
耕(たがや)す	타가야스	5동 경작하다, 갈다
宝(たから)	타까라	몡 보물
だから	다까라	젭 그러므로
宝(たから)くじ	타까라꾸지	몡 복권

宝くじに当たる夢を見た。
복권에 당첨되는 꿈을 꾸었다.

滝(たき)	타끼	명 폭포
妥協(だきょう)	다꾜-	명 타협
抱(だ)く	다꾸	5동 안다, 품다
卓越(たくえつ)	타꾸에쯔	な형 탁월, 뛰어남
沢山(たくさん)	타꾸상	な형 많음, 충분함
タクシー (taxi)	타꾸시-	명 택시
宅配(たくはい)	타꾸하이	명 택배
巧(たく)み	타꾸미	な형 기술; 교묘함, 솜씨좋음
企(たくら)む	타꾸라무	5동 꾀하다, (음모를)꾸미다
蓄(たくわ)える	타꾸와에루	하1 비축하다
竹(たけ)	타께	명 대나무
打撃(だげき)	다게끼	명 타격
妥結(だけつ)	다께쯔	명 타결
蛸(たこ)	타꼬	명 문어, 낙지
凧(たこ)	타꼬	명 연
多彩(たさい)	타사이	な형 다채로움, 다양함
打算的(ださんてき)	다산떼끼	な형 타산적
確(たし)か	타시까	な형 확실함, 정확함

お前は確かに強い。
너는 진짜로 강하다.

出(だ)す	다스	[5동] 내놓다, 드러내다
助(たす)かる	타스카루	[5동] 살아남다, 도움이 되다
助(たす)ける	타스께루	[하1] 돕다, 구하다
尋(たず)ねる	타즈네루	[하1] 묻다(질문), 찾다
訪(たず)ねる	타즈네루	[하1] 방문하다
多数(たすう)	타스-	[명] 다수
黄昏(たそがれ)	타소가레	[명] 황혼
蛇足(だそく)	다소꾸	[명] 사족
ただ	타다	[부] 그냥, 그저; 무료
戦(たたか)う	타따까우	[5동] 싸우다
叩(たた)く	타따꾸	[5동] 치다,두드리다
但(ただ)し	타다시	[접] 다만, 하지만
正(ただ)しい	타다시-	[형] 옳다, 맞다
正(ただ)す	타다스	[5동] 따지다, 바로잡다
畳(たた)む	타따무	[5동] 접다, 개다
漂(ただよ)う	타다요우	[5동] 떠돌다, 헤매다
質(たち)	타치	[명] 성질, 질
立場(たちば)	타찌바	[명] 입장, 장소
立(た)ち寄(よ)る	타찌요루	[5동] 들르다

そ た ち つ て と な に ぬ ね の は ひ ふ

	この店は気軽に立ち寄ってもいい。 이 가게는 가볍게 들러도 괜찮다.
立(た)つ	타쯔 〔5동〕 서다, 일어나다
断(た)つ	타쯔 〔5동〕 끊다, 자르다
卓球(たっきゅう)	탁뀨— 〔명〕 탁구
達者(たっしゃ)	탓샤 〔な형〕 능숙, 건강함
脱出(だっしゅつ)	닷슈쯔 〔명〕 탈출
達人(たつじん)	타쯔징 〔명〕 달인
脱水(だっすい)	닷스이 〔명〕 탈수
達(たっ)する	탓스루 〔サ변〕 도달하다, 이르다
達成(たっせい)	탓세— 〔명〕 달성
脱線(だっせん)	닷셍 〔명〕 탈선
たった	탓따 〔부〕 단지, 그저
脱退(だったい)	닷따이 〔명〕 탈퇴
タッチ (touch)	탓찌 〔명〕 터치
たっぷり	탑뿌리 〔부〕 듬뿍, 충분히
	野菜をたっぷり入れた味噌汁。 야채를 듬뿍 넣은 된장국.
竜巻(たつまき)	타쯔마끼 〔명〕 회오리바람
脱毛(だつもう)	다쯔모— 〔명〕 탈모
脱落(だつらく)	다쯔라꾸 〔명〕 탈락, 낙오

縦(たて)	타떼	명 세로
建物(たてもの)	타떼모노	명 건물
立(た)てる	타떼루	하1 세우다, 정하다, 일으키다
妥当(だとう)	다또-	명 타당
打倒(だとう)	다또-	명 타도
たとえ	타또에	부 비록, 가령
例(たと)えば	타또에바	부 예를들면
棚(たな)	타나	명 선반
七夕(たなばた)	타나바따	명 칠석제
谷(たに)	타니	명 골짜기, 골
他人(たにん)	타닝	명 남, 타인
狸(たぬき)	타누끼	명 너구리
種(たね)	타네	명 씨앗, 원인
楽(たの)しい	타노시-	형 즐겁다, 유쾌하다
楽(たの)しみ	타노시미	명 즐거움
楽(たの)しむ	타노시무	5동 즐기다, 재미있게 보내다
頼(たの)む	타노무	5동 부탁하다, 맡기다
頼(たの)もしい	타노모시-	형 믿음직스럽다
束(たば)	타바	명 다발, 묶음

そ
た
ち
つ
て
と
な
に
ぬ
ね
の
は
ひ
ふ

煙草(たばこ)	타바꼬	명 담배

煙草を吸わない男性がいいです。
담배를 피우지 않는 남자가 좋아요.

田畑(たはた)	타하따	명 논밭
旅(たび)	타비	명 여행
ダビング (dubbing)	다빙구	명 더빙
タブー (taboo)	타부-	명 터부
ダブル (double)	다부루	명 더블
多分(たぶん)	타붕	부 대개, 거의
食(た)べ物(もの)	타베모노	명 음식, 먹을것
食(た)べる	타베루	하1 먹다, 식사하다
玉(たま)	타마	명 구슬, 옥, 공;총알 (弾)
卵(たまご)	타마고	명 달걀, 계란
魂(たましい)	타마시-	명 넋, 혼
騙(だま)す	다마스	5동 속이다, 달래다
玉葱(たまねぎ)	타마네기	명 양파
堪(たま)らない	타마라나이	형 참을 수 없다
貯(た)まる	타마루	5동 모이다, 쌓이다
黙(だま)る	다마루	5동 잠자코 있다
為(ため)	타메	명 목적, 이유, 이익

溜(た)め息(いき)	타메이끼	몡 한숨

堪え切れなくてため息ばかりつく。
참을 수 없어서 한숨만 쉰다.

試(ため)す	타메스	5동 시험하다
ためらう	타메라우	5동 머뭇거리다, 망설이다
保(たも)つ	타모츠	5동 유지되다, 지키다
容易(たやす)い	타야스이	혱 수월하다
便(たよ)り	타요리	몡 소식
頼(たよ)る	타요루	5동 의존하다, 믿다
たらい	타라이	몡 대야
堕落(だらく)	다라꾸	몡 타락
だらしない	다라시나이	혱 단정하지 못하다
足(た)りない	타리나이	혱 모자라다
足(た)りる	타리루	상1 족하다, ~할만하다
だるい	다루이	혱 나른하다
誰(だれ)	다레	때 누구
誰(だれ)か	다레까	옌 누군가
垂(た)れる	타레루	하1 드리워지다, 늘어지다
タレント (talent)	타렌또	몡 탤런트

タワー (tower)	타와ー	명 타워
弾圧(だんあつ)	당아쯔	명 탄압
担架(たんか)	탕까	명 들것
段階(だんかい)	단까이	명 단계
弾丸(だんがん)	당강	명 탄환
短気(たんき)	탕끼	나형 급한 성질, 성급함

短気は損気です。
급한 성격은 손해보는 성격입니다.

短期(たんき)	탕끼	명 단기
探求(たんきゅう)	탕뀨ー	명 탐구
タンク (tank)	탕꾸	명 탱크
団結(だんけつ)	단께쯔	명 단결
断言(だんげん)	당겡	명 단언
探検(たんけん)	탕껭	명 탐험
単語(たんご)	탕고	명 단어
炭酸(たんさん)	탄상	명 탄산
男子(だんし)	단시	명 남자
短縮(たんしゅく)	탄슈꾸	명 단축
単純(たんじゅん)	탄쥰	나형 단순

単純な人だから, すぐ騙される。
단순한 사람이니까 금방 속는다.

短所(たんしょ)	탄쇼	몡 단점
誕生(たんじょう)	탄죠-	몡 탄생
男女(だんじょ)	단죠	몡 남녀
ダンス (dance)	단스	몡 댄스
箪笥(たんす)	탄스	몡 옷장
男性(だんせい)	단세-	몡 남성
断絶(だんぜつ)	단제쯔	몡 단절
炭素(たんそ)	탄소	몡 탄소
団体(だんたい)	단따이	몡 단체
段々(だんだん)	단당	뷔 점점, 차츰
団地(だんち)	단찌	몡 단지
単調(たんちょう)	탄쪼-	な형 단조로움
探偵(たんてい)	탄떼-	몡 탐정
断定(だんてい)	단떼-	몡 단정
担当(たんとう)	탄또-	몡 담당
単独(たんどく)	탄도꾸	몡 단독
旦那(だんな)	단나	몡 주인, 남편

旦那とうまくいっている？
남편과 잘 지내니?

担任(たんにん)	탄닝	몡 담임

淡白(たんぱく)	탐빠구	[な형] 담백, 산뜻함
蛋白質(たんぱくしつ)	탐빠꾸시쯔	[명] 단백질
タンバリン (tambourine)	탐바링	[명] 탬버린
短編(たんぺん)	탐뻥	[명] 단편
田圃(たんぼ)	탐보	[명] 논
担保(たんぼ)	탐뽀	[명] 담보
暖房(だんぼう)	담보-	[명] 난방
段(だん)ボール	담보-루	[명] 골판지
蒲公英(たんぽぽ)	탐뽀뽀	[명] 민들레
弾力(だんりょく)	단료꾸	[명] 탄력
鍛練(たんれん)	탄렝	[명] 단련
暖炉(だんろ)	단로	[명] 난로

ち

血(ち)	치	명 피, 혈액
治安(ちあん)	치앙	명 **치안**
地位(ちい)	치이	명 **지위**
地域(ちいき)	치이끼	명 **지역**
小(ちい)さい	치이사이	형 **작다, 적다**
チーズ (cheese)	치-즈	명 **치즈**
チーム (team)	치-무	명 **팀**
知恵(ちえ)	치에	명 **지혜**
地下(ちか)	치까	명 **지하**
近(ちか)い	치까이	형 **가깝다, 친하다**
誓(ちか)う	치까우	5동 **맹세하다**

<ruby>一生<rt>いっしょう</rt></ruby><ruby>変<rt>か</rt></ruby>わらないことを誓います。
평생 변치 않겠다고 맹세합니다.

違(ちが)う	치가우	5동 **다르다, 틀리다**
近(ちか)く	치까쿠	명 **근처, 곧**
近頃(ちかごろ)	치까고로	명 **요즘, 최근**
地下室(ちかしつ)	치까시쯔	명 **지하실**
地下鉄(ちかてつ)	치까떼쯔	명 **지하철**

近道(ちかみち)	치까미찌	명 **지름길**
近寄(ちかよ)る	치까요루	5동 **다가오다, 접근하다**
力(ちから)	치까라	명 **힘**
地球(ちきゅう)	치뀨-	명 **지구**
千切(ちぎ)る	치기루	5동 **잘게 찢다**
蓄積(ちくせき)	치꾸세끼	명 **축적**
地形(ちけい)	치께-	명 **지형**
チケット (ticket)	치껫또	명 **티켓**
遅刻(ちこく)	치꼬꾸	명 **지각**
知識(ちしき)	치시끼	명 **지식, 식견**
地上(ちじょう)	치죠-	명 **지상**
恥辱(ちじょく)	치죠꾸	명 **치욕**
	それは忘れられない恥辱でした。 그것은 잊을 수 없는 치욕이었습니다.	
地図(ちず)	치즈	명 **지도**
地帯(ちたい)	치따이	명 **지대**
父(ちち)	치찌	명 **부친, 아버지**
乳(ちち)	치찌	명 **젖, 유방**
父親(ちちおや)	치찌오야	명 **부친**
縮(ちぢ)む	치지무	5동 **줄다, 축소되다**

秩序(ちつじょ)	치쯔죠	몡 **질서**
窒素(ちっそ)	칫소	몡 **질소**
窒息(ちっそく)	칫소꾸	몡 **질식**
知的(ちてき)	치떼끼	몡 **지적**
ちなみに	치나미니	젭 **덧붙여서**
知能(ちのう)	치노-	몡 **지능**
乳房(ちぶさ)	치부사	몡 **유방**
地平線(ちへいせん)	치헤-셍	몡 **지평선**
地方(ちほう)	치호-	몡 **지방, 시골**
地名(ちめい)	치메-	몡 **지명**
致命的(ちめいてき)	치메-떼끼	な형 **치명적**
チャーハン (중 炒飯)	차-항	몡 **볶음밥**

このチャーハンのレシピを教えてください。
이 볶음밥의 요리법을 알려주세요.

茶色(ちゃいろ)	차이로	몡 **갈색**
着手(ちゃくしゅ)	차꾸슈	몡 **착수**
着席(ちゃくせき)	차꾸세끼	몡 **착석**
着陸(ちゃくりく)	차꾸리꾸	몡 **착륙**
茶碗(ちゃわん)	차왕	몡 **밥공기**

チャンス (chance)	찬스	圓 찬스
ちゃんと	쨘또	團 단정하게, 제대로
チャンネル (channel)	찬네루	圓 채널
注意(ちゅうい)	츄-이	圓 주의, 충고
中央(ちゅうおう)	추-오-	圓 중앙
仲介(ちゅうかい)	추-까이	圓 중개
中学校(ちゅうがっこう)	추-각꼬-	圓 중학교
中華料理(ちゅうかりょうり)	추-까료-리	圓 중화요리
中間(ちゅうかん)	추-깡	圓 중간
中古(ちゅうこ)	추-꼬	圓 중고
忠告(ちゅうこく)	추-꼬꾸	圓 충고
中国(ちゅうごく)	추-고꾸	圓 중국
仲裁(ちゅうさい)	추-사이	圓 중재
中止(ちゅうし)	추-시	圓 중지
注射(ちゅうしゃ)	추-샤	圓 주사
駐車(ちゅうしゃ)	추-샤	圓 주차

日本では家の外に駐車する人はいない。
일본에는 집 밖에 주차하는 사람은 없다.

| 中旬(ちゅうじゅん) | 추-즁 | 圓 중순 |

抽象(ちゅうしょう)	추-쇼-	명	추상
中小企業(ちゅうしょうきぎょう)	추-쇼-키교-	명	중소기업
昼食(ちゅうしょく)	추-쇼꾸	명	점심식사
中心(ちゅうしん)	추-싱	명	중심
抽選(ちゅうせん)	추-셍	명	추첨
中退(ちゅうたい)	추-따이	명	중퇴
中断(ちゅうだん)	추-당	명	중단
躊躇(ちゅうちょ)	추-쬬	명	주저, 망설임
中途(ちゅうと)	추-또	명	중도
中毒(ちゅうどく)	추-도꾸	명	중독
中年(ちゅうねん)	추-넹	명	중년
チューブ (tube)	추-부	명	튜브
厨房(ちゅうぼう)	추-보-	명	주방
注目(ちゅうもく)	추-모꾸	명	주목
注文(ちゅうもん)	추-몽	명	주문
昼夜(ちゅうや)	추-야	명	주야
中立(ちゅうりつ)	추-리쯔	명	중립
チューリップ (tulip)	추-립뿌	명	튤립

そ
た
ち
つ
て
と
な
に
ぬ
ね
の
は
ひ
ふ

中流(ちゅうりゅう)	추-류-	뗑 **중류**
蝶(ちょう)	초-	뗑 **나비**
超越(ちょうえつ)	초-에쯔	뗑 **초월**

これは人間の能力を超越した技術です。
이것은 인간의 능력을 초월한 기술입니다.

超音波(ちょうおんぱ)	초-옴빠	뗑 **초음파**
超過(ちょうか)	초-까	뗑 **초과**
聴覚(ちょうかく)	초-까꾸	뗑 **청각**
長官(ちょうかん)	죠-깡	뗑 **장관**
兆候(ちょうこう)	초-꼬-	뗑 **징후**
彫刻(ちょうこく)	쪼-꼬꾸	뗑 **조각**
調査(ちょうさ)	초-사	뗑 **조사**
調子(ちょうし)	쪼-시	뗑 **가락, 방법, 상태, 기세**
聴衆(ちょうしゅう)	초-슈-	뗑 **청중**
長所(ちょうしょ)	초-쇼	뗑 **장점**
長女(ちょうじょ)	초-죠	뗑 **장녀**
頂上(ちょうじょう)	초-죠-	뗑 **정상**
朝食(ちょうしょく)	죠-쇼꾸	뗑 **아침밥**
調整(ちょうせい)	초-세-	뗑 **조정**

調節(ちょうせつ)	초-세쯔	명 조절
挑戦(ちょうせん)	초-셍	명 도전

挑戦する人は成長が早いです。
도전하는 사람은 성장이 빠릅니다.

朝鮮(ちょうせん)	초-셍	명 조선
頂点(ちょうてん)	초-뗑	명 정점
丁度(ちょうど)	초-도	부 정확히, 흡사, 마침
長男(ちょうなん)	초-낭	명 장남
超能力(ちょうのうりょく)	초-노-료꾸	명 초능력
長編(ちょうへん)	초-헹	명 장편
帳簿(ちょうぼ)	초-보	명 장부
長方形(ちょうほうけい)	초-호-께-	명 직사각형
調味料(ちょうみりょう)	초-미료-	명 조미료
聴聞会(ちょうもんかい)	초-몬카이	명 청문회
聴力(ちょうりょく)	초-료꾸	명 청력
鳥類(ちょうるい)	초-루이	명 조류
調和(ちょうわ)	초-와	명 조화
貯金(ちょきん)	초낑	명 저금
直接(ちょくせつ)	초꾸세쯔	부 명 직접
直線(ちょくせん)	초꾸셍	명 직선

そ
た
ち
つ
て
と
な
に
ぬ
ね
の
は
ひ
ふ

直通(ちょくつう)	초꾸쯔-	명 직통
	かまくら		まで直通電車はありますか。		
	카마쿠라까지 직통전철은 있습니까?		
チョコレート (chocolate)	초꼬레-또	명 초콜릿
著者(ちょしゃ)	초샤	명 저자, 필자
貯蔵(ちょぞう)	초조-	명 저장
貯蓄(ちょちく)	초찌꾸	명 저축
直角(ちょっかく)	촉까꾸	명 직각
直感(ちょっかん)	촉깡	명 직감
チョッキ(포jaque)	촉끼	명 조끼
直徑(ちょっけい)	촉께-	명 직경
直行(ちょっこう)	촉꼬-	명 직행
ちょっと	촛토	부 조금, 잠깐; 상당히
著名(ちょめい)	초메-	な형 저명, 유명
散(ち)らかる	치라까루	5동 흩어지다
散(ち)らし	치라시	명 광고지, 전단지
ちらっと	치랏또	부 언뜻, 흘끗
塵(ちり)	치리	명 티끌
地理(ちり)	치리	명 지리
ちり紙(がみ)	치리가미	명 휴지

治療(ちりょう)	치료—	명 **치료**
散(ち)る	치루	5동 **지다[꽃], 떨어지다, 흩어지다**
鎮圧(ちんあつ)	칭아쯔	명 **진압**
賃金(ちんぎん)	칭깅	명 **임금**
賃貸(ちんたい)	친따이	명 **임대**

マンションの賃貸契約をした。
아파트 임대계약을 했다.

鎮痛剤(ちんつうざい)	친쯔—자이	명 **진통제**
陳腐(ちんぷ)	찜뿌	な형 **진부함, 고루함**
沈没(ちんぼつ)	침보쯔	명 **침몰, 가라앉음**
沈黙(ちんもく)	침모꾸	명 **침묵**
陳列(ちんれつ)	친레쯔	명 **진열**

そ
た
ち
つ
て
と
な
に
ぬ
ね
の
は
ひ
ふ

ツアー (tour)	쯔아ー	몡 투어
つい	쯔이	뿐 바로, 무심코, 그만
追加(ついか)	쯔이까	몡 추가
追求(ついきゅう)	쯔이뀨ー	몡 추구
追撃(ついげき)	쯔이게끼	몡 추격
追跡(ついせき)	쯔이세끼	몡 추적
ついて	쯔이테	옌 ~에 관하여

かんこく ぶんか　　　　　　　　 はな
韓国の文化について話します。
한국문화에 관하여 얘기하겠습니다.

追突(ついとつ)	쯔이또쯔	몡 추돌
ついに	쯔이니	뿐 비로소, 마침내
追放(ついほう)	쯔이호ー	몡 추방
費(つい)やす	쯔이야스	5동 쓰다(소비), 소비하다
墜落(ついらく)	쯔이라꾸	몡 추락
通過(つうか)	쯔ー까	몡 통과
通行(つうこう)	쯔ー꼬ー	몡 통행
通告(つうこく)	쯔ー꼬꾸	몡 통고

通信(つうしん)	쯔-싱	몡 통신
通(つう)ずる	쯔-즈루	변 통하다, 이해하다, 사귀다
通知(つうち)	쯔-찌	몡 통지
通帳(つうちょう)	쯔-쬬-	몡 통장
通訳(つうやく)	쯔-야꾸	몡 통역
通用(つうよう)	쯔-요-	몡 통용, 효과 있음
痛烈(つうれつ)	쯔-레쯔	몡 통렬
通路(つうろ)	쯔-로	몡 통로, 길
通話(つうわ)	쯔-와	몡 통화
杖(つえ)	쯔에	몡 지팡이
使(つか)う	쯔까우	5동 쓰다, 부리다
支(つか)える	쯔까에루	하1 막히다, 정체되다, 밀리다
捕(つか)まえる	쯔카마에루	하1 붙잡다, 움켜잡다

ポケモンを捕まえるコツは何で
すか。
포케몬을 잡는 비결은 뭔가요?

捕(つか)まる	쯔까마루	5동 붙잡히다
掴(つか)む	츠까무	5동 붙잡다, 파악하다
疲(つか)れる	쯔까레루	하1 피로해지다, 지치다
月(つき)	쯔끼	몡 달, 월

次(つぎ)	쯔기	명 다음
突(つ)き当(あ)たり	쯔끼아따리	명 막다른 곳
付(つ)き合(あ)い	쯔끼아이	명 교제
次々(つぎつぎ)	쯔기쯔기	부 잇달아, 연속하여
月日(つきひ)	쯔끼히	명 세월, 시일
付(つ)く	쯔쿠	5동 붙다, 묻다, 생기다
継(つ)ぐ	쯔구	5동 잇다, 계승하다
机(つくえ)	쯔꾸에	명 책상
尽(つ)くす	쯔쿠스	5동 힘을 다하다, 진력하다
償(つぐな)う	쯔구나우	5동 갚다, 배상하다

<ruby>一生<rt>いっしょう</rt></ruby>かけて<ruby>罪<rt>つみ</rt></ruby>を償います。
평생동안 속죄하겠습니다.

作(つく)り方(かた)	쯔꾸리까따	명 만드는 법
作(つく)る	쯔꾸루	5동 만들다, 제작하다
付(つ)け加(くわ)える	쯔께쿠와에루	하1 덧붙이다
漬物(つけもの)	쯔께모노	명 야채절임
漬(つ)ける	쯔께루	하1 담그다(숙성)
点(つ)ける	쯔께루	하1 (스위치)켜다
都合(つごう)	쯔고-	명 사정, 형편
つじつま	쯔지쯔마	명 조리

伝(つた)える	쯔따에루	하1 전하다, 알려주다
伝(つた)わる	쯔따와루	하1 전해지다, 전달되다
土(つち)	쯔찌	명 흙, 땅
筒(つつ)	쯔쯔	명 통
続(つづ)く	쯔즈꾸	5동 계속되다, 이어지다
続(つづ)ける	쯔즈께루	하1 계속하다
突(つ)っ込(こ)む	쯕코무	5동 돌입하다; 추궁하다
慎(つつし)む	쯔쯔시무	5동 삼가다, 조심하다
包(つつ)み	쯔쯔미	명 꾸러미, 보따리
堤(つつみ)	쯔쯔미	명 제방, 둑
包(つつ)む	쯔쯔무	5동 싸다(포장), 둘러싸다
つづり	쯔즈리	명 철자
努(つと)める	쯔또메루	하1 힘쓰다, 노력하다
勤(つと)める	쯔또메루	하1 근무하다
綱(つな)	쯔나	명 밧줄
繋(つな)がる	쯔나가루	5동 이어지다, 연결되다
繋(つな)ぐ	쯔나구	5동 연결하다, 잇다
津波(つなみ)	쯔나미	명 해일

常(つね)	쯔네	명 언제나, 항상, 불변
角(つの)	쯔노	명 뿔
椿(つばき)	쯔바끼	명 동백꽃

椿咲く春_{はる}なのにあなたは帰_{かえ}らない。
동백꽃 피는 봄이건만 당신은 돌아오지 않네.

翼(つばさ)	쯔바사	명 날개
燕(つばめ)	쯔바메	명 제비
粒(つぶ)	쯔부	명 낟알
潰(つぶ)す	쯔부스	5동 부수다, 으깨다
呟(つぶや)く	쯔부야꾸	5동 중얼거리다, 투덜거리다
つぶる	쯔부루	5동 (눈을)감다

目をつぶって瞑想_{めいそう}をします。
눈을 감고 명상을 합니다.

潰(つぶ)れる	쯔부레루	하1 부서지다, 깨지다
坪(つぼ)	쯔보	명 평[넓이]
壷(つぼ)	쯔보	명 항아리
蕾(つぼみ)	쯔보미	명 꽃봉오리
妻(つま)	쯔마	명 아내, 처
つまらない	쯔마라나이	형 시시하다, 하찮다
詰(つ)まる	쯔마루	5동 가득차다, 궁하다, 막히다
罪(つみ)	쯔미	명 죄

積(つ)む	쯔무	[5동] 쌓다, 싣다
爪(つめ)	쯔메	[명] 손톱
冷(つめ)たい	츠메따이	[형] 차갑다, 냉정하다
爪切(つめき)り	츠메키리	[명] 손톱깎이
詰(つ)める	쯔메루	[하1] 채우다, 틀어막다
つもり	쯔모리	[명] 작정, 생각, 속셈
積(つ)もる	쯔모루	[5동] 쌓이다, 추측하다

雪(ゆき)がいっぱい積もりました。
눈이 잔뜩 쌓였습니다.

艶(つや)	쯔야	[명] 윤기, 광택
梅雨(つゆ)	쯔유	[명] 장마철
露(つゆ)	쯔유	[명] 이슬, 눈물
強(つよ)い	쯔요이	[형] 강하다, 세다
強(つよ)み	쯔요미	[명] 강점, 장점
辛(つら)い	쯔라이	[형] 괴롭다, 고통스럽다
貫(つらぬ)く	쯔라누꾸	[5동] 관철하다, 관통하다, 뚫다
光景(こうけい)	코-께-	[명] 광경
氷柱(つらら)	쯔라라	[명] 고드름
釣(つ)り	쯔리	[명] 낚시
釣(つ)る	쯔루	[5동] 낚다, 꾀다

오른쪽 색인: そ / た / ち / つ / て / と / な / に / ぬ / ね / の / は / ひ / ふ

つ

鶴(つる)	쯔루	명 학
吊(つ)るす	쯔루스	5동 매달다
つるつる	쯔루쯔루	부 매끈한 모양, 반들반들
連(つ)れる	쯔레루	하1 데리다, 동반하다
悪阻(つわり)	쯔와리	명 입덧

て

手(て)	테	몡 손, 수단, 방법, 일손
手当(てあ)て	테아떼	몡 치료, 수당
手洗(てあら)い	테아라이	몡 화장실
提案(ていあん)	테-앙	몡 제안
定員(ていいん)	테-잉	몡 정원
庭園(ていえん)	테-엥	몡 정원
低下(ていか)	테-까	몡 저하
定価(ていか)	테-까	몡 정가
提起(ていき)	테-끼	몡 제기
定義(ていぎ)	테-기	몡 정의
定休日(ていきゅうび)	테-뀨-비	몡 정기휴일
提供(ていきょう)	테-꾜-	몡 제공

うちは場所とチャンスを提供します。
우리는 장소와 기회를 제공합니다.

テイクアウト (takeout)	테이꾸아우 또	몡 테이크아웃
提携(ていけい)	테-께-	몡 제휴
締結(ていけつ)	테-께쯔	몡 체결

そ
た
ち
つ
て
と
な
に
ぬ
ね
の
は
ひ
ふ

低血圧(ていけつあつ)	테-께쯔아쯔	圏 저혈압
抵抗(ていこう)	테-꼬-	圏 저항
定刻(ていこく)	테-꼬꾸	圏 정각
帝国(ていこく)	테-꼬꾸	圏 제국
体裁(ていさい)	테-사이	圏 외관, 체재, 모습
停止(ていし)	테-시	圏 정지
定時(ていじ)	테-지	圏 정시
提示(ていじ)	테-지	圏 제시
停車(ていしゃ)	테-샤	圏 정차
提出(ていしゅつ)	테-슈쯔	圏 제출
定食(ていしょく)	테-쇼꾸	圏 정식

昼は天ぷら定食を食べました。
점심은 튀김정식을 먹었습니다.

ディスク (disk)	디스꾸	圏 디스크
訂正(ていせい)	테-세-	圏 정정
提訴(ていそ)	테-소	圏 제소
低俗(ていぞく)	테-조꾸	な形 저속
停滞(ていたい)	테-따이	圏 정체
定着(ていちゃく)	테-쨔꾸	圏 정착
低調(ていちょう)	테이쬬-	な形 저조

程度(ていど)	테-도	명 정도
ディナー (dinner)	디나-	명 디너
丁寧(ていねい)	테-네-	な형 정중, 정성을 들임
定年(ていねん)	테-넹	명 정년
出入(でい)り	데이리	명 출입, 금전출납
停留所(ていりゅうじょ)	테-류-죠	명 정류장
手入(てい)れ	테이레	명 손질
データ (data)	데-따	명 데이터
デート (date)	데-또	명 데이트
テープ (tape)	테-뿌	명 테이프
テーブル (table)	테-부루	명 테이블
テーマ (theme)	테-마	명 테마
手遅(ておく)れ	테오꾸레	명 때늦음

今行ってももう手遅れです。
지금 가봤자 이미 늦었습니다.

手掛(てがか)り	테가까리	명 단서, 실마리
出掛(でか)ける	데까께루	하1 외출하다, 나가다
手紙(てがみ)	테가미	명 편지
手軽(てがる)	테가루	な형 손쉬움, 간편함
敵(てき)	테키	명 적, 원수

出来上(できあ)がる	데끼아가루	5동 완성되다
適応(てきおう)	테끼오-	명 적응
出来事(できごと)	데끼고또	명 사건
溺死(できし)	데끼시	명 익사
適性(てきせい)	테끼세-	명 적성
適切(てきせつ)	테끼세쯔	な형 적절, 적당
的中(てきちゅう)	테끼쮸-	명 적중
適当(てきとう)	테끼또-	な형 적당, 요령을 부림
出来(でき)ない	데끼나이	형 할 수 없다
適任(てきにん)	테끼닝	명 적임
てきぱき	테끼빠끼	부 척척, 능숙하게
適用(てきよう)	테끼요-	명 적용
出来(でき)る	데끼루	상1 생기다, 할 수 있다
手口(てぐち)	테구찌	명 수법

同(おな)じ手口(てぐち)にまた騙(だま)されることはない。
같은 수법에 또 속지는 않아.

出口(でぐち)	데구찌	명 출구
テクニック (technique)	테꾸닉꾸	명 테크닉
手首(てくび)	테꾸비	명 손목

梃子(てこ)	테꼬	명	지렛대
凸凹(でこぼこ)	데꼬보꼬	명	요철
手頃(てごろ)	테고로	な형	알맞음, 적당함
手(て)ごわい	테고와이	형	힘겹다, 벅차다
デザート (dessert)	데자一또	명	디저트
デザイン (design)	데자잉	명	디자인
弟子(でし)	데시	명	제자
手下(てした)	테시따	명	부하, 수하
デジタル (digital)	데지따루	명	디지털, 숫자적
手品(てじな)	테지나	명	마술
手順(てじゅん)	테쥰	명	차례
手数(てすう)	테스一	명	방법, 수고, 번거로움
テスト (test)	테스또	명	테스트
手摺(てすり)	테스리	명	난간, 손잡이
手相(てそう)	테소一	명	손금
出(で)たら目(め)	데따라메	な형	엉터리
手帳(てちょう)	테쬬一	명	수첩
鉄(てつ)	테쯔	명	철, 쇠
撤回(てっかい)	텍까이	명	철회

そ
た
ち
つ
て
と
な
に
ぬ
ね
の
は
ひ
ふ

哲学(てつがく)	테쯔가꾸	몡 철학
手伝(てつだ)う	테쯔다우	5동 도와주다, 거들다

宿題(しゅくだい)を手伝(てつだ)ってくれる？
숙제를 도와줄래?

手続(てつづ)き	테쯔즈끼	몡 수속, 절차
徹底(てってい)	텟떼-	몡 철저
鉄道(てつどう)	테쯔도-	몡 철도
鉄板(てっぱん)	텝빵	몡 철판
鉄棒(てつぼう)	테쯔보-	몡 철봉
鉄砲(てっぽう)	텝뽀-	몡 총, 대포
徹夜(てつや)	테쯔야	몡 철야, 밤샘
手並(てな)み	테나미	몡 솜씨, 기량
テニス (tennis)	테니스	몡 테니스
手荷物(てにもつ)	테니모쯔	몡 수하물
手拭(てぬぐ)い	테누구이	몡 수건
手(て)の甲(こう)	테노꼬-	몡 손등
手(て)のひら	테노히라	몡 손바닥
デパート (department store)	데빠-또	몡 백화점
手配(てはい)	테하이	몡 수배, 준비

手放(てばな)す	테바나스	5동 손을 놓다, 처분하다
	捕(つか)まえた鳥(とり)を手放した。 잡은 새를 놓아줬다.	
デビュー (debut)	데뷔-	명 데뷔
手袋(てぶくろ)	테부꾸로	명 장갑
手振(てぶ)り	테부리	명 손짓, 맨손
手本(てほん)	테홍	명 본보기, 모범
手間(てま)	테마	명 수고, 품
デモ (demonstration)	데모	명 데모, 시위
寺(てら)	테라	명 절
照(て)らす	테라스	5동 비추다, 대조하다
デリケート (delicate)	데리께-또	な형 미묘함, 섬세함
照(て)る	테루	5동 비치다, 반짝이다
出(で)る	데루	하1 나가다, 떠나다, 출근하다
テレパシー (telepathy)	테레빠시-	명 텔레파시
テレビ (television)	테레비	명 텔레비전
照(て)れる	테레루	하1 쑥스러워하다
	彼女(かのじょ)の照れている顔(かお)が可愛(かわい)い。 그녀의 부끄러워하는 얼굴은 귀엽다.	
テロ (terrorism)	테로	명 테러
天(てん)	텡	명 하늘, 하느님, 천운

そ
た
ち
つ
て
と
な
に
ぬ
ね
の
は
ひ
ふ

点(てん)	텡	명 점(점수), 평가
電圧(でんあつ)	뎅아쯔	명 전압
店員(てんいん)	텡잉	명 점원
転嫁(てんか)	텡까	명 전가
点火(てんか)	텡까	명 점화
天下(てんか)	텡까	명 천하
展開(てんかい)	텡까이	명 전개
添加物(てんかぶつ)	텡까부쯔	명 첨가물
転換(てんかん)	텡깡	명 전환
天気(てんき)	텡끼	명 날씨
電気(でんき)	뎅끼	명 전기
天気予報(てんきよほう)	텡끼요호-	명 일기예보
転勤(てんきん)	텡낑	명 전근
典型(てんけい)	텡께-	명 전형
電源(でんげん)	뎅겡	명 전원
天候(てんこう)	텡꼬-	명 기후, 날씨
天国(てんごく)	텡고꾸	명 천국
伝言(でんごん)	뎅공	명 전언, 전하는 말

部長に伝言を伝えました。
부장님에게 메시지를 전했습니다.

天才(てんさい)	텐사이	몡 천재
添削(てんさく)	텐사꾸	몡 첨삭
電子(でんし)	덴시	몡 전자
天使(てんし)	텐시	몡 천사
展示(てんじ)	텐지	몡 전시
電車(でんしゃ)	덴샤	몡 전철
電車賃(でんしゃちん)	덴샤찡	몡 전철요금
伝授(でんじゅ)	덴쥬	몡 전수
天井(てんじょう)	텐죠-	몡 천장
転職(てんしょく)	텐쇼꾸	몡 전직
天職(てんしょく)	텐쇼꾸	몡 천직
点数(てんすう)	텐스-	몡 점수
伝説(でんせつ)	덴세쯔	몡 전설
点線(てんせん)	텐셍	몡 점선
伝染(でんせん)	덴셍	몡 전염
転送(てんそう)	텐소-	몡 전송
電卓(でんたく)	덴따꾸	몡 전자계산기
伝達(でんたつ)	덴따쯔	몡 전달
天地(てんち)	텐찌	몡 천지

そ
た
ち
つ
て
と
な
に
ぬ
ね
の
は
ひ
ふ

伝導(でんどう)	덴도-	몡 전도(열이나 전기)
電灯(でんとう)	덴또-	몡 전등

あの部屋の電灯を消してください。
저 방 전등을 꺼주세요.

伝統(でんとう)	덴또-	몡 전통
天然(てんねん)	텐넹	몡 천연, 자연 그대로 의 상태
天皇(てんのう)	텐노-	몡 천황
電波(でんぱ)	뎀빠	몡 전파
天罰(てんばつ)	템바쯔	몡 천벌
天引(てんびき)	템비끼	몡 공제
天賦(てんぷ)	템뿌	몡 천부, 타고남
添付(てんぷ)	템뿌	몡 첨부
天(てん)ぷら	템뿌라	몡 튀김
テンポ (tempo)	템뽀	몡 템포
展望(てんぼう)	템보-	몡 전망
転落(てんらく)	텐라꾸	몡 전락
展覧会(てんらんかい)	텐랑까이	몡 전람회
電流(でんりゅう)	덴류-	몡 전류
電話(でんわ)	뎅와	몡 전화

と

戸(と)	토	몡 문, 문짝, 대문
ドア (door)	도아	몡 문
問(と)い合(あ)わせ	토이아와세	몡 문의, 질문
ドイツ (Germany)	도이쯔	몡 독일
トイレ (toilet)	토이레	몡 화장실
問(と)う	토우	5동 묻다, 추궁하다
塔(とう)	토-	몡 탑
どう	도-	팀 어떻게, 아무리
同意(どうい)	도-이	몡 동의
統一(とういつ)	토-이쯔	몡 통일
どうか	도-까	팀 제발, 부디

どうか大目に見てください。
제발 너그러이 봐주세요.

唐辛子(とうがらし)	토-가라시	몡 고추
同感(どうかん)	도-깡	몡 동감
動機(どうき)	도-끼	몡 동기
同期(どうき)	도-끼	몡 동기
等級(とうきゅう)	토-뀨-	몡 등급

同級生(どうきゅうせい)	도―뀨―세―	몡 동급생
同居(どうきょ)	도―쿄	몡 동거
道具(どうぐ)	도―구	몡 도구, 기구
洞窟(どうくつ)	도―꾸쯔	몡 동굴
峠(とうげ)	토―게	몡 고개, 언덕, 절정
統計(とうけい)	토―께―	몡 통계
登校(とうこう)	토―꼬―	몡 등교
統合(とうごう)	토―고―	몡 통합
動向(どうこう)	도―꼬―	몡 동향
同行(どうこう)	도―꼬―	몡 동행
動作(どうさ)	도―사	몡 동작
東西(とうざい)	토―자이	몡 동서

東京には東西線という路線があります。
도쿄에는 토자이선이라는 노선이 있습니다.

洞察力(どうさつりょく)	도―사쯔료꾸	몡 통찰력
投資(とうし)	토―시	몡 투자
闘志(とうし)	토―시	몡 투지
当時(とうじ)	토―지	몡 당시
同時(どうじ)	도―지	몡 동시

当日(とうじつ)	토-지쯔	몡 당일
どうして	도-시떼	閉 왜, 어째서, 어떻게
登場(とうじょう)	토-쵸-	몡 등장
搭乗(とうじょう)	토-쵸-	몡 탑승
同情(どうじょう)	도-쵸-	몡 동정
どうせ	도-세	閉 어차피, 결국
統制(とうせい)	토-세-	몡 통제
同性(どうせい)	도-세-	몡 동성
当選(とうせん)	토-셍	몡 당선
当然(とうぜん)	토-젱	な형 당연(히)

当然ながら、あの人は合格しました。
당연하지만 그 사람은 합격했습니다.

どうぞ	도-조	閉 부디, 제발, 어서
闘争(とうそう)	토-소-	몡 투쟁
同窓(どうそう)	도-소-	몡 동창
統率(とうそつ)	토-소쯔	몡 통솔
灯台(とうだい)	토-다이	몡 등대
胴体(どうたい)	도-따이	몡 몸통
到達(とうたつ)	토-따쯔	몡 도달

そ た ち つ て と な に ぬ ね の は ひ ふ

統治(とうち)	토-찌	몡 통치
到着(とうちゃく)	토-쨔꾸	몡 도착
同調(どうちょう)	도-쬬-	몡 동조
到底(とうてい)	토-떼-	뷔 도저히, 아무리 해도
同点(どうてん)	도-뗑	몡 동점
とうとう	토-또-	뷔 드디어, 마침내
堂々(どうどう)	도-도-	뷔 당당하게, 거침없이
道徳(どうとく)	도-또꾸	몡 도덕
盗難(とうなん)	토-낭	몡 도난
どうにか	도-니까	뷔 그럭저럭

どうにか過^すごしています。
그럭저럭 지내고 있습니다.

導入(どうにゅう)	도-뉴-	몡 도입
糖尿病(とうにょうびょう)	토-뇨-뵤-	몡 당뇨병
同伴(どうはん)	도-항	몡 동반
投票(とうひょう)	토-효-	몡 투표
豆腐(とうふ)	토-후	몡 두부
東部(とうぶ)	토-부	몡 동부
同封(どうふう)	도-후-	몡 동봉
動物(どうぶつ)	도-부쯔	몡 동물

当分(とうぶん)	토-붕	图 당분간, 잠시
逃亡(とうぼう)	토-보-	圀 도망
動脈(どうみゃく)	도-먀꾸	圀 동맥
透明(とうめい)	토-메-	圀 투명
同盟(どうめい)	도-메-	圀 동맹
どうも	도-모	图 아무리, 어쩐지 圀 정말로
玉蜀黍(とうもろこし)	토-모로꼬 시	圀 옥수수
東洋(とうよう)	토-요-	圀 동양
同様(どうよう)	도-요-	体형 마찬가지

これは前の事件と同様な手口です。
이것은 전 사건과 마찬가지 수법입니다.

道理(どうり)	도-리	圀 도리
同僚(どうりょう)	도-료-	圀 동료
道路(どうろ)	도-로	圀 도로
登録(とうろく)	토-로꾸	圀 등록
討論(とうろん)	토-롱	圀 토론
童話(どうわ)	도-와	圀 동화
当惑(とうわく)	토-와꾸	圀 당혹
十(とお)	토-	圀 열, 십
遠(とお)い	토-이	圀 멀다, 소원하다

と

遠(とお)ざかる	토-자까루	[5동] 멀어지다
遠(とお)ざける	토-자께루	[하1] 멀리하다
通(とお)す	토-스	[5동] 통하게 하다, 통과시키다
トータル (total)	토-따루	[명] 토탈
トーナメント (tournament)	토-나멘또	[명] 토너먼트
遠回(とおまわ)し	토-마와시	[명] 에둘러 말함
ドーム (dome)	도-무	[명] 돔
通(とお)り	토-리	[명] 길, 도로, 왕래
通(とお)る	토-루	[5동] 지나가다, 통하다
都会(とかい)	토까이	[명] 도시, 도회지
とかげ	토까게	[명] 도마뱀
解(と)かす	토까스	[5동] 녹이다, 풀다
咎(とが)める	토가메루	[하1] 나무라다, 비난하다
尖(とが)る	토가루	[5동] 뾰족해지다
時(とき)	토끼	[명] 때, 시간, 시기
時々(ときどき)	토끼도끼	[부] 때때로, 가끔
どきどき	도끼도끼	[부] 두근두근
ドキュメンタリー (documentary)	도큐멘따리-	[명] 다큐멘터리

度胸(どきょう)	도꾜-	명 배짱, 담력
解(と)く	토꾸	5동 풀다, 해제하다

数学の問題を全部解きました。
수학 문제를 전부 풀었습니다.

得(とく)	토쿠	명 이익, 득
毒(どく)	도꾸	명 독, 독약
得意(とくい)	토꾸이	명 단골, 뽐냄
独学(どくがく)	도꾸가꾸	명 독학
特技(とくぎ)	토꾸기	명 특기
独裁(どくさい)	도꾸사이	명 독재
得失(とくしつ)	토쿠시쯔	명 득실
特集(とくしゅう)	토꾸슈-	명 특집
読書(どくしょ)	도꾸쇼	명 독서

読書する女性は一番美しい。
독서하는 여성은 가장 아름답다.

独身(どくしん)	도꾸싱	명 독신
特性(とくせい)	토꾸세-	명 특성, 특징
独占(どくせん)	도꾸셍	명 독점
独創(どくそう)	도꾸소-	명 독창
特徴(とくちょう)	토꾸쪼-	명 특징
特定(とくてい)	토꾸떼-	명 특정

得点(とくてん)	토꾸뗑	명 득점
独特(どくとく)	도꾸또꾸	な형 독특
特(とく)に	토꾸니	부 특히, 특별히
特別(とくべつ)	토꾸베쯔	な형 특별
独立(どくりつ)	도꾸리쯔	명 독립
刺(とげ)	토게	명 가시
時計(とけい)	토께–	명 시계
溶(と)ける	토께루	하1 녹다, 풀리다
遂(と)げる	토게루	하1 이루다, 마치다
退(ど)ける	도께루	하1 치우다, 없애다
どこ	도꼬	대 어디, 어느곳
どこか	도꼬까	연 어딘가
床屋(とこや)	토꼬야	명 이발소
所(ところ)	토꼬로	명 곳, 장소
ところで	도꼬로데	접 그런데
年(とし)	토시	명 나이, 해
年上(としうえ)	토시우에	명 연상
閉(と)じ込(こ)める	토지꼬메루	하1 가두다
閉(と)じ込(こ)もる	토지꼬모루	5동 틀어박히다

	いちにちじゅう と 一日中閉じこもっているつもり？ 하루종일 틀어박혀 있을거야?	
年下(としした)	토시시따	몡 연하, 손아래
どじょう	도죠—	몡 미꾸라지
年寄(としよ)り	토시요리	몡 노인, 늙은이
閉(と)じる	토지루	상1 닫히다, 끝나다, 끝내다
土台(どだい)	도다이	몡 토대, 기초
戸棚(とだな)	토다나	몡 찬장
土壇場(どたんば)	도땀바	몡 막바지, 마지막 순간
土地(とち)	토찌	몡 토지
途中(とちゅう)	토쮸—	몡 도중
どちら	도찌라	때 어느쪽, 어느분
特価(とっか)	톡까	몡 특가
特急(とっきゅう)	톡뀨—	몡 특급
特権(とっけん)	톡껭	몡 특권
どっしり	돗시리	뿐 묵직한 느낌
突然(とつぜん)	토쯔젱	뿐 돌연, 갑자기
取(と)っ手(て)	톳떼	몡 손잡이
突入(とつにゅう)	토쯔뉴—	몡 돌입

そ た ち つ て と な に ぬ ね の は ひ ふ

突破(とっぱ)	톱빠	명 돌파
突発(とっぱつ)	톱빠쯔	명 돌발
とても	토떼모	부 대단히, 아주, 차마
届(とど)く	토도꾸	5동 닿다(도착), 이루어지다

<u>かのじょ</u>から届いたメールを開いた。
그녀에게서 도착한 메일을 열었다.

届(とど)け	토도께	명 신고(서)
届(とど)ける	토도께루	하1 보내주다, 신고하다
滞(とどこお)る	토도꼬-루	5동 정체되다, 막히다, 밀리다
整(ととの)える	토또노에루	하1 다듬다, 조정하다
留(とど)まる	토도마루	5동 머무르다, 그치다
どなた	도나따	대 누구, 어느분(정중한 표현)
隣(となり)	토나리	명 이웃(집), 옆
怒鳴(どな)る	도나루	5동 호통치다
唱(とな)える	토나에루	하1 외다, 읊다
とにかく	토니까꾸	부 좌우간, 어쨌든

とにかく<u>早</u>く あなたの<u>選択</u>を<u>教え</u>
てよ。
하여튼 빨리 네 선택을 가르쳐줘.

どの	도노	연 어느, 어떤

飛(と)ばす	토바스	5동 날리다, 띄우다
飛(と)び越(こ)える	토비꼬에루	하1 뛰어넘다
飛(と)び込(こ)む	토비꼬무	5동 뛰어들다
飛(と)び出(だ)す	토비다스	5동 뛰어나오다
トピック (topic)	토삑꾸	명 토픽
扉(とびら)	토비라	명 문짝
飛(と)ぶ	토부	5동 날다, 뛰다(跳ぶ)
徒歩(とほ)	토호	명 도보
乏(とぼ)しい	토보시-	형 부족하다, 결핍되다
トマト (tomato)	토마또	명 토마토
戸惑(とまど)う	토마도우	5동 어리둥절해 하다
止(と)まる	토마루	5동 멈추다, 멎다
泊(と)まる	토마루	5동 묵다, 숙박하다
ドミノ (domino)	도미노	명 도미노
弔(とむら)う	토무라우	5동 애도하다, 슬퍼하다
止(と)める	토메루	하1 멈추게 하다, 세우다
友達(ともだち)	토모다찌	명 친구, 벗
伴(ともな)う	토모나우	5동 함께 가다, 따라가다
土曜日(どようび)	도요-비	명 토요일

そ
た
ち
つ
て
と
な
に
ぬ
ね
の
は
ひ
ふ

虎(とら)	토라	몡 호랑이
ドライブ (drive)	도라이부	몡 드라이브
ドライヤー (drier)	도라이야―	몡 드라이기
捕(とら)える	토라에루	하1 붙잡다, 체포하다
トラック (truck)	토락꾸	몡 트럭
トラブル (trouble)	토라부루	몡 트러블

トラブルを起こした人は誰だ？
말썽을 일으킨 사람은 누구야?

ドラマ (drama)	도라마	몡 드라마
ドラム (drum)	도라무	몡 드럼, 북
トランプ (trump)	토람뿌	몡 트럼프
鳥(とり)	토리	몡 새, 조류
取(と)り敢(あ)えず	토리아에즈	昱 우선, 일단
取(と)り上(あ)げる	토리아게루	하1 집어들다, 채택하다
取(と)り扱(あつか)う	토리아쯔까우	5동 다루다, 취급하다
トリオ (trio)	토리오	몡 트리오
取(と)り組(く)む	토리꾸무	5동 맞붙다, 마주싸우다
取(と)り消(け)す	토리께스	5동 취소하다
虜(とりこ)	토리꼬	몡 포로
取(と)り締(し)まる	토리시마루	5동 단속하다, 감독하다

	けいさつ いんしゅうんてん 警察が飲酒運転を取り締まる。 경찰은 음주운전을 단속한다.
取(と)り調(しら)べる	토리시라베 루　[하1] 조사하다, 취조하다
取(と)り出(だ)す	토리다스　[5동] 꺼내다
トリック (trick)	토릭꾸　[명] 트릭, 속임수
鶏肉(とりにく)	토리니꾸　[명] 닭고기
取(と)り除(のぞ)く	토리노조꾸　[5동] 없애다, 제거하다
取引(とりひき)	토리히끼　[명] 거래, 상행위
取(と)り戻(もど)す	토리모도스　[5동] 되찾다
取(と)り止(や)める	토리야메루　[하1] 중지하다, 그만두다
努力(どりょく)	도료꾸　[명] 노력
ドリル (drill)	도리루　[명] 드릴, 천공기, 연습
ドル (dollar)	도루　[명] 달러
取(と)る	토루　[5동] 잡다, 들다, 취하다
撮(と)る	토루　[5동] 사진을 찍다
どれ	도레　[대] 어느것
奴隷(どれい)	도레-　[명] 노예
	ぼく 僕は奴隷になりたくありません。 나는 노예가 되고 싶지 않습니다.
ドレス (dress)	도레스　[명] 드레스

そ
た
ち
つ
て
と
な
に
ぬ
ね
の
は
ひ
ふ

ドレッシング (dressing)	도렛싱구	몡 드레싱
どれほど	도레호도	뷰 어느 정도, 얼마나
泥(どろ)	도로	몡 진흙
泥棒(どろぼう)	도로보-	몡 도둑
トン (ton)	통	몡 톤(t)
豚(とん)カツ	통까쯔	몡 돈까스
鈍感(どんかん)	동깐	나형 둔감, 둔함
団栗(どんぐり)	동구리	몡 도토리
とんでもない	톤데모나이	옌 터무니없다, 천만에
どんな	돈나	옌 어떤
どんなに	돈나니	뷰 어떻게, 얼마나
トンネル (tunnel)	톤네루	몡 터널
どんぶり	돔부리	몡 덮밥, 사발
蜻蛉(とんぼ)	톰보	몡 잠자리[곤충]
貪欲(どんよく)	동요꾸	몡 탐욕

な

名(な)	나	명 이름, 명칭
ない	나이	형 없다, ~지 않다
内科(ないか)	나이까	명 내과
内心(ないしん)	나이싱	명 내심
内部(ないぶ)	나이부	명 내부
内容(ないよう)	나이요-	명 내용, 알맹이
なお	나오	부 여전히, 아직도, 더욱
直(なお)す	나오스	5동 고치다, 바로잡다
治(なお)る	나오루	5동 낫다

風邪は治りましたか。
감기는 나으셨나요?

中(なか)	나까	명 가운데, 속, 중간
仲(なか)	나까	명 사이(관계)
長(なが)い	나가이	형 길다, 오래 되다
長生(ながい)き	나가이끼	명 장수
長靴(ながぐつ)	나가구쯔	명 장화
流(なが)し	나가시	명 싱크대
流(なが)す	나가스	5동 흘리다, 씻어내다

仲直(なかなお)り	나까나오리	몡 화해
なかなか	나카나카	閈 상당히, 어지간히, 좀처럼
仲間(なかま)	나카마	몡 동료, 한패
中身(なかみ)	나까미	몡 내용, 알맹이
眺(なが)める	나가메루	하1 바라보다
中指(なかゆび)	나까유비	몡 중지
流(なが)れ	나가레	몡 흐름, 물결, 변천 時の流れに身を任せる。 세월의 흐름에 몸을 맡기다.
流(なが)れ星(ぼし)	나가레보시	몡 유성
流(なが)れる	나가레루	하1 흐르다, 흘러가다
泣(な)き虫(むし)	나끼무시	몡 울보
泣(な)く	나꾸	5동 울다, 무리한 일을 참다
慰(なぐ)さめる	나구사메루	하1 위로하다, 달래다
なくなる	나꾸나루	5동 없어지다, 돌아가시다(亡くなる)
殴(なぐ)る	나구루	5동 때리다, 치다
嘆(なげ)く	나게꾸	5동 탄식하다, 슬퍼하다
投(な)げる	나게루	하1 던지다, 포기하다
仲人(なこうど)	나꼬우도	몡 중매쟁이

名残(なごり)	나고리	명 흔적, 자취
情(なさ)け	나사께	명 정, 인정, 동정
情(なさ)けない	나사께나이	형 한심하다, 비참하다
梨(なし)	나시	명 (과일)배
成(な)し遂(と)げる	나시또게루	하1 성취하다
茄子(なす)	나스	명 가지(야채)
なぜ	나제	부 왜, 어째서
何故(なぜ)なら	나제나라	접 왜냐하면
謎(なぞ)	나조	명 수수께끼
雪崩(なだれ)	나다레	명 눈사태, 사태
夏(なつ)	나쯔	명 여름
懐(なつ)かしい	나쯔까시ー	형 그립다
		子供の頃のおもちゃを見ると懐かしい。 어릴 때 장난감을 보니 그립다.
懐(なつ)かしむ	나쯔카시무	5동 그리워하다
懐(なつ)く	나쯔꾸	5동 (애정・존경으로 추종)따르다
名付(なづ)ける	나즈께루	하1 이름을 짓다
納得(なっとく)	낫또꾸	명 납득, 이해
夏休(なつやす)み	나츠야스미	명 여름방학(휴가)

そ
た
ち
つ
て
と
な
に
ぬ
ね
の
は
ひ
ふ

なでる	나데루	하1 쓰다듬다, 매만지다
など	나도	부조 ~등, 따위
七(なな)つ	나나쯔	명 일곱
斜(なな)め	나나메	な형 경사, 비스듬함
何(なに)	나니	대 무엇, 뭐라고
何(なに)か	나니까	연 뭔가, 어쩐지
七日(なのか)	나노까	명 초이레, 7일간
靡(なび)く	나비꾸	5동 휘날리다, 휩쓸리다
ナビゲーター (navigator)	나비게-따-	명 네비게이터
名札(なふだ)	나후다	명 명찰
鍋(なべ)	나베	명 냄비

夜は鍋料理を食べましょう。
밤엔 전골요리를 먹자.

生(なま)	나마	명 날것, 미숙함, 불충분함
生意気(なまいき)	나마이끼	な형 건방짐
名前(なまえ)	나마에	명 이름, 명의
生臭(なまぐさ)い	나마구사이	형 비린내나다
怠(なま)ける	나마께루	하1 게으름피우다
生々(なまなま)しい	나마나마시-	형 생생하다

生(なま)ぬるい	나마누루이	형 미지근하다
生(なま)ビール (네 bier)	나마비-루	명 생맥주
生物(なまもの)	나마모노	명 날것
訛(なま)り	나마리	명 사투리
鉛(なまり)	나마리	명 납
波(なみ)	나미	명 파도, 물결
並(なみ)	나미	명 보통, 중간, 동급
並木(なみき)	나미끼	명 가로수
涙(なみだ)	나미다	명 눈물
滑(なめ)らか	나메라카	な형 매끈함, 순조로움
舐(な)める	나메루	하1 핥다, 체험하다
悩(なや)み	나야미	명 고민, 근심
悩(なや)む	나야무	5동 고민하다, 괴로워하다
習(なら)う	나라우	5동 배우다, 익히다
並(なら)ぶ	나라부	5동 늘어서다, 줄을 서다
並(なら)べる	나라베루	하1 늘어놓다, 비교하다
習(なら)わし	나라와시	명 풍습, 관습
成金(なりきん)	나리낑	명 벼락부자

ロト6に当(あ)たって成金になった。
로또에 당첨되어 벼락부자가 됐다.

成(な)り立(た)つ	나리따쯔	5동 이루어지다
生(な)る	나루	5동 열리다(열매), 익다
成(な)る	나루	5동 되다, 이루어지다, 구성되다
鳴(な)る	나루	5동 울리다, 소리나다
なるべく	나루베꾸	부 가급적, 되도록
なるほど	나루호도	부 과연 감 아무렴! 그렇군요!
慣(な)れる	나레루	하1 익숙해지다, 습관이 되다
縄(なわ)	나와	명 끈, 밧줄
難解(なんかい)	낭까이	な형 난해, 어려움
難航(なんこう)	낭꼬-	명 난항
軟膏(なんこう)	낭꼬-	명 [약품]연고
難色(なんしょく)	난쇼꾸	명 난색
ナンセンス (nonsense)	난센스	명 넌센스
難題(なんだい)	난다이	명 난제, 억지 요구
なんでも	난데모	연 뭐든지, 모두
なんと	난또	연 어떻게, 얼마나(감탄)
ナンバー (number)	남바-	명 넘버
南北(なんぼく)	남보꾸	명 남북

に

二(に)	니	몧 둘, 2
似合(にあ)う	니아우	5동 어울리다, 잘맞다
匂(にお)い	니오이	몧 냄새, 향기, 정취
臭(にお)い	니오이	몧 악취, 나쁜 냄새
匂(にお)う	니오우	5동 향기가 풍기다
苦(にが)い	니가이	혱 쓰다(맛), 불쾌하다
二月(にがつ)	니가쯔	몧 이월
苦手(にがて)	니가떼	나혱 대하기 싫은 상대, 질색

苦手な相手に話しかけるのが怖いんです。
껄끄러운 상대에게 말을 거는 것이 두려워요.

苦笑(にがわら)い	니가와라이	몧 쓴웃음
面皰(にきび)	니끼비	몧 여드름
賑(にぎ)やか	니기야카	나혱 떠들썩함, 번화함
握(にぎ)る	니기루	5동 잡다, 장악하다
肉(にく)	니꾸	몧 고기, 살, 근육
憎(にく)い	니꾸이	혱 밉다, 얄밉다
憎(にく)しみ	니꾸시미	몧 미움

そ
た
ち
つ
て
と
な
に
ぬ
ね
の
は
ひ
ふ

肉食(にくしょく)	니꾸쇼꾸	몡 육식
肉体(にくたい)	니꾸따이	몡 육체
憎(にく)む	니꾸무	5동 미워하다, 질투하다
憎(にく)らしい	니꾸라시-	혱 얄밉다, 밉살스럽다
逃(に)げる	니게루	하1 달아나다, 도망치다
にこにこ	니꼬니꼬	붙 싱글벙글
濁(にご)る	니고루	5동 탁해지다
二酸化炭素(にさんかたんそ)	니상까딴소	몡 이산화탄소
西(にし)	니시	몡 서쪽
虹(にじ)	니지	몡 무지개
にじむ	니지무	5동 번지다
二重(にじゅう)	니쥬-	몡 이중, 두겹
偽物(にせもの)	니세모노	몡 가짜

偽物じゃなくて本物が欲しい。
가짜가 아니라 진짜를 갖고 싶어요.

日常(にちじょう)	니찌죠-	몡 일상
日没(にちぼつ)	니찌보쯔	몡 일몰
日夜(にちや)	니찌야	몡 밤낮
日曜日(にちようび)	니찌요-비	몡 일요일
日記(にっき)	닉끼	몡 일기

日程(にってい)	닛떼-	명 일정
ニット (knit)	닛또	명 니트
二度(にど)	니도	명 두번, 재차
担(にな)う	니나우	5동 짊어지다, 메다
鈍(にぶ)い	니부이	형 둔하다, 느리다
日本(にほん)	니홍	명 일본(にっぽん이라고도 읽음)
荷物(にもつ)	니모쯔	명 짐, 부담
ニュアンス (nuance)	뉴안스	명 뉘앙스
入院(にゅういん)	뉴-잉	명 입원
入会(にゅうかい)	뉴-까이	명 입회
入学(にゅうがく)	뉴-가꾸	명 입학
入金(にゅうきん)	뉴-낑	명 입금
入国(にゅうこく)	뉴-꼬꾸	명 입국
入社(にゅうしゃ)	뉴-샤	명 입사

入社6年目になりました。
입사 6년째가 되었습니다.

ニュース (news)	뉴-스	명 뉴스
入門(にゅうもん)	뉴-몽	명 입문, 기본서
入力(にゅうりょく)	뉴-료꾸	명 입력
女房(にょうぼう)	뇨-보-	명 마누라, 아내

にら	니라	명 부추
にらむ	니라무	5동 노려보다, 주시하다
似(に)る	니루	상1 닮다, 유사하다
煮(に)る	니루	상1 삶아서 익히다
庭(にわ)	니와	명 뜰, 마당, 정원
俄雨(にわかあめ)	니와까아메	명 소나기
鶏(にわとり)	니와또리	명 닭
任意(にんい)	닝이	명 임의
人気(にんき)	닝끼	명 인기
人魚(にんぎょ)	닝교	명 인어
人形(にんぎょう)	닝교-	명 인형
人間(にんげん)	닝겡	명 인간, 사람, 인물
認識(にんしき)	닌시끼	명 인식
人情(にんじょう)	닌죠-	명 인정

彼は義理人情に厚い人だ。
그는 의리나 인정이 두터운 사람이다.

妊娠(にんしん)	닌싱	명 임신
人参(にんじん)	닌징	명 당근
人数(にんずう)	닌즈-	명 인원수
人相(にんそう)	닌소-	명 인상

忍耐(にんたい)	닌따이	명 인내
大蒜(にんにく)	닌니꾸	명 마늘
妊婦(にんぷ)	님뿌	명 임산부
任務(にんむ)	님무	명 임무
任命(にんめい)	님메-	명 임명

そ
た
ち
つ
て
と
な
に
ぬ
ね
の
は
ひ
ふ

縫(ぬ)う	누우	[5동] 꿰매다, 사이를 빠져 나가다
抜(ぬ)かす	누까스	[5동] 빠뜨리다, 누락시키다
抜(ぬ)く	누꾸	[5동] 빼다, 뽑다, 골라내다
脱(ぬ)ぐ	누구	[5동] 벗다
拭(ぬぐ)う	누구우	[5동] 닦다, 씻다
抜(ぬ)ける	누케루	[하1] 빠지다, 없어지다
盗(ぬす)む	누스무	[5동] 훔치다, 속이다

スーパーで物を盗むのは犯罪です。
수퍼에서 물건을 훔치는 것은 범죄입니다.

布(ぬの)	누노	[명] 직물, 삼베
沼(ぬま)	누마	[명] 늪, 소택지
濡(ぬ)らす	누라스	[5동] 적시다, 젖게 하다
塗(ぬ)る	누루	[5동] 칠하다, 바르다
ぬるい	누루이	[형] 미지근하다, 미온적이다
濡(ぬ)れる	누레루	[하1] 젖다, 정을 통하다

ね

根(ね)	네	명 뿌리, 밑동
値上(ねあ)げ	네아게	명 가격을 올림
願(ねが)い	네가이	명 소원, 소망, 요청
願(ねが)う	네가우	5동 바라다, 빌다
寝(ね)かす	네까스	5동 재우다, 묵히다
ネガティブ (negative)	네가띠부	な형 네거티브, 부정적인

ネガティブな言葉(ことば)は避(さ)けましょう。
부정적인 말은 피합시다.

葱(ねぎ)	네기	명 파
ネクタイ (necktie)	네꾸따이	명 넥타이
猫(ねこ)	네꼬	명 고양이
寝言(ねごと)	네고또	명 잠꼬대, 헛소리
寝込(ねこ)む	네꼬무	5동 잠들다, 몸져눕다
寝転(ねころ)ぶ	네꼬로부	5동 뒹굴다, 드러눕다
螺子(ねじ)	네지	명 나사
捻(ねじ)る	네지루	5동 비틀다, 꼬다
寝過(ねす)ごす	네스고스	5동 늦잠자다
鼠(ねずみ)	네즈미	명 쥐

妬(ねた)む	네따무	5동 질투하다, 샘내다
ねだる	네다루	5동 조르다, 보채다
値段(ねだん)	네당	명 값, 시세
熱(ねつ)	네쯔	명 열
熱意(ねつい)	네쯔이	명 열의
根付(ねづ)く	네즈꾸	5동 뿌리내리다
熱心(ねっしん)	넷신	な형 열심
熱帯(ねったい)	넷따이	명 열대
熱中症(ねっちゅうしょう)	넷쮸-쇼-	명 일사병
熱烈(ねつれつ)	네쯔레쯔	な형 열렬
粘(ねば)り強(づよ)い	네바리즈요이	형 끈질기다

粘り強い人が勝利するものだ。
끈질긴 사람이 승리하는 법이다.

根深(ねぶか)い	네부까이	형 뿌리깊다
寝巻(ねまき)	네마끼	명 잠옷
眠(ねむ)い	네무이	형 졸립다, 자고싶다
眠気(ねむけ)	네무께	명 졸음
眠(ねむ)る	네무루	5동 자다, 수면을 취하다
狙(ねら)い	네라이	명 겨냥, 목표
狙(ねら)う	네라우	5동 노리다, 겨누다

寝(ね)る	네루	하1 잠자다, 눕다
練(ね)る	네루	5동 반죽하다, 다듬다, 연마하다
年(ねん)	넨	명 연, 한해
年月日(ねんがっぴ)	넹갑삐	명 연월일
念願(ねんがん)	넹강	명 염원, 소원
年間(ねんかん)	넹깡	명 연간
年金(ねんきん)	넹낑	명 연금
年収(ねんしゅう)	넨슈—	명 연수입
年中(ねんじゅう)	넨쥬—	명 연중
燃焼(ねんしょう)	넨쇼—	명 연소

燃焼は燃えることです。
연소는 타는 것입니다.

粘土(ねんど)	넨도	명 점토, 찰흙
年度(ねんど)	넨도	명 연도
年俸(ねんぽう)	넴뽀—	명 연봉
粘膜(ねんまく)	넴마꾸	명 점막
年末(ねんまつ)	넴마쯔	명 연말
燃料(ねんりょう)	넨료—	명 연료
年齢(ねんれい)	넨레—	명 연령

そ
た
ち
つ
て
と
な
に
ぬ
ね
の
は
ひ
ふ

脳(のう)	노-	몧 뇌
農業(のうぎょう)	노-교-	몧 농업
農産物(のうさんぶつ)	노-삼부쯔	몧 농산물
納税(のうぜい)	노-제-	몧 납세
農村(のうそん)	노-송	몧 농촌
濃度(のうど)	노-도	몧 농도
能動(のうどう)	노-도-	몧 능동
納品(のうひん)	노-힝	몧 납품
農薬(のうやく)	노-야꾸	몧 농약
能率(のうりつ)	노-리쯔	몧 능률
能力(のうりょく)	노-료꾸	몧 능력
ノート (notebook)	노-또	몧 공책, 노트
逃(のが)す	노가스	5동 놓치다

いいチャンスだから逃しちゃい
けない。
좋은 찬스니까 놓치면 안돼.

| 鋸(のこぎり) | 노꼬기리 | 몧 톱 |
| 残(のこ)す | 노꼬스 | 5동 남기다, 남겨두다 |

残(のこ)り	노꼬리	명 나머지
載(の)せる	노세루	하1 싣다, 얹다, 게재하다
乗(の)せる	노세루	하1 태우다(승차)
除(のぞ)く	노조꾸	5동 제거하다, 제거하다
覗(のぞ)く	노조꾸	5동 들여다보다, 엿보다
望(のぞ)ましい	노조마시―	형 바람직하다
望(のぞ)み	노조미	명 소망, 가망
望(のぞ)む	노조무	5동 바라다, 바라보다
後(のち)	노찌	명 후, 다음, 장래
ノック (knock)	녹꾸	명 노크
喉(のど)	노도	명 목(구멍), 목소리
罵(ののし)る	노노시루	5동 욕을 퍼붓다
伸(のば)す	노바스	5동 뻗다, 늘이다
野原(のはら)	노하라	명 들판

都会を離れて野原を歩いてみたい。
도시를 벗어나 들판을 걸어보고 싶다.

伸(の)び伸(の)び	노비노비	부 쭉쭉, 거침없이 자라는 모양
伸(の)びる	노비루	상1 자라다, 발전하다
述(の)べる	노베루	하1 진술하다, 말하다
昇(のぼ)る	노보루	5동 오르다, 뜨다

登(のぼ)る	노보루	5동 올라가다
蚤(のみ)	노미	명 벼룩
飲(の)み込(こ)む	노미꼬무	5동 삼키다, 이해하다
飲(の)み物(もの)	노미모노	명 마실 것
飲(の)み屋(や)	노미야	명 술집
飲(の)む	노무	5동 마시다, 삼키다
海苔(のり)	노리	명 김(음식)
糊(のり)	노리	명 풀(접착)
乗(の)り換(か)え	노리까에	명 갈아탐, 환승 きょう なんかい 今日は何回乗り換えましたか。 오늘은 몇번 갈아탔습니까?
乗(の)り換(か)える	노리까에루	하1 갈아타다
乗(の)り場(ば)	노리바	명 타는곳
乗(の)り物(もの)	노리모노	명 탈것
乗(の)る	노루	5동 타다(승차), 걸려들다
鈍(のろ)い	노로이	형 느리다, 둔하다
呪(のろ)う	노로우	5동 저주하다
のろのろ	노로노로	부 느릿느릿
のんき	농끼	な형 태평하고 느긋함
のんびり	놈비리	부 느긋한 모양

は

葉(は)	하	몡 잎
歯(は)	하	몡 이, 치아
場合(ばあい)	바아이	몡 경우
把握(はあく)	하아꾸	몡 파악
バーゲンセール (bargain sale)	바―겐세―루	몡 바겐세일
バーコード (bar code)	바―꼬―도	몡 바코드
パーセント (percent)	파―센또	몡 퍼센트
ハードウェア (hardware)	하―도웨아	몡 하드웨어
パートタイム (part-time)	파―또따이무	몡 파트타임
パートナー (partner)	파―또나―	몡 파트너
ハードル (hurdle)	하―도루	몡 허들
ハーフ (half)	하―후	몡 절반, 혼혈인

<u>芸能界</u>には<u>ハーフの</u>人が<u>多</u>い。
연예계에는 혼혈인이 많다.

バーベキュー (barbecue)	바―베뀨―	몡 바비큐
パーマ (permanent wave)	파―마	몡 파마
ハーモニカ (harmonica)	하―모니까	몡 하모니카

はい	하이	㵊 예, 네(긍정 대답)
灰(はい)	하이	명 재
肺(はい)	하이	명 폐, 허파
倍(ばい)	바이	명 (곱절)배
灰色(はいいろ)	하이이로	명 회색
肺炎(はいえん)	하이엥	명 폐렴
バイオリン (violin)	바이오링	명 바이올린
廃棄(はいき)	하이끼	명 폐기
配給(はいきゅう)	하이뀨―	명 배급
ハイキング (hiking)	하이낑구	명 하이킹
配偶者(はいぐうしゃ)	하이구―샤	명 배우자
背景(はいけい)	하이께―	명 배경
背後(はいご)	하이고	명 배후
廃止(はいし)	하이시	명 폐지
歯医者(はいしゃ)	하이샤	명 치과의사
媒酌(ばいしゃく)	바이샤꾸	명 중매(인)
買収(ばいしゅう)	바이슈―	명 매수
排出(はいしゅつ)	하이슈쯔	명 배출

	温室効果ガスの排出量を減らさないといけない。 온실효과 가스 배출량을 줄이지 않으면 안된다.
売春(ばいしゅん)	바이슌　명 매춘
排除(はいじょ)	하이죠　명 배제
賠償(ばいしょう)	바이쇼-　명 배상
媒体(ばいたい)	바이따이　명 매체
配達(はいたつ)	하이따쯔　명 배달
配置(はいち)	하이찌　명 배치
パイナップル (pineapple)	파이납뿌루　명 파인애플
売買(ばいばい)	바이바이　명 매매
ハイヒール (high-heel)	하이히-루　명 하이힐
パイプ (pipe)	파이뿌　명 파이프
敗北(はいぼく)	하이보꾸　명 패배
バイヤー (buyer)	바이야-　명 바이어
俳優(はいゆう)	하이유-　명 배우
入(はい)る	하이루　5동 들어가다, 참가하다
配列(はいれつ)	하이레쯔　명 배열
はう	하우　5동 기다
蠅(はえ)	하에　명 파리

そ た ち つ て と な に ぬ ね の は ひ ふ

生(は)える	하에루	하1 나다, 돋다
墓(はか)	하까	몡 묘, 무덤

チュソクには墓参りをします。
추석엔 성묘를 합니다.

馬鹿(ばか)	바까	몡 바보
破壊(はかい)	하까이	몡 파괴
葉書(はがき)	하가키	몡 엽서
博士(はかせ)	하까세	몡 박사
はかどる	하까도루	5동 진척되다
儚(はかな)い	하까나이	혱 덧없다, 허무하다
はかり	하까리	몡 저울
計(はか)る	하까루	5동 헤아리다, 재다
破棄(はき)	하끼	몡 파기
履物(はきもの)	하끼모노	몡 신발
破局(はきょく)	하꾜꾸	몡 파국
吐(は)く	하꾸	5동 뱉다, 토하다
履(は)く	하꾸	5동 신다, 입다 (바지, 양말)

スカートを履く女性が好きです。
스커트를 입는 여성을 좋아합니다.

掃(は)く	하꾸	5동 쓸다(청소)

歯茎(はぐき)	하구끼	명 잇몸
爆撃(ばくげき)	바꾸게끼	명 폭격
白菜(はくさい)	하꾸사이	명 배추
白紙(はくし)	하꾸시	명 백지, 원상태
伯爵(はくしゃく)	하꾸샤꾸	명 백작
拍手(はくしゅ)	하꾸슈	명 박수
白人(はくじん)	하꾸징	명 백인
漠然(ばくぜん)と	바꾸젠또	부 막연하게
莫大(ばくだい)	바꾸다이	な형 막대, 큰 규모
剥奪(はくだつ)	하쿠다츠	명 박탈
爆弾(ばくだん)	바꾸당	명 폭탄
博打(ばくち)	바꾸찌	명 도박, 노름
白鳥(はくちょう)	하꾸쬬-	명 백조
爆破(ばくは)	바꾸하	명 폭파
爆発(ばくはつ)	바꾸하쯔	명 폭발

かざん
火山が爆発しました。
화산이 폭발했습니다.

薄氷(はくひょう)	하꾸효-	명 살얼음
博物館(はくぶつかん)	하꾸부쯔깡	명 박물관
歯車(はぐるま)	하구루마	명 톱니바퀴

そ
た
ち
つ
て
と
な
に
ぬ
ね
の
は
ひ
ふ

暴露(ばくろ)	바꾸로	몡 폭로
刷毛(はけ)	하께	몡 솔, 브러시
はげ頭(あたま)	하게아타마	몡 대머리
激(はげ)しい	하게시-	혱 격렬하다, 세차다
励(はげ)ます	하게마스	5동 격려하다, 응원하다
化(ば)け物(もの)	바께모노	몡 도깨비, 괴물
派遣(はけん)	하껭	몡 파견
覇権(はけん)	하껭	몡 패권
箱(はこ)	하꼬	몡 상자
運(はこ)ぶ	하꼬부	5동 운반하다, 나르다
鋏(はさみ)	하사미	몡 가위
挟(はさ)む	하사무	5동 끼우다, 집다, 사이에 두다
破産(はさん)	하상	몡 파산
箸(はし)	하시	몡 젓가락
橋(はし)	하시	몡 다리, 교량
恥(はじ)	하지	몡 수치, 창피
弾(はじ)く	하지꾸	5동 튀기다(탄력)
弾(はじ)ける	하지께루	하1 터지다, 터져 갈라지다

梯子(はしご)	하시고	명 사다리
始(はじ)まる	하지마루	5동 시작되다

しがつ だいがくせいかつ
4月から大学生活が始まりました。
4월부터 대학생활이 시작되었습니다.

初(はじ)め	하지메	명 처음, 기원
初(はじ)める	하지메루	하1 시작하다, 개시하다
パジャマ (pajamas)	파쟈마	명 파자마
場所(ばしょ)	바쇼	명 장소, 자리
柱(はしら)	하시라	명 기둥, 기둥같은 존재
走(はし)る	하시루	5동 달리다, 달아나다
はず	하즈	명 ~할 예정, ~될 터임
バス (bus)	바스	명 버스
恥(は)ずかしい	하즈까시-	형 부끄럽다, 창피하다
バスケットボール (basketball)	바스껫또 보-루	명 농구
外(はず)す	하즈스	5동 떼어내다, 놓치다
パスポート (passport)	파스뽀-또	명 여권
弾(はず)む	하즈무	5동 튀다, 들뜨다

とき こころ
ローマンチックな時、心が弾む。
로맨틱한 때 마음이 들뜬다.

パズル (puzzle)	파즈루	명 퍼즐

そ
た
ち
つ
て
と
な
に
ぬ
ね
の
は
ひ
ふ

外(はず)れる	하즈레루	하1 벗겨지다, 어긋나다
パスワード (password)	파스와-도	명 패스워드
バス停(てい)	바스떼-	명 버스정류장
破損(はそん)	하송	명 파손
旗(はた)	하따	명 깃발
肌(はだ)	하다	명 피부, 살결
バター (butter)	바따-	명 버터
裸(はだか)	하다까	명 알몸, 나체
肌着(はだぎ)	하다기	명 내의, 속옷
畑(はたけ)	하따께	명 밭, 분야
裸足(はだし)	하다시	명 맨발
果(は)たす	하따스	5동 완수하다, 달성하다
二十歳(はたち)	하따찌	명 스무살
働(はたら)く	하따라꾸	5동 일하다, 활동하다
八(はち)	하찌	명 여덟, 8
蜂(はち)	하찌	명 벌
八月(はちがつ)	하찌가쯔	명 팔월
蜂蜜(はちみつ)	하찌미쯔	명 벌꿀
罰(ばつ)	바쯔	명 벌, 처벌

	<ruby>罪<rt>つみ</rt></ruby>と<ruby>罰<rt>ばつ</rt></ruby>>、<ruby>読<rt>よ</rt></ruby>んでみた？ 〈죄와벌〉읽어봤어？
発育(はついく)	하쯔이꾸　圕 발육
発音(はつおん)	하쯔옹　圕 발음
二十日(はつか)	하쯔까　圕 스무날, 20일
発揮(はっき)	학끼　圕 발휘
はっきり	학끼리　閇 분명히, 확실히
罰金(ばっきん)	박낑　圕 벌금
発掘(はっくつ)	학꾸쯔　圕 발굴
抜群(ばつぐん)	바쯔궁　な형 발군, 뛰어남
発言(はつげん)	하쯔겡　圕 발언
発見(はっけん)	학껭　圕 발견
初恋(はつこい)	하쯔코이　圕 첫사랑
発行(はっこう)	학꼬-　圕 발행
発射(はっしゃ)	핫샤　圕 발사
抜粋(ばっすい)	밧스이　圕 발췌
発生(はっせい)	핫세-　圕 발생
発想(はっそう)	핫소-　圕 발상 そんな<ruby>発想<rt></rt></ruby>には<ruby>驚<rt>おどろ</rt></ruby>きました。 그런 발상에는 놀랐습니다.
発送(はっそう)	핫소-　圕 발송

ばった	밧따	명 메뚜기
発達(はったつ)	핫따쯔	명 발달
バッテリー (battery)	밧떼리-	명 배터리
発展(はってん)	핫뗑	명 발전
発売(はつばい)	하쯔바이	명 발매
発表(はっぴょう)	합뾰-	명 발표
初耳(はつみみ)	하쯔미미	명 금시초문
発明(はつめい)	하쯔메-	명 발명
はつらつと	하쯔라쯔또	부 발랄하게
派手(はで)	하데	な형 화려함
鳩(はと)	하또	명 비둘기
バドミントン (badminton)	바도민똥	명 배드민턴
花(はな)	하나	명 꽃, 진수, 화려한 것
鼻(はな)	하나	명 코
話(はなし)	하나시	명 이야기, 말, 소문
話(はな)す	하나스	5동 말하다, 의논하다
離(はな)す	하나스	5동 떼다, 놓다
バナナ (banana)	바나나	명 바나나
花婿(はなむこ)	하나무꼬	명 신랑

花屋(はなや)	하나야	몡 꽃집
華(はな)やか	하나야까	나형 화려한 모양, 눈부신 모양
花嫁(はなよめ)	하나요메	몡 신부
離(はな)れる	하나레루	하1 떨어지다(간격), 떠나다

離れないで近くにいてください。
딴 데 가지 말고 가까이 있으세요.

はにかむ	하니까무	5동 수줍어하다
パニック (panic)	파닉꾸	몡 패닉, 혼란 상태
羽(はね)	하네	몡 날개, 깃털
ばね	바네	몡 용수철
パノラマ (panorama)	파노라마	몡 파노라마
母(はは)	하하	몡 어머니
幅(はば)	하바	몡 폭, 나비
パパ (papa)	파파	몡 아빠
母親(ははおや)	하하오야	몡 모친
派閥(はばつ)	하바쯔	몡 파벌
幅広(はばひろ)い	하바히로이	혱 폭넓다

あの候補は幅広い支持を得ている。
저 후보는 폭넓은 지지를 받고 있다.

阻(はば)む	하바무	5동 막다, 저지하다

そ
た
ち
つ
て
と
な
に
ぬ
ね
の
は
ひ
ふ

省(はぶ)く	하부꾸	5동 생략하다, 없애다
ハプニング (happening)	하뿌닝구	명 해프닝
歯(は)ブラシ	하브라시	명 칫솔
蛤(はまぐり)	하마구리	명 대합
浜辺(はまべ)	하마베	명 바닷가
歯(は)みがき	하미가끼	명 양치질
破滅(はめつ)	하메쯔	명 파멸
嵌(は)める	하메루	하1 끼다(손에 착용), 속이다
場面(ばめん)	바멩	명 장면
波紋(はもん)	하몽	명 파문
早(はや)い	하야이	형 이르다(시기), 빠르다(速い)
林(はやし)	하야시	명 숲
生(は)やす	하야스	5동 (풀, 수염을) 기르다
早道(はやみち)	하야미찌	명 지름길, 첩경
流行(はや)る	하야루	5동 유행하다, 번창하다
腹(はら)	하라	명 복부, 배, 생각
薔薇(ばら)	바라	명 장미
払(はら)い戻(もど)し	하라이모도시	명 환불

払(はら)う	하라우	5동 없애다, 지불하다
	保険金は全部払いました。 보험금은 전부 지불했습니다.	
晴(は)らす	하라스	5동 풀다(감정해소)
バランス (balance)	바란스	명 밸런스
針(はり)	하리	명 바늘
針金(はりがね)	하리가네	명 철사
バリケード (barricade)	바리께―도	명 바리케이드
春(はる)	하루	명 봄
張(は)る	하루	5동 뻗다, 긴장하다, 붙이다
遥(はる)か	하루까	な형 아득히, 멀리 부 훨씬
バルコニー (balcony)	바루꼬니―	명 발코니
晴(は)れ	하레	명 맑음, 혐의가 풀림
破裂(はれつ)	하레쯔	명 파열, 결렬
晴(は)れる	하레루	하1 (날씨)개다, 맑다
腫(は)れる	하레루	하1 (피부)붓다
ばれる	바레루	하1 들키다, 발각되다
破廉恥(はれんち)	하렌찌	な형 파렴치
バロメーター (barometer)	바로메―따―	명 바로미터
晩(ばん)	방	명 저녁, 밤

そ / た / ち / つ / て / と / な / に / ぬ / ね / の / は / ひ / ふ

番(ばん)	방	명 차례, 망을 봄
パン (포 pao)	빵	명 빵
半(はん)ズボン	한즈봉	명 반바지
範囲(はんい)	항이	명 범위
繁栄(はんえい)	항에-	명 번영
反映(はんえい)	항에-	명 반영
ハンガー (hanger)	항가-	명 옷걸이
挽回(ばんかい)	방까이	명 만회

今までの損失を挽回するチャンスが来た。
지금까지의 손실을 만회할 찬스가 왔다.

繁華街(はんかがい)	항까가이	명 번화가
半額(はんがく)	항가꾸	명 반액
ハンカチ (handkerchief)	항까찌	명 손수건
反感(はんかん)	항깡	명 반감
パンク (puncture)	팡꾸	명 펑크
番組(ばんぐみ)	방구미	명 방송 프로
ハングル(한 한글)	항구루	명 한글, 한국어
半月(はんげつ)	항게쯔	명 반달
判決(はんけつ)	항께쯔	명 판결

判子(はんこ)	항꼬	몡 도장
番号(ばんごう)	방고-	몡 번호
反抗(はんこう)	항꼬-	몡 반항

うちの息子は今反抗期です。
우리 아들은 지금 반항기입니다.

万歳(ばんざい)	반자이	몡 만세
犯罪(はんざい)	한자이	몡 범죄
万事(ばんじ)	반지	몡 만사
反射(はんしゃ)	한샤	몡 반사
繁殖(はんしょく)	한쇼꾸	몡 번식
反省(はんせい)	한세-	몡 반성
伴奏(ばんそう)	반소-	몡 반주
絆創膏(ばんそうこう)	반소-꼬-	몡 반창고
反則(はんそく)	한소꾸	몡 반칙
半袖(はんそで)	한소데	몡 반팔
反対(はんたい)	한따이	몡 반대
判断(はんだん)	한당	몡 판단
パンチ (punch)	판찌	몡 펀치
判定(はんてい)	한떼-	몡 판정
パンティー (panty)	판띠-	몡 팬티

そ
た
ち
つ
て
と
な
に
ぬ
ね
の
は
ひ
ふ

は

ハンディキャップ (handicap)	한디꺕뿌	몡 핸디캡
半島(はんとう)	한또-	몡 반도

僕は半島の南で生まれました。
나는 반도의 남쪽에서 태어났습니다.

半導体(はんどうたい)	한도-따이	몡 반도체
ハンドバッグ (handbag)	한도박구	몡 핸드백
ハンドル (handle)	한도루	몡 핸들, 손잡이
犯人(はんにん)	한닝	몡 범인
反応(はんのう)	한노	몡 반응
ハンバーガー (hamburger)	함바-가-	몡 햄버거
販売(はんばい)	함바이	몡 판매
反発(はんぱつ)	함빠쯔	몡 반발
パンフレット (pamphlet)	팜후렛또	몡 팸플릿
半分(はんぶん)	함붕	몡 반, 절반
判明(はんめい)	함메-	몡 판명
反乱(はんらん)	한랑	몡 반란
氾濫(はんらん)	한랑	몡 범람
反論(はんろん)	한롱	몡 반론

ひ

日(ひ)	히	명 날(날짜), 해, 햇빛
火(ひ)	히	명 불, 화재
悲哀(ひあい)	히아이	명 비애
ピアノ (piano)	피아노	명 피아노
ひいき	히이끼	명 역성을 듦, 편애함
ヒーター (heater)	히-따-	명 히터
秀(ひい)でる	히-데루	하1 빼어나다, 우수하다
ピーマン (프 piment)	피-망	명 피망
ビール (네 bier)	비-루	명 맥주
冷(ひ)え込(こ)む	히에꼬무	5동 추워지다
冷(ひ)える	히에루	하1 차가워지다, 추워지다
		夜(よる)は段々(だんだん)冷(ひ)えました。 밤엔 점점 추워졌습니다.
微温的(びおんてき)	비온테끼	な형 미온적
美化(びか)	비까	명 미화
被害(ひがい)	히가이	명 피해
控(ひか)え目(め)	히까에메	な형 조심스러움, 소극적임
控(ひか)え目(め)	히까에루	하1 대기하다, 삼가다

比較(ひかく)	히카쿠	명 비교
東(ひがし)	히가시	명 동쪽
光(ひかり)	히까리	명 빛, 희망, 광택
光(ひか)る	히카루	5동 빛나다, 반짝이다
悲観(ひかん)	히깡	명 비관
率(ひき)いる	히끼이루	상1 거느리다, 지휘하다
引(ひ)き受(う)ける	히키우케루	하1 떠맡다, 보증하다

この仕事(しごと)を引き受けてほしい。
이 일을 맡아주면 좋겠다.

ひきがえる	히끼가에루	명 두꺼비
引(ひ)き金(がね)	히끼가네	명 방아쇠
引(ひ)き潮(しお)	히끼시오	명 썰물
引(ひ)き締(し)める	히끼시메루	하1 긴장시키다, 세게 죄다
引(ひ)き出(だ)し	히끼다시	명 서랍, 인출
引(ひ)き出(だ)す	히끼다스	5동 끌어내다
引(ひ)き立(た)てる	히끼따떼루	하1 후원하다, 격려하다
引(ひ)き継(つ)ぐ	히끼쯔구	5동 이어받다, 계승하다
引(ひ)き留(と)める	히끼토메루	하1 말리다, 만류하다
引(ひ)き取(と)る	히끼또루	5동 인수하다, 죽다
引(ひ)き抜(ぬ)く	히끼누꾸	5동 뽑다, 빼돌리다

卑怯(ひきょう)	히꾜-	な형 비겁
引(ひ)き分(わ)け	히끼와께	명 무승부, 비김
引(ひ)き渡(わた)し	히끼와타시	명 건네줌, 인도
引(ひ)く	히꾸	5동 끌다, 당기다, 뽑다, 감하다
日暮(ひぐ)れ	히구레	명 해질녘
低(ひく)い	히꾸이	형 낮다, 얕다
卑屈(ひくつ)	히꾸쯔	な형 비굴
ピクニック (picnic)	피꾸닉꾸	명 피크닉, 나들이
髭(ひげ)	히게	명 수염
悲劇(ひげき)	히게끼	명 비극
秘訣(ひけつ)	히께쯔	명 비결
飛行機(ひこうき)	히꼬-끼	명 비행기
被告(ひこく)	히꼬꾸	명 피고
膝(ひざ)	히자	명 무릎
ピザ (이 pizza)	피자	명 피자
ビザ (visa)	비자	명 비자, 사증
日差(ひざ)し	히자시	명 햇살, 햇볕
久(ひさ)し振(ぶ)り	히사시부리	명 **오래간만**

久しぶりに親友と話した。
오랜만에 절친한 친구와 얘기했다.

そ
た
ち
つ
て
と
な
に
ぬ
ね
の
は
ひ
ふ

ひざまずく	히자마즈꾸	5동 **무릎꿇다**
肘(ひじ)	히지	명 **팔꿈치**
菱形(ひしがた)	히시가따	명 **마름모꼴**
ビジネス (business)	비지네스	명 **비즈니스, 사업**
美術(びじゅつ)	비쥬쯔	명 **미술**
秘書(ひしょ)	히쇼	명 **비서**
美女(びじょ)	비죠	명 **미녀**
非常(ひじょう)	히죠-	명 **비상** な형 **대단함**
ヒステリー (hysteria)	히스떼리-	명 **히스테리**
微生物(びせいぶつ)	비세-부쯔	명 **미생물**
悲壮(ひそう)	히소-	명 **슬픔, 비장**
秘蔵(ひぞう)	히조-	명 명 **감춰둠, 비장**
額(ひたい)	히따이	명 **이마**
浸(ひた)す	히따스	5동 **담그다(물에), 적시다**

水に浸した豆を入れました。
물에 담근 콩을 넣었습니다.

ビタミン (vitamin)	비따밍	명 **비타민**
左(ひだり)	히다리	명 **왼쪽**
左利(ひだりき)き	히다리키끼	명 **왼손잡이**

悲痛(ひつう)	히쯔-	명 비통
引(ひ)っ掻(か)く	힉까꾸	5동 할퀴다, 긁다
筆記(ひっき)	힉끼	명 필기
棺(ひつぎ)	히쯔기	명 관
引(ひ)っ繰(く)り返(かえ)す	힉꾸리카에스	5동 뒤집다, 뒤엎다
引(ひ)っ繰(く)り返(かえ)る	힉꾸리까에루	하1 뒤집히다, 쓰러지다
日付(ひづけ)	히즈께	명 날짜
引(ひ)っ越(こ)し	힉꼬시	명 이사
引(ひ)っ越(こ)す	힉꼬스	5동 이사하다, 옮기다
羊(ひつじ)	히쯔지	명 (동물)양
必需品(ひつじゅひん)	히쯔쥬힝	명 필수품
必須(ひっす)	힛스	명 필수
必然(ひつぜん)	히쯔젱	명 필연
ヒット (hit)	힛또	명 히트, 대성공
引(ひ)っ張(ぱ)る	힙빠루	5동 잡아당기다, 끌어당기다

耳を引っ張るだけで体の不調がよくなる。
귀를 당기기만 해도 몸 건강이 좋아진다.

必要(ひつよう)	히쯔요-	な형 필요
否定(ひてい)	히떼-	명 (아니오)부정

そ
た
ち
つ
て
と
な
に
ぬ
ね
の
は
ひ
ふ

日照(ひで)り	히데리	몡 가뭄, 한발
人(ひと)	히토	몡 사람, 타인, 인물
酷(ひど)い	히도이	톙 심하다, 지독하다
人柄(ひとがら)	히또가라	몡 인품
一切(ひとき)れ	히또끼레	몡 한조각
一口(ひとくち)	히또꾸찌	몡 한입, 한마디
人殺(ひとごろ)し	히또고로시	몡 살인자
等(ひと)しい	히토시-	톙 같다, 마찬가지다

二辺の長さが等しい。
두 변의 길이가 같다.

人質(ひとじち)	히또지찌	몡 인질, 볼모
一(ひと)つ	히또쯔	몡 하나, 한 개, 같음
人手(ひとで)	히또데	몡 일손
一時(ひととき)	히또또끼	몡 한때, 일시
人(ひと)となり	히또또나리	몡 성품, 천성
人々(ひとびと)	히또비또	몡 사람들
瞳(ひとみ)	히또미	몡 눈동자
一人(ひとり)	히또리	몡 한사람
独(ひと)り言(ごと)	히또리고또	몡 혼잣말
一人(ひとり)っ子(こ)	히또릭꼬	몡 독자, 외동이

避難(ひなん)	히낭	명 피난
非難(ひなん)	히낭	명 비난
美男子(びなんし)	비난시	명 미남
ビニール (vinyl)	비니-루	명 비닐
皮肉(ひにく)	히니꾸	な형 비꼼, 풍자함
否認(ひにん)	히닝	명 부인
ひねる	히네루	하1 비틀다, 방향을 돌리다
日(ひ)の出(で)	히노데	명 일출, 해돋이
火花(ひばな)	히바나	명 불꽃
批判(ひはん)	히항	명 비판
ひび	히비	명 금(갈라짐)
響(ひび)く	히비쿠	5동 울려퍼지다, 영향을주다

その話は私の心に響く。
그 얘기는 내 마음에 울림이 있다.

批評(ひひょう)	히효-	명 비평
美貌(びぼう)	비보-	명 미모
秘法(ひほう)	히호-	명 비법
暇(ひま)	히마	명 여가, 틈, 기회, 휴가
曾孫(ひまご)	히마고	명 증손자
向日葵(ひまわり)	히마와리	명 해바라기

그 オ른쪽 탭: そ た ち つ て と な に ぬ ね の は ひ ふ

肥満(ひまん)	히망	명 비만
秘密(ひみつ)	히미쯔	명 비밀
姫(ひめ)	히메	명 공주
紐(ひも)	히모	명 끈
百(ひゃく)	햐꾸	명 백, 100
飛躍(ひやく)	히야꾸	명 비약
百姓(ひゃくしょう)	햐꾸쇼—	명 농민, 촌사람
百万(ひゃくまん)	햐꾸망	명 백만
冷(ひ)やす	히야스	5동 식히다, 차게 하다
百科事典(ひゃっかじてん)	햑까지뗑	명 백과사전
冷(ひ)や水(みず)	히야미즈	명 냉수, 찬물
比喩(ひゆ)	히유	명 비유
費用(ひよう)	히요—	명 비용
雹(ひょう)	효—	명 우박
表(ひょう)	효—	명 표(도안)
美容(びよう)	비요—	명 미용 女性はいつも美容にお金を使う。 여성은 언제나 미용에 돈을 쓴다.
秒(びょう)	뵤—	명 초
病院(びょういん)	뵤—잉	명 병원

評価(ひょうか)	효-까	몡 평가
病気(びょうき)	뵤-끼	몡 병, 질병
表現(ひょうげん)	효-겡	몡 표현
表札(ひょうさつ)	효-사쯔	몡 문패
氷山(ひょうざん)	효-장	몡 빙산
拍子(ひょうし)	효-시	몡 박자, 장단, 기회
表紙(ひょうし)	효-시	몡 표지
表示(ひょうじ)	효-지	몡 표시
病室(びょうしつ)	뵤-시쯔	몡 병실
描写(びょうしゃ)	뵤-샤	몡 묘사
標準(ひょうじゅん)	효-즁	몡 표준
表彰(ひょうしょう)	효-쇼-	몡 표창
表情(ひょうじょう)	효-죠	몡 표정
ひょう窃(せつ)	효-세쯔	몡 표절
氷点下(ひょうてんか)	효-텐까	몡 영하 今朝は氷点下5度だった。 오늘 아침엔 영하 5도였다.
平等(びょうどう)	뵤-도-	몡 평등
評判(ひょうばん)	효-방	몡 평판, 소문
標本(ひょうほん)	효-홍	몡 표본

そ
た
ち
つ
て
と
な
に
ぬ
ね
の
は
ひ
ふ

表面(ひょうめん)	효-멩	명 표면
漂流(ひょうりゅう)	효-류-	명 표류
肥沃(ひよく)	히요꾸	명 비옥
雛(ひよこ)	히요꼬	명 병아리
平仮名(ひらがな)	히라가나	명 히라가나
開(ひら)く	히라쿠	5동 열리다, 펼쳐지다, 열다
ピラミッド (pyramid)	피라밋도	명 피라미드
閃(ひらめ)く	히라메꾸	5동 번뜩이다
びり	비리	명 꼴찌
肥料(ひりょう)	히료-	명 비료
ビル (building)	비루	명 빌딩
昼(ひる)	히루	명 낮, 점심
昼寝(ひるね)	히루네	명 낮잠
昼間(ひるま)	히루마	명 낮, 대낮
昼休(ひるやす)み	히루야스미	명 점심시간
ひれ	히레	명 지느러미
比例(ひれい)	히레-	명 비례
卑劣(ひれつ)	히레쯔	な형 비열
広(ひろ)い	히로이	형 (면적, 폭, 범위가) 넓다

拾(ひろ)う	히로우	5동 줍다, 선발하다
披露宴(ひろうえん)	히로-엥	명 피로연
広(ひろ)がる	히로가루	5동 넓어지다, 커지다, 퍼지다

ここから川幅が広がる。
여기부터 강폭이 넓어진다.

広(ひろ)げる	히로게루	하1 펼치다, 넓히다
広(ひろ)さ	히로사	명 넓이
広場(ひろば)	히로바	명 광장, 마당
広(ひろ)める	히로메루	하1 넓히다, 선전하다
秘話(ひわ)	히와	명 비화
瓶(びん)	빙	명 병
ピン (pin)	핀	명 핀
品位(ひんい)	힝이	명 품위
敏感(びんかん)	빙깐	な형 민감
ピンク (pink)	삥꾸	명 핑크, 분홍
貧血(ひんけつ)	힝께쯔	명 빈혈
品質(ひんしつ)	힌시쯔	명 품질
貧弱(ひんじゃく)	힌쟈꾸	な형 빈약
敏(びん)しょう	빈쇼-	な형 민첩
ピンセット (프 pincette)	핀셋또	명 핀셋

そ
た
ち
つ
て
と
な
に
ぬ
ね
の
は
ひ
ふ

ヒント (hint)	힌또	명 힌트
頻度(ひんど)	힌도	명 빈도
頻繁(ひんぱん)	힘빤	な형 빈번, 자주

頻繁に会うと親しくなります。
빈번히 만나면 친해집니다.

貧富(ひんぷ)	힌뿌	명 빈부
貧乏(びんぼう)	빔보-	명 가난, 곤곤
敏腕(びんわん)	빙완	な형 민완

ふ

無愛想(ぶあいそう)	부아이소-	な형 **무뚝뚝함**
ファイル (file)	화이루	명 **파일**
ファウル (foul)	화우루	명 **파울**
ファッション (fashion)	홧숑	명 **패션**
ファン (fan)	환	명 **팬, 환풍기**
不安(ふあん)	후앙	명 **불안**
不意(ふい)	후이	な형 **불의, 의외, 돌연**

彼が不意にキスしてくれて嬉しかった。
그가 갑자기 키스해줘서 기뻤다.

フィルター (filter)	휘루따-	명 **필터**
ブーケ (프 bouquet)	부-께	명 **부케**
風景(ふうけい)	후-께-	명 **풍경**
封鎖(ふうさ)	후-사	명 **봉쇄**
風車(ふうしゃ)	후-샤	명 **풍차**
風船(ふうせん)	후-셍	명 **풍선**
風俗(ふうぞく)	후-조꾸	명 **풍속**
夫婦(ふうふ)	후-후	명 **부부**

風流(ふうりゅう)	후-류-	몡 풍류
不運(ふうん)	후웅	な형 불운
笛(ふえ)	후에	몡 피리
フェア (fair)	훼아	な형 페어, 공정함
増(ふ)える	후에루	하1 늘다, 증가하다
フォーク (fork)	훠-꾸	몡 포크
付加(ふか)	후까	몡 부가
部下(ぶか)	부까	몡 부하
深(ふか)い	후까이	형 깊다, 짙다
不可欠(ふかけつ)	후까께쯔	な형 불가결
	不可欠な条件は何ですか。 불가결한 조건은 뭔가요?	
深(ふか)さ	후까사	몡 깊이(물리적)
蒸(ふ)かす	후까스	5동 찌다(요리)
不可能(ふかのう)	후까노-	몡 불가능
深(ふか)まる	후까마루	5동 깊어지다
不完全(ふかんぜん)	후깐젠	몡 불완전
武器(ぶき)	부끼	몡 무기
不規則(ふきそく)	후끼소꾸	な형 불규칙
吹(ふ)き出(だ)す	후끼다스	5동 내뿜다, 웃음을 터뜨리다

不吉(ふきつ)	후끼쯔	몡 불길
不気味(ぶきみ)	부키미	な형 어쩐지 기분 나쁜 모양
普及(ふきゅう)	후뀨ー	몡 보급
付近(ふきん)	후낑	몡 부근
吹(ふく)	후꾸	5동 (바람, 입으로) 불다
拭(ふ)く	후꾸	5동 닦다
服(ふく)	후꾸	몡 옷
河豚(ふぐ)	후구	몡 복어
復元(ふくげん)	후꾸겡	몡 복원
複合(ふくごう)	후꾸고ー	몡 복합
複雑(ふくざつ)	후꾸자쯔	な형 복잡
副作用(ふくさよう)	후꾸사요ー	몡 부작용

この薬の副作用は眠くなることだ。
이 약의 부작용은 졸려지는 것이다.

福祉(ふくし)	후꾸시	몡 복지
複写(ふくしゃ)	후꾸샤	몡 복사
復讐(ふくしゅう)	후꾸슈ー	몡 복수
復習(ふくしゅう)	후꾸슈ー	몡 복습
服従(ふくじゅう)	후꾸쥬ー	몡 복종
服装(ふくそう)	후꾸소ー	몡 복장

そ た ち つ て と な に ぬ ね の は ひ ふ

ふ

腹痛(ふくつう)	후꾸쯔-	몡 복통
含(ふく)む	후꾸무	5동 포함하다, 머금다
含(ふく)める	후꾸메루	하1 포함시키다
服用(ふくよう)	후꾸요-	몡 복용
脹(ふく)らはぎ	후꾸라하기	몡 장딴지
脹(ふく)らむ	후꾸라무	5동 부풀다, 불룩해지다
袋(ふくろ)	후꾸로-	몡 봉투, 주머니, 자루
ふくろう	후꾸로-	몡 올빼미
不景気(ふけいき)	후께-끼	몡 불경기
不潔(ふけつ)	후께쯔	な형 불결, 더러움
不幸(ふこう)	후꼬-	な형 불행
不合格(ふごうかく)	후고-까꾸	몡 불합격
不公平(ふこうへい)	후꼬-헤-	な형 불공평
ブザー (buzzer)	부자-	몡 버저
負債(ふさい)	후사이	몡 빚, 부채
塞(ふさ)がる	후사가루	5동 (구멍, 통로가) 막히다
塞(ふさ)ぐ	후사구	5동 가리다, 막다, 닫다

聞きたくないと耳を塞いだ。
듣고 싶지 않으면 귀를 막았다.

| ふざける | 후자께루 | 하1 까불다, 장난치다 |

相応(ふさわ)しい	후사와시-	形 어울리다
節(ふし)	후시	名 마디, 단락, 부분, 선율
藤(ふじ)	후지	名 등나무
武士(ぶし)	부시	名 무사, 사무라이
無事(ぶじ)	부지	な形 무사, 평온
不思議(ふしぎ)	후시기	な形 불가사의, 이상함
不自然(ふしぜん)	후시젠	な形 부자연스러움
不死身(ふじみ)	후지미	名 불사신
不十分(ふじゅうぶん)	후쥬-붕	名 불충분
部署(ぶしょ)	부쇼	名 부서
不精(ぶしょう)	부쇼-	名 게으름 피움
不祥事(ふしょうじ)	후쇼-지	名 불상사
腐食(ふしょく)	후쇼꾸	名 부식, 썩음, 부패
侮辱(ぶじょく)	부죠꾸	名 모욕
不振(ふしん)	후싱	名 부진
婦人(ふじん)	후진	名 여성, 부인
夫人(ふじん)	후진	名 부인
不親切(ふしんせつ)	후신세쯔	な形 불친절
不正(ふせい)	후세-	な形 부정직, 부정

そ
た
ち
つ
て
と
な
に
ぬ
ね
の
は
ひ
ふ

不正確(ふせいかく)	후세이까꾸	명 부정확
防(ふせ)ぐ	후세구	5동 방지하다, 막다 クーデターを無事に防いだ 大統領。 쿠데타를 무사히 막아낸 대통령.
伏(ふ)せる	후세루	하1 엎드리다, 숙이다
武装(ぶそう)	부소-	명 무장
不足(ふそく)	후소꾸	な형 부족, 불만
蓋(ふた)	후따	명 뚜껑
札(ふだ)	후다	명 표, 명찰, 차표
豚(ぶた)	부따	명 돼지
舞台(ぶたい)	부따이	명 무대
部隊(ぶたい)	부따이	명 부대
二重瞼(ふたえまぶた)	후따에마 부따	명 쌍꺼풀
双子(ふたご)	후따고	명 쌍둥이
再(ふたた)び	후따따비	부 다시, 재차 失われた信頼を再び取り戻した。 상실한 신뢰를 재차 회복했다.
二(ふた)つ	후따쯔	명 둘, 두개
豚肉(ぶたにく)	부따니쿠	명 돼지고기
普段(ふだん)	후당	명 평소, 항상

負担(ふたん)	후땅	몡 **부담**
縁(ふち)	후찌	몡 **가장자리, 테두리**
不注意(ふちゅうい)	후쮸-이	な형 **부주의**
部長(ぶちょう)	부쬬-	몡 **부장**
普通(ふつう)	후쯔-	な형 **보통, 대개**
物価(ぶっか)	북까	몡 **물가**
二日(ふつか)	후쯔까	몡 **이틀, 2일**
復活(ふっかつ)	훅까쯔	몡 **부활**
ぶつかる	부쯔까루	5동 **부딪치다, 마주치다**
復帰(ふっき)	훅끼	몡 **복귀**
仏教(ぶっきょう)	북꾜-	몡 **불교**
ぶつける	부쯔께루	하1 **들이받다, 던져맞히다**

つくえ あし
机に脚をぶつけてしまいました。
책상에 다리를 부딪치고 말았습니다.

復興(ふっこう)	훅꼬-	몡 **부흥**
物質(ぶっしつ)	붓시쯔	몡 **물질**
物色(ぶっしょく)	붓쇼꾸	몡 **물색**
仏像(ぶつぞう)	부쯔조-	몡 **불상**
物体(ぶったい)	붓따이	몡 **물체**
筆(ふで)	후데	몡 **붓, 문장**

そ
た
ち
つ
て
と
な
に
ぬ
ね
の
は
ひ
ふ

ふと	후또	图 문득, 우연히
太(ふと)い	후또이	图 굵다, 뻔뻔하다
葡萄(ぶどう)	부도-	图 포도
不当(ふとう)	후또-	图 부당함
不動産(ふどうさん)	후도-상	图 부동산
不道徳(ふどうとく)	후도-또꾸	图 부도덕
懐(ふところ)	후또꼬로	图 품, 속셈, 가진 돈
太(ふと)る	후또루	5图 살찌다, 굵어지다
布団(ふとん)	후똥	图 이불, 담요
船乗(ふなの)り	후나노리	图 뱃사람
船酔(ふなよ)い	후나요이	图 배멀미
無難(ぶなん)	부난	图 무난함

どんな相手（あいて）でも無難（ぶなん）な話題（わだい）は何（なん）ですか。
어떤 상대에게든지 무난한 화제는 무엇입니까?

赴任(ふにん)	후닝	图 부임
船(ふね)	후네	图 선박, 배
腐敗(ふはい)	후하이	图 부패
部品(ぶひん)	부힝	图 부품
不服(ふふく)	후후꾸	图 불복

部分(ぶぶん)	부붕	명 부분
不平(ふへい)	후헤-	명 불평
普遍(ふへん)	후헹	명 보편
不変(ふへん)	후헹	명 불변
不便(ふべん)	후벵	명 불편
父母(ふぼ)	후보	명 부모, 어버이
不法(ふほう)	후호-	명 불법
不満(ふまん)	후망	명 불만
踏切(ふみきり)	후미끼리	명 (철도)건널목
不眠症(ふみんしょう)	후민쇼-	명 불면증
踏(ふ)む	후무	5동 밟다, 거치다
不明(ふめい)	후메-	な형 불분명
不名誉(ふめいよ)	후메-요	명 불명예
不毛(ふもう)	후모-	명 불모
増(ふ)やす	후야스	5동 늘리다, 불리다
冬(ふゆ)	후유	명 겨울
不愉快(ふゆかい)	후유까이	な형 불쾌
扶養(ふよう)	후요-	명 부양
不要(ふよう)	후요-	な형 불필요

不要な支出を削減します。
불필요한 지출을 삭감하겠습니다.

舞踊(ぶよう)	부요-	뗑 무용
プライド (pride)	프라이도	뗑 프라이드
プライバシー (privacy)	프라이바시-	뗑 프라이버시
ブラインド(blind)	부라인도	뗑 블라인드
ブラウス (blouse)	부라우스	뗑 블라우스
ブラジャー (brassiere)	부라쟈-	뗑 브래지어
プラス (plus)	푸라스	뗑 플러스
プラスチック (plastic)	푸라스찍꾸	뗑 플라스틱
ぶらつく	부라쯔꾸	5동 흔들거리다
フラッシュ (flashlight)	후랏슈	뗑 플래시
プラットホーム (platform)	푸랏또호-무	뗑 플랫폼
ぶらんこ	부랑꼬	뗑 그네
フランス (France)	후란스	뗑 프랑스
ブランド (brand)	부란도	뗑 브랜드
振(ふ)り	후리	뗑 휘두름, 모습, 동작, 체
不利(ふり)	후리	な형 불리
不利益(ふりえき)	후리에끼	뗑 불이익

振(ふ)り返(かえ)る	후리카에루	하1 **돌아보다**
振(ふ)り回(まわ)す	후리마와스	5동 **휘두르다**
振(ふ)り向(む)く	후리무꾸	5동 **뒤돌아보다**

振り向かないで歩きました。
뒤돌아보지 않고 걸었습니다.

不良(ふりょう)	후료—	な형 **불량**
武力(ぶりょく)	부료꾸	명 **무력**
不倫(ふりん)	후링	명 **불륜**
プリンター (printer)	푸린따—	명 **프린터**
振(ふ)る	후루	5동 **흔들다, 휘두르다, 잃다**
降(ふ)る	후루	5동 **(눈, 비)내리다**
古(ふる)い	후루이	형 **오래 되다, 낡다**
部類(ぶるい)	부루이	명 **부류**
震(ふる)える	후루에루	하1 **떨리다, 떨다**
故郷(ふるさと)	후루사또	명 **고향**
ブルドーザー (bulldozer)	부루도—자—	명 **불도저**
古本(ふるほん)	후루홍	명 **헌책**
無礼(ぶれい)	부레—	な형 **무례, 실례**
ブレーキ (brake)	부레—끼	명 **브레이크**
プレゼント (present)	푸레젠또	명 **선물, 프레젠트**

	<ruby>誕生日<rt>たんじょうび</rt></ruby>のプレゼントを<ruby>買<rt>か</rt></ruby>いました。 생일 선물을 샀습니다.
触(ふ)れる	후레루 하1 닿다(접촉), 건드리다
プロ (pro)	푸로 명 프로
プログラム (program)	푸로구라무 명 프로그램
プロジェクト(project)	푸로제꾸또 명 프로젝트
風呂敷(ふろしき)	후로시끼 명 보자기
ブロッコリー (broccoli)	부록꼬리– 명 브로콜리
プロフィール (profile)	푸로휘–루 명 프로필
プロポーズ (propose)	푸로뽀–즈 명 프로포즈
フロント (front desk)	후론또 명 프런트
不和(ふわ)	후와 명 불화
不渡(ふわた)り	후와따리 명 부도
分(ふん)	훙 명 부분, 몫, 상태
文(ぶん)	붕 명 글, 문장
雰囲気(ふんいき)	훙이끼 명 분위기
噴火(ふんか)	훙까 명 분화
文化(ぶんか)	붕까 명 문화
分解(ぶんかい)	붕까이 명 분해
文学(ぶんがく)	붕가꾸 명 문학

	文学は精神を豊かにします。 문학은 정신을 풍부하게 만듭니다.
分割(ぶんかつ)	붕까쯔　명 분할
分散(ぶんさん)	분상　명 분산
紛失(ふんしつ)	훈시쯔　명 분실
文書(ぶんしょ)	분쇼　명 문서
分身(ぶんしん)	분싱　명 분신
噴水(ふんすい)	훈스이　명 분수
分析(ぶんせき)	분세끼　명 분석
紛争(ふんそう)	훈소-　명 분쟁
文体(ぶんたい)	분따이　명 문체
分担(ぶんたん)	분탕　명 분담
憤怒(ふんど)	훈도　명 분노
奮闘(ふんとう)	훈또-　명 분투
	毎日会社で奮闘しています。 매일 회사에서 분투하고 있습니다.
分配(ぶんぱい)	붐빠이　명 분배
分布(ぶんぷ)	붐뿌　명 분포
分別(ぶんべつ)	붐베쯔　명 분별
文法(ぶんぽう)	붐뽀-　명 문법
文房具(ぶんぼうぐ)	붐보-구　명 문방구

そ
た
ち
つ
て
と
な
に
ぬ
ね
の
は
ひ
ふ

文明(ぶんめい)	붐메-	몡 **문명**
分野(ぶんや)	붕야	몡 **분야**
分離(ぶんり)	분리	몡 **분리**
分量(ぶんりょう)	분료-	몡 **분량**
分類(ぶんるい)	분루이	몡 **분류**
分裂(ぶんれつ)	분레쯔	몡 **분열**

ヘア (hair)	헤아	명 헤어
平気(へいき)	헤-끼	な형 태연함, 개의치 않음 彼は怒られても平気な顔でいる。 그는 상대가 화를 내도 태연한 표정으로 있다.
平均(へいきん)	헤-낑	명 평균
平行(へいこう)	헤-꼬-	명 평행
米国(べいこく)	베-꼬꾸	명 미국
閉鎖(へいさ)	헤-사	명 폐쇄
平日(へいじつ)	헤-지쯔	명 평일
平静(へいせい)	헤-세-	명 평정
平方(へいほう)	헤-호-	명 평방
平凡(へいぼん)	헤-본	な형 평범, 보통
平面(へいめん)	헤-멩	명 평면
平野(へいや)	헤-야	명 평야
平和(へいわ)	헤-와	な형 평화
ページ (page)	페-지	명 페이지
ベージュ (프 beige)	베-쥬	명 베이지
ベール (veil)	베-루	명 베일, 면사포

へ
ほ
ま
み
む
め
も
や
ゆ
よ
ら
り
る
れ

ベスト (best)	베스또	명 베스트
へそ	헤소	명 배꼽
下手(へた)	헤따	な형 서투름
べたべた	베따베따	부 끈적끈적
別(べつ)	베쯔	な형 별도, 다름, 예외
別居(べっきょ)	벡꾜	명 별거
別荘(べっそう)	벳소-	명 별장
ペット (pet)	펫또	명 애완동물, 페트
別々(べつべつ)	베쯔베쯔	な형 따로따로, 제각각
ベテラン (veteran)	베떼랑	명 베테랑
ペナルティー (penalty)	페나루띠-	명 페널티
蛇(へび)	헤비	명 뱀
部屋(へや)	헤야	명 방, 객실
減(へ)らす	헤라스	5동 줄이다, 덜다
ベランダ (veranda)	베란다	명 베란다
ヘリコプター (helicopter)	헤리꼬뿌따-	명 헬리콥터
ベル (bell)	베루	명 벨
減(へ)る	헤루	5동 줄다, 적어지다

お腹減った。
배가 고파졌다.

ベルト (belt)	베루또	명 벨트, 혁대, 지대
ヘルメット (helmet)	헤루멛또	명 헬멧
辺(へん)	헨	명 주변, 근처
変(へん)	헨	な형 변화, 변고, 이상함
ペン (pen)	펜	명 펜
変化(へんか)	헹까	명 변화
変革(へんかく)	헹까꾸	명 변혁
便宜(べんぎ)	벵기	명 편의
便器(べんき)	벵끼	명 변기
ペンキ (네 pek)	펭끼	명 페인트
返却(へんきゃく)	헹꺄꾸	명 반환
勉強(べんきょう)	벵꾜-	명 공부, 노력, 시련
偏見(へんけん)	헹껭	명 편견
弁護(べんご)	벵고	명 변호
変更(へんこう)	헹꼬-	명 변경
返事(へんじ)	헨지	명 대답, 답장

手を振って返事をした。
손을 흔들어 대답을 했다.

| 編集(へんしゅう) | 헨슈- | 명 편집 |
| 変身(へんしん) | 헨싱 | 명 변신 |

変人(へんじん)	헨징	圕 괴짜
偏頭痛(へんずつう)	헨즈쯔-	圕 편두통
変遷(へんせん)	헨셍	圕 변천
変装(へんそう)	헨소-	圕 변장
変態(へんたい)	헨타이	圕 변태
ペンダント (pendant)	펜단또	圕 펜던트
ベンチ (bench)	벤찌	圕 벤치
弁当(べんとう)	벤또-	圕 도시락
扁桃腺(へんとうせん)	헨또-셍	圕 편도선
便秘(べんぴ)	벰삐	圕 변비
返品(へんぴん)	헴삥	圕 반품
便利(べんり)	벤리	な형 편리

ほ

帆(ほ)	호	명 돛
保育(ほいく)	호이쿠	명 보육, 돌보아 기름
ボイコット (boycott)	보이꼿또	명 보이콧
ポイント (point)	포인또	명 포인트, 요점
法(ほう)	호-	명 법, 방법
棒(ぼう)	보-	명 몽둥이, 직선

ネットで自撮り棒を買いました。
인터넷에서 셀카봉을 샀습니다.

放映(ほうえい)	호-에-	명 방영
防衛(ぼうえい)	보-에-	명 방위
貿易(ぼうえき)	보-에끼	명 무역
望遠鏡(ぼうえんきょう)	보-엥꾜-	명 망원경
放火(ほうか)	호-까	명 방화
崩壊(ほうかい)	호-까이	명 붕괴
方角(ほうがく)	호-가쿠	명 방향, 예상
箒(ほうき)	호-끼	명 빗자루, 비
放棄(ほうき)	호-끼	명 포기
忘却(ぼうきゃく)	보-꺄꾸	명 망각

防御(ぼうぎょ)	보-교	명 방어
方言(ほうげん)	호-겐	명 방언, 사투리
冒険(ぼうけん)	보-껭	명 모험
暴言(ぼうげん)	보-겡	명 폭언
方向(ほうこう)	호-꼬-	명 방향
報告(ほうこく)	호-꼬꾸	명 보고
奉仕(ほうし)	호-시	명 봉사
帽子(ぼうし)	보-시	명 모자

日差しが強くて帽子を被った。
햇빛이 강해서 모자를 썼다.

防止(ぼうし)	보-시	명 방지
方式(ほうしき)	호-시끼	명 방식
放射能(ほうしゃのう)	호-샤노-	명 방사능
報酬(ほうしゅう)	호-슈-	명 대가, 보수
方針(ほうしん)	호-싱	명 방침
坊主(ぼうず)	보-즈	명 중, 사내아이
防水(ぼうすい)	보-스이	명 방수
宝石(ほうせき)	호-세끼	명 보석
放送(ほうそう)	호-소-	명 방송
包装(ほうそう)	호-소-	명 포장

法則(ほうそく)	호-소꾸	명 법칙
包帯(ほうたい)	호-따이	명 붕대
膨大(ぼうだい)	보-다이	な형 방대, 거대
防虫剤(ぼうちゅうざい)	보-쮸-자이	명 방충제
膨張(ぼうちょう)	보-쬬-	명 팽창
包丁(ほうちょう)	호-쬬-	명 식칼
法廷(ほうてい)	호-떼-	명 법정
報道(ほうどう)	호-도-	명 보도
暴動(ぼうどう)	보-도-	명 폭동
放任(ほうにん)	호-닝	명 방임
忘年会(ぼうねんかい)	보-넹까이	명 송년회
防犯(ぼうはん)	보-항	명 방범
褒美(ほうび)	호-비	명 포상, 칭찬함

<ruby>頑張<rt>がんば</rt></ruby>った<ruby>自分<rt>じぶん</rt></ruby>にご<ruby>褒美<rt></rt></ruby>をあげた。
노력한 나 자신에게 상을 주었다.

報復(ほうふく)	호-후꾸	명 보복, 복수
方便(ほうべん)	호-벵	명 방편
方法(ほうほう)	호-호-	명 방법
亡命(ぼうめい)	보-메-	명 망명
方面(ほうめん)	호-멩	명 방면

訪問(ほうもん)	호-몽	명 방문
抱擁(ほうよう)	호-요-	명 포옹
暴落(ぼうらく)	보-라꾸	명 폭락
法律(ほうりつ)	호-리쯔	명 법률
暴力(ぼうりょく)	보-료꾸	명 폭력
放(ほう)る	호-루	5동 던지다, 포기하다
ほうれん草(そう)	호-렌소-	명 시금치
吠(ほ)える	호에루	하1 (짐승이)짖다, 크게 울다

犬が吠えるのを止めさせたい。
개가 짖는 것을 멈추게 하고 싶다.

頬(ほお)	호-	명 뺨, 볼
ポーズ (pose)	포-즈	명 포즈
ボート (boat)	보-또	명 보트
ボーナス (bonus)	보-나스	명 보너스
頬骨(ほおぼね)	호-보네	명 광대뼈
ホーム (home)	호-무	명 가정, 고향
ホームページ (home page)	호-무페-지	명 홈페이지
ホームラン (home run)	호-무랑	명 홈런
ボーリング (bowling)	보-링구	명 볼링

ホール (hall)	호-루	명 홀
ボール (ball)	보-루	명 볼, 공
ボールペン (일 ball pen)	보-루뻰	명 볼펜
外(ほか)	호까	명 그밖, 이외, 바깥
朗(ほが)らか	호가라까	な형 명랑, 쾌청함
募金(ぼきん)	보낑	명 모금
僕(ぼく)	보꾸	대 나 (주로 남자가 씀)
牧場(ぼくじょう)	보꾸죠-	명 목장 (まきば라고도 읽음)
解(ほぐ)す	호구스	5동 풀다(엉킨것)
北部(ほくぶ)	호꾸부	명 북부
解(ほぐ)れる	호구레루	하1 풀리다
黒子(ほくろ)	호꾸로	명 (얼굴의)점
補欠(ほけつ)	호께쯔	명 보결, 보궐
ポケット (pocket)	포껫또	명 포켓
ぼける	보께루	하1 흐려지다, 바래다
保険(ほけん)	호껭	명 보험
保護(ほご)	호고	명 보호
歩行(ほこう)	호꼬-	명 보행
母国(ぼこく)	보꼬꾸	명 모국, 고국

へ
ほ
ま
み
む
め
も
や
ゆ
よ
ら
り
る
れ

誇(ほこ)り	호꼬리	명 긍지, 자랑
	かんこくじん 韓国人であることを誇りに思います か。 한국인이라는 것을 긍지로 생각합니까?	
埃(ほこり)	호꼬리	명 먼지
誇(ほこ)る	호꼬루	5동 자랑하다, 뽐내다
星(ほし)	호시	명 별, 별표
欲(ほ)しい	호시-	형 탐나다, 갖고 싶다, ~하고 싶다
募集(ぼしゅう)	보슈-	명 모집
補助(ほじょ)	호조	명 보조
保証(ほしょう)	호쇼-	명 보증
補償(ほしょう)	호쇼-	명 보상
細(ほそ)い	호소이	형 가늘다, 좁다, 약하다
補足(ほそく)	호소꾸	명 보충
保存(ほぞん)	호종	명 보존
蛍(ほたる)	호따루	명 개똥벌레
ボタン (button)	보땅	명 단추
ホチキス (Hotchkiss)	호찌끼스	명 호치키스
歩調(ほちょう)	호쬬-	명 보조
北極(ほっきょく)	혹꾜꾸	명 북극

ボックス (box)	복꾸스	몡 박스
発作(ほっさ)	홋사	몡 발작
没頭(ほっとう)	봇또-	몡 몰두
ほっとする	홋또스루	사변 안심하다

君と一緒にいるとほっとする。
너와 함께 있으면 안심이 된다.

ホットドッグ (hot dog)	홋또독구	몡 핫도그
没落(ぼつらく)	보쯔라꾸	몡 몰락
ボディーガード (bodyguard)	보디-가-도	몡 보디가드
ホテル (hotel)	호떼루	몡 호텔
ほど	호도	몡 한도, 정도, 만큼
舗道(ほどう)	호도-	몡 포장도로
歩道橋(ほどうきょう)	호도-꾜-	몡 육교
仏(ほとけ)	호또께	몡 부처님
施(ほどこ)す	호도꼬스	5동 베풀다, 행하다
ほとんど	호톤도	부 거의, 대부분
骨(ほね)	호네	몡 뼈, 노력, 핵심
ほぼ	호보	부 거의, 대략
微笑(ほほえ)む	호호에무	5동 미소짓다

ほ

	しょうり めがみ 勝利の女神が微笑んでくれた。 승리의 여신이 미소를 지어주었다.
褒(ほ)める	호메루　[하1] 칭찬하다
ぼやける	보야께루　[하1] 희미해지다
保有(ほゆう)	호유-　[명] 보유
ボランティア (volunteer)	보란띠아　[명] 자원봉사자
掘(ほ)り出(だ)す	호리다스　[5동] 파내다, 찾아내다
保留(ほりゅう)	호류-　[명] 보류
ボリューム (volume)	보류-무　[명] 볼륨
掘(ほ)る	호루　[5동] 파다, 캐다
彫(ほ)る	호루　[5동] 새기다, 조각하다
ホルモン (hormone)	호루몽　[명] 호르몬
惚(ほ)れる	호레루　[하1] 반하다, 사랑에 빠지다
ぼろ	보로　[명] 누더기, 넝마
滅(ほろ)びる	호로비루　[상1] 망하다, 멸망하다
滅(ほろ)ぼす	호로보스　[5동] 멸망시키다, 망치다
本(ほん)	홍　[명] 책, 본보기
本格的(ほんかくてき)	홍까꾸떼끼　[な형] 본격적
本気(ほんき)	홍끼　[な형] 진심, 본심

<ruby>私<rt>わたし</rt></ruby>の<ruby>告白<rt>こくはく</rt></ruby>は<ruby>本気<rt>ほんき</rt></ruby>です。
내 고백은 진심입니다.

盆栽(ぼんさい)	본사이	명 분재
本質(ほんしつ)	혼시쯔	명 본질
本社(ほんしゃ)	혼샤	명 본사
本心(ほんしん)	혼싱	명 본심
奔走(ほんそう)	혼소-	명 분주, 바쁨
本棚(ほんだな)	혼다나	명 책장
盆地(ぼんち)	본찌	명 분지
本店(ほんてん)	혼뗑	명 본점
本当(ほんとう)	혼또-	な형 정말, 진짜, 진실
本人(ほんにん)	혼닝	명 본인
本音(ほんね)	혼네	명 본심, 속셈
本能(ほんのう)	혼노-	명 본능
本場(ほんば)	홈바	명 본고장
本部(ほんぶ)	홈부	명 본부
本名(ほんみょう)	홈묘-	명 본명
本物(ほんもの)	홈모노	명 진짜, 실물
本屋(ほんや)	홍야	명 책방

翻訳(ほんやく)	홍야꾸	몡 번역
ぼんやり	봉야리	閉 어렴풋한 모양, 멍청한 모양
本来(ほんらい)	혼라이	몡 본래, 보통
本論(ほんろん)	혼롱	몡 본론

ま

まあ	마ー	부 지금으로선, 하여튼
マーク (mark)	마ー꾸	명 마크
まあまあ	마ー마ー	부 그럭저럭, 우선, 어머나
枚(まい)	마이	접 장(얇은 것 세는 단위)
毎朝(まいあさ)	마이아사	명 매일 아침
マイク (microphone)	마이꾸	명 마이크
迷子(まいご)	마이고	명 미아
毎週(まいしゅう)	마이슈ー	명 매주
埋葬(まいそう)	마이소ー	명 매장
毎月(まいつき)	마이쯔끼	명 매달, 매월
毎度(まいど)	마이도	명 매번
毎年(まいとし)	마이또시	명 매년, まいねん이라고도 함
マイナス (minus)	마이나스	명 마이너스
毎日(まいにち)	마이니찌	명 매일
参(まい)る	마이루	5동 가다, 오다의 겸손어, 항복하다

こりゃ参ったな。
이건 졌구만.

へ
ほ
ま
み
む
め
も
や
ゆ
よ
ら
り
る
れ

前(まえ)	마에	몡 앞
前売(まえう)り	마에우리	몡 예매
前書(まえが)き	마에가끼	몡 머리말
前髪(まえがみ)	마에가미	몡 앞머리
前歯(まえば)	마에바	몡 앞니
前払(まえばら)い	마에바라이	몡 선불
任(まか)せる	마까세루	하1 (의뢰)맡기다
曲(ま)がる	마가루	5동 구부러지다, 돌다
紛(まぎ)らす	마기라스	5동 헷갈리게 하다, 마음을 달래다

彼女(かのじょ)は悲(かな)しみを笑(え)みで紛(まぎ)らした。
그녀는 슬픔을 웃음으로 감추었다.

紛(まぎ)れる	마기레루	하1 헷갈리다, 혼동하다
間際(まぎわ)	마기와	몡 직전, 순간
巻(ま)く	마꾸	5동 감다, 말다
撒(ま)く	마꾸	5동 뿌리다, 살포하다
幕(まく)	마꾸	몡 막, 장막, 장면
枕(まくら)	마꾸라	몡 베개
まぐれ	마구레	몡 요행, 우연
鮪(まぐろ)	마구로	몡 참치

負(ま)け	마께	명 패배
負(ま)ける	마께루	하1 지다[패배], 양보하다
曲(ま)げる	마게루	하1 구부리다, 굽히다
孫(まご)	마고	명 손자
誠(まこと)	마코토	명 진실, 정성
まさか	마사카	부 설마
マザコン(mother complex)	마자꽁	명 마마보이
正(まさ)しく	마사시꾸	부 확실히, 정말로
摩擦(まさつ)	마사쯔	명 마찰
勝(まさ)る	마사루	5동 우월하다, 낫다
真面目(まじめ)	마지메	な형 착실함, 진실, 진심
魔女(まじょ)	마죠	명 마녀
混(ま)じる	마지루	5동 섞이다
交(まじ)わる	마지와루	5동 교차하다, 교제하다
増(ま)す	마스	5동 불어나다, 늘다
まず	마즈	부 먼저, 여하간
麻酔(ますい)	마스이	명 마취
不味(まず)い	마즈이	형 맛없다, 서투르다

	このビールは不味いな。 이 맥주는 맛이 없네.
マスク (mask)	마스꾸　명 마스크
マスコット (mascot)	마스꼿또　명 마스코트
マスコミ (mass communication)	마스꼬미　명 매스컴
貧(まず)しい	마즈시이　형 가난하다, 빈약하다
マスター (master)	마스따　명 마스터, 가게주인
混(ま)ぜる	마제루　하1 섞다, 혼합하다
又(また)	마따　부 또, 다시, 다음
未(ま)だ	마다　부 아직, 더욱
瞬(またた)く	마따따꾸　5동 (눈을)깜박이다
町(まち)	마치　명 도회지, 동네
待合室(まちあいしつ)	마찌아이 시쯔　명 대합실
間違(まちが)い	마찌가이　명 실수, 틀림, 사고
	間違いありません！ 틀림 없습니다!
間違(まちが)う	마찌가우　5동 잘못되다, 틀리다
間違(まちが)える	마찌가에루　하1 잘못하다, 잘못알다
待(ま)つ	마쯔　5동 기다리다, 기대하다
松(まつ)	마쯔　명 소나무

真(ま)っ赤(か)	막까	[な형] 새빨간 색
末期(まっき)	막끼	[명] 말기
睫毛(まつげ)	마쯔게	[명] 속눈썹
マッサージ (프 massage)	맛사-지	[명] 마사지
抹殺(まっさつ)	맛사쯔	[명] 말살, 없앰
まっすぐ	맛스구	[부] 똑바로, 곧장
まったく	맛타쿠	[부] 정말로, 완전히
マッチ (match)	맛찌	[명] 성냥
松葉杖(まつばづえ)	마쯔바즈에	[명] 목발
祭(まつ)り	마쯔리	[명] 축제, 제사
まで	마데	[부조] ~까지, ~일뿐
摩天楼(まてんろう)	마뗀로-	[명] 마천루
的(まと)	마또	[명] 표적, 목표
窓(まど)	마도	[명] 창문
窓口(まどぐち)	마도구찌	[명] 창구
まとめる	마토메루	[하1] 합쳐지다, 해결되다

まとめて支払(しはら)ってください。
합쳐서 지불해주세요.

| マナー (manner) | 마나- | [명] 매너 |
| まないた | 마나이따 | [명] 도마 |

ま

眼差(まなざ)し	마나자시	명 눈빛, 시선
真夏(まなつ)	마나쯔-	명 한여름
学(まな)ぶ	마나부	5동 배우다, 공부하다
マニア (maniac)	마니아	명 마니아
間(ま)に合(あ)う	마니아우	5동 늦지 않게 도착하다
マニキュア (manicure)	마니뀨아	명 매니큐어
免(まぬが)れる	마누가레루	하1 면하다, 피하다
間抜(まぬ)け	마누께	な형 얼빠진 짓, 바보
真似(まね)	마네	명 흉내
マネージャー (manager)	마네-쟈-	명 매니저, 관리자
マネキン (mannequin)	마네낑	명 마네킹
招(まね)く	마네쿠	5동 부르다, 초대하다
麻痺(まひ)	마히	명 마비
真昼(まひる)	마히루	명 대낮, 한낮
眩(まぶ)しい	마부시-	형 눈부시다
まぶた	마부따	명 눈꺼풀
真冬(まふゆ)	마후유	명 한겨울
マフラー (muffler)	마후라-	명 머플러
魔法(まほう)	마호-	명 마법, 마술

| 幻(まぼろし) | 마보로시 | 몡 환상, 덧없는 것 |
| まま | 마마 | 몡 뜻대로 됨, 되는대로 맡김 |

人生はままならない。
인생은 뜻대로 되지 않는다.

ままごと	마마고또	몡 소꿉놀이
継母(ままはは)	마마하하	몡 계모
豆(まめ)	마메	몡 콩
間(ま)もなく	마모나꾸	튄 곧, 머지않아
守(まも)る	마모루	5동 지키다, 방어하다
麻薬(まやく)	마야꾸	몡 마약
眉毛(まゆげ)	마유게	몡 눈썹
迷(まよ)う	마요우	5동 망설이다, 헤매다
真夜中(まよなか)	마요나까	몡 한밤중
マヨネーズ (mayonnaise)	마요네-즈	몡 마요네즈
マラソン (marathon)	마라송	몡 마라톤
丸(まる)	마루	몡 동그라미, 전부
丸(まる)い	마루이	휑 둥글다, 온화하다
丸太(まるた)	마루따	몡 통나무
まるで	마루데	튄 흡사, 마치
稀(まれ)	마레	녀형 드묾, 희귀함

	これは田舎では稀に見る高級ホテルです。 이것은 농촌에서는 드물게 보는 고급 호텔입니다.	
回(まわ)す	마와스	5동 돌리다, 회전시키다
周(まわ)り	마와리	명 둘레, 주변
回(まわ)る	마와루	5동 돌다, 회전하다
万(まん)	망	명 만, 10000
万一(まんいち)	망이찌	부 만일, 만약
満員(まんいん)	망잉	명 만원
蔓延(まんえん)	망엥	명 만연
漫画(まんが)	망가	명 만화
満期(まんき)	망끼	명 만기
満喫(まんきつ)	망끼쯔	명 만끽
満月(まんげつ)	망게쯔	명 보름달
満場一致 (まんじょういっち)	만죠-잇찌	명 만장일치
マンション	만숀	명 (큰 저택, 고층아파트)맨션
慢性(まんせい)	만세-	명 만성
満足(まんぞく)	만조꾸	명 만족
	結婚生活には満足していますか。 결혼생활에는 만족하십니까?	

満点(まんてん)	만뗑	몡 만점
真(ま)ん中(なか)	만나카	몡 한가운데
万年筆(まんねんひつ)	만넹히쯔	몡 만년필
万引(まんび)き	만비키	몡 도둑질

へ
ほ
ま
み
む
め
も
や
ゆ
よ
ら
り
る
れ

| 일본어 필수 단어 |

み

身(み)	미	圐 몸, 신체, 자기, 신분
実(み)	미	圐 열매, 내용
見合(みあ)い	미아이	圐 맞선
見上(みあ)げる	미아게루	하1 우러러보다, 쳐다보다
ミイラ (포 mirra)	미이라	圐 미이라
見栄(みえ)	미에	圐 겉치레
見(み)える	미에루	하1 보이다, 오시다

天気(てんき)がよければ富士山(ふじさん)が見えます。
날씨가 좋으면 후지산이 보입니다.

見送(みおく)る	미오꾸루	5동 배웅하다
見落(みお)とす	미오또스	5동 간과하다
未開(みかい)	미까이	圐 미개
味覚(みかく)	미까꾸	圐 미각
磨(みが)く	미가꾸	5동 윤을 내다, 갈다
三日月(みかづき)	미까즈끼	圐 초승달
蜜柑(みかん)	미깡	圐 귤
未完成(みかんせい)	미간세–	圐 미완성

幹(みき)	미끼	图 줄기
右(みぎ)	미기	图 오른쪽
右腕(みぎうで)	미기우데	图 오른팔
右側(みぎがわ)	미기가와	图 우측
ミキサー (mixer)	미끼사ー	图 믹서
見苦(みぐる)しい	미구루시ー	阌 꼴사납다
見事(みごと)	미고또	な阌 훌륭함, 보기 좋음
見込(みこ)み	미꼬미	图 가망, 장래성
未婚(みこん)	미꽁	图 미혼
短(みじか)い	미지까이	阌 짧다
惨(みじ)め	미지메	な阌 비참함, 불쌍함

なんか惨めな気持ちになった。
き も
웬지 비참한 기분이 되었다.

未熟(みじゅく)	미쥬꾸	な阌 미숙, 덜익음
見知(みし)らぬ	미시라누	冯 낯선, 알지 못하는
ミシン (sewing machine)	미싱	图 미싱, 재봉틀
水(みず)	미즈	图 물, 액체
湖(みずうみ)	미즈우미	图 호수
自(みずか)ら	미즈까라	厘 스스로, 몸소
水着(みずぎ)	미즈기	图 수영복

へ
ほ
ま
み
む
め
も
や
ゆ
よ
ら
り
る
れ

水臭(みずくさ)い	미즈꾸사이	혱 싱겁다, 서먹서먹하다
水差(みずさ)し	미즈사시	몡 물병
水(みず)っぽい	미즙뽀이	혱 묽다, 싱겁다
水脹(みずぶく)れ	미즈부꾸레	몡 물집
見(み)すぼらしい	미스보라시-	혱 초라하다, 볼품없다
瑞々(みずみず)しい	미즈미즈시-	혱 싱싱하다, 신선하다
水虫(みずむし)	미즈무시	몡 무좀
店(みせ)	미세	몡 가게
未成年(みせいねん)	미세-넹	몡 미성년
見(み)せびらかす	미세비라까스	5동 과시하다
見(み)せる	미세루	하1 보여주다
味噌(みそ)	미소	몡 된장

朝はご飯と味噌汁を食べます。
아침은 밥과 된장국을 먹습니다.

満(み)たす	미타스	5동 채우다, 충족시키다
乱(みだ)す	미다스	5동 어지르다
乱(みだ)れる	미다레루	하1 흐트러지다
道(みち)	미찌	몡 길, 도로, 수단
道標(みちしるべ)	미찌시루베	몡 이정표
未知数(みちすう)	미찌스-	몡 미지수

導(みちび)く	미찌비꾸	5동 이끌다, 안내하다
満(み)ちる	미찌루	상1 (가득)차다, 기한이되다
三日(みっか)	믹카	명 초사흘, 3일
密会(みっかい)	믹까이	명 밀회
見(み)つかる	미츠카루	5동 들키다, 발견되다
蜜月(みつげつ)	미쯔게쯔	명 밀월, 허니문
見(み)つける	미쯔께루	하1 찾아내다, 발견하다
密接(みっせつ)	밋세쯔	명 밀접
三(みっ)つ	밋츠	명 세개, 셋
見積(みつ)もり	미쯔모리	명 견적
密輸(みつゆ)	미쯔유	명 밀수
密林(みつりん)	미쯔링	명 밀림
未定(みてい)	미떼-	명 미정
見通(みとお)し	미또-시	명 전망, 예측
認(みと)める	미또메루	하1 인정하다, 승인하다

犯人は罪を認めた。
범인은 죄를 인정했다.

緑(みどり)	미도리	명 녹색, 새잎
皆(みな)	미나	대 모두, 전부
見直(みなお)す	미나오스	5동 다시 보다, 나아지다

見(み)なす	미나스	5동 간주하다, 인정하다
港(みなと)	미나또	명 항구
南(みなみ)	미나미	명 남쪽
源(みなもと)	미나모또	명 근원
見習(みなら)う	미나라우	5동 본받다
身(み)なり	미나리	명 옷차림
醜(みにく)い	미니꾸이	형 보기 흉하다
峰(みね)	미네	명 봉우리, 칼등
ミネラル (mineral)	미네라루	명 미네랄
身代金(みのしろきん)	미노시로낑	명 몸값
実(みの)る	미노루	5동 열매를 맺다
身振(みぶ)り	미부리	명 몸짓
身分(みぶん)	미붕	명 신분, 신세
未亡人(みぼうじん)	미보-징	명 미망인
見本(みほん)	미홍	명 견본
見舞(みま)い	미마이	명 문병
見守(みまも)る	미마모루	5동 지켜보다

君が成功するまで見守ってあげるよ。
네가 성공하기까지 지켜봐줄게.

未満(みまん)	미망	명 미만
耳(みみ)	미미	명 귀
みみず	미미즈	명 지렁이
脈(みゃく)	먀꾸	명 맥
見破(みやぶ)る	미야부루	5동 간파하다
ミュージカル (musical)	뮤-지까루	명 뮤지컬
妙(みょう)	묘-	な형 묘함, 아주 뛰어남
妙案(みょうあん)	묘-안	명 묘안
妙技(みょうぎ)	묘-기	명 묘기
名字(みょうじ)	묘-지	명 성씨
妙味(みょうみ)	묘-미	명 묘미
未来(みらい)	미라이	명 미래, 장래
ミリメートル (millimeter)	미리메-또루	명 밀리미터
魅力(みりょく)	미료쿠	명 매력

かのじょ あいきょう
彼女の愛嬌には魅力がある。
그녀의 애교에는 매력이 있다.

見(み)る	미루	상1 보다, ~라고 생각하다
未練(みれん)	미렝	명 미련
見分(みわ)ける	미와께루	하1 분간하다, 분별하다
民間(みんかん)	밍깡	명 민간

民衆(みんしゅう)	민슈―	명 민중
民主主義(みんしゅしゅぎ)	민슈슈기	명 민주주의
民族(みんぞく)	민조꾸	명 민족
皆(みんな)	민나	부 모두 대 전원, 여러분

む

無意識(むいしき)	무이시끼	명 무의식
無意味(むいみ)	무이미	명 무의미
ムード (mood)	무-도	명 무드
向(むか)う	무까우	5동 향하다, 다가가다
迎(むか)える	무까에루	하1 맞이하다, 맞다
昔(むかし)	무까시	명 옛날, 과거
無関係(むかんけい)	무캉께-	명 무관계
無関心(むかんしん)	무깐싱	명 무관심
麦(むぎ)	무기	명 보리
剥(む)き出(だ)す	무끼다스	5동 드러내다, 노출시키다
無気力(むきりょく)	무끼료꾸	명 무기력
向(む)く	무꾸	5동 향하다, 내키다

船は松山へ向いている。
배는 마츠야마를 향하고 있다.

剥(む)く	무꾸	5동 벗기다, 까다
報(むく)いる	무꾸이루	상1 보답하다, 보복하다
無口(むくち)	무꾸찌	な형 말없음

へ ほ ま み む め も や ゆ よ ら り る れ

無形(むけい)	무께-	몡 무형
無限(むげん)	무겡	な형 무한
婿(むこ)	무꼬	몡 사위, 신랑
惨(むご)い	무고이	형 끔찍하다, 비참하다
向(む)こう	무꼬우	몡 건너편, 저쪽
無効(むこう)	무꼬-	な형 무효
無言(むごん)	무공	몡 무언
無罪(むざい)	무자이	몡 무죄
貪(むさぼ)る	무사보루	5동 탐내다, 욕심내다
無惨(むざん)	무잔	な형 무참, 참혹
無視(むし)	무시	몡 무시
虫(むし)	무시	몡 벌레, 울화, 기분
蒸(む)し暑(あつ)い	무시아쯔이	형 무덥다
虫歯(むしば)	무시바	몡 충치
蝕(むしば)む	무시바무	5동 좀먹다
虫眼鏡(むしめがね)	무시메가네	몡 돋보기
無邪気(むじゃき)	무쟈끼	な형 순진, 천진난만

無邪気な笑顔が美しい。
천진난만한 미소가 아름답다.

| 矛盾(むじゅん) | 무쥰 | 몡 모순 |

無条件(むじょうけん)	무죠-껭	몡 무조건
無職(むしょく)	무쇼꾸	몡 무직
むしろ	무시로	뷔 차라리, 오히려
無人島(むじんとう)	무진또-	몡 무인도
無神論(むしんろん)	무신롱	몡 무신론
難(むずか)しい	무즈까시-	혱 어렵다, 힘겹다
息子(むすこ)	무스꼬	몡 아들
結(むす)ぶ	무스부	5동 잇다, 매다, 묶다
娘(むすめ)	무스메	몡 딸, 아가씨
無制限(むせいげん)	무세-겡	な혱 무제한
無責任(むせきにん)	무세끼닝	몡 무책임
無線(むせん)	무셍	몡 무선
無駄(むだ)	무다	な혱 쓸데없음, 헛됨
無駄骨(むだぼね)	무다보네	몡 헛수고
無知(むち)	무찌	な혱 무식함, 무지
睦(むつ)まじい	무쯔마지-	혱 화목하다, 정답다
無頓着(むとんじゃく)	무똔쟈꾸	な혱 무관심, 대범함
	彼(かれ)は服装(ふくそう)には無頓着な男性(だんせい)です。 그는 복장에는 무관심한 남자입니다.	
胸(むね)	무네	몡 가슴, 폐, 마음

む

旨(むね)	무네	명 취지, 의도
無能(むのう)	무노-	な형 무능
無謀(むぼう)	무보-	명 무모
無名(むめい)	무메-	명 무명
無闇(むやみ)	무야미	な형 함부로, 터무니없음
無用(むよう)	무요-	な형 불필요
村(むら)	무라	명 마을, 시골
紫(むらさき)	무라사키	명 보라색
無理(むり)	무리	な형 무리, 억지
無料(むりょう)	무료-	명 무료
群(むれ)	무레	명 떼, 무리, 군집

め

目(め)	메	몡 눈, 안목, 경험
芽(め)	메	몡 싹
名曲(めいきょく)	메-쿄쿠	몡 명곡
迷宮(めいきゅう)	메-뀨-	몡 미궁
名作(めいさく)	메-사꾸	몡 명작
名刺(めいし)	메-시	몡 명함
名所(めいしょ)	메-쇼	몡 명소
迷信(めいしん)	메-싱	몡 미신
名人(めいじん)	메-징	몡 명인
命(めい)ずる	메-즈루	サ변 명하다, 명령하다
名声(めいせい)	메-세-	몡 명성
命中(めいちゅう)	메-쮸-	몡 명중
明白(めいはく)	메-하꾸	な형 명백, 분명
名物(めいぶつ)	메-부쯔	몡 명물
めいめい	메-메-	몡 각자, 각각
名誉(めいよ)	메-요	몡 명예
滅入(めい)る	메이루	상1 우울해지다

気が滅入る時は気分転換が必要だ。
우울해질 때는 기분전환이 필요하다.

命令(めいれい)	메-레-	명 **명령**
迷路(めいろ)	메-로	명 **미로**
迷惑(めいわく)	메-와꾸	명 **폐, 피해**
目上(めうえ)	메우에	명 **윗사람**
メーキャップ (makeup)	메-꺝뿌	명 **메이크업**
メートル (프 metre)	메-또루	명 **미터**
眼鏡(めがね)	메가네	명 **안경**
女神(めがみ)	메가미	명 **여신**

恵(めぐ)まれる 메구마레루 하1 **혜택받다, 풍부하다**

本当に恵まれている人は自慢しない。
정말로 축복받은 사람은 자랑을 하지 않는다.

恵(めぐ)み	메구미	명 **혜택, 은혜**
巡(めぐ)らす	메구라스	5동 **두르다, 돌리다**
目指(めざ)す	메자스	5동 **지향하다, 목표하다**
目覚(めざ)める	메자메루	하1 **눈뜨다, 깨어나다**
召(め)し上(あ)がる	메시아가루	5동 **드시다**
召(め)し使(つか)い	메시쯔까이	명 **하인**
目印(めじるし)	메지루시	명 **눈금**

雌(めす)	메스	명 암컷
珍(めずら)しい	메즈라시-	형 드물다, 희귀하다
目立(めだ)つ	메다쯔	5동 눈에 띄다, 돋보이다
メダル (medal)	메다루	명 메달
滅茶苦茶(めちゃくちゃ)	메쨔꾸쨔	な형 엉망진창
目付(めつ)き	메쯔끼	명 눈매
鍍金(めっき)	멕끼	명 도금
めっきり	멧끼리	부 뚜렷이, 현저히
メッセージ (message)	멧세-지	명 메시지
滅多(めった)に	멧따니	부 좀처럼, 거의
メディア (media)	메디아	명 미디어
メニュー (menu)	메뉴-	명 메뉴
芽生(めば)える	메바에루	하1 싹트다
目眩(めまい)	메마이	명 현기증

朝ベッドから起上がる時目眩がします。
아침 침대에서 일어날 때 현기증이 납니다.

メモ (memo)	메모	명 메모
メリット (merit)	메릿또	명 메리트
メロディー (melody)	메로디-	명 멜로디

へ ほ ま み む め も や ゆ よ ら り る れ

メロン (melon)	메롱	몡 멜론
免疫(めんえき)	멩에끼	몡 면역
面会(めんかい)	멩까이	몡 면회
免許(めんきょ)	멩꾜	몡 면허
免除(めんじょ)	멘죠	몡 면제
免税(めんぜい)	멘제–	몡 면세
面積(めんせき)	멘세끼	몡 면적
面接(めんせつ)	멘세쯔	몡 면접
メンツ (중 面子)	멘쯔	몡 체면, 면목
面倒(めんどう)	멘도–	な형 귀찮음, 성가심
雌鳥(めんどり)	멘도리	몡 암탉
メンバー (member)	멤바–	몡 멤버
綿密(めんみつ)	멤미쯔	な형 면밀
面目(めんもく)	멤모꾸	몡 면목, 체면

も

もう	모-	🔳 이제, 벌써, 게다가
儲(もうけ)る	모-께루	하1 벌다, 이익을 보다
設(もう)ける	모-께루	하1 마련하다, 설치하다
申(もう)し込(こ)み	모-시꼬미	명 신청
申(もう)す	모-스	5동 말씀드리다, 청하다

私は山田と申します。
저는 야마다라고 합니다.

妄想(もうそう)	모-소-	명 망상
盲腸(もうちょう)	모-쬬-	명 맹장
毛髪(もうはつ)	모-하쯔	명 모발
毛布(もうふ)	모-후	명 담요, 모포
猛烈(もうれつ)	모-레쯔	な형 맹렬
燃(も)える	모에루	하1 불타오르다
モーター (motor)	모-따-	명 모터
もがく	모가꾸	5동 발버둥치다, 안달하다
目撃(もくげき)	모꾸게끼	명 목격
木材(もくざい)	모꾸자이	명 목재

木造(もくぞう)	모꾸조-	圐 (건축)목조
目的(もくてき)	모꾸떼끼	圐 목적
目標(もくひょう)	모꾸효-	圐 목표
木曜日(もくようび)	모꾸요-비	圐 목요일
もぐら	모구라	圐 두더지
潜(もぐ)る	모구루	5동 잠수하다, 잠입하다
目録(もくろく)	모꾸로꾸	圐 목록
模型(もけい)	모께-	圐 모형
モザイク (mosaic)	모자이꾸	圐 모자이크
もし	모시	튀 만약, 혹시
もしか	모시까	튀 혹시나, 만약에

もしか^{しっぱい}失敗したらどうしよう。
혹시 실패하면 어떡하지?

もしもし	모시모시	갑 여보세요
餅(もち)	모찌	圐 떡
用(もち)いる	모찌이루	상1 이용하다, 사용하다
持(も)ち主(ぬし)	모찌누시	圐 임자, 주인
持(も)ち物(もの)	모찌모노	圐 소지품
勿論(もちろん)	모찌롱	튀 물론
持(も)つ	모쯔	5동 가지다, 들다, 지속하다

もっと	못또	児 더욱, 한결
モットー (motto)	못또-	圀 모토, 표어
最(もっと)も	못또모	児 가장, 제일
専(もっぱ)ら	몹빠라	児 오로지, 한결같이
持(も)てなす	모떼나스	5동 대접하다, 취급하다
持(も)てる	모떼루	하1 인기가 있다, 가질 수 있다
モデル (model)	모데루	圀 모델
元(もと)	모토	圀 원래, 이전, 원인
もどかしい	모도까시-	형 안타깝다
戻(もど)す	모도스	5동 되돌리다, 돌려주다
元手(もとで)	모또데	圀 밑천, 지분
求(もと)める	모토메루	하1 구하다, 요구하다
元々(もともと)	모또모또	児 원래
戻(もど)る	모도루	5동 되돌아오다, 돌아가다

発送した郵便物が戻ってきた。
발송한 우편물이 되돌아왔다.

モニター (monitor)	모니따-	圀 모니터
物(もの)	모노	圀 물건, 것
物語(ものがたり)	모노가따리	圀 이야기, 설화
物事(ものごと)	모노고또	圀 사물

へ
ほ
ま
み
む
め
も
や
ゆ
よ
ら
り
る
れ

物寂(ものさび)しい	모노사비시-	형 허전하다
物知(ものし)り	모노시리	명 박식한 사람
物好(ものず)き	모노즈끼	명 유별난 것을 좋아하는 사람
モノレール (monorail)	모노레-루	명 모노레일
最早(もはや)	모하야	부 벌써, 이제는
模範(もはん)	모항	명 모범
模倣(もほう)	모호-	명 모방
紅葉(もみじ)	모미지	명 단풍
揉(も)む	모무	5동 주무르다, 비비다
揉(も)め事(ごと)	모메고또	명 다툼, 분쟁

<ruby>頻繁<rt>ひんぱん</rt></ruby>に揉め事を<ruby>起<rt>お</rt></ruby>こす<ruby>人<rt>ひと</rt></ruby>がいる。
빈번히 말썽을 일으키는 사람이 있다.

桃(もも)	모모	명 복숭아
もやし	모야시	명 숙주나물, 콩나물
模様(もよう)	모요-	명 모양, 상황
もらう	모라우	5동 받다, 떠맡다
森(もり)	모리	명 숲
漏(も)れる	모레루	하1 새다, 누락되다
脆(もろ)い	모로이	형 무르다, 깨지기 쉬운

門(もん)	몬	몡 문, 출입구
文句(もんく)	몽꾸	몡 문구, 불평
問題(もんだい)	몬다이	몡 문제, 과제

へ

ほ

ま

み

む

め

も

や

ゆ

よ

ら

り

る

れ

| 일본어 필수 단어 |

八百屋(やおや)	야오야	몡 야채가게
野外(やがい)	야가이	몡 야외
館(やかた)	야까따	몡 저택
やかましい	야카마시-	혱 시끄럽다, 귀찮다
やから	야까라	몡 동아리, 무리
夜間(やかん)	야깡	몡 야간
薬缶(やかん)	야깡	몡 주전자
山羊(やぎ)	야기	몡 염소
焼(や)き魚(ざかな)	야끼자까나	몡 생선구이
焼(や)き肉(にく)	야끼니꾸	몡 불고기

好きな食(た)べ物(もの)は焼き肉です。
좋아하는 음식은 불고기입니다.

野球(やきゅう)	야뀨-	몡 야구
焼(や)く	야꾸	5동 태우다, 굽다
役(やく)	야쿠	몡 임무, 배역
役者(やくしゃ)	야꾸샤	몡 배우
薬草(やくそう)	야꾸소-	몡 약초

約束(やくそく)	야꾸소꾸	몡 약속, 규칙
役立(やくだ)つ	야꾸다쯔	5동 쓸모있다
役場(やくば)	야꾸바	몡 사무소
役割(やくわり)	야꾸와리	몡 역할
火傷(やけど)	야께도	몡 화상
焼(や)ける	야께루	하1 타다, 구워지다
野菜(やさい)	야사이	몡 야채
優(やさ)しい	야사시—	혱 부드럽다, 인정이 있다
易(やさ)しい	야사시—	혱 쉽다
野次(やじ)	야지	몡 야유
養(やしな)う	야시나우	5동 양육하다, 기르다

年寄りの母を養っています。
연로한 모친을 부양하고 있습니다.

矢印(やじるし)	야지루시	몡 화살표
野心(やしん)	야싱	몡 야심
安(やす)い	야스이	혱 싸다, 저렴하다
安(やす)み	야스미	몡 휴식, 휴일
安(やす)む	야스무	5동 쉬다, 휴식하다, 잠자다
安(やす)らか	야스라까	な형 편안함, 평온함
痩(や)せる	야세루	하1 야위다, 마르다

屋台(やたい)	야따이	명 노점, 포장마차
家賃(やちん)	야찡	명 집세(보증금)
奴(やつ)	야쯔	명 녀석, 놈
厄介(やっかい)	약까이	な형 귀찮음, 성가심, 신세
薬局(やっきょく)	약꾜꾸	명 약국
薬効(やっこう)	약꼬-	명 약효
八(やっ)つ	얏츠	명 여덟 (개)
やっと	얏또	부 마침내, 가까스로
宿(やど)	야도	명 숙소
雇(やと)う	야또우	5동 고용하다, 세내다

しゃいん ひとり
社員を一人雇うことになった。
사원을 한 사람 고용하게 되었다.

柳(やなぎ)	야나기	명 버드나무
屋根(やね)	야네	명 지붕
やはり	야하리	부 역시, 결국
野蛮(やばん)	야반	な형 야만, 미개함
破(やぶ)る	야부루	5동 깨뜨리다, 뚫다
敗(やぶ)れる	야부레루	하1 패하다
野暮(やぼ)	야보	な형 촌스러움
野望(やぼう)	야보-	명 야망

山(やま)	야마	명 산
山火事(やまかじ)	야마카지	명 산불
疾(やま)しい	야마시ー	형 꺼림칙하다
山登(やまのぼ)り	야마노보리	명 등산
山場(やまば)	야마바	명 고비, 절정
闇(やみ)	야미	명 어둠, 암거래
止(や)む	야무	5동 멎다, 중지하다
辞(や)める	야메루	하1 그만두다, 사직하다
やられる	야라레루	하1 당하다
やり甲斐(がい)	야리가이	명 하는 보람
やり方(かた)	야리까따	명 하는 방식
やる	야루	5동 보내다, 주다, 하다, 생활하다
やる気(き)	야루끼	명 의욕
柔(やわ)らかい	야와라까이	형 부드럽다, 푹신푹신하다
和(やわ)らぐ	야와라구	5동 부드러워지다

ゆ

湯(ゆ)	유	명 뜨거운 물
唯一(ゆいいつ)	유이이쯔	명 유일
遺言(ゆいごん)	유이공	명 유언
結(ゆ)う	유우	5동 묶다, 땋다
憂(ゆう)うつ	유-우츠	な형 우울
有益(ゆうえき)	유-에끼	な형 유익
優越感(ゆうえつかん)	유-에쯔깡	명 우월감
遊園地(ゆうえんち)	유-엔찌	명 유원지
優雅(ゆうが)	유-가	な형 우아

宝くじに当たって優雅に暮らしたい。
복권에 당첨되어 우아하게 살고 싶다.

誘拐(ゆうかい)	유-까이	명 유괴
有害(ゆうがい)	유-가이	명 유해
夕方(ゆうがた)	유-가따	명 저녁, 황혼
夕刊(ゆうかん)	유-깡	명 석간
勇敢(ゆうかん)	유-깐	な형 용감

勇気(ゆうき)	유-끼	명 용기
遊戯(ゆうぎ)	유-기	명 유희
優遇(ゆうぐう)	유-구-	명 우대
有効(ゆうこう)	유-꼬-	な형 유효
友好(ゆうこう)	유-꼬-	な형 우호
有罪(ゆうざい)	유-자이	명 유죄
融資(ゆうし)	유-시	명 융자
優秀(ゆうしゅう)	유-슈-	な형 우수
優勝(ゆうしょう)	유-쇼-	명 우승
友情(ゆうじょう)	유-죠-	명 우정
夕食(ゆうしょく)	유-쇼꾸	명 저녁밥
友人(ゆうじん)	유-징	명 친구, 벗 友人と映画を見に行きました。 친구와 영화를 보러 갔습니다.
融通(ゆうずう)	유-즈-	명 융통
優勢(ゆうせい)	유-세-	명 우세
優先(ゆうせん)	유-센	명 우선
夕立(ゆうだち)	유-다찌	명 소나기
優等(ゆうとう)	유-또-	명 우등
有能(ゆうのう)	유-노-	な형 유능

へ ほ ま み む め も や **ゆ** よ ら り る れ

誘発(ゆうはつ)	유-하쯔	圆 유발
夕日(ゆうひ)	유-히	圆 석양
郵便(ゆうびん)	유-빙	圆 우편
裕福(ゆうふく)	유-후꾸	な형 유복
夕(ゆう)べ	유-베	圆 어젯밤
有名(ゆうめい)	유-메-	な형 유명
ユーモア (humor)	유-모아	圆 유머
夕焼(ゆうや)け	유-야께	圆 저녁놀
猶予(ゆうよ)	유-요	圆 유예
有利(ゆうり)	유-리	な형 유리
憂慮(ゆうりょ)	유-료	圆 우려
有料(ゆうりょう)	유-료-	圆 유료
有力(ゆうりょく)	유-료꾸	な형 유력
幽霊(ゆうれい)	유-레-	圆 유령
優劣(ゆうれつ)	유-레쯔	圆 우열
誘惑(ゆうわく)	유-와꾸	圆 유혹
床(ゆか)	유까	圆 마루, 바닥
愉快(ゆかい)	유까이	な형 유쾌

今日は愉快な経験をした。
오늘은 유쾌한 경험을 했다.

歪(ゆが)む	유가무	5동 비뚤어지다, 왜곡되다
雪(ゆき)	유끼	명 눈
行(ゆ)き先(さき)	유키사끼	명 행선지
行(ゆ)き止(ど)まり	유끼도마리	명 막다른 곳
行(ゆ)く	유쿠	5동 가다, 향하다, 진행되다
行方(ゆくえ)	유꾸에	명 행방, 장래
湯気(ゆげ)	유게	명 김, 증기
輸血(ゆけつ)	유께쯔	명 수혈
輸出(ゆしゅつ)	유슈쯔	명 수출
譲(ゆず)る	유즈루	5동 물려주다, 양보하다
輸送(ゆそう)	유소-	명 수송
豊(ゆたか)	유따까	な형 풍부, 넉넉함
委(ゆだ)ねる	유다네루	하1 맡기다, 위임하다
油断(ゆだん)	유당	명 방심, 부주의
ゆっくり	육꾸리	부 천천히, 충분히
茹(ゆ)でる	유데루	하1 삶다, 데치다
ユニーク (unique)	유니-꾸	な형 유니크, 독특함
ユニホーム (uniform)	유니호-무	명 유니폼
輸入(ゆにゅう)	유뉴-	명 수입

へ
ほ
ま
み
む
め
も
や
ゆ
よ
ら
り
る
れ

指(ゆび)	유비	図 손가락
指輪(ゆびわ)	유비와	図 반지
弓(ゆみ)	유미	図 활
夢(ゆめ)	유메	図 꿈, 이상, 덧없는 것

何^{なん}でもいいから夢^{ゆめ}を持^もちなさい。
뭐든 좋으니 꿈을 가져라.

由来(ゆらい)	유라이	図 유래
百合(ゆり)	유리	図 백합
緩(ゆる)い	유루이	형 느슨하다, 완만하다
許(ゆる)す	유루스	5동 허락하다, 용서하다
緩(ゆる)やか	유루야까	な형 완만함, 느긋함
揺(ゆ)れる	유레루	하1 흔들리다, 동요하다

よ

夜明(よあ)け	요아께	몡 새벽
良(よ)い	요이	혱 좋다, 착하다, 바람직하다
余韻(よいん)	요잉	몡 여운
酔(よ)う	요우	5동 취하다, 멀미하다
用意(ようい)	요-이	몡 준비
容易(ようい)	요-이	몡 용이, 쉬움
八日(ようか)	요-카	몡 8일, 초여드레
容疑(ようぎ)	요-기	몡 용의
要求(ようきゅう)	요-뀨-	몡 요구
用件(ようけん)	요-껭	몡 용건
用語(ようご)	요-고	몡 용어
養子(ようし)	요-시	몡 양자
用事(ようじ)	요-지	몡 볼일

こじんてき
個人的な用事がありました。
개인적인 볼일이 있었습니다.

楊枝(ようじ)	요-지	몡 이쑤시개
様式(ようしき)	요-시끼	몡 양식
用心(ようじん)	요-징	몡 조심, 주의

へ
ほ
ま
み
む
め
も
や
ゆ
よ
ら
り
る
れ

様子(ようす)	요-스	몡 모양, 상황
要請(ようせい)	요-세-	몡 요청
要素(ようそ)	요-소	몡 요소
幼稚(ようち)	요-찌	녀형 유치함
幼稚園(ようちえん)	요-찌엥	몡 유치원
腰痛(ようつう)	요-쯔-	몡 요통
洋服(ようふく)	요-후꾸	몡 양복
容(よう)ぼう	요-보-	몡 용모
ようやく	요-야꾸	閉 겨우, 가까스로
要約(ようやく)	요-야꾸	몡 요약
要領(ようりょう)	요-료-	몡 요령, 방법
ヨーロッパ (Europe)	요-롭빠	몡 유럽
ヨガ (yoga)	요가	몡 요가
予感(よかん)	요깡	몡 예감
	かのじょ　あ　　　　　　しあわ 彼女に会って幸せの予感がしました。 그녀와 만나 행복의 예감을 느꼈습니다.	
預金(よきん)	요낑	몡 예금
欲(よく)	요꾸	몡 욕심
よく	요꾸	閉 잘, 훌륭히, 충분히

抑圧(よくあつ)	요꾸아쯔	명 억압
翌日(よくじつ)	요꾸지쯔	명 다음날
浴室(よくしつ)	요꾸시쯔	명 욕실
抑制(よくせい)	요꾸세-	명 억제
浴槽(よくそう)	요꾸소-	명 욕조
欲望(よくぼう)	요꾸보-	명 욕망
余計(よけい)	요께-	な형 나머지, 쓸데없음

それは余計なお世話だよ。
그건 쓸데없는 참견이야.

避(よ)ける	요께루	하1 피하다, 면하다
予言(よげん)	요겡	명 예언
横(よこ)	요꼬	명 가로, 옆
横切(よこぎ)る	요꼬기루	5동 가로지르다
予告(よこく)	요꼬꾸	명 예고
汚(よご)す	요고스	5동 더럽히다
横(よこ)たわる	요꼬따와루	5동 눕다, 가로막다
汚(よご)れる	요고레루	하1 더러워지다, 때묻다
予算(よさん)	요상	명 예산
予習(よしゅう)	요슈-	명 예습
寄(よ)せる	요세루	하1 밀려오다, 다가오다, 사모하다

予選(よせん)	요셍	명 예선
予想(よそう)	요소–	명 예상
予測(よそく)	요소꾸	명 예측
余所見(よそみ)	요소미	명 곁눈질
よだれ	요다레	명 침, 타액
余地(よち)	요찌	명 여지
四日(よっか)	욕까	명 나흘, 4일
四(よっ)つ	욧츠	명 네개, 넷
予定(よてい)	요떼–	명 예정
夜中(よなか)	요나까	명 밤중
世(よ)の中(なか)	요노나까	명 세상, 사회
予備(よび)	요비	명 예비
呼(よ)び出(だ)し	요비다시	명 호출, 불러냄
呼(よ)ぶ	요부	5동 부르다, 일컫다, 초대하다
予防(よぼう)	요보–	명 예방
読(よ)む	요무	5동 읽다, 이해하다
嫁(よめ)	요메	명 며느리, 신부, 아내

私の娘を嫁に出しました。
내 딸을 시집보냈습니다.

| 予約(よやく) | 요야꾸 | 명 예약 |

余裕(よゆう)	요유-	몡 여유
寄(よ)り掛(か)かる	요리카까루	5동 기대다, 의지하다
夜(よる)	요루	몡 밤, 야간
寄(よ)る	요루	5동 다가서다, 접근하다, 들르다
依(よ)る	요루	5동 근거하다, 의지하다
喜(よろこ)び	요로꼬비	몡 기쁨, 즐거움
喜(よろこ)ぶ	요로꼬부	5동 기뻐하다, 즐거워하다
よろめく	요로메꾸	5동 비틀거리다
弱(よわ)い	요와이	혱 약하다, 부족하다
弱(よわ)み	요와미	몡 약점
弱虫(よわむし)	요와무시	몡 겁쟁이
弱(よわ)める	요와메루	하1 약화시키다
弱(よわ)る	요와루	5동 약해지다

ら

ラーメン	라―멩	명 라면
来月(らいげつ)	라이게쯔	명 다음달
ライセンス (license)	라이센스	명 라이선스
ライト (light)	라이또	명 라이트, 조명
来年(らいねん)	라이넹	명 내년
ライバル (rival)	라이바루	명 라이벌, 경쟁상대
楽(らく)	라꾸	な형 편안함, 쉬움, 윤택함

楽あれば苦あり。
안락이 있으면 고난이 있다. (속담)

楽園(らくえん)	라꾸엥	명 낙원
落書(らくが)き	라꾸가끼	명 낙서
らくだ	라꾸다	명 낙타
落第(らくだい)	라꾸다이	명 낙제
楽天的 (らくてんてき)	라쿠텐테키	な형 낙천적
楽々(らくらく)	라꾸라꾸	부 편히, 쉽게
ラケット (racket)	라껫또	명 라켓
ラスト (last)	라스또	명 라스트, 마지막

裸体(らたい)	라따이	몡 나체
落下(らっか)	락까	몡 낙하
落花生(らっかせい)	락까세—	몡 땅콩
楽観(らっかん)	락깡	몡 낙관
ラベル (label)	라베루	몡 라벨, 상표
蘭(らん)	랑	몡 난초
乱雑(らんざつ)	란자쯔	な형 난잡
卵子(らんし)	란시	몡 난자
ランプ (lamp)	람뿌	몡 램프
乱暴(らんぼう)	람보—	な형 난폭, 거친 모양
乱用(らんよう)	랑요—	몡 남용

へ
ほ
ま
み
む
め
も
や
ゆ
よ
ら
り
る
れ

| 일본어 필수 단어 |

り

リーダー (leader)	리-다-	몡 리더
リード (lead)	리-도	몡 리드, 선도
利益(りえき)	리에끼	몡 이익
理科(りか)	리까	몡 이과
理解(りかい)	리까이	몡 이해
陸(りく)	리꾸	몡 뭍, 육지
リクエスト (request)	리쿠에스또	몡 리퀘스트, 요청
陸軍(りくぐん)	리꾸궁	몡 육군
陸地(りくち)	리꾸찌	몡 육지
理屈(りくつ)	리꾸쯔	몡 이치, 이론, 핑계
利口(りこう)	리꼬-	な형 영리함, 똑똑함
	美しい上に利口である。 아름다운데다가 영리하다.	
離婚(りこん)	리꽁	몡 이혼
理事(りじ)	리지	몡 (직함)이사
利潤(りじゅん)	리쥰	몡 이윤
リスク (risk)	리스꾸	몡 리스크
リスト (list)	리스또	몡 리스트

リストラ (restructuring)	리스또라	명 **구조조정**
リズム (rhythm)	리즈무	명 **리듬**
理性(りせい)	리세–	명 **이성**
理想(りそう)	리소–	명 **이상**
リゾート (resort)	리조–또	명 **리조트**
利息(りそく)	리소꾸	명 **이자**
立証(りっしょう)	릿쇼–	명 **입증**
立体(りったい)	릿따이	명 **입체**
リットル (liter)	릿또루	명 **리터**
立派(りっぱ)	립빠	な형 **훌륭함, 충분함**
立法(りっぽう)	립뽀–	명 **입법**
リハーサル (rehearsal)	리하–사루	명 **리허설**
理不尽(りふじん)	리후징	な형 **불합리, 억지**

世間には理不尽なことが多い。
세상에는 불합리한 일이 많다.

リボン (ribbon)	리봉	명 **리본**
リモコン (remote control)	리모꽁	명 **리모컨**
リヤカー (일 rear car)	리야카–	명 **리어카**
理由(りゆう)	리유	명 **이유**
留学(りゅうがく)	류–가꾸	명 **유학**

へ ほ ま み む め も や ゆ よ ら り る れ

流行(りゅうこう)	류―꼬―	명 유행
流暢(りゅうちょう)	류―쪼―	な형 유창함
流通(りゅうつう)	류―쯔―	명 유통
流入(りゅうにゅう)	류―뉴―	명 유입
リューマチ (rheumatism)	류―마찌	명 류머티즘
利用(りよう)	리요―	명 이용
漁(りょう)	료―	명 고기잡이
寮(りょう)	료―	명 기숙사
量(りょう)	료―	명 수량, 양
了解(りょうかい)	료―까이	명 양해
両替(りょうがえ)	료―가에	명 환전
料金(りょうきん)	료―낑	명 요금
良好(りょうこう)	료―꼬―	な형 양호
漁師(りょうし)	료―시	명 어부
領収書(りょうしゅうしょ)	료―슈―쇼	명 영수증
両親(りょうしん)	료―싱	명 양친, 부모 ご両親によろしく伝えてください。 부모님께 안부 잘 전해주세요.
良心(りょうしん)	료―싱	명 양심
領土(りょうど)	료―도	명 영토

両方(りょうほう)	료-호-	명 양쪽, 둘 다
料理(りょうり)	료-리	명 요리
両立(りょうりつ)	료-리쯔	명 양립
旅客(りょかく)	료카꾸	명 여객
緑茶(りょくちゃ)	료꾸쨔	명 녹차
旅行(りょこう)	료꼬-	명 여행
リラックス (relaxation)	리락꾸스	명 릴랙스
離陸(りりく)	리리꾸	명 이륙
利率(りりつ)	리리쯔	명 이율
リレー (relay)	리레-	명 릴레이
履歴(りれき)	리레끼	명 이력
理論(りろん)	리롱	명 이론

現実は理論通り行かない。
현실은 이론대로 가지 않는다.

輪郭(りんかく)	링까꾸	명 윤곽
リング (ring)	링구	명 링
林檎(りんご)	링고	명 사과
臨時(りんじ)	린지	명 임시
臨終(りんじゅう)	린쥬-	명 임종
隣人(りんじん)	린징	명 이웃사람

へ
ほ
ま
み
む
め
も
や
ゆ
よ
ら
り
る
れ

| 일본어 필수 단어 |

る

類型(るいけい)	루이께-	명 유형
類似(るいじ)	루이지	명 유사
類推(るいすい)	루이스이	명 유추, 추측
累積(るいせき)	루이세키	명 누적
ルーキー (rookie)	루-끼-	명 루키
ルージュ (프 rouge)	루-쥬	명 루즈
ルート (route)	루-또	명 루트
ルーム (room)	루-무	명 룸
ルール (rule)	루-루	명 룰
留守(るす)	루스	명 부재중, 빈집을 지킴

みっかかん
三日間留守にします。
사흘간 집을 비웁니다.

| ルビー (ruby) | 루비- | 명 루비 |
| 流布(るふ) | 루후 | 명 유포 |

れ

礼(れい)	레-	명 예의, 인사
例(れい)	레-	명 예, 보기, 풍습, 전례
例外(れいがい)	레-가이	명 예외
霊感(れいかん)	레-깡	명 영감
礼儀(れいぎ)	레-기	명 예의
礼儀正(れいぎただ)しい	레-기타다시-	형 예의바르다
冷却(れいきゃく)	레-까꾸	명 냉각
霊魂(れいこん)	레-꽁	명 영혼
冷静(れいせい)	레-세-	명 냉정, 침착

強(つよ)い人(ひと)はすぐ冷静(れいせい)さを取(と)り戻(もど)す。
강한 사람은 곧 냉정을 회복한다.

冷蔵庫(れいぞうこ)	레-조-꼬	명 냉장고
冷淡(れいたん)	레-딴	な형 냉담
冷房(れいぼう)	레-보-	명 냉방
冷凍(れいとう)	레-또-	명 냉동
例年(れいねん)	레-넹	명 예년
レーザー (laser)	레-자-	명 레이저

レーダー (radar)	레-다-	명 레이더
歴史(れきし)	레끼시	명 역사
レギュラー (regular)	레규라-	명 레귤러, 정규선수
レシピ (recipe)	레시삐	명 조리법
レジャー (leisure)	레쟈-	명 레저
レストラン (restaurant)	레스또랑	명 레스토랑
レセプション (reception)	레세뿌숑	명 리셉션
レタス (lettuce)	레따스	명 양상추
列(れつ)	레츠	명 줄, 반열
劣悪(れつあく)	레쯔아꾸	な형 열악
列車(れっしゃ)	렛샤	명 열차
レッスン (lesson)	렛승	명 레슨, 교습
列島(れっとう)	렛또-	명 열도
劣等(れっとう)	렛또-	명 열등
レベル (level)	레베루	명 레벨, 수준
レポート (report)	레뽀-또	명 리포트
レモン (lemon)	레몽	명 레몬
恋愛(れんあい)	렝아이	명 연애

恋愛している女性は美しくなる。
연애하는 여자는 아름다워진다.

煉瓦(れんが)	렝가	圐 벽돌
連休(れんきゅう)	렝뀨ー	圐 연휴
連結(れんけつ)	렝께쯔	圐 연결
連合(れんごう)	렝고ー	圐 연합
蓮根(れんこん)	렝꽁	圐 연근
レンジ (range)	렌지	圐 레인지
練習(れんしゅう)	렌슈ー	圐 연습
レンズ (lens)	렌즈	圐 렌즈
連想(れんそう)	렌소ー	圐 연상
連続(れんぞく)	렌조꾸	圐 연속
レンタカー (rent-a-car)	렌따까ー	圐 렌터카
レンタル (rental)	렌따루	圐 렌털, 대여
レントゲン (독 Roentgen)	렌토겐	圐 X레이
連絡(れんらく)	렌라꾸	圐 연락

へ ほ ま み む め も や ゆ よ ら り る れ

ろ

ろ	로	몡 노(배를 젓는)
老化(ろうか)	로-까	몡 노화
廊下(ろうか)	로-까	몡 복도
老人(ろうじん)	로-징	몡 노인
ろうそく	로-소꾸	몡 양초
労働(ろうどう)	로-도-	몡 노동
老年(ろうねん)	로-넹	몡 노년
浪費(ろうひ)	로-히	몡 낭비

<ruby>未来<rt>みらい</rt></ruby>のために浪費を<ruby>抑<rt>おさ</rt></ruby>えよう。
미래를 위해 낭비를 억제하자.

浪漫(ろうまん)	로-만	몡 낭만
ローション (lotion)	로-숑	몡 로션
ロータリー (rotary)	로-따리-	몡 로터리
ロープ (rope)	로-뿌	몡 로프
ローン (loan)	로-온	몡 론
六(ろく)	로꾸	몡 여섯, 6
録音(ろくおん)	로꾸옹	몡 녹음

六月(ろくがつ)	로꾸가쯔	명 유월
ロケット (rocket)	로껫또	명 로켓
露骨(ろこつ)	로꼬쯔	な형 노골적임
ロシア (Russia)	로시아	명 러시아
露出(ろしゅつ)	로슈쯔	명 노출
路線(ろせん)	로셍	명 노선
ロッカー (locker)	록까ー	명 로커, 보관함
肋骨(ろっこつ)	록꼬쯔	명 늑골
ろば	로바	명 당나귀
ロビー (lobby)	로비ー	명 로비
ロボット (robot)	로봇또	명 로봇
ロマンス (romance)	로만스	명 로맨스, 연애
ロマンチック (romantic)	로만찍꾸	な형 로맨틱
論(ろん)ずる	론즈루	サ변 논하다 じゆうぼうえき 自由貿易について論じなさい。 자유무역에 관하여 논하라.
論文(ろんぶん)	롬붕	명 논문
論理(ろんり)	론리	명 논리

輪(わ)	와	명	고리, 둥근 것
ワイシャツ (white shirt)	와이샤쯔	명	와이셔츠
賄賂(わいろ)	와이로	명	뇌물
若(わか)い	와까이	형	젊다, 어리다
若(わか)さ	와까사	명	젊음
我(わ)がまま	와가마마	な형	버릇없음, 방자함
若布(わかめ)	와까메	명	미역
若者(わかもの)	와까모노	명	젊은이
分(わ)かる	와까루	5동	알다, 밝혀지다
別(わか)れ	와까레	명	헤어짐, 작별
別(わか)れる	와까레루	하1	헤어지다, 갈라지다
脇(わき)	와끼	명	겨드랑이, 곁
枠(わく)	와꾸	명	테두리, 틀, 범위
沸(わ)く	와꾸	5동	끓다, 들끓다
湧(わ)く	와꾸	5동	(물)솟다, 생겨나다
ワクチン (vaccine)	와꾸찡	명	백신

囲碁に興味が湧いた。
바둑에 관심이 생겼다.

訳(わけ)	와께	명 까닭, 의미, 이치
分(わ)ける	와께루	하1 나누다, 분배하다, 헤치다
輪(わ)ゴム	와고무	명 고무밴드
わざと	와자또	부 고의로, 일부러
わさび	와사비	명 고추냉이
災(わざわ)い	와자와이	명 재난, 화, 재앙
鷲(わし)	와시	명 독수리
和室(わしつ)	와시쯔	명 일본식 방
話術(わじゅつ)	와쥬쯔	명 화술
和食(わしょく)	와쇼꾸	명 일식
わずか	와즈까	부 고작, 불과
煩(わずら)わしい	와즈라와시ー	형 번거롭다, 귀찮다

<ruby>雨<rt>あめ</rt></ruby>の<ruby>日<rt>ひ</rt></ruby>は<ruby>出掛<rt>でか</rt></ruby>けるのが煩わしい。
비오는 날은 외출하기가 귀찮다.

忘(わす)れる	와스레루	하1 잊다, 망각하다
綿(わた)	와따	명 솜
話題(わだい)	와다이	명 화제
蟠(わだかま)り	와다까마리	명 응어리, 걸림, 막힘
私(わたし)	와타시	대 나, 저

渡(わた)す	와타스	5동 건네다, 넘기다
渡(わた)る	와따루	5동 건너다, 이동하다, 살아가다
罠(わな)	와나	명 덫, 함정
わに	와니	명 악어
詫(わ)び	와비	명 사과, 사죄
侘(わび)しい	와비시–	형 외롭다, 쓸쓸하다
和風(わふう)	와후–	명 일본풍
和服(わふく)	와후꾸	명 일본옷
藁(わら)	와라	명 짚, 지푸라기
笑(わら)う	와라우	5동 웃다, 웃기다

鏡(かがみ)を見(み)て笑(わら)う練習(れんしゅう)をしてください。
거울을 보고 웃는 연습을 하세요.

割合(わりあい)	와리아이	명 비율, 할당
割(わ)り当(あ)て	와리아떼	명 할당, 배당
割(わ)り込(こ)む	와리꼬무	5동 새치기하다
割引(わりびき)	와리비끼	명 할인
割(わ)る	와루	5동 깨뜨리다, 나누다
悪(わる)い	와루이	형 나쁘다, 바르지 않다
悪気(わるぎ)	와루기	명 악의
悪口(わるくち)	와루꾸찌	명 욕, 험담

悪者(わるもの)	와루모노	명 악인, 악당
割(わ)れる	와레루	하1 깨지다, 금이 가다
我々(われわれ)	와레와레	대 우리
ワンマン(일 one-man)	완만	명 독재자, 독재적인 사람
腕力(わんりょく)	완료쿠	명 완력, 폭력

한글
+
일본어 단어

가게	店(みせ) 미세　店舗(てんぽ) 템뽀
가격	値段(ねだん) 네당　価格(かかく) 카까꾸
가공	加工(かこう) 카꼬–
가구	家具(かぐ) 카구
가급적	できるだけ 데끼루다께　なるべく 나루베꾸
가까스로	やっと 얏또　かろうじて 카로–지떼
가깝다	近(ちか)い 치까이　親(した)しい 시따시이
가끔	時(とき)おり 토끼오리　ときたま 토끼따마
가난하다	貧(まず)しい 마즈시이　貧乏(びんぼう)だ 빔보–다 貧しい暮らしをしている。 가난한 생활을 하고 있다.
가냘프다	か弱(よわ)い 카요와이
가늘다	細(ほそ)い 호소이
가능하다	出来(でき)る 데끼루　可能(かのう)だ 카노–다
가다	行(い)く 이꾸　進(すす)む 스스무
가두다	閉(と)じ込(こ)める 토지꼬메루
가득	一杯(いっぱい) 입빠이　ぎっしり 깃시리

가라앉다	沈(しず)む 시즈무　静(しず)まる 시즈마루
가락	調子(ちょうし) 쪼-시
가래	痰(たん) 탄
가렵다	痒(かゆ)い 카유이
가로	横(よこ) 요꼬
가로등	街灯(がいとう) 가이또-
가로막다	立(た)ちふさがる 타찌후사가루
가로수	並木(なみき) 나미끼
가로지르다	横切(よこぎ)る 요꼬기루
가로채다	横取(よこど)りする 요꼬도리스루
가루	粉(こな) 코나
가르다	割(さ)く 사꾸　分(わ)ける 와께루
가르치다	教(おし)える 오시에루　仕込(しこ)む 시꼬무
가리다	塞(ふさ)ぐ 후사구　差(さ)す 사스
가리키다	示(しめ)す 시메스　指差(ゆびさ)す 유비사스
가마(머리의)	旋毛(つむじ) 쯔무지
가만히	静(しず)かに 시즈까니　密(ひそ)かに 히소까니
가망	見込(みこ)み 미꼬미　望(のぞ)み 노조미
가면	仮面(かめん) 카멩

ㄱ
ㄴ
ㄷ
ㄹ
ㅁ
ㅂ
ㅅ
ㅇ
ㅈ
ㅊ
ㅋ
ㅌ
ㅍ
ㅎ

	彼は仮面をかぶっている。 그는 가면을 쓰고 있다.
가명	仮名(かめい) 카메-
가문	家門(かもん) 카몽
가뭄	日照(ひで)り 히데리　干魃(かんばつ) 캄바쯔
가발	かつら 카쯔라
가방	鞄(かばん) 카방
가볍다	軽(かる)い 카루이
가사(노랫말)	歌詞(かし) 카시
가상	仮想(かそう) 카소-
가속도	加速度(かそくど) 카소꾸도
가솔린	ガソリン (gasoline) 가소링
가수	歌手(かしゅ) 카슈
가스	ガス (gas) 가스
가슴	胸(むね) 무네　心(こころ) 코꼬로
가습기	加湿器(かしつき) 카시쯔끼
가시	刺(とげ) 토게
가운	ガウン (gown) 가운
가운데	中(なか) 나까　内(うち) 우찌
가위	鋏(はさみ) 하사미

가위바위보	じゃんけん 쟝껜
	じゃんけんで決めよう。 가위바위보로 결정하자.
가을	秋(あき) 아끼
가이드	ガイド(guide) 가이도
가입	加入(かにゅう) 카뉴-
가장	一家(いっか)の主(あるじ) 익까노 아루지
가장	最(もっと)も 못또모 一番(いちばん) 이찌방
가장자리	縁(ふち) 후찌 はし 하시
가정	家庭(かてい) 카떼-
가정	仮定(かてい) 카떼-
가족	家族(かぞく) 카조꾸
가죽	皮(かわ) 카와
가지	枝(えだ) 에다
가지(야채)	茄子(なす) 나스
가지다	持(も)つ 모쯔
가짜	偽物(にせもの) 니세모노
가축	家畜(かちく) 카찌꾸
가치	価値(かち) 카찌 値打(ねう)ち 네우찌
가톨릭	カトリック(Catholicism) 카또릭꾸

가혹하다	苛酷(かこく)だ 카꼬꾸다
각	角(かく) 카꾸
각각	各々(おのおの) 오노오노　それぞれ 소레조레
각광	脚光(きゃっこう) 캭꼬– あの歌手は脚光を浴びている。 저 가수는 각광을 받고 있다.
각도	角度(かくど) 카꾸도
각성	覚醒(かくせい) 카꾸세–
각오	覚悟(かくご) 카꾸고
각자	各自(かくじ) 카꾸지
간	肝臓(かんぞう) 칸조–
간격	間隔(かんかく) 캉까꾸
간결하다	簡潔(かんけつ)だ 캉께쯔다
간과하다	見落(みお)とす 미오또스
간단	簡単(かんたん) 칸딴
간부	幹部(かんぶ) 깜부
간섭	干渉(かんしょう) 칸쇼–
간식	お八(や)つ 오야쯔　間食(かんしょく) 칸쇼꾸
간신히	かろうじて 카로–지떼

	かろうじて脱出^{だっしゅつ}できた. 간신히 탈출할 수 있었다.
간염	肝炎(かんえん) 캉엥
간장	醤油(しょうゆ) 쇼–유
간접	間接(かんせつ) 칸세쯔
간주하다	見(み)なす 미나스
간지럽다	くすぐったい 쿠스굿따이
간파하다	見破(みやぶ)る 미야부루
간판	看板(かんばん) 캄방
간호	看護(かんご) 캉고
갈다	磨(みが)く 미가쿠(연마)
	耕(たがや)す 타가야스(경작)
갈등	葛藤(かっとう) 캇또–
갈매기	鴎(かもめ) 카모메
갈색	茶色(ちゃいろ) 차이로
갈아타다	乗(の)り換(か)える 노리까에루
갈채	喝采(かっさい) 캇사이
갈치	太刀魚(たちうお) 타찌우오
감	柿(かき) 카끼

감각	感覚(かんかく) 캉까꾸
감격	感激(かんげき) 캉게끼
감기	風邪(かぜ) 카제
	風邪をひかないようにしてね。 감기에 걸리지 않게 해.
감다	巻(ま)く 마꾸　まとう 마또우
감독	監督(かんとく) 칸또꾸
감동	感動(かんどう) 칸도ー
감사	感謝(かんしゃ) 칸샤
감상(느낌)	感想(かんそう) 칸소ー
감상(예술)	鑑賞(かんしょう) 칸쇼ー
감소	減少(げんしょう) 겐쇼ー
감수성	感受性(かんじゅせい) 칸쥬세ー
감시	監視(かんし) 칸시
감염	感染(かんせん) 칸센
감옥	監獄(かんごく) 캉고꾸
감자	じゃが芋(いも) 쟈가이모
감정(느낌)	感情(かんじょ) 칸죠
감촉	感触(かんしょく) 칸쇼꾸
감추다	隠(かく)す 카꾸스

감탄	感嘆(かんたん) 칸땅　感心(かんしん) 칸싱
감히	敢(あ)えて 아에떼
갑자기	いきなり 이끼나리　ふいと 후이또
값	値段(ねだん) 네당
강	川(かわ) 카와 川の流れのようだね。 흐르는 강물같구나.
강당	講堂(こうどう) 코-도-
강력한	強力(きょうりょく)な 쿄-료꾸나
강사	講師(こうし) 코-시
강아지	子犬(こいぬ) 코이누
강요하다	強(し)いる 시이루
강의	講義(こうぎ) 코-기
강제	強制(きょうせい) 쿄-세-
강조	強調(きょうちょう) 쿄-쪼-
강좌	講座(こうざ) 코-자
강하다	強(つよ)い 쯔요이
강화	強化(きょうか) 쿄-까
갖추다	備(そな)える 소나에루

ㄱ
ㄴ
ㄷ
ㄹ
ㅁ
ㅂ
ㅅ
ㅇ
ㅈ
ㅊ
ㅋ
ㅌ
ㅍ
ㅎ

같다	同(おな)じだ 오나지다 等(ひと)しい 히또시이
	どっちも同じです。
	어느쪽이나 같습니다.
갚다	償(つぐな)う 쯔구나우
개	犬(いぬ) 이누
개구리	蛙(かえる) 카에루
개구쟁이	餓鬼(がき) 가끼
개그	ギャグ(gag) 갸구
개나리	れんぎょう 렝교-
개념	概念(がいねん) 가이넹
개다(날씨)	晴(は)れる 하레루
개다(접다)	折(お)り畳(たた)む 오리타따무
개똥벌레	蛍(ほたる) 호따루
개량	改良(かいりょう) 카이료-
개막	開幕(かいまく) 카이마꾸
개미	蟻(あり) 아리
개발	開発(かいはつ) 카이하쯔
개방	開放(かいほう) 카이호-
개선	改善(かいぜん) 카이젱
개성	個性(こせい) 고세-

개업	**開業**(かいぎょう) 카이교-
개인	**個人**(こじん) 코징 こじんしゅぎ こじん けんり じゆう そんちょう **個人主義は個人の権利と自由を尊重することだ。** 개인주의는 개인의 권리와 자유를 존중하는 것이다.
개입	**介入**(かいにゅう) 카이뉴-
개척	**開拓**(かいたく) 카이따꾸
개최	**開催**(かいさい) 카이사이
개혁	**改革**(かいかく) 카이까꾸
객관(성)	**客観**(きゃっかん) 캭깡 **客観性**(きゃっかんせい) 캭깡세-
객석	**客席**(きゃくせき) 캬꾸세끼
갱신	**更新**(こうしん) 코-싱
거느리다	**率**(ひき)**いる** 히끼이루
거대한	**巨大**(きょだい)**な** 쿄다이나
거래	**取引**(とりひき) 토리히끼
거리(간격)	**隔**(へだ)**たり** 헤다따리 **距離**(きょり) 쿄리
거만한	**傲慢**(ごうまん)**な** 고-만나
거미(줄)	**蜘蛛**(くも) 쿠모 **蜘蛛**(くも)**の巣**(す) 쿠모노스
거부(하다)	**拒否**(きょひ) 쿄히 **拒**(こば)**む** 코바무

거북	亀(かめ) 카메
거스름돈	おつり 오쯔리
거실	応接間(おうせつま) 오-세쯔마
거울	鏡(かがみ) 카가미
거의	ほぼ 호보
거인	巨人(きょじん) 쿄징
거절하다	断(ことわ)る 코또와루
거주	居住(きょじゅう) 쿄쥬-
거지	乞食(こじき) 코지끼
거짓	偽(いつわ)り 이쯔와리 嘘(うそ) 우소
거짓말쟁이	うそつき 우소쯔끼 うそつきは嫌(きら)いです。 거짓말쟁이는 싫어합니다.
거칠다	手荒(てあら)い 테아라이 粗(あら)い 아라이
거품	泡(あわ) 아와
걱정(하다)	心配(しんぱい) 심빠이 気(き)にする 키니스루
건강	健康(けんこう) 켕꼬-
건너다	渡(わた)る 와따루
건너편	向(む)こう 무꼬우
건널목	踏切(ふみきり) 후미끼리

건네다	手渡(てわた)**す** 테와따스	ㄱ
건드리다	触(ふ)**れる** 후레루	ㄴ
건물	建物(たてもの) 타떼모노	ㄷ
건방지다	生意気(なまいき)**だ** 나마이끼다 生意気(なまいき)な人(ひと)は嫌(きら)われる。 건방진 사람은 미움받는다.	ㄹ
건배	乾杯(かんぱい) 캄빠이	ㅁ
건설	建設(けんせつ) 켄세쯔	
건성	うわの空(そら) 우와노소라(무관심)	ㅂ
	乾性(かんせい) 칸세-(건조)	ㅅ
건재	健在(けんざい) 켄자이	
건전지	乾電池(かんでんち) 칸덴찌	ㅇ
건전한	健全(けんぜん)**な** 켄젠나	ㅈ
건조	乾燥(かんそう) 칸소-	
건축	建築(けんちく) 켄찌꾸	ㅊ
걷다	歩(ある)**く** 아루꾸 歩(あゆ)**む** 아유무	ㅋ
걸다	掛(か)**ける** 카께루	
	引(ひ)**っ**掛(か)**ける** 힉까께루	ㅌ
걸레	雑巾(ぞうきん) 조-낑	ㅍ
걸리다	掛(か)**かる** 카까루	ㅎ

걸음	歩(あゆ)み 아유미
걸작	傑作(けっさく) 켓사꾸
검다	黒(くろ)い 쿠로이
검사(조사)	検査(けんさ) 켄사
검색	検索(けんさく) 켄사꾸
검소	質素(しっそ) 싯소
검진	検診(けんしん) 켄싱
검토	検討(けんとう) 켄또-
겁쟁이	弱虫(よわむし) 요와무시 私は弱虫です。 저는 겁쟁이입니다.
겉	外(そと) 소또
게	蟹(かに) 카니
게다가	しかも 시까모　その上(うえ) 소노우에
게시	掲示(けいじ) 케이지
게으른	不精(ぶしょう)な 부쇼-나
게으름뱅이	怠(なま)け者(もの) 나마께모노
게을리하다	怠(おこた)る 오꼬따루
게임	ゲーム (game) 게-무
게재	掲載(けいさい) 케-사이

겨냥	狙(ねら)い 네라이
겨드랑이	脇(わき) 와끼　脇(わき)の下(した) 와끼노시따
겨루다	競(きそ)う 키소우
겨우	辛(から)うじて 카로-지떼　ようやく 요-야꾸
겨울	冬(ふゆ) 후유
겨자	芥子(からし) 카라시
격려하다	激励(げきれい)する 게끼레-스루
	励(はげ)ます 하게마스
격렬하다	激(はげ)しい 하게시- それは激しい試合でした。 그건 격렬한 시합이었습니다.
격언	格言(かくげん) 카꾸겡
격차	格差(かくさ) 카꾸사
격투	格闘(かくとう) 카꾸또-
견디다	耐(た)える　我慢(がまん)する 가망스루
견본	見本(みほん) 미홍
견습생	見習(みなら)い 미나라이
견인차	レッカー車(しゃ) 렉까-샤
견적	見積(みつ)もり 미쯔모리
견학	見学(けんがく) 켕가꾸

ㄱ

견해	見解(けんかい) 켕까이
결과	結果(けっか) 켁까
결국	結局(けっきょく) 켁꾜꾸　詰(つ)まり 쯔마리
결근	欠勤(けっきん) 켁낑
결단	決断(けつだん) 케쯔당
결론	結論(けつろん) 케쯔롱
결부되다	結(むす)び付(つ)く 무스비쯔꾸
결산	決算(けっさん) 켓상
결석	欠席(けっせき) 켓세끼
결승	決勝(けっしょう) 켓쇼-
결심	決心(けっしん) 켓싱 決心を急いでください。 서둘러 결심해 주세요.
결의	決意(けつい) 케쯔이
결점	欠点(けってん) 켓뗑
결정	決定(けってい) 켓떼-　決(き)まり 키마리
결제	決済(けっさい) 켓사이
결코	決(けっ)して 켓시떼　断(だん)じて 단지떼
결핍	欠乏(けつぼう) 케쯔보-
결합	結合(けつごう) 케쯔고-

	組(く)み合(あ)わせ 쿠미아와세
결혼(식)	結婚(けっこん) 켁꽁
	結婚式(けっこんしき) 켁꼰시키
겸손	謙遜(けんそん) 켄손
겸하다	兼(か)ねる 카네루
겸허한	謙虚(けんきょ)な 켕꾜나
겹치다	重(かさ)なる 카사나루
경계(조심)	警戒(けいかい) 케-까이
경계(지점)	境(さかい) 사까이 境界(きょうかい) 쿄-까이
경고	警告(けいこく) 케-꼬꾸
경과	経過(けいか) 케-까
	成(な)り行(ゆ)き 나리유끼
경기	競技(きょうぎ) 쿄-기
경기	景気(けいき) 케-끼
경력	経歴(けいれき) 케-레끼
	仕事(しごと)の経歴(けいれき)は長(なが)いですか。 업무 경력은 깁니까?
경로	経路(けいろ) 케-로
경리	経理(けいり) 케-리
경마	競馬(けいば) 케-바

경매	競売(きょうばい) 쿄-바이
	オークション (auction) 오-꾸숑
경멸	軽蔑(けいべつ) 케-베쯔
경박한	軽薄(けいはく)な 케-하꾸나
경비	警備(けいび) 케-비
경사	勾配(こうばい) 코-바이
경솔	軽率(けいそつ) 케-소쯔
경솔하다	そそっかしい 소속까시-
경시하다	軽(かろ)んじる 카론지루
경영(하다)	経営(けいえい) 케-에- 営(いとな)む 이또나무
경우	場合(ばあい) 바아이
	場合によっては、それもいいです。 경우에 따라서는 그것도 좋아요.
경유	経由(けいゆ) 케-유
경이	驚異(きょうい) 쿄-이
경쟁	競争(きょうそう) 쿄-소-
경제	経済(けいざい) 케-자이
경찰관	警察官(けいさつかん) 케-사쯔깡
경치	景色(けしき) 케시끼 眺(なが)め 나가메
경쾌한	軽快(けいかい)な 케-까이나

경향	傾向(けいこう) 케-꼬-
경험	経験(けいけん) 케-껭
곁	傍(かたわ)ら 카따와라
곁눈질	余所見(よそみ) 요소미 横目(よこめ) 요꼬메
계급	階級(かいきゅう) 카이뀨-
계기	切(き)っ掛(か)け 킥까께
계단	階段(かいだん) 카이당
계란	卵(たまご) 타마고 毎朝卵焼きを食べます。 매일 아침 계란프라이를 먹습니다.
계모	継母(ままはは) 마마하하
계산	計算(けいさん) 케-상
계속	継続(けいぞく) 케-조꾸 続(つづ)き 쯔즈끼
계속되다	続(つづ)く 쯔즈꾸
계속하다	続(つづ)ける 쯔즈께루
계약(금)	契約(けいやく) 케-야꾸
	頭金(あたまきん) 아타마낀
계절	季節(きせつ) 키세쯔
계좌(번호)	口座(こうざ) 코-자
	口座番号(こうざばんごう) 코-자방고-

ㄱ
ㄴ
ㄷ
ㄹ
ㅁ
ㅂ
ㅅ
ㅇ
ㅈ
ㅊ
ㅋ
ㅌ
ㅍ
ㅎ

ㄱ

계집	**女(おんな)** 온나
계획	**計画(けいかく)** 케-까꾸
고개	**首(くび)** 쿠비
고개(언덕)	**峠(とうげ)** 토-게
고객	**顧客(こきゃく)** 코꺄꾸
고교	**高校(こうこう)** 코-꼬-
고구마	**薩摩芋(さつまいも)** 사쯔마이모
고국	**故国(ここく)** 코꼬꾸
고귀한	**高貴(こうき)な** 코-끼나
고급	**上等(じょうとう)** 죠-또-
	高級(こうきゅう) 코-뀨-
고기	**肉(にく)** 니꾸
고기압	**高気圧(こうきあつ)** 코-끼아쯔
고기잡이	**漁(りょう)** 료-
고대	**古代(こだい)** 코다이
고독한	**孤独(こどく)な** 코도꾸나 人生(じんせい)は孤独(こどく)な戦(たたか)いです。 인생은 고독한 싸움입니다.
고드름	**氷柱(つらら)** 쯔라라
고등어	**鯖(さば)** 사바

고래	鯨(くじら)	쿠지라
고리	輪(わ)	와
고릴라	ゴリラ (gorilla)	고리라
고립	孤立(こりつ)	코리쯔
고맙다	有(あ)り難(がた)い	아리가따이
고무(밴드)	ゴム 고무　輪(わ)ゴム	와고무
고문	拷問(ごうもん)	고-몽
고문	顧問(こもん)	코몽
고민	悩(なや)み 나야미　心配(しんぱい)	심빠이
고민하다	悩(なや)む	나야무
고발	告発(こくはつ)	코꾸하쯔
고백(하다)	告白(こくはく)	코꾸하꾸
	打(う)ち明(あ)ける	우찌아께루
고비	山場(やまば)	야마바
고상하다	気高(けだか)い	케다까이
고생	苦労(くろう)	쿠로-
고소	告訴(こくそ)	코꾸소
고소공포증	高所恐怖症 (こうしょきょうふしょう) 코-쇼쿄-후쇼-	

ㄱ ㄴ ㄷ ㄹ ㅁ ㅂ ㅅ ㅇ ㅈ ㅊ ㅋ ㅌ ㅍ ㅎ

고소하다	香(こう)ばしい 코-바시-
고속	高速(こうそく) 코-소꾸 今は高速道路を走っている。 지금은 고속도로를 달리고 있다.
고슴도치	針鼠(はりねずみ) 하리네즈미
고아	孤児(こじ) 코지
고액	高額(こうがく) 코-가꾸
고양이	猫(ねこ) 네꼬
고용(하다)	雇用(こよう) 코요- 雇(やと)う 야또우
고용주	雇(やと)い主(ぬし) 야또이누시
고원	高原(こうげん) 코-겡
고유	固有(こゆう) 코유-
고의로	わざと 와자또
고작	わずか 와즈까 せいぜい 세-제-
고장	故障(こしょう) 코쇼-
고전	古典(こてん) 코뗑
고정	固定(こてい) 코떼-
고집	固執(こしつ) 코시쯔 意地(いじ) 이지
고체	固体(こたい) 코따이
고추	唐辛子(とうがらし) 토-가라시

고치다	直(なお)す 나오스　治(なお)す 나오스
고통	苦痛(くつう) 쿠쯔-
고통스럽다	辛(つら)い 쯔라이
고향	故郷(こきょう) 코꾜-　故郷(ふるさと) 후루사또
고혈압	高血圧(こうけつあつ) 코-께쯔아쯔
곡선	曲線(きょくせん) 쿄꾸셍
곤란(하다)	困難(こんなん) 콘난　困(こま)る 코마루
곤충	昆虫(こんちゅう) 콘쮸-
곤혹	困惑(こんわく) 콩와꾸
곧	間(ま)もなく 마모나꾸　直(す)ぐ 스구 間もなく電車が到着します。 곧 전철이 도착합니다.
골동품	骨董品(こっとうひん) 콧또-힝
골목길	路地(ろじ) 로지
골절	骨折(こっせつ) 콧세쯔
골프	ゴルフ (golf) 고루후
곪다	化膿(かのう)する 카노-스루
곰	熊(くま) 쿠마
곰곰이	じっくり 직꾸리
곰팡이	黴(かび) 카비

곳	所(ところ) 토꼬로　場(ば) 바
공	珠(たま) 타마
공간	空間(くうかん) 쿠-깡 こちらが自分だけの空間です。 여기가 나만의 공간입니다.
공감	共感(きょうかん) 쿄-깡
공개	公開(こうかい) 코-까이
공격	攻撃(こうげき) 코-게끼
공공의	公(おおやけ)の 오-야께노
공교롭게도	生憎(あいにく) 아이니꾸
공급	供給(きょうきゅう) 쿄-뀨-
공기	空気(くうき) 쿠-끼
공동	共同(きょうどう) 쿄-도-
공로	功労(こうろう) 코-로-
공룡	恐竜(きょうりゅう) 쿄-류-
공립	公立(こうりつ) 코-리쯔
공무	公務員(こうむいん) 코-무잉
공백	空白(くうはく) 쿠-하꾸
공부	勉強(べんきょう) 벵꾜-
공사	工事(こうじ) 코-지

공산주의	共産主義(きょうさんしゅぎ) 쿄-산슈기
공상	空想(くうそう) 쿠-소-
공습	空襲(くうしゅう) 쿠-슈- せんじちゅう まいにち 戦時中、毎日空襲がありました。 전쟁 때 매일 공습이 있었습니다.
공식	公式(こうしき) 코-시끼
공업	工業(こうぎょう) 코-교-
공원	公園(こうえん) 코-엥
공유	共有(きょうゆう) 쿄-유-
공인	公認(こうにん) 코-닝
공장	工場(こうじょう) 코-죠-
공정한	公正(こうせい)な 코-세-나
공제	天引(てんびき) 템비끼
공존	共存(きょうそん) 쿄-송
공주	姫(ひめ) 히메 皇女(おうじょ) 오-죠
공중	空中(くうちゅう) 쿠-쮸-
공책	ノート (notebook) 노-또
공통	共通(きょうつう) 쿄-쯔-
공평한	公平(こうへい)な 코-헤-나
공포	恐怖(きょうふ) 쿄-후

공학	工学(こうがく) 코-가꾸
공항	空港(くうこう) 쿠-꼬-
공해	公害(こうがい) 코-가이
공헌	貢献(こうけん) 코-껭
공황	恐慌(きょうこう) 쿄-꼬-
과	課(か) 까 科(か) 까
과거	過去(かこ) 카꼬 過去はもう忘れた方がいいね。 과거는 이제 잊는 게 좋아.
과로	過労(かろう) 카로-
과목	課目(かもく) 카모꾸
과반수	過半数(かはんすう) 카한스-
과수원	果樹園(かじゅえん) 카쥬엔
과시하다	見(み)せびらかす 미세비라까스
과실	過失(かしつ) 카시쯔
과언	言(い)い過(す)ぎ 이이스기
과연	なるほど 나루호도 なるほど！そうですね。 과연! 그렇군요.
과일	果物(くだもの) 쿠다모노
과자	菓子(かし) 카시

과장	課長(かちょう)	카쪼-
과장	誇張(こちょう)	코쪼-
과정	過程(かてい)	카떼-
과학	科学(かがく)	카가꾸
관	棺(ひつぎ)	히쯔기
관객	観客(かんきゃく)	캉꺄꾸
관계(되다)	関係(かんけい) 캉께- 関(かか)わる 카까와루	
관광	観光(かんこう)	캉꼬-
관념	観念(かんねん)	칸넹
관대한	寛大(かんだい)な	칸다이나
관람석	観覧席(かんらんせき)	칸란세끼
관련	関連(かんれん)	칸렝
관례	慣例(かんれい)	칸레-
관료	官僚(かんりょう)	칸료-
관리	管理(かんり)	칸리
관상	観相(かんそう)	칸소-
관세	関税(かんぜい)	칸제-
관심	関心(かんしん)	칸싱
관여	関与(かんよ)	캉요

ㄱ ㄴ ㄷ ㄹ ㅁ ㅂ ㅅ ㅇ ㅈ ㅊ ㅋ ㅌ ㅍ ㅎ

관자놀이	こめかみ 코메까미
관절	かんせつ **関節** 칸세쯔 ひざ　　　　　 いた 膝の関節が痛いです。 무릎 관절이 아파요.
관점	**観点(かんてん)** 칸뗑
관중	**観衆(かんしゅう)** 칸슈-
관찰	**観察(かんさつ)** 칸사쯔
관통하다	**貫(つらぬ)く** 쯔라누꾸
관행	**慣行(かんこう)** 캉꼬-
광경	**光景(こうけい)** 코-께-
광고	**広告(こうこく)** 코-꼬꾸
광대뼈	**頬骨(ほおぼね)** 호-보네
광대한	**広大(こうだい)な** 코-다이나
광명	**光明(こうみょう)** 코-묘-
광물	**鉱物(こうぶつ)** 코-부쯔
광선	**光線(こうせん)** 코-셍
광장	**広場(ひろば)** 히로바
광택	**光沢(こうたく)** 코-따꾸
괜찮다	**大丈夫(だいじょうぶ)** 다이죠-부

괴로움	悩(なや)み 나야미　苦(くる)しみ 쿠루시미
괴롭다	苦(くる)しい 쿠루시-
괴롭히다	苦(くる)しめる 쿠루시메루　いじめる 이지메루
괴물	怪物(かいぶつ) 카이부쯔
괴짜	変人(へんじん) 헨징
굉장한	大(たい)した 타이시따
	彼は大した者だね。
	그는 대단한 사람이네.
교대	交代(こうたい) 코-따이
교도소	刑務所(けいむしょ) 케-무쇼
교류	交流(こうりゅう) 코-류-
교묘한	巧(たく)みな 타꾸미나
	巧妙(こうみょう)な 코-묘-나
교미	交尾(こうび) 코-비
교사	教師(きょうし) 쿄-시
교섭	交渉(こうしょう) 코-쇼-
교수	教授(きょうじゅ) 쿄-쥬
교실	教室(きょうしつ) 쿄-시쯔
교양	教養(きょうよう) 쿄-요-
교외	郊外(こうがい) 코-가이

교육	教育(きょういく) 쿄-이꾸
교장	校長(こうちょう) 코-쪼-
교재	教材(きょうざい) 쿄-자이
교제	交際(こうさい) 코-사이
	付(つ)き合(あ)い 쯔끼아이
교차(하다)	交差(こうさ) 코-사 交(まじ)わる 마지와루
교체하다	入(い)れ替(か)える 이레까에루
교통	交通(こうつう) 코-쯔-
교환	交換(こうかん) 코-깡
	引(ひ)き換(か)え 히끼까에
교활하다	狡(ずる)い 즈루이
	悪賢(わるがしこ)い 와루가시꼬이
교회	教会(きょうかい) 쿄-까이
	教会は行きたくないです. 교회는 가고싶지 않아요.
교훈	教訓(きょうくん) 쿄-꿍
구걸	物乞(ものご)い 모노고이
구경	見物(けんぶつ) 켐부쯔
구급차	救急車(きゅうきゅうしゃ) 큐-뀨-샤
구더기	蛆(うじ) 우지

구두(끈)	**靴(くつ)** 쿠쯔 **靴紐(ひも)** 쿠츠히모
구두계약	**口頭契約(こうとうけいやく)** 코-또-케-야꾸
구레나룻	**頬(ほお)ひげ** 호-히게
구르다	**転(ころ)がる** 코로가루
구름	**雲(くも)** 쿠모
구매	**購買(こうばい)** 코-바이
구멍	**穴(あな)** 아나
구별	**区別(くべつ)** 쿠베쯔
구부러지다	**曲(ま)がる** 마가루
구부리다	**曲(ま)げる** 마게루
구분	**区分(くぶん)** 쿠붕 **仕切(しき)り** 시끼리
구상	**構想(こうそう)** 코-소-
구석	**隅(すみ)** 스미
구성	**構成(こうせい)** 코-세-
구속	**拘束(こうそく)** 코-소꾸
구슬	**玉(たま)** 타마
구식	**旧式(きゅうしき)** 큐-시끼
구애받다	**こだわる** 코다와루
구역	**区域(くいき)** 쿠이끼

ㄱ
ㄴ
ㄷ
ㄹ
ㅁ
ㅂ
ㅅ
ㅇ
ㅈ
ㅊ
ㅋ
ㅌ
ㅍ
ㅎ

구월	**九月**(くがつ) 쿠가쯔
구인	**求人**(きゅうじん) 큐―징 ネットで求人広告を探している。 인터넷에서 구인광고를 찾고 있다.
구조	**救助**(きゅうじょ) 큐―죠
구조	**構造**(こうぞう) 코―조―
	組(く)**み立**(た)**て** 쿠미타떼
구조조정	**リストラ** (restructuring) 리스또라
구직	**求職**(きゅうしょく) 큐―쇼꾸
구체적인	**具体的**(ぐたいてき)**な** 구따이떼끼나
구축하다	**築**(きず)**く** 키즈꾸
구토	**嘔吐**(おうと) 오―또
구하다	**救**(すく)**う** 스꾸우
구혼	**求婚**(きゅうこん) 큐―꽁
국가	**国家**(こっか) 콕까
국경	**国境**(こっきょう) 콕꾜―
국내	**国内**(こくない) 코꾸나이
국민	**国民**(こくみん) 코꾸밍
국산	**国産**(こくさん) 코꾸상
국어	**国語**(こくご) 코꾸고

국자	杓子(しゃくし) 샤꾸시
국적	国籍(こくせき) 코꾸세끼
국제	国際(こくさい) 코꾸사이 最近は国際結婚が多いです。 요즘은 국제결혼이 많습니다.
국화	菊(きく) 키꾸
국회	国会(こっかい) 콕까이
군인	軍人(ぐんじん) 군징
군주	君主(くんしゅ) 쿤슈
군중	群衆(ぐんしゅう) 군슈-
굳(히)다	固(かた)まる 카따마루 固(かた)める 카따메루
굴(해산물)	牡蛎(かき) 카끼
굴뚝	煙突(えんとつ) 엔또쯔
굴레	絆(きずな) 키즈나
굵기	太(ふと)さ 후또사
굵다	太(ふと)い 후또이
굶주리다	飢(う)える 우에루
굽다(불에)	炙(あぶ)る 아부루
굽히다	曲(ま)げる 마게루 屈(かが)む 카가무
궁전	宮殿(きゅうでん) 큐-뎅

ㄱ
ㄴ
ㄷ
ㄹ
ㅁ
ㅂ
ㅅ
ㅇ
ㅈ
ㅊ
ㅋ
ㅌ
ㅍ
ㅎ

궁지	窮地(きゅうち) 큐-찌 窮地に追い込まれて大変です。 궁지에 몰려 힘듭니다.
궁합	相性(あいしょう) 아이쇼-
~권	冊(さつ) 사쯔 (책 세는 단위)
권리	権利(けんり) 켄리
권위	権威(けんい) 켕이
권유(하다)	誘(さそ)い 사소이 誘(さそ)う 사소우
권태	倦怠(けんたい) 켄따이
권하다	勧(すす)める 스스메루
귀	耳(みみ) 미미 耳がかゆくて耳鼻科へ行った。 귀가 가려워서 이비인후과에 갔다.
귀가	帰宅(きたく) 키따꾸
귀고리	イヤリング (earring) 이야링구
귀금속	貴金属(ききんぞく) 키낀조꾸
귀뚜라미	蟋蟀(こおろぎ) 코-로기
귀신	鬼(おに) 오니
귀여워하다	可愛(かわい)がる 카와이가루
귀엽다	可愛(かわい)い 카와이- 愛(あい)らしい 아이라시-

귀족	**貴族(きぞく)** 키조꾸	ㄱ
귀중품	**貴重品(きちょうひん)** 키쪼-힝	ㄴ
귀중한	**貴重(きちょう)な** 키쪼-나	
	尊(とうと)い 토-또이	ㄷ
귀찮은	**面倒(めんどう)な** 멘도-나	ㄹ
	厄介(やっかい)な 약까이나	ㅁ
귀화	**帰化(きか)** 키까	
규모	**規模(きぼ)** 키보	ㅂ
규칙	**規則(きそく)** 키소꾸	ㅅ
균형	**均衡(きんこう)** 킹꼬- いつも心(こころ)の均衡(きんこう)を保(たも)っている。 항상 마음의 균형을 유지하고 있다.	ㅇ
귤	**蜜柑(みかん)** 미깡	ㅈ
ユ	**その** 소노	
그 남자	**彼(かれ)** 카레	ㅊ
그것	**それ** 소레	ㅋ
그곳	**そこ** 소꼬	
그냥	**ただ** 타다 **そのまま** 소노마마	ㅌ
그녀	**彼女(かのじょ)** 카노죠	ㅍ
그늘	**日陰(ひかげ)** 히까게	ㅎ

ㄱ

그들	彼(かれ)ら 카레라
그때	その頃(ころ) 소노코로　その時(とき) 소노토끼
그래서	そして 소시떼
그래프	グラフ (graph) 구라후
그램	グラム (gram) 구라무
그러나	しかし 시까시
그러면	それなら 소레나라
그러므로	だから 다까라
그럭저럭	どうにか 도-니까
	どうにかやっています。 그럭저럭 지내고 있습니다.
그런	そんな 손나
그런데	ところが 도꼬로가　ところで 도꼬로데
그룹	グループ (group) 구루-뿌
그릇	器(うつわ) 우쯔와　入(い)れ物(もの) 이레모노
그리고	そして 소시테
그리다	描(えが)く 에가꾸
그리워하다	懐(なつ)かしむ 나쯔카시무
그린	グリーン (green) 구리-은
그림	絵(え) 에　図(ず) 즈

그림물감	絵(え)の具(ぐ) 에노구	
그림자	影(かげ) 카게	
그림책	絵本(えほん) 에홍	
그립다	恋(こい)しい 코이시-	
	懐(なつ)かしい 나쯔까시-	
그만두다	止(よ)す 요스	辞(や)める 야메루
그물	編(あみ) 아미	
그저께	一昨日(いっさくじつ) 잇사꾸지쯔	
	一昨日(おととい) 오또또이	
그쪽	そちら 소찌라	
극단적인	極端(きょくたん)な 쿄꾸딴나	
극복	克服(こくふく) 코꾸후꾸	
극장	映画館(えいがかん) 에-가깡	
극한	極限(きょくげん) 쿄꾸겡	
극히	極(きわ)めて 키와메떼	
근거	根拠(こんきょ) 콩꾜	
	拠(よ)り所(どころ) 요리도꼬로	
근면한	勤勉(きんべん)な 킨벤나	
근무(하다)	勤務(きんむ) 킴무	勤(つと)める 쯔또메루

근본	**根本(こんぽん)** 콤뽕 彼も根本は温かい人です。 그도 근본은 따뜻한 사람입니다.
근성	**根性(こんじょう)** 콘죠-
근시	**近視(きんし)** 킨시
근원	**源(みなもと)** 미나모또
근육	**筋肉(きんにく)** 킨니꾸
근처	**辺(あた)り** 아따리 **最寄(もよ)り** 모요리
글	**文(ぶん)** 붕
글로벌	**グローバル (global)** 그로-바루
글자	**字(じ)** 지
글피	**明明後日(しあさって)** 시아삿떼
긁다	**掻(か)く** 카꾸
금	**金(きん)** 킹
금(갈라짐)	**割(わ)れ目(め)** 와레메 **ひび** 히비
금고	**金庫(きんこ)** 킹꼬
금메달	**金(きん)メダル (gold medal)** 킴메다루
금방	**すぐ** 스구 すぐ連絡ちょうだい。 곧 연락해줘.
금붕어	**金魚(きんぎょ)** 킹교

금성	金星(きんせい) 킨세-
금속	金属(きんぞく) 킨조꾸
금액	金額(きんがく) 킹가꾸
금연	禁煙(きんえん) 킹엥
금요일	金曜日(きんようび) 킹요-비
금욕	禁欲(きんよく) 킹요꾸
금융	金融(きんゆう) 킹유-
금지(하다)	禁止(きんし) 킨시　禁(きん)じる 킨지루
급격한	急激(きゅうげき)な 큐-게끼나
급등	急騰(きゅうとう) 큐-또-
급료	給料(きゅうりょう) 큐-료-
급소	急所(きゅうしょ) 큐-쇼
급속한	急速(きゅうそく)な 큐-소꾸나
급식	給食(きゅうしょく) 큐-쇼꾸
급여	給与(きゅうよ) 큐-요
급행	急行(きゅうこう) 큐-꼬- 急行列車はちょっと高いです。 급행열차는 좀 비쌉니다.
긍정	肯定(こうてい) 코-떼-
긍지	誇(ほこ)り 호꼬리

기간	期間(きかん) 키깡
기계	機械(きかい) 키까이
기관지	気管支(きかんし) 키깐시
기구	気球(ききゅう) 키뀨―
기구	器具(きぐ) 키구
기금	基金(ききん) 키낑
기꺼이	喜(よろこ)んで 요로꼰데
	快(こころよ)く 코꼬로요꾸
기껏해야	せいぜい 세―제―
기념(일)	記念(きねん) 키넹 記念日(きねんび) 키넴비
기능	機能(きのう) 키노―(역할)
기다	這(は)う 하우
기다리다	待(ま)つ 마쯔
기대	期待(きたい) 키따이
기대다	寄(よ)り掛(か)かる 요리카까루
기도	祈(いの)り 이노리
기둥	柱(はしら) 하시라
기력	気力(きりょく) 키료꾸
기록	記録(きろく) 키로꾸

以前(いぜん)の記録(きろく)を破(やぶ)りたい。
이전의 기록을 깨고 싶다.

기르다	飼(か)う 카우(사육하다)
기르다	生(は)やす 하야스 (풀, 수염)
기르다	育(そだ)てる 소다떼루(육성하다)
기름	油(あぶら) 아부라
기름지다	脂(あぶら)っこい 아부락꼬이
기린	麒麟(きりん) 키링
기모노	着物(きもの) 키모노
기묘한	奇妙(きみょう)な 키묘-나
기미	兆(きざ)し 키자시
기반	基盤(きばん) 키방
기발	奇抜(きばつ) 키바쯔
기법	技法(ぎほう) 기호- 技(わざ) 와자
기본	基本(きほん) 키홍
기부	寄付(きふ) 키후
기분	気持(きも)ち 키모찌 機嫌(きげん) 키겡
기분전환	気晴(きば)らし 키바라시
기뻐하다	喜(よろこ)ぶ 요로꼬부

기쁘게하다	喜(よろこ)ばす 요로꼬바스
기쁘다	嬉(うれ)しい 우레시ー しあい か 試合に勝って嬉しいです。 시합에 이겨서 기쁩니다.
기쁨	喜(よろこ)び 요로꼬비
기색	素振(そぶ)り 소부리
기생충	寄生虫(きせいちゅう) 키세ー쮸ー
기세	勢(いきお)い 이끼오이
기소	起訴(きそ) 키소
기숙사	寄宿舎(きしゅくしゃ) 키슈꾸샤
	寮(りょう) 료ー
기술	技術(ぎじゅつ) 기쥬쯔
기승전결	起承転結(きしょうてんけつ) 키쇼ー뗑께쯔
기아	飢餓(きが) 키가
기압	気圧(きあつ) 키아쯔
기억	記憶(きおく) 키오꾸
	物覚(ものおぼ)え 모노오보에
기업	企業(きぎょう) 키교ー
기온	気温(きおん) 키옹
기울다	傾(かたむ)く 카따무꾸

기원(시초)	起源(きげん) 키겡
기자	記者(きしゃ) 키샤
기재	記載(きさい) 키사이
기저귀	おむつ 오무쯔
기적	奇跡(きせき) 키세끼
기절	気絶(きぜつ) 키제쯔
기준	基準(きじゅん) 키즁
기질	気質(きしつ) 키시쯔
기체	気体(きたい) 키따이
기초	基礎(きそ) 키소
기침	咳(せき) 세끼 咳が出るなら病院へ行きなさい。 기침이 나면 병원에 가거라.
기타	ギター (guitar) 기따-
기특한	感心(かんしん)な 칸신나
기품	気品(きひん) 키힝
기한	期限(きげん) 키겡
기호	記号(きごう) 키고-
기호(취향)	好(この)み 코노미
기혼	既婚(きこん) 키꽁

ㄱ
ㄴ
ㄷ
ㄹ
ㅁ
ㅂ
ㅅ
ㅇ
ㅈ
ㅊ
ㅋ
ㅌ
ㅍ
ㅎ

기회	機会(きかい) 키까이
기획	企画(きかく) 키까꾸
기후	天候(てんこう) 텡꼬- 気候(きこう) 키꼬-
긴급	緊急(きんきゅう) 킹뀨-
긴장	緊張(きんちょう) 킨쬬-
긴축	緊縮(きんしゅく) 킨슈꾸
길	道(みち) 미찌 通(とお)り 토-리
길다	長(なが)い 나가이
길어지다	延(の)びる 노비루
길이	長(なが)さ 나가사
김(음식)	海苔(のり) 노리 昼には海苔巻きを食べた。 낮에는 김밥을 먹었다.
김(증기)	湯気(ゆげ) 유게
깃발	旗(はた) 하따
깊다	深(ふか)い 후까이
깊이	深(ふか)さ 후까사(물리적)
	深(ふか)み 후까미(정신적)
까다롭다	気難(きむずか)しい 키무즈까시-
	ややこしい 야야꼬시-

ㄱ
ㄴ
ㄷ
ㄹ
ㅁ
ㅂ
ㅅ
ㅇ
ㅈ
ㅊ
ㅋ
ㅌ
ㅍ
ㅎ

까닭	訳(わけ) 와께
까마귀	烏(からす) 카라스
까불다	ふざける 후자께루 戯(たわむ)れる 타와무레루
~까지	まで 마데 去年(きょねん)から来年(らいねん)まで 작년부터 내년까지
까칠까칠	ざらざら 자라자라
깎다	刈(か)る 카루 削(けず)る 케즈루
깔끔히	きちんと 키찐또
깔다	敷(し)く 시꾸
깜박이다	瞬(またた)く 마따따꾸
깜빡잊다	うっかり忘(わす)れる 욱까리 와스레루
깜빡이	ウインカー (일 winker) 우잉까-
깡통(따개)	缶(かん) 캉 缶切(かんき)り 캉끼리
깨	胡麻(ごま) 고마
깨끗한	奇麗(きれい)な 키레-나
깨다(파괴)	割(わ)る 와루
깨닫다	悟(さと)る 사또루
깨뜨리다	破(やぶ)る 야부루
깨물다	かじる 카지루

깨지다	破(やぶ)れる 야부레루　割(わ)れる 와레루
꺼내다	取(と)り出(だ)す 토리다스
꺼림칙하다	忌(いま)わしい 이마와시ー
	疾(やま)しい 야마시ー
꺼지다	消(き)える 키에루
꺾다	折(お)る 오루
껌	ガム (chewing gum) 가무 近頃(ちかごろ)はガムをかむ人(ひと)が少(すく)ない。 요즘엔 껌을 씹는 사람이 별로 없다.
껍질	皮(かわ) 카와　殻(から) 카라
껴안다	抱(かか)える 카까에루
꼬다	ねじる 네지루
꼬리	尻尾(しっぽ) 십뽀　尾(お) 오
꼬집다	抓(つね)る 쯔네루
꼭	丁度(ちょうど) 초ー도　きっと 킷또
꼭두각시	操(あやつ)り人形(にんぎょう) 아야쯔리닝교ー
꼭지	蛇口(じゃぐち) 쟈구찌
꼴찌	びり 비리
꼼꼼한	几帳面(きちょうめん)な 키쬬ー멘나
꽁치	秋刀魚(さんま) 삼마

ㄱ

꽃(다발)	花(はな) 하나　花束(はなたば) 하나타바
꽃가루	花粉(かふん) 카훙
꽃봉오리	蕾(つぼみ) 쯔보미
꽃잎	花(はな)びら 하나비라　花弁(かべん) 카벵
꽃집	花屋(はなや) 하나야
꽤	随分(ずいぶん) 즈이붕　かなり 카나리
꾀병	仮病(けびょう) 케뵤—
꾀하다	たくらむ 타꾸라무
꾸다	借(か)りる 카리루
꾸러미	包(つつ)み 쯔쯔미
꾸미다	飾(かざ)る 카자루
꾸짖다	叱(しか)る 시까루　責(せ)める 세메루
꾹	じっと 짓또　ぎゅっと 귯또
꿀(벌)	蜜(みつ) 미쯔　蜜蜂(みつばち) 미쯔바찌
꿈(속)	夢(ゆめ) 유메　夢中(むちゅう) 무쮸—
꿩	雉(きじ) 키지
꿰매다	縫(ぬ)う 누우
끄다	消(け)す 케스 部屋(へや)の灯(あか)りを消(け)してね。 방의 전등을 꺼줘.

ㄴ
ㄷ
ㄹ
ㅁ
ㅂ
ㅅ
ㅇ
ㅈ
ㅊ
ㅋ
ㅌ
ㅍ
ㅎ

ㄱ

끈	紐(ひも) 히모
끈기	根気(こんき) 콩끼
끈적끈적	べたべた 베따베따
끈질기다	しつこい 시쯔꼬이 (나쁜뜻)
	粘(ねば)り強(づよ)い 네바리즈요이
끊다	断(た)ち切(き)る 타찌끼루　断(た)つ 타쯔
끊어지다	絶(た)える 타에루　途切(とぎ)れる 토기레루
끌다	引(ひ)く 히꾸
끌리다	引(ひ)かれる 히까레루
끌어내다	引(ひ)き出(だ)す 히끼다스
끓다	沸(わ)く 와꾸
끓이다	沸(わ)かす 와까스 湯(ゆ)を2度(ど)沸(わ)かすのはよくないよ。 물을 두 번 끓이는 건 좋지 않아.
끔찍하다	惨(むご)い 무고이
끝	終(お)わり 오와리　限(かぎ)り 카기리
끝나다	終(お)わる 오와루　済(す)む 스무
끝내다	仕上(しあ)げる 시아게루
	済(す)ます 스마스
끼다(먼지)	つく 쯔꾸　たまる 타마루

끼다(착용)	嵌(は)める 하메루
끼얹다	浴(あ)びせる 아비세루
끼우다	挟(はさ)む 하사무
끼워넣다	差(さ)し込(こ)む 사시꼬무
낌새	気配(けはい) 케하이　兆(きざ)し 키자시

ㄱ
ㄴ
ㄷ
ㄹ
ㅁ
ㅂ
ㅅ
ㅇ
ㅈ
ㅊ
ㅋ
ㅌ
ㅍ
ㅎ

∟

나	私(わたし) 와타시
	僕(ぼく) 보꾸 (주로 남자가 씀)
나가다	出(で)る 데루 出(で)ていく 데떼이꾸
나긋나긋한	しなやかな 시나야까나
나누다	分(わ)ける 와께루
	取(と)り分(わ)ける 토리와께루
나누어주다	配(くば)る 쿠바루
나다	発生(はっせい)する 핫세-스루
	生(は)える 하에루
나라	国(くに) 쿠니
나른하다	だるい 다루이
나머지	残(のこ)り 노꼬리
	残りの分は捨ててください。
	나머지는 버리세요.
나무	木(き) 키
나무라다	咎(とが)める 토가메루
나뭇가지	枝(えだ) 에다

나뭇잎	木(こ)の葉(は) 코노하
나방	蛾(が) 가
나비	蝶(ちょう) 초-
나쁘다	悪(わる)い 와루이　いけない 이께나이
나사	螺子(ねじ) 네지
나아가다	進(すす)む 스스무
나이	年(とし) 토시　年齢(ねんれい) 넨레-
나중	後(あと) 아또　後(のち) 노찌
나체	裸体(らたい) 라따이
나침반	羅針盤(らしんばん) 라신방
나타나다	現(あらわ)れる 아라와레루 最後(さいご)に彼女(かのじょ)が現(あらわ)れた。 마지막에 그녀가 나타났다.
나타내다	表(あらわ)す 아라와스
낙관	楽観(らっかん) 락깡
낙담	落胆(らくたん) 라꾸땅
낙서	落書(らくが)き 라꾸가끼
낙엽	落(お)ち葉(ば) 오찌바　落葉(らくよう) 라꾸요-
낙원	楽園(らくえん) 라꾸엥
낙제	落第(らくだい) 라꾸다이

낙지	たこ 타꼬
낙천적인	楽天的(らくてんてき)な 라꾸뗀데끼나
낙타	駱駝(らくだ) 라꾸다
낙태	堕胎(だたい) 다따이
낙하(산)	落下(らっか) 락까　落下傘(らっかさん) 락까상
낚다	釣(つ)る 쯔루
낚시	釣(つ)り 쯔리
난간	手摺(てすり) 테스리
난국	難局(なんきょく) 낭꾜꾸
난로	暖炉(だんろ) 단로　ストーブ (stove) 스또-부
난방	暖房(だんぼう) 담보-
난색	難色(なんしょく) 난쇼꾸
난자	卵子(らんし) 란시
난잡한	乱雑(らんざつ)な 란자쯔나
난제	難題(なんだい) 난다이
난초	蘭(らん) 랑
난폭	乱暴(らんぼう) 람보-
난항	難航(なんこう) 낭꼬-
난해한	難解(なんかい)な 낭까이나

날(날짜)	日(ひ) 히
날개	翼(つばさ) 쯔바사　羽(はね) 하네 鷹が翼を広げて飛んでいる。 매가 날개를 펴고 날고 있다.
날것	生物(なまもの) 나마모노
날다	飛(と)ぶ 토부
날씨	天気(てんき) 텡끼
날씬한	すんなりした 슨나리시따
날짜	日付(ひづけ) 히즈께
날카롭다	鋭(するど)い 스루도이
남	他人(たにん) 타닝
남기다	残(のこ)す 노꼬스
남녀	男女(だんじょ) 단죠
남다	余(あま)る 아마루　残(のこ)る 노꼬루
남동생	弟(おとうと) 오또-또
남북	南北(なんぼく) 남보꾸
남성	男性(だんせい) 단세-
남용	濫用(らんよう) 랑요-
남자	男(おとこ) 오또꼬　男子(だんし) 단시
남자아이	男(おとこ)の子(こ) 오또꼬노코

남쪽	南(みなみ) 미나미
남편	夫(おっと) 옷또
납득	納得(なっとく) 낫또꾸 納得が行かない。 납득이 가지 않는다.
납세	納税(のうぜい) 노-제-
납치	拉致(らち) 라찌
납품	納品(のうひん) 노-힝
낫다	治(なお)る 나오루(치료)
낭만	浪漫(ろうまん) 로-만
낭비	浪費(ろうひ) 로-히　無駄(むだ) 무다
낮	昼間(ひるま) 히루마　日中(にっちゅう) 닛쮸-
낮다	低(ひく)い 히꾸이
낮잠	昼寝(ひるね) 히루네
낮추다	下(さ)げる 사게루
낯선	見知(みし)らぬ 미시라누 見知らぬ人があいさつをした。 낯선 사람이 인사를 했다.
낯익다	見馴(みな)れる 미나레루
낱개	一個(いっこ) 익꼬
낳다	産(う)む 우무　産(う)み出(だ)す 우미다스

ㄱ

ㄴ

ㄷ

ㄹ

ㅁ

ㅂ

ㅅ

ㅇ

ㅈ

ㅊ

ㅋ

ㅌ

ㅍ

ㅎ

내과	内科(ないか) 나이까
내기	賭(か)け 카께 賭(か)け事(ごと) 카께고또
내년	来年(らいねん) 라이넹
내놓다	出(だ)す 다스 手放(てばな)す 테바나스
내려가다	下(くだ)る 쿠다루 下(さ)がる 사가루
내리다	降(ふ)る 후루(눈, 비)
	授(さず)ける 사즈께루(하사)
내면	内面(ないめん) 나이멩
내밀다	差(さ)し出(だ)す 사시다스
내버리다	投(な)げ捨(す)てる 나게스떼루
내부	内部(ないぶ) 나이부
내빈	来賓(らいひん) 라이힝
내뿜다	吹(ふ)き出(だ)す 후끼다스
내성	耐性(たいせい) 타이세-
내성적인	内気(うちき)な 우찌끼나
내세	来世(らいせ) 라이세
내심	内心(ないしん) 나이싱
내용	内容(ないよう) 中身(なかみ) 나까미
내의	肌着(はだぎ) 하다기

내일	明日(あした) 아시따
	明日(あす) 아스 (격의있는 표현)
내조	内助(ないじょ) 나이죠
내쫓다	追(お)い出(だ)す 오이다스
냄비	鍋(なべ) 나베
냄새	匂(にお)い 니오이
냄새맡다	嗅(か)ぐ 카구
냄새나다	臭(にお)う 니오우 臭(くさ)い 쿠사이
냉각	冷却(れいきゃく) 레-꺄꾸
냉난방	冷暖房(れいだんぼう) 레-담보-
냉담한	冷淡(れいたん)な 레-딴나 彼女は冷淡な態度をとった。 그녀는 냉담한 태도를 취했다.
냉대	冷遇(れいぐう) 레-구-
냉동	冷凍(れいとう) 레-또-
냉수	冷(ひ)や水(みず) 히야미즈
냉장고	冷蔵庫(れいぞうこ) 레-조-꼬
냉정한	冷静(れいせい)な 레-세-나
너	お前(まえ) 오마에
너구리	狸(たぬき) 타누끼

너무	**あまり** 아마리
넋	**魂(たましい)** 타마시-
넌센스	**ナンセンス (nonsense)** 난센스
널리	**広(ひろ)く** 히로꾸
널빤지	**板(いた)** 이따
넓다	**広(ひろ)い** 히로이
넓어지다	**広(ひろ)がる** 히로가루
	広(ひろ)まる 히로마루(추상적)
넓이	**広(ひろ)さ** 히로사
넓적다리	**太股(ふともも)** 후또모모
넓히다	**広(ひろ)める** 히로메루
넘겨주다	**引(ひ)き渡(わた)す** 히끼와따스
넘다	**越(こ)す** 코스 **越(こ)える** 코에루
넘버	**ナンバー (number)** 남바-
넘어뜨리다	**倒(たお)す** 타오스
넘어지다	**転(ころ)ぶ** 코로부 **倒(たお)れる** 타오레루 転んでもまた立ち直ればいい。 넘어져도 다시 일어나면 돼.
넘치다	**零(こぼ)れる** 코보레루 **溢(あふ)れる** 아후레루
넣다	**入(い)れる** 이레루

ㄱ
ㄴ
ㄷ
ㄹ
ㅁ
ㅂ
ㅅ
ㅇ
ㅈ
ㅊ
ㅋ
ㅌ
ㅍ
ㅎ

네거티브	ネガティブ (negative) 네가띠부
네모	四角(しかく) 시카꾸
네비게이터	ナビゲーター (navigator) 나비게-따-
넥타이	ネクタイ (necktie) 네꾸따이
녀석	奴(やつ) 야쯔
노골적인	露骨(ろこつ)な 로꼬쯔나
노년	老年(ろうねん) 로-넹
노동	労働(ろうどう) 로-도-
노랑	黄色(きいろ) 키이로
노래(하다)	歌(うた) 우따 歌(うた)う 우따우
노래방	カラオケ (karaoke) 카라오케
노려보다	にらむ 니라무
노력	努力(どりょく) 도료꾸
노른자위	黄身(きみ) 키미
노리다	狙(ねら)う 네라우
노선	路線(ろせん) 로셍
노쇠	老衰(ろうすい) 로-스이
노여움	怒(いか)り 이까리
노예	奴隷(どれい) 도레-

노인	老人(ろうじん) 로-징
	年寄(としよ)り 토시요리
노점	屋台(やたい) 야따이
노출	露出(ろしゅつ) 로슈쯔
노크	ノック (knock) 녹꾸
노트	ノート (notebook) 노-또
노화	老化(ろうか) 로-까
녹	錆(さび) 사비 錆がつかないように手入れが必要だ。 녹이 슬지 않도록 손질이 필요하다.
녹다	溶(と)ける 토께루
녹색	緑色(みどりいろ) 미도리이로
녹슬다	錆(さ)びる 사비루
녹음	録音(ろくおん) 로꾸옹
녹이다	解(と)かす 토까스
녹차	緑茶(りょくちゃ) 료꾸쨔
논	田圃(たんぼ) 탐보 水田(すいでん) 스이뎅
논리	論理(ろんり) 론리
논문	論文(ろんぶん) 롬붕
논밭	田畑(たはた) 타하따

놀다	遊(あそ)ぶ 아소부
놀라게 하다	驚(おどろ)かす 오도로까스
놀라다	びっくりする 빅꾸리스루
	驚(おどろ)く 오도로꾸
놀리다	からかう 카라까우　冷(ひ)やかす 히야까스
놀이	遊(あそ)び 아소비
놈	奴(やつ) 야쯔
농구	バスケットボール (basketball) 바스껫또보-루
농담	冗談(じょうだん) 죠-당
	冗談もほどほどにしなさい。 농담도 정도껏 해라.
농도	濃度(のうど) 노-도
농민	農民(のうみん) 노-밍
	百姓(ひゃくしょう) 햐꾸쇼-
농산물	農産物(のうさんぶつ) 노-삼부쯔
농약	農薬(のうやく) 노-야꾸
농업	農業(のうぎょう) 노-교-
농촌	農村(のうそん) 노-송
높다	高(たか)い 타까이
높이	高(たか)さ 타까사

높이다	高(たか)める 타까메루
놓다	置(お)く 오꾸
놓치다	逃(のが)す 노가스
뇌	脳(のう) 노-
뇌물	賄賂(わいろ) 와이로
누구	誰(だれ) 다레 どなた 도나따(정중한 표현)
누군가	誰(だれ)か 다레까
	誰かいませんか。 누군가 계십니까?
누나	姉(あね) 아네(자신의)
	お姉(ねえ)さん 오네-상(타인의)
누더기	ぼろ 보로
누르다	押(お)さえる 오사에루 押(お)す 오스
누설	漏洩(ろうせつ) 로-세쯔
누에	蚕(かいこ) 카이꼬
눈	目(め) 메
눈	雪(ゆき) 유끼
눈금	目盛(めも)り 메모리 目印(めじるし) 메지루시
눈길	視線(しせん) 시센
눈꺼풀	瞼(まぶた) 마부따

일본어 단어 | 463

눈동자	瞳(ひとみ) 히또미
눈뜨다	目覚(めざ)める 메자메루
눈매	目付(めつ)き 메쯔끼
눈물	涙(なみだ) 나미다 喜(よろこ)びの涙(なみだ)を流(なが)した。 기쁨의 눈물을 흘렸다.
눈부시다	目覚(めざ)ましい 메자마시ー
	眩(まぶ)しい 마부시ー
눈사태	雪崩(なだれ) 나다레
눈썹	眉毛(まゆげ) 마유게
눈에 띄다	目立(めだ)つ 메다쯔
눈을 감다	瞑(つぶ)る 쯔부루
눈치	目端(めはし) 메하시 勘(かん) 칸
눈치채다	気付(きづ)く 키즈꾸
눕다	横(よこ)たわる 요꼬따와루
뉘앙스	ニュアンス (nuance) 뉴안스
뉘우치다	悔(く)いる 쿠이루
뉴스	ニュース (news) 뉴ー스
느긋하게	のんびり 놈비리
느끼다	感(かん)じる 칸지루

느끼하다	脂(あぶら)っこい	아부락꼬이
느낌	感(かん)じ	칸지
느리다	鈍(のろ)い	노로이
느릿느릿	のろのろ	노로노로

亀はのろのろと動く。
거북이는 느릿느릿 움직인다.

느슨하다	緩(ゆる)い	유루이
늑골	肋骨(ろっこつ)	록꼬쯔
늑대	狼(おおかみ)	오-까미
늘	いつも 이쯔모 常(つね)に 쯔네니	
늘다	増(ふ)える	후에루
늘리다	増(ふ)やす	후야스
늘어놓다	並(なら)べる	나라베루
늘어서다	並(なら)ぶ	나라부
늙다	老(お)いる	오이루
능가	陵駕(りょうが)	료-가
능동	能動(のうどう)	노-도-
능력	能力(のうりょく)	노-료꾸
능률	能率(のうりつ)	노-리쯔
능숙한	達者(たっしゃ)な	탓샤나

ㄱ
ㄴ
ㄷ
ㄹ
ㅁ
ㅂ
ㅅ
ㅇ
ㅈ
ㅊ
ㅋ
ㅌ
ㅍ
ㅎ

늦다	遅(おく)れる 오꾸레루(동사)
	遅(おそ)い 오소이(형용사)
늦어지다	遅(おそ)くなる 오소꾸나루
늦잠자다	寝過(ねす)ごす 네스고스
늦추다	遅(おく)らせる 오꾸라세루
늪	沼(ぬま) 누마
니트	ニット (knit) 닛또

ㄷ

다가오다	近寄(ちかよ)る 치까요루　迫(せま)る 세마루
다니다	通(かよ)う 카요우
다다르다	至(いた)る 이따루
	到達(とうたつ)する 토-타쯔스루
다도	茶道(さどう) 사도-
다듬다	整(ととの)える 토또노에루
	手入(てい)れをする 테이레오 스루
다루다	取(と)り扱(あつか)う 토리아쯔까우
다르다	違(ちが)う 치가우　異(こと)なる 코또나루
다리	脚(あし) 아시(사람)　橋(はし) 하시(교량)
다리미	アイロン (iron) 아이롱
	アイロンをかけることは面倒(めんどう)だ。 다리미질 하는 것은 귀찮다.
다만	但(ただ)し 타다시
다발	束(たば) 타바
다소	幾(いく)らか 이꾸라까　多少(たしょう) 타쇼-
다수	多数(たすう) 타스-

다수결	多数決(たすうけつ) 타스-께쯔
다스	ダース(dozen) 다-스
다스리다	治(おさ)める 오사메루
다시	再(ふたた)び 후따따비
다시하다	遣(や)り直(なお)す 야리나오스
다시마	昆布(こんぶ) 콤부
다운로드	ダウンロード (download) 다운로-도 動画(どうが)をダウンロードした。 동영상을 다운받았다.
다음	次(つぎ) 쯔기
다음날	翌日(よくじつ) 요꾸지쯔
다음달	来月(らいげつ) 라이게쯔
다이너마이트	ダイナマイト (dynamite) 다이나마이또
다이빙	飛(と)び込(こ)み 토비꼬미
다이아몬드	ダイアモンド 다이아몬도
다이어트	ダイエット (diet) 다이엣또
다지다	固(かた)める 카따메루
다채로운	多彩(たさい)な 타사이나
다치다	怪我(けが)する 케가스루
다큐멘터리	ドキュメンタリー (documentary) 도큐멘따리-

다투다	争(あらそ)う 아라소우　揉(も)める 모메루
다툼	揉(も)め事(ごと) 모메고또
다행	幸(さいわ)い 사이와이
다혈질	多血質(たけつしつ) 타께쯔시쯔
닦다	拭(ふ)く 후꾸　拭(ぬぐ)う 느구우
단결	団結(だんけつ) 단께쯔
단계	段階(だんかい) 단까이
단골	得意(とくい) 토꾸이　常連(じょうれん) 죠―렝
단기	短期(たんき) 탕끼
단념(하다)	断念(だんねん) 단넹
	諦(あきら)める 아끼라메루
단단하다	硬(かた)い 카따이
단독	単独(たんどく) 탄도꾸
단련	鍛練(たんれん) 탄렝
단백질	蛋白質(たんぱくしつ) 탐빠꾸시쯔
단서	手掛(てがか)り 테가까리
단속하다	取(と)り締(し)まる 토리시마루
단순(한)	単純(たんじゅん) 탄쥰　単(たん)なる 탄나루
단숨에	一気(いっき)に 잇끼니

	お酒を一気に飲み干した。 술을 단숨에 마셔버렸다.
단식	絶食(ぜっしょく) 젯쇼꾸
단어	単語(たんご) 탕고　語(ご) 고
단언	断言(だんげん) 당겡
단위	段位(だんい) 단이
단절	断絶(だんぜつ) 단제쯔
단점	短所(たんしょ) 탄쇼
단정	断定(だんてい) 단떼-
단정하게	ちゃんと 쨘또
단조	単調(たんちょう) 탄쬬- 今日も単調な生活でした。 오늘도 단조로운 생활을 했다.
단지	たった 탓따　ほんの 혼노
단지	団地(だんち) 단찌
단체	団体(だんたい) 단따이
단추	ボタン (button) 보땅
단축	短縮(たんしゅく) 탄슈꾸
단편	短編(たんぺん) 탐뻰
단풍	紅葉(こうよう) 코-요-　紅葉(もみじ) 모미지
단호히	断乎(だんこ)と 당꼬또

닫다	閉(し)める 시메루　閉(と)じる 토지루
닫히다	閉(し)まる 시마루
달	月(つき) 쯔끼
달걀	卵(たまご) 타마고
달다	甘(あま)い 아마이
달라붙다	くっつく 쿳쯔꾸　しがみつく 시가미쯔꾸
달래다	宥(なだ)める 나다메루　あやす 아야스
달러	ドル (dollar) 도루
달력	カレンダー 카렌다-　暦(こよみ) 코요미
달리다	走(はし)る 하시루　駆(か)ける 카께루
달성	達成(たっせい) 탓세-
달아나다	逃(に)げる 니게루
달이다(약, 차)	煎(せん)じる 센지루
달인	達人(たつじん) 타쯔징
달콤하다	甘(あま)ったるい 아맛따루이
달팽이	蝸牛(かたつむり) 카따쯔무리 この化粧品(けしょうひん)はかたつむりが原料(げんりょう)です。 이 화장품은 달팽이가 원료입니다.
닭	鶏(にわとり) 니와또리
닭고기	鶏肉(とりにく) 토리니꾸

닮다	似(に)る 니루
닳다	擦(す)れる 스레루
담그다	浸(ひた)す 히따스(물에)
	漬(つ)ける 쯔께루(숙성)
담당	担当(たんとう) 탄또-
담당자	係員(かかりいん) 카까리잉
담배	煙草(たばこ) 타바꼬
담백한	淡白(たんぱく)な 탐빠구나
담보	担保(たんぼ) 탐뽀
담요	毛布(もうふ) 모-후
담임	担任(たんにん) 탄닝
답답하다	重苦(おもくる)しい 오모꾸루시-
당구	ビリヤード (billiards) 비리야-도
당국	当局(とうきょく) 토-꼬꾸
당근	人参(にんじん) 닌징
당기다	引(ひ)く 히꾸
당뇨병	糖尿病(とうにょうびょう) 토-뇨-뵤-
당당한	堂々(どうどう)たる 도-도-타루
당분	糖分(とうぶん) 토-붕

당분간	**当分間**(とうぶんかん) 토-붕깐	
당선	**当選**(とうせん) 토-셍	
당시	**当時**(とうじ) 토-지	
당신	**あなた** 아나따	
당연	**当然**(とうぜん) 토-젱	
	それは当然の結果だと思う。	
	그건 당연한 결과라고 생각한다.	
당일	**当日**(とうじつ) 토-지쯔	
당첨	**当**(とう)**せん** 토-셍	
당하다	**やられる** 야라레루	
당혹	**当惑**(とうわく) 토-와꾸	
당황하다	**慌**(あわ)**てる** 아와떼루	
	面食(めんく)**らう** 멩꾸라우	
닻	**錨**(いかり) 이까리	
닿다	**届**(とど)**く** 토도꾸(도착)	**触**(ふ)**れる** 후레루(접촉)
대가	**大家**(たいか) 타이까	
대강	**凡**(およ)**そ** 오요소	
대개	**大概**(たいがい) 타이가이	**殆**(ほと)**んど** 호돈도
대결	**対決**(たいけつ) 타이께쯔	
대규모	**大規模**(だいきぼ) 다이끼보	

대금	代金(だいきん) 다이낑
대기	待機(たいき) 타이끼
대기업	大企業(だいきぎょう) 다이끼교-
대나무	竹(たけ) 타께
대낮	真昼(まひる) 마히루 真昼に盗難にあいました。 대낮에 도난을 당했습니다.
대다	当(あ)てる 아떼루 着(つ)ける 쯔께루
대다수	大多数(だいたすう) 다이따스-
대단하다	凄(すご)い 스고이 甚(はなは)だしい 하나하다시-
대단히	とても 토떼모
대담한	大胆(だいたん)な 다이딴나
대답(하다)	返事(へんじ) 헨지 答(こた)える 코따에루
대등한	対等(たいとう)の 타이또-노
대략적인	大雑把(おおざっぱ)な 오-잡빠나 大雑把な数字で答えます。 대략적인 숫자로 대답하겠습니다.
대량	大量(たいりょう) 타이료-
대륙	大陸(たいりく) 타이리꾸
대립	対立(たいりつ) 타이리쯔

대만	台湾(たいわん) 타이왕
대망	待望(たいぼう) 타이보-
대머리	はげ頭(あたま) 하게아타마
대면	対面(たいめん) 타이멩
대문자	大文字(おおもじ) 오-모지
대범한	大(おお)らかな 오-라까나
대변	大便(だいべん) 다이벵
대부분	大部分(だいぶぶん) 다이부붕
대비하다	備(そな)える 소나에루
대사	台詞(せりふ) 세리후
대상	対象(たいしょう) 타이쇼-
대신(하다)	代(かわ)り 카와리　代(か)わる 카와루
대안	代案(だいあん) 다이앙
대야	たらい 타라이
대우	待遇(たいぐう) 타이구-
대응	対応(たいおう) 타이오-
대장	大将(たいしょう) 타이쇼-
대장	大腸(だいちょう) 다이쬬-
대전	対戦(たいせん) 타이셍

대접하다	持(も)てなす 모떼나스
대조적인	対照的(たいしょうてき)な 타이쇼-테키나
대중	大衆(たいしゅう) 타이슈-
대지	大地(だいち) 다이찌
대책	対策(たいさく) 타이사꾸
	いい対策を考えてください。
	좋은 대책을 생각해 보세요.
대처	対処(たいしょ) 타이쇼
대체로	大体(だいたい) 다이따이
대추(나무)	棗(なつめ) 나쯔메
대출	貸出(かしだ)し 카시다시
대통령	大統領(だいとうりょう) 다이또-료-
대포	大砲(たいほう) 타이호-
대표	代表(だいひょう) 다이효-
대피	待避(たいひ) 타이히
대하(새우)	伊勢海老(いせえび) 이세에비
대학	大学(だいがく) 다이가꾸
대합	蛤(はまぐり) 하마구리
대항	対抗(たいこう) 타이꼬-
대화	対話(たいわ) 타이와

대회	大会(たいかい) 타이까이
댄스	ダンス (dance) 단스
더	もっと 못또
더구나	そのうえに 소노우에니
더듬다	探(さぐ)る 사구루　辿(たど)る 타도루
더러움	汚(よご)れ 요고레
더럽다	汚(きたな)い 키따나이 汚い手は使いたくないです。 더러운 수단을 쓰고 싶지 않습니다.
더럽히다	汚(よご)す 요고스
더불어	ともに 토모니　一緒(いっしょ)に 잇쇼니
더블	ダブル (double) 다부루
더빙	ダビング (dubbing) 다빙구
	吹(ふ)き替(か)え 후끼까에
더욱 더	更(さら)に 사라니　尚更(なおさら) 나오사라
더위	暑(あつ)さ 아쯔사
더하다	加(くわ)える 쿠와에루　足(た)す 타스
덕분	お陰(かげ) 오까게
던지다	投(な)げる 나게루　放(ほう)る 호-루
덤	おまけ 오마께

덤벼들다	飛(と)びかかる 토비카까루
덥다	暑(あつ)い 아쯔이
덧붙여서	ちなみに 치나미니
덧붙이다	付(つ)け加(くわ)える 쯔께쿠와에루
덧없다	儚(はかな)い 하까나이
덩어리	塊(かたまり) 카따마리 氷山(ひょうざん)は氷(こおり)のかたまりだ。 빙산은 얼음 덩어리다.
덫	罠(わな) 와나
덮다	覆(おお)う 오-우
덮치다	襲(おそ)う 오소우
데다	火傷(やけど)をする 야께도오 스루
데리고 가다	連(つ)れていく 쯔레떼이꾸
데모	デモ (demonstration) 데모
데뷔	デビュー (debut) 데뷰-
데스크	デスク (desk) 데스꾸
데우다	温(あたた)める 아타따메루
데이터	データ (data) 데-따
데이트	デート (date) 데-또
데치다	茹(ゆ)でる 유데루

도구	道具(どうぐ) 도-구
도금	鍍金(めっき) 멕끼
도깨비	お化(ば)け 오바께　化(ば)け物(もの) 바께모노
도끼	斧(おの) 오노
도난	盗難(とうなん) 토-낭
도달	到達(とうたつ) 토-따쯔
도대체	一体(いったい) 잇따이
도덕	道徳(どうとく) 도-또꾸
도둑	泥棒(どろぼう) 도로보-
도둑질	盗(ぬす)み 누스미　万引(まんび)き 만비키 万引きは立派な犯罪です。 도둑질은 엄연한 범죄입니다.
도로	道路(どうろ) 도-로
도리	道理(どうり) 도-리
도마	まないた 마나이따
도마뱀	蜥蜴(とかげ) 토까게
도망(가다)	逃亡(とうぼう) 토-보-　逃(に)げる 니게루
도미노	ドミノ (domino) 도미노
도박	賭博(とばく) 토바꾸　博打(ばくち) 바꾸찌
도보	徒歩(とほ) 토호

도시	都市(とし) 토시 都会(とかい) 토까이
도시락	弁当(べんとう) 벤또-
도약	跳躍(ちょうやく) 초-야꾸
도와줌	手伝(てつだ)い 테쯔다이
도움	救(すく)い 스꾸이 手助(てだす)け 테다스께
도입	導入(どうにゅう) 도-뉴-
도자기	陶磁器(とうじき) 토-지끼
	瀬戸物(せともの) 세또모노
도장	判(はん) 항 判子(はんこ) 항꼬
도장(칠)	塗装(とそう) 토소-
도저히	到底(とうてい) 토-떼-
도전	挑戦(ちょうせん) 초-셍
도주	逃走(とうそう) 토-소-
도중	途中(とちゅう) 토쮸-
도착(하다)	到着(とうちゃく) 토-쨔꾸 着(つ)く 쯔꾸
도청	盗聴(とうちょう) 토-쪼-
도취	陶酔(とうすい) 토-스이
도토리	団栗(どんぐり) 동구리

どんぐりの背比べは五十歩百歩と同じ意味です。
도토리 키재기는 오십보백보와 같은 의미입니다.

도표	図表(ずひょう) 즈효-
도피	逃避(とうひ) 토-히
도형	図形(ずけい) 즈께-
독	毒(どく) 도꾸
독립	独立(どくりつ) 도꾸리쯔
독방	一人部屋(ひとりべや) 히또리베야
독사	毒蛇(どくへび) 도꾸헤비
독서	読書(どくしょ) 도꾸쇼
독설	毒舌(どくぜつ) 도꾸제쯔
독수리	鷲(わし) 와시
독신	独身(どくしん) 도꾸싱
독일	ドイツ (Germany) 도이쯔
독자	一人(ひとり)っ子(こ) 히또릭꼬
독재	独裁(どくさい) 도꾸사이
독점	独占(どくせん) 도꾸셍
독창적	独創的(どくそうてき) 도꾸소-떼끼 独創的な作品だから感動を与える。 독창적인 작품이라서 감동을 준다.
독촉	督促(とくそく) 토꾸소꾸
독특한	独特(どくとく)な 도꾸또꾸나

독학	独学(どくがく) 도꾸가꾸
돈	金(かね) 카네　お金(かね) 오까네
돈까스	豚(とん)カツ 통까쯔
돈벌이	金儲(かねもう)け 카네모–께
돋다	生(は)える 하에루　芽(め)ぐむ 메구무
돋보기	虫眼鏡(むしめがね) 무시메가네
돋보이다	目立(めだ)つ 메다쯔
돌	石(いし) 이시
돌다	回(まわ)る 마와루　巡(めぐ)る 메구루
돌려주다	返(かえ)す 카에스
돌리다	回(まわ)す 마와스
돌발	突発(とっぱつ) 톱빠쯔
돌보다	労(いたわ)る 이따와루
	世話(せわ)する 세와스루
돌아가다	帰(かえ)る 카에루
돌아가시다	亡(な)くなる 나꾸나루[별세]
돌아보다	振(ふ)り返(かえ)る 후리카에루
돌연	突然(とつぜん) 토쯔젱
돌입(하다)	突入(とつにゅう) 토쯔뉴–

	突(つ)き込(こ)む 쯔끼꼬무
돌파	突破(とっぱ) 톱빠
돔	ドーム (dome) 도-무
돕다	助(たす)ける 타스께루
	手伝(てつだ)う 테쯔다우
동감	同感(どうかん) 도-깡
동거	同居(どうきょ) 도-꾜 同棲(どうせい) 도-세-
동경(하다)	憧(あこが)れ 아꼬가레
	憧(あこが)れる 아꼬가레루 あの人が私の憧れの女性です。 저 사람이 제가 동경하는 여성입니다.
동굴	洞窟(どうくつ) 도-꾸쯔
	洞穴(ほらあな) 호라아나
동그라미	丸(まる) 마루
동급생	同級生(どうきゅうせい) 도-뀨-세-
동기	動機(どうき) 도-끼
동기	同期(どうき) 도-끼
동등	同等(どうとう) 도-또-
동료	同僚(どうりょう) 도-료-
	仲間(なかま) 나까마

ㄱ ㄴ ㄷ ㄹ ㅁ ㅂ ㅅ ㅇ ㅈ ㅊ ㅋ ㅌ ㅍ ㅎ

동맥	動脈(どうみゃく) 도-먀꾸
동맹	同盟(どうめい) 도-메-
동물	動物(どうぶつ) 도-부쯔
동반(하다)	同伴(どうはん) 도-항 伴(ともな)う 토모나우
동백꽃	椿(つばき) 쯔바끼
동봉	同封(どうふう) 도-후-
동부	東部(とうぶ) 토-부
동서	東西(とうざい) 토-자이
동성	同性(どうせい) 도-세- 同性の結婚をどう思いますか。 동성간의 결혼을 어떻게 생각합니까?
동시	同時(どうじ) 도-지
동아리	やから 야까라 一党(いちとう) 이찌토-
~동안	間(あいだ) 아이다
동양	東洋(とうよう) 토-요-
동의	同意(どうい) 도-이
동의어	同義語(どうぎご) 도-기고
동일	同一(どういつ) 도-이쯔
동작	動作(どうさ) 도-사
동전	小銭(こぜに) 코제니

동점	同点(どうてん) 도-뗑
동정	同情(どうじょう) 도-죠-
동조	同調(どうちょう) 도-쬬-
동지	冬至(とうじ) 토-지
동쪽	東(ひがし) 히가시
동창	同窓(どうそう) 도-소-
동행	同行(どうこう) 도-꼬- 連(つ)れ 쯔레
동화	同化(どうか) 도-까
동화	童話(どうわ) 도-와
돛	帆(ほ) 호
돼지(고기)	豚(ぶた) 부따 豚肉(ぶたにく) 부따니쿠
되다	成(な)る 나루
되도록	なるべく 나루베꾸 なるべく早く到着したい。 되도록 빨리 도착하고 싶다.
되돌리다	返(かえ)す 카에스 戻(もど)す 모도스
되돌아가다	返(かえ)る 카에루
되돌아오다	戻(もど)る 모도루
되살아나다	生(い)き返(かえ)る 이끼까에루
되찾다	取(と)り返(かえ)す 토리까에스

ㄱ ㄴ ㄷ ㄹ ㅁ ㅂ ㅅ ㅇ ㅈ ㅊ ㅋ ㅌ ㅍ ㅎ

	取(と)り戻(もど)す 토리모도스	
되풀이하다	繰(く)り返(かえ)す 쿠리카에스	
된장	味噌(みそ) 미소	
두개골	頭蓋骨(ずがいこつ) 즈가이꼬쯔	
두근두근	どきどき 도끼도끼	
두꺼비	蟇(ひきがえる) 히끼가에루	
두껍다	厚(あつ)い 아쯔이　分厚(ぶあつ)い 부아쯔이	
두께	厚(あつ)さ 아쯔사　厚(あつ)み 아쯔미	
두뇌	頭脳(ずのう) 즈노-	
두다	置(お)く 오꾸	
두더지	土竜(もぐら) 모구라	
두드러기	蕁麻疹(じんましん) 짐마싱	
두드러지다	際立(きわだ)つ 키와다쯔	
두드리다	叩(たた)く 타따꾸	
두려워하다	恐(おそ)れる 오소레루　怖(こわ)がる 코와가루	
	恐れること何(なに)もないよ. 두려워할 건 아무것도 없어.	
두부	豆腐(とうふ) 토-후	
두텁다	篤(あつ)い 아쯔이	
두통	頭痛(ずつう) 즈쯔-	

둔감한	鈍感(どんかん)な 동깐나
둔하다	鈍(にぶ)い 니부이
둘	二(ふた)つ 후따쯔
둘러싸다	囲(かこ)む 카꼬무 取(と)り巻(ま)く 토리마꾸
둘레	周(まわ)り 마와리
둥글다	丸(まる)い 마루이
둥지	巣(す) 스
뒤	後(あと) 아또(시간적) 後(うし)ろ 우시로(공간적)
뒤돌아보다	振(ふ)り返(かえ)る 후리까에루
	振(ふ)り向(む)く 후리무꾸
뒤떨어지다	遅(おく)れる 오꾸레루
뒤섞다	かき混(ま)ぜる 카끼마제루
뒤엎다	覆(くつがえ)す 쿠쯔가에스
뒤지다	劣(おと)る 오또루
뒤집다	引(ひ)っ繰(く)り返(かえ)す 힉꾸리카에스
뒤집어쓰다	かぶる 카부루
뒤집히다	引(ひ)っ繰(く)り返(かえ)る 힉꾸리까에루
뒤쪽	裏側(うらがわ) 우라가와
뒷골목	裏通(うらどお)り 우라도−리

ㄱ
ㄴ
ㄷ
ㄹ
ㅁ
ㅂ
ㅅ
ㅇ
ㅈ
ㅊ
ㅋ
ㅌ
ㅍ
ㅎ

裏通りの食堂に入ろう。
<ruby>裏通<rt>うらどお</rt></ruby>りの<ruby>食堂<rt>しょくどう</rt></ruby>に<ruby>入<rt>はい</rt></ruby>ろう。
뒷골목 식당에 들어가자.

뒷맛	**後味(あとあじ)** 아또아지
뒷면	**裏(うら)** 우라
뒷바라지	**介護(かいご)** 카이고
뒹굴다	**寝転(ねころ)ぶ** 네꼬로부
듀엣	**デュエット (duet)** 듀엣또
드디어	**とうとう** 토-또-
드라마	**ドラマ (drama)** 도라마
드라이어	**ドライヤー (drier)** 도라이야-
드라이브	**ドライブ (drive)** 도라이부
드러내다	**剝(む)き出(だ)す** 무끼다스
드럼	**ドラム (drum)** 도라무
드레스	**ドレス (dress)** 도레스
드레싱	**ドレッシング (dressing)** 도렛싱구
드릴	**ドリル (drill)** 도리루
드문	**稀(まれ)な** 마레나
드물다	**珍(めずら)しい** 메즈라시-
드시다	**召(め)し上(あ)がる** 메시아가루
득실	**得失(とくしつ)** 토쿠시쯔

득점	得点(とくてん) 토꾸뗑
듣다	聞(き)く 키꾸
들것	担架(たんか) 탕까
들다	挙(あ)げる 아게루　持(も)つ 모쯔
들려주다	聞(き)かせる 키까세루
들르다	立(た)ち寄(よ)る 타찌요루
들리다	聞(き)こえる 키꼬에루
들어가다	入(はい)る 하이루
들여다보다	覗(のぞ)く 노조꾸
들이대다	突(つ)き付(つ)ける 쯔끼쯔께루
들이받다	ぶっつける 붓쯔께루
들키다	ばれる 바레루
들판	野原(のはら) 노하라
듬뿍	たっぷり 탑뿌리
등	背(せ) 세　背中(せなか) 세나까
～등	など 나도
등교	登校(とうこう) 토-꼬-
등급	級(きゅう) 큐-　等級(とうきゅう) 토-뀨- 商品(しょうひん)に級をつけました。 상품에 등급을 매겼습니다.

등대	灯台(とうだい) 토-다이
등록	登録(とうろく) 토-로꾸
등뼈	背骨(せぼね) 세보네
등산	登山(とざん) 토장
	山登(やまのぼ)り 야마노보리
등심살	ヒレ肉(にく) 히레니꾸
등유	灯油(とうゆ) 토-유
등장	登場(とうじょう) 토-죠-
디너	ディナー (dinner) 디나-
디스카운트	ディスカウント (discount) 디스까운또
디스크	ディスク (disk) 디스꾸
디자인	デザイン (design) 데자잉
디저트	デザート (dessert) 데자-또
디지털	デジタル (digital) 데지따루
딜레마	ジレンマ (dilemma) 지렘마
	ジレンマに陥(おちい)ることになった. 딜레마에 빠지게 됐다.
따다	摘(つ)む 쯔무
따돌리다	除(の)け者(もの)にする 노께모노니스루
따뜻하다	暖(あたた)かい 아따따까이

따뜻해지다	暖(あたた)まる	아따따마루
따라가다	従(したが)う	시따가우
따라붙다	追(お)いつく	오이쯔꾸
따라서	応(おう)じて	오–지떼
따로따로	別々(べつべつ)	베쯔베쯔
따르다	注(つ)ぐ	쯔구 (액체를 붓다)
따르다	懐(なつ)く	나쯔꾸 (애정·존경으로 추종)
따분함	退屈(たいくつ)	타이꾸쯔
따지다	ただす	타다스
딱딱하다	ぎこちない	기꼬찌나이 (어색하다)
딸	娘(むすめ)	무스메
딸기	苺(いちご)	이찌고
딸꾹질	しゃっくり	샥꾸리
땀	汗(あせ)	아세
	なんでそんなに汗をかいているの。 왜 그렇게 땀을 흘리고 있니?	
땅	土地(とち)	토찌
땅콩	落花生(らっかせい)	락까세–
땋다	結(ゆ)う	유우

때	時(とき) 토끼
때(더러움)	垢(あか) 아까
때늦음	手遅(ておく)れ 테오꾸레
때때로	時々(ときどき) 토끼도끼　時(とき)たま 토끼타마
때리다	殴(なぐ)る 나구루
떠나다	去(さ)る 사루　旅立(たびだ)つ 타비다쯔
떠내다	掬(すく)う 스꾸우
떠돌다	漂(ただよ)う 타다요우
떠들다	騒(さわ)ぐ 사와구
떠맡다	引(ひ)き受(う)ける 히키우께루
떠오르다	浮(う)く 우꾸
떡	餅(もち) 모찌
떨(리)다	震(ふる)える 후루에루
떨어뜨리다	落(お)とす 오또스
떨어지다(간격)	離(はな)れる 하나레루
떨어지다(수직)	落(お)ちる 오찌루
떫다	渋(しぶ)い 시부이
떼	群(むれ) 무레
떼다	離(はな)す 하나스　外(はず)す 하즈스

또	又(また) 마따	
똑바로	まっすぐ 맛스구	ただしく 타다시꾸
똥	うんこ 웅꼬	糞(くそ) 쿠소
뚜껑	蓋(ふた) 후따	
뚜렷이	めっきり 멕끼리	
뚫다	貫(つらぬ)く 쯔라누꾸　空(あ)ける 아께루 板に穴を空けてください。 판에 구멍을 뚫어주세요.	
뛰다	跳(と)ぶ 토부　跳(は)ねる 하네루	
뛰어나다	優(すぐ)れる 스구레루	
뛰어나오다	飛(と)び出(だ)す 토비다스	
뛰어넘다	飛(と)び越(こ)える 토비꼬에루	
뛰어들다	飛(と)び込(こ)む 토비꼬무	
뜨겁다	熱(あつ)い 아쯔이	
뜨다(눈을)	開(あ)ける 아께루	
뜨다(물에)	浮(う)かぶ 우까부	
뜯다	切(き)り取(と)る 키리토루	
뜰	庭(にわ) 니와	
뜻	意味(いみ) 이미	
	志(こころざし) 코꼬로자시(의지)	

뜻밖에	**案外(あんがい)** 앙가이 **問題(もんだい)は案外やさしかった。** 문제는 뜻밖에 쉬웠다.
뜻밖이다	**意外(いがい)だ** 이가이다
뜻하다	**意味(いみ)する** 이미스루
띄우다	**浮(う)かべる** 우까베루
띠	**帯(おび)** 오비

ㄹ

라면	ラーメン 라–멩
라벨	ラベル (label) 라베루
라스트	ラスト (last) 라스또
라이벌	ライバル (rival) 라이바루
라이브	ライブ (live) 라이부
라이선스	ライセンス (license) 라이센스
라이트	ライト (light) 라이또
라켓	ラケット (racket) 라껫또
란제리	ランジェリー (lingerie) 란제리–
램프	ランプ (lamp) 람뿌
랩	ラップ (wrap) 랍뿌
러시아	ロシア (Russia) 로시아
레귤러	レギュラー (regular) 레규라–
레몬	レモン (lemon) 레몽
레벨	レベル (level) 레베루
레스토랑	レストラン (restaurant) 레스또랑

레슨	レッスン (lesson) 렛승
레이저	レーザー (laser) 레-자-
레인지	レンジ (range) 렌지
레저	レジャー (leisure) 레쟈-
렌즈	レンズ (lens) 렌즈
렌터카	レンタカー (rent-a-car) 렌따까-
렌털	レンタル (rental) 렌따루 自転車のレンタル料はいくらですか。 자전거 대여료는 얼마입니까?
로맨스	ロマンス (romance) 로만스
로맨틱	ロマンチック (romantic) 로만찍꾸
로봇	ロボット (robot) 로봇또
로비	ロビー (lobby) 로비-
로션	ローション (lotion) 로-숑
로스트	ロースト (roast) 로-스또
로커	ロッカー (locker) 록까-
로켓	ロケット (rocket) 로켇또
로터리	ロータリー (rotary) 로-따리-
로테이션	ローテーション (rotation) 로-떼-숑
로프	ロープ (rope) 로-뿌

론	ローン (loan) 로-온
	毎月住宅ローンを返している。 매월 주택융자금을 갚고 있다.
루비	ルビー (ruby) 루비-
루즈	ルージュ (rouge) 루-쥬
	口紅(くちべに) 쿠찌베니
루트	ルート (route) 루-또
룰	ルール (rule) 루-루
룸	ルーム (room) 루-무
류머티즘	リューマチ (rheumatism) 류-마찌
리더	リーダー (leader) 리-다-
리드	リード (lead) 리-도
리듬	リズム (rhythm) 리즈무
리모컨	リモコン (remote control) 리모꽁
리본	リボン (ribbon) 리봉
리셉션	レセプション (reception) 레세뿌숑
리스	リース (lease) 리-스
리스크	リスク (risk) 리스꾸
리스트	リスト (list) 리스또
리어카	リヤカー (일 rear car) 리야카-

ㄱ
ㄴ
ㄷ
ㄹ
ㅁ
ㅂ
ㅅ
ㅇ
ㅈ
ㅊ
ㅋ
ㅌ
ㅍ
ㅎ

리조트	リゾート (resort) 리조-또
리퀘스트	リクエスト (request) 리쿠에스또
리터	リットル (liter) 릿또루
리포트	レポート (report) 레뽀-또
리허설	リハーサル (rehearsal) 리하-사루 あした　ほんばん 明日が本番だから、リハーサルをやっている。 내일은 본행사니까, 리허설을 하고 있다.
린스	リンス (rinse) 린스
릴랙스	リラックス (relaxation) 리락꾸스
릴레이	リレー (relay) 리레-
링	リング (ring) 링구

ㅁ

마감	締(し)め切(き)り 시메끼리
마개	栓(せん) 셍
마네킹	マネキン (mannequin) 마네낑
마녀	魔女(まじょ) 마죠
마늘	大蒜(にんにく) 닌니꾸
마니아	マニア (maniac) 마니아
마디	節(ふし) 후시
마라톤	マラソン (marathon) 마라송
마련하다	設(もう)ける 모-께루 出会(であ)いの機会(きかい)を設ける。 만남의 기회를 마련하다.
마루	床(とこ) 토꼬 床(ゆか) 유까
마르다	乾(かわ)く 카와꾸(건조) 渇(かわ)く 카와꾸 (갈증)
마름모	菱形(ひしがた) 히시가따
마마보이	マザコン (mother complex) 마자꽁
마무리	仕上(しあ)げ 시아게
	後始末(あとしまつ) 아또시마쯔

마법	魔法(まほう) 마호-
마비	麻痺(まひ) 마히
마사지	マッサージ (massage) 맛사-지
마술	手品(てじな) 테지나
마스코트	マスコット (mascot) 마스꼿또
마스크	マスク (mask) 마스꾸
마스터	マスター (master) 마스따
마시다	飲(の)む 노무
마실것	飲(の)み物(もの) 노미모노
마약	麻薬(まやく) 마야꾸
마요네즈	マヨネーズ (mayonnaise) 마요네-즈
마우스	マウス (mouse) 마우스
마을	村(むら) 무라　里(さと) 사또
마음	心(こころ) 코꼬로　気分(きぶん) 키붕
마음편한	気楽(きらく)な 키라꾸나 気楽な会話をするのが難しい。 마음 편한 대화를 하기가 어렵다.
마이너	マイナー (minor) 마이나-
마이너스	マイナス (minus) 마이나스
마이크	マイク (microphone) 마이꾸

마주보다	向(む)かい合(あ)う 무까이아우
마중나가다	出迎(でむか)える 데무까에루
마지막	終(おわ)り 오와리　最後(さいご) 사이고
마지못해	やむを得(え)ず 야무오에즈
마진	マージン (margin) 마-징
마찬가지	同様(どうよう) 도-요-
	おなじこと 오나지코또
마찰	摩擦(まさつ) 마사쯔
마천루	摩天楼(まてんろう) 마뗀로-
마취	麻酔(ますい) 마스이
마치	まるで 마루데　ちょうど 쵸-도
마치다	終(お)える 오에루　済(す)ます 스마스
마침	折(おり)よく 오리요꾸
마침내	やっと 얏또　遂(つい)に 쯔이니
마크	マーク (mark) 마-꾸
막	幕(まく) 마꾸
막내	末(すえ)っ子(こ) 스엣꼬
막다	防(ふせ)ぐ 후세구(방어, 방지)
막다	塞(ふさ)ぐ 후사구(가로막다)

ㄱ ㄴ ㄷ ㄹ ㅁ ㅂ ㅅ ㅇ ㅈ ㅊ ㅋ ㅌ ㅍ ㅎ

막다	阻(はば)む 하바무(방해)
막다른 곳	行(ゆ)き止(ど)まり 유끼도마리
막대한	莫大(ばくだい)な 바꾸다이나 莫大(ざいさん)な財産を相続(そうぞく)した。 막대한 재산을 상속했다.
막바지	土壇場(どたんば) 도땀바
막연하게	漠然(ばくぜん)と 바꾸젠또
막차(전철)	終電(しゅうでん) 슈-뎅
막판	終局(しゅうきょく) 슈-쿄쿠
막히다	塞(ふさ)がる 후사가루(구멍이나 통로가)
막히다	支(つか)える 쓰까에루 (진행, 대답)
막히다	滞(とどこお)る 토도꼬-루(정체되다)
막히다	詰(つ)まる 쓰마루(가득 차다, 궁하다)
만	万(まん) 망
만국	万国(ばんこく) 방꼬꾸
만기	満期(まんき) 망끼
만끽	満喫(まんきつ) 망끼쯔
만나다	会(あ)う 아우
만년필	万年筆(まんねんひつ) 만넹히쯔
만능	万能(ばんのう) 반노-

만두	**餃子(ぎょうざ)** 교-자
만드는법	**作(つく)り方(かた)** 쯔꾸리까따 作り方を学びたいです。 만드는 법을 배우고 싶습니다.
만들다	**作(つく)る** 쯔꾸루　**拵(こしら)える** 코시라에루
만들어내다	**作(つく)り出(だ)す** 쯔꾸리다스
만사	**万事(ばんじ)** 반지
만성	**慢性(まんせい)** 만세-
만세	**万歳(ばんざい)** 반자이
만약	**もし** 모시　**万(まん)が一(いち)** 망가이찌
만연	**蔓延(まんえん)** 망엥
만원	**満員(まんいん)** 망잉
만일	**万一(まんいち)** 망이찌
만장일치	**満場一致(まんじょういっち)** 만죠-잇찌
만점	**満点(まんてん)** 만뗑
만족	**満足(まんぞく)** 만조꾸
만지다	**触(さわ)る** 사와루　**いじる** 이지루
만찬	**晩餐(ばんさん)** 반상
만행	**蛮行(ばんこう)** 방꼬-
만화	**漫画(まんが)** 망가

ㄱ
ㄴ
ㄷ
ㄹ
ㅁ
ㅂ
ㅅ
ㅇ
ㅈ
ㅊ
ㅋ
ㅌ
ㅍ
ㅎ

만회하다	挽回(ばんかい)する 방까이스루
많다	多(おお)い 오-이 多(おお)かれ少(すく)なかれ財産(ざいさん)を持(も)っている。 많든적든 재산을 갖고 있다.
많이	沢山(たくさん) 타꾸상
말	馬(うま) 우마
말	言葉(ことば) 코또바
말없는	無口(むくち)な 무꾸찌나
말괄량이	お転婆(てんば) 오템바
말기	末期(まっき) 막끼
말다툼	言(い)い争(あらそ)い 이이아라소이
말단	下(した)っ端(ぱ) 시땁빠 下(した)っ端(ぱ)じゃなくて社長(しゃちょう)を呼(よ)んでくれ。 말단 말고 사장을 불러줘.
말대꾸하다	言(い)い返(かえ)す 이이까에스
말뚝	杭(くい) 쿠이
말리다(건조)	干(ほ)す 호스　乾(かわ)かす 카와까스
말리다	引(ひ)き留(と)める 히끼토메루(만류하다)
말버릇	口癖(くちぐせ) 쿠찌구세
말살	抹殺(まっさつ) 맛사쯔
말썽	言(い)い掛(が)り 이이가까리

말투	言葉(ことば)づかい 코또바즈까이
말하다	言(い)う 이우　話(はな)す 하나스
말하자면	言(い)わば 이와바
맑다	清(きよ)い 키요이　晴(は)れる 하레루(날씨)
맑음	晴(は)れ 하레
맛(보기)	味(あじ) 아지　味見(あじみ) 아지미
맛보다	味(あじ)わう 아지와우
맛없다	不味(まず)い 마즈이
맛있다	美味(おい)しい 오이시-
	旨(うま)い 우마이(남성어)
망각	忘却(ぼうきゃく) 보-꺄꾸
망상	妄想(もうそう) 모-소-
망설이다	迷(まよ)う 마요우　躊躇(ためら)う 타메라우 どっちにするか選択(せんたく)に迷(まよ)っている。 어느 걸로 할까 선택에 망설이고 있다.
망설임	躊躇(ためら)い 타메라이
망원경	望遠鏡(ぼうえんきょう) 보-엔꾜-
망치	金槌(かなづち) 카나즈찌
	ハンマー (hammer) 함마-
망치다	台無(だいな)しにする 다이나시니 스루

일본어 단어 | 505

망하다	滅(ほろ)びる	호로비루
맞벌이	共働(ともばたら)き	토모바따라끼
맞붙다	取(と)り組(く)む	토리꾸무
맞서다	立(た)ち向(む)かう	타찌무까우
맞선	お見合(みあ)い	오미아이
맞이하다	迎(むか)える	무까에루
맞장구	相槌(あいづち)	아이즈찌
맞추다	合(あ)わせる	아와세루
맞히다	当(あ)てる	아떼루
맡기다	任(まか)せる	마까세루(부탁)
	預(あず)ける	아즈께루(보관시킴)
	委(ゆだ)ねる	유다네루(위임하다)
맡다	預(あず)かる	아즈까루
	引(ひ)き受(う)ける	히끼우께루
매(~마다)	毎(まい) 마이 ~ごと 고또	
매(조류)	鷹(たか)	타까
매끈한	滑(なめ)らかな	나메라까나
	つるつるの	쯔루쯔루노
매너	マナー (manner)	마나-

매너리즘	マンネリ (mannerism) 만네리
매년	毎年(まいとし) 마이또시
매뉴얼	マニュアル (manual) 마뉴아루
매니큐어	マニキュア (manicure) 마니뀨아
매다	結(むす)ぶ 무스부
매달	毎月(まいつき) 마이쯔끼
매달다	吊(つ)るす 쯔루스
매듭	結(むす)び目(め) 무스비메
매력	魅力(みりょく) 미료꾸 魅力的なお嬢さんと付き合いたい。 매력적인 아가씨와 사귀고 싶다.
매료	魅了(みりょう) 미료-
매매	売買(ばいばい) 바이바이
매미	蝉(せみ) 세미
매번	毎度(まいど) 마이도
매상	売(う)り上(あ)げ 우리아게
매수	買収(ばいしゅう) 바이슈-
매스컴	マスコミ (mass communication) 마스꼬미
매실	梅(うめ) 우메
매연	煤煙(ばいえん) 바이엥

ㄱ ㄴ ㄷ ㄹ ㅁ ㅂ ㅅ ㅇ ㅈ ㅊ ㅋ ㅌ ㅍ ㅎ

매우	大変(たいへん) 타이헨　とても 토떼모
매운맛	辛口(からくち) 카라꾸찌 辛口のカレーライスを頼(たの)みます。 매운맛 카레라이스를 부탁합니다.
매월	毎月(まいつき) 마이쯔끼
매일	毎日(まいにち) 마이니찌
매장	売(う)り場(ば) 우리바　売店(ばいてん) 바이뗑
매장	埋葬(まいそう) 마이소-
매점	キオスク (kiosk) 키오스꾸
매주	毎週(まいしゅう) 마이슈-
매진	売(う)り切(き)れ 우리끼레
매체	媒体(ばいたい) 바이따이
매춘	売春(ばいしゅん) 바이슝
매출	売(う)り出(だ)し 우리다시
매표소	切符(きっぷ)売(う)り場(ば) 킵푸우리바
매화	梅(うめ) 우메
맥	脈(みゃく) 먀꾸
맥주	ビール (네 bier) 비-루
맨발	裸足(はだし) 하다시　素足(すあし) 스아시
맨살	素肌(すはだ) 스하다

맨션	マンション 만숀 (큰저택, 고층아파트)
맨손	素手(すで) 스데
맵다	辛(から)い 카라이
맹렬한	猛烈(もうれつ)な 모-레쯔나
맹세하다	誓(ちか)う 치까우 一生愛することを誓います。 평생 사랑할 것을 맹세합니다.
맹수	猛獣(もうじゅう) 모-쥬-
맹장	盲腸(もうちょう) 모-쬬-
맺다	結(むす)ぶ 무스부
머리	頭(あたま) 아따마
머리말	前書(まえが)き 마에가끼
머리카락	髪(かみ) 카미 髪(かみ)の毛(け) 카미노께
머무르다	留(とど)まる 토도마루
머뭇거리다	ためらう 타메라우
머지않아	間(ま)もなく 마모나꾸
머플러	マフラー (muffler) 마후라-
먹다	食(た)べる 타베루 食(く)う 쿠우(약간 속어)
먹을 것	食(た)べ物(もの) 타베모노
먹이	餌(えさ) 에사 餌食(えじき) 에지끼

먼저	まず 마즈　先(さき)に 사끼니
먼지	塵(ちり) 치리　埃(ほこり) 호꼬리 部屋が埃だらけになった。 へ や 방이 먼지투성이가 되었다.
멀다	遠(とお)い 토-이
멀리하다	遠(とお)ざける 토-자께루
멀어지다	遠(とお)ざかる 토-자까루
멈추게하다	止(と)める 토메루　止(や)める 야메루
멈추다	止(と)まる 토마루　止(や)む 야무
멋	洒落(しゃれ) 샤레
멋대로	勝手(かって)に 캇떼니
멋있다	かっこいい 칵꼬이-　素敵(すてき)だ 스떼끼다
멋쟁이	お洒落(しゃれ) 오샤레
멋지다	素晴(すば)らしい 스바라시-
멍	痣(あざ) 아자
멎다	止(や)む 야무
메뉴	メニュー (menu) 메뉴-
메달	メダル (medal) 메다루
메뚜기	ばった 밧따
메리트	メリット (merit) 메릿또

메모	メモ (memo) 메모
	覚(おぼ)え書(が)き 오보에가끼
메모리	メモリー (memory) 메모리-
메모하다	書(か)き留(と)める 카끼토메루
메시지	メッセージ (message) 멧세-지
메아리	木霊(こだま) 코다마　山彦(やまびこ) 야마비꼬
메우다	埋(う)め立(た)てる 우메타떼루 海(うみ)を埋め立てて空港(くうこう)にした。 바다를 메워서 공항으로 만들었다.
메워지다	埋(う)まる 우마루
메이크업	メーキャップ (makeup) 메-꺄뿌
메추라기	鶉(うずら) 우즈라
메커니즘	メカニズム (mechanism) 메까니즈무
멜로디	メロディー (melody) 메로디-
멜론	メロン (melon) 메롱
멤버	メンバー (member) 멤바-
멧돼지	猪(いのしし) 이노시시
면담	面談(めんだん) 멘당
면도기	剃(かみ)そり 카미소리
면도하다	ひげを剃(そ)る 히게오 소루

면목	**面目**(めんもく) 멘모꾸
면밀한	**綿密**(めんみつ)**な** 멤미쯔나
면세	**免税**(めんぜい) 멘제-
면역	**免疫**(めんえき) 멩에끼
면적	**面積**(めんせき) 멘세끼
면접	**面接**(めんせつ) 멘세쯔 あした めんせつしけん ひ 明日が面接試験の日だ。 내일이 면접시험날이다.
면제	**免除**(めんじょ) 멘죠
면하다	**免**(まぬが)**れる** 마누가레루
면허	**免許**(めんきょ) 멩꾜
면회	**面会**(めんかい) 멩까이
멸망시키다	**滅**(ほろ)**ぼす** 호로보스
멸망하다	**滅**(ほろ)**びる** 호로비루
명랑한	**朗**(ほが)**らかな** 호가라까나
	明朗(めいろう)**な** 메-로-나
명령	**命令**(めいれい) 메-레-
	言(い)**い付**(つ)**け** 이이쯔께
명물	**名物**(めいぶつ) 메-부쯔
명백한	**明白**(めいはく)**な** 메-하꾸나

명백함	明(あき)らか 아끼라까
명성	名声(めいせい) 메–세–
명소	名所(めいしょ) 메–쇼
명심하다	肝(きも)に銘(めい)ずる 키모니 메–즈루
명예	名誉(めいよ) 메–요 名誉毀損で訴えます。 명예훼손으로 고소합니다.
명인	名人(めいじん) 메–징
명작	名作(めいさく) 메–사꾸
명중	命中(めいちゅう) 메–쮸– 当(あ)たり 아따리
명중하다	当(あ)たる 아따루
명찰	名札(なふだ) 나후다
명쾌한	明快(めいかい)な 메–까이나
명하다	命(めい)じる 메–지루
명함	名刺(めいし) 메–시
명확한	明確(めいかく)な 메–까꾸나
몇개	幾(いく)つ 이꾸쯔
몇년	数年(すうねん) 스–넹
모국	母国(ぼこく) 보꼬꾸
모금	募金(ぼきん) 보낑

ㄱ
ㄴ
ㄷ
ㄹ
ㅁ
ㅂ
ㅅ
ㅇ
ㅈ
ㅊ
ㅋ
ㅌ
ㅍ
ㅎ

일본어 단어 | 513

모기	蚊(か) 카
모내기	田植(たうえ)え 타우에
모노레일	モノレール (monorail) 모노레-루
모니터	モニター (monitor) 모니따-
모델	モデル (model) 모데루
모독	冒涜(ぼうとく) 보-또꾸
모두	皆(みんな) 민나　全部(ぜんぶ) 젬부
모래	砂(すな) 스나
모레	明後日(あさって) 아삿떼
모른체하다	しらばくれる 시라바꾸레루
모발	毛髪(もうはつ) 모-하쯔
모방	模倣(もほう) 모호- このスマホは模倣した物に過ぎない。 이 스마트폰은 모방한 것에 불과하다.
모범	模範(もはん) 모항
모서리	角(かど) 카도
모순	矛盾(むじゅん) 무쥰
모습	姿(すがた) 스가따
모양	模様(もよう) 모요-　有様(ありさま) 아리사마
모욕	侮辱(ぶじょく) 부죠꾸

모유	母乳(ぼにゅう) 보뉴-
모으다	集(あつ)める 아쯔메루 合(あ)わせる 아와세루
모이다	集(あつ)まる 아쯔마루 溜(た)まる 타마루
모임	会(かい) 카이 集(あつ)まり 아쯔마리
모자	帽子(ぼうし) 보-시
모자라다	足(た)りない 타리나이 欠(か)ける 카께루
모자이크	モザイク (mosaic) 모자이꾸
모조리	すっかり 슥까리
모집	募集(ぼしゅう) 보슈-
모처럼	せっかく 섹까꾸
모친	母親(ははおや) 하하오야
모터	モーター (motor) 모-따- モーターボートの運転(うんてん)が出来(でき)ますか。 모터보트 운전은 할 수 있어요?
모토	モットー (motto) 못또-
모퉁이	角(かど) 카도
모포	毛布(もうふ) 모-후
모피	毛皮(けがわ) 케가와
모험	冒険(ぼうけん) 보-껭
모형	模型(もけい) 모께-

ㄱ ㄴ ㄷ ㄹ ㅁ ㅂ ㅅ ㅇ ㅈ ㅊ ㅋ ㅌ ㅍ ㅎ

목(구멍)	喉(のど) 노도
목격	目撃(もくげき) 모꾸게끼
목도리	えりまき 에리마끼
목록	目録(もくろく) 모꾸로꾸
목마르다	喉(のど)が渇(かわ)く 노도가 카와꾸
목발	松葉杖(まつばづえ) 마쯔바즈에
목수	大工(だいく) 다이꾸
목숨	命(いのち) 이노찌
목요일	木曜日(もくようび) 모꾸요-비
목욕탕	風呂場(ふろば) 후로바
	銭湯(せんとう) 센토-(공중)
목이 메다	噎(む)せる 무세루
목장	牧場(ぼくじょう/まきば) 보꾸죠-/마끼바
목재	木材(もくざい) 모꾸자이
목적(지)	目的(もくてき) 모꾸떼끼
	行(ゆ)き先(さき) 유끼사끼
목조	木造(もくぞう) 모꾸조- (건축)
목차	目次(もくじ) 모꾸지
목표	目安(めやす) 메야스　目標(もくひょう) 모꾸효-

몫	**分(わ)け前(まえ)** 와께마에
	取(と)り分(ぶん) 토리붕 じぶん ようきゅう 自分の分け前を要求するだけです。 자기 몫을 요구하는 것뿐입니다.
몰두	**没頭(ぼっとう)** 봇또–
몰락	**没落(ぼつらく)** 보쯔라꾸
몸	**身(み)** 미 **体(からだ)** 카라다
몸값	**身代金(みのしろきん)** 미노시로낑
몸짓	**身振(みぶ)り** 미부리
몸통	**胴(どう)** 도– **胴体(どうたい)** 도–따이
몹시	**大変(たいへん)** 타이헹
못	**釘(くぎ)** 쿠기(쇠) **たこ** 타꼬(피부)
몽타주	**モンタージュ** (프 montage) 몽따–쥬
묘	**墓(はか)** 하까
묘기	**妙技(みょうぎ)** 묘–기
묘미	**妙味(みょうみ)** 묘–미
묘사	**描写(びょうしゃ)** 뵤–샤
묘안	**妙案(みょうあん)** 묘–안 うか 妙案が浮ばないな。 묘안이 떠오르지 않네.
묘지	**墓場(はかば)** 하까바 **墓地(ぼち)** 보찌

ㄱ ㄴ ㄷ ㄹ ㅁ ㅂ ㅅ ㅇ ㅈ ㅊ ㅋ ㅌ ㅍ ㅎ

묘한	妙(みょう)な 묘-나
무	大根(だいこん) 다이꽁
무겁다	重(おも)い 오모이
무게	重(おも)さ 오모사(물리적)
	重(おも)み 오모미(정신적)
무관	無関係(むかんけい) 무깡께-
무관심	無関心(むかんしん) 무깐싱
무기	武器(ぶき) 부끼
무기력	無気力(むきりょく) 무끼료꾸
무기한	無期限(むきげん) 무끼겡
무난한	無難(ぶなん)な 부난나
무너뜨리다	崩(くず)す 쿠즈스
무너지다	崩(くず)れる 쿠즈레루 大(おお)きな橋(はし)が崩れてしまった。 큰 다리가 무너져 버렸다.
무능	無能(むのう) 무노-
무늬	柄(がら) 가라
무대	舞台(ぶたい) 부따이
무덥다	蒸(む)し暑(あつ)い 무시아쯔이
무드	ムード (mood) 무-도

무뚝뚝한	無愛想(ぶあいそう)な 부아이소-나	
무럭무럭	すくすく 스꾸스꾸　むくむく 무꾸무꾸	
무력	武力(ぶりょく) 부료꾸	
무례	無礼(ぶれい) 부레-	
무료	無料(むりょう) 무료-	
무르다	もろい 모로이　弱い 요와이(약하다)	
무르익다	熟(じゅく)す 쥬꾸스	
무릎(꿇다)	膝(ひざ) 히자　跪(ひざまず)く 히자마즈꾸	
무리	無理(むり) 무리	
무명	無名(むめい) 무메-	
무모	無謀(むぼう) 무보- 無謀な計画はうまく行かないだろう。 무모한 계획은 잘 이루어지지 않을 것이다.	
무법	無法(むほう) 무호-	
무사	武士(ぶし) 부시　侍(さむらい) 사무라이	
무사히	無事(ぶじ)に 부지니	
무상	無償(むしょう) 무쇼- (댓가 없음)	
무서워하다	恐(おそ)れる 오소레루	
	恐怖(こわ)がる 코와가루	
무선	無線(むせん) 무셍	

무섭다	恐(おそ)ろしい 오소로시-
	恐怖(こわ)い 코와이
무성하다	茂(しげ)る 시게루
무수한	無数(むすう)の 무스-노
무슨 일	何事(なにごと) 나니고또
무승부	引(ひ)き分(わ)け 히끼와께
	ドロー (draw) 도로-
무시	無視(むし) 무시
무신론	無神論(むしんろん) 무신롱
무심	無心(むしん) 무싱
	無頓着(むとんちゃく) 무똔짜꾸
무언	無言(むごん) 무공
무엇	何(なに) 나니
무역	貿易(ぼうえき) 보-에끼
무용	舞踊(ぶよう) 부요-
무의미	無意味(むいみ) 무이미 遅(おそ)く行(い)っても無意味だよ。 늦게 가봤자 무의미하다.
무익	無益(むえき) 무에끼
	不経済(ふけいざい) 후께-자이

무인도	無人島(むじんとう)	무진또-
무일푼	一文(いちもん)なし	이찌몽나시
무장	武装(ぶそう)	부소-
무제한	無制限(むせいげん)	무세-겡
무조건	無条件(むじょうけん)	무죠-껭
무좀	水虫(みずむし)	미즈무시
무죄	無罪(むざい)	무자이
무지	無知(むち)	무찌 (무식함)
무지개	虹(にじ)	니지
무직	無職(むしょく)	무쇼꾸
무찌르다	打(う)ち倒(たお)す	우찌따오스
무참한	無惨(むざん)な	무잔나
무책임	無責任(むせきにん)	무세끼닝
무한	無限(むげん)	무겡
무형	無形(むけい)	무께-
무효	無効(むこう)	무꼬-
묵다	泊(と)まる	토마루
묵묵히	黙(だま)って	다맛떼
	黙々(もくもく)と	모꾸모꾸또

묵비권	黙秘権(もくひけん) 모꾸히껭
묵인	黙認(もくにん) 모꾸닝
묵직하게	どっしり 돗시리
묶다	結(むす)ぶ 무스부　縛(しば)る 시바루
문	門(もん) 몽　戸(と) 토　ドア (door) 도아 戸をしっかり閉めておいて。 문을 꽉 닫아둬.
문구	文句(もんく) 몽꾸
문득	ふと 후또　偶然(ぐうぜん)に 구―젠니
문맹	文盲(もんもう) 몸모―
문명	文明(ぶんめい) 붐메―
문방구	文房具(ぶんぼうぐ) 붐보―구
문법	文法(ぶんぽう) 붐뽀―
문병	見舞(みま)い 미마이
문서	文書(ぶんしょ) 분쇼
문신	入(い)れ墨(ずみ) 이레즈미
문어	蛸(たこ) 타꼬
문의	問(と)い合(あ)わせ 토이아와세
문제	問題(もんだい) 몬다이
문지르다	擦(こす)る 코스루　擦(す)る 스루

문짝	扉(とびら) 토비라
문체	文体(ぶんたい) 분따이
문패	表札(ひょうさつ) 효-사쯔
문학	文学(ぶんがく) 붕가꾸
문화	文化(ぶんか) 붕까
묻다	埋(う)める 우메루 母(はは)の胸(むね)に顔(かお)を埋めた。 어머니 가슴에 얼굴을 묻었다.
묻다(질문)	尋(たず)ねる 다즈네루 問(と)う 토우
물	水(みず) 미즈
물가	物価(ぶっか) 북까
물거품	水(みず)の泡(あわ) 미즈노 아와
물건	物(もの) 모노 品(しな) 시나
물고기	魚(さかな) 사카나
물구나무서기	逆立(さかだ)ち 사까다찌
물들다	色付(いろづ)く 이로즈꾸
물들이다	染(そ)める 소메루
물러나다	退(しりぞ)く 시리조꾸 退(ど)く 도꾸
물레방아	水車(すいしゃ) 스이샤
물려받다	受(う)け継(つ)ぐ 우께쯔구

ㄱ
ㄴ
ㄷ
ㄹ
ㅁ
ㅂ
ㅅ
ㅇ
ㅈ
ㅊ
ㅋ
ㅌ
ㅍ
ㅎ

물려주다	譲(ゆず)る 유즈루
물론	勿論(もちろん) 모찌롱 無論(むろん) 무롱
물리다	あきる 아끼루(싫증나다)
물리다	咬(か)まれる 카마레루(개에게)
물리치다	退(しりぞ)ける 시리조께루
물방울	滴(しずく) 시즈꾸
물병	水差(みずさ)し 미즈사시
물보라	飛沫(しぶき) 시부끼
물색	物色(ぶっしょく) 붓쇼꾸
물장사	水商売(みずしょうばい) 미즈쇼-바이
물질	物質(ぶっしつ) 붓시쯔 ぶっしつてき えんじょ 物質的な援助はありがたい。 물질적인 원조는 감사하다.
물집	水脹(みずぶく)れ 미즈부꾸레
물체	物体(ぶったい) 붓따이
물품	品物(しなもの) 시나모노
묽다	水(みず)っぽい 미즛뽀이
뭉치	固(かた)まり 카타마리
뭍	陸(りく) 리꾸
뭔가	何(なに)か 나니까

	何か飲み物がほしい。 뭔가 마실 것을 원한다.
뮤지컬	ミュージカル (musical) 뮤-지까루
미각	味覚(みかく) 미까꾸
미개	未開(みかい) 미까이
미국	アメリカ(America) 아메리까 米国(べいこく) 베-꼬꾸
미궁	迷宮(めいきゅう) 메-뀨-
미꾸라지	泥鰌(どじょう) 도죠-
미끄러지다	滑(すべ)る 스베루
미끼	おとり 오또리
미남	美男子(びなんし) 비난시
미네랄	ミネラル (mineral) 미네라루
미녀	美女(びじょ) 비죠
미니	ミニ (mini) 미니
미디어	メディア (media) 메디아
미래	未来(みらい) 미라이
미련	未練(みれん) 미렝
미로	迷路(めいろ) 메-로
미루다	延(のば)す 노바스　延期(えんき)する 엔끼스루

ㄱ
ㄴ
ㄷ
ㄹ
ㅁ
ㅂ
ㅅ
ㅇ
ㅈ
ㅊ
ㅋ
ㅌ
ㅍ
ㅎ

미리	予(あらかじ)め 아라까지메
	前(まえ)もって 마에못떼
미만	未満(みまん) 미망
미망인	未亡人(みぼうじん) 미보−징
미모	美貌(びぼう) 비보−
미묘한	微妙(びみょう)な 비묘−나
미생물	微生物(びせいぶつ) 비세−부쯔
미성년	未成年(みせいねん) 미세−넹
미소(짓다)	微笑(ほほえ)み 호호에미
	微笑(ほほえ)む 호호에무
미숙한	未熟(みじゅく)な 미쥬꾸나
미술	美術(びじゅつ) 비쮸쯔
미신	迷信(めいしん) 메−싱 迷信におぼれる若者が多い。 미신에 빠지는 젊은이가 많다.
미싱	ミシン (sewing machine) 미싱
미아	迷子(まいご) 마이고
미안하다	すまない 스마나이
미역	若芽(わかめ) 와까메
미온적	微温的(びおんてき) 비온테끼

미완성	未完成(みかんせい) 미깐세-	
미용	美容(びよう) 비요-	
미움	憎(にく)しみ 니꾸시미	
미워하다	憎(にく)む 니꾸무	
미정	未定(みてい) 미떼-	
미지근하다	温(ぬる)い 누루이　生(なま)ぬるい 나마누루이	
미지수	未知数(みちすう) 미찌스-	
미치다	狂(くる)う 쿠루우(정신이)	
미치다	及(およ)ぶ 오요부(영향이 닿다) 被害(ひがい)が他(ほか)の人(ひと)に及(およ)んだ。 피해가 다른 사람에게 미쳤다.	
미터	メートル (프 metre) 메-또루	
미풍	微風(そよかぜ) 소요까제	
미해결	未解決(みかいけつ) 미까이께쯔	
미행	尾行(びこう) 비꼬-	
미혼	未婚(みこん) 미꽁	
미화	美化(びか) 비까	
미흡하다	まだ足(た)りない 마다타리나이	
믹서	ミキサー (mixer) 미끼사-	
민간	民間(みんかん) 밍깡	

ㄱ ㄴ ㄷ ㄹ ㅁ ㅂ ㅅ ㅇ ㅈ ㅊ ㅋ ㅌ ㅍ ㅎ

민감한	敏感(びんかん)な 빙깐나
민들레	蒲公英(たんぽぽ) 탐뽀뽀
민박	民宿(みんしゅく) 민슈꾸
민속	民俗(みんぞく) 민조꾸
민완	敏腕(びんわん) 빙완
민요	民謡(みんよう) 밍요-
민족	民族(みんぞく) 민조꾸
민주	民主(みんしゅ) 민슈
민주주의	民主主義(みんしゅしゅぎ) 민슈슈기
민중	民衆(みんしゅう) 민슈-
민첩한	敏捷(びんしょう)な 빈쇼-나
믿다	信(しん)じる 신지루
믿음직스럽다	頼(たの)もしい 타노모시- 私(わたし)の彼氏(かれし)が頼(たの)もしい。 내 남친은 믿음직하다.
밀(가루)	小麦(こむぎ) 코무기
	小麦粉(こむぎこ) 코무기코
밀다	押(お)す 오스
밀도	密度(みつど) 미쯔도
밀려오다	押(お)し寄(よ)せる 오시요세루

밀리다	押(お)される	오사레루 (뒤에서 밈)
밀리다	滞(とどこお)る	토도코-루 (정체됨)
밀리미터	ミリメートル (millimeter)	미리메-또루
밀림	密林(みつりん)	미쯔링
밀수	密輸(みつゆ)	미쯔유
밀약	密約(みつやく)	미쯔야꾸
밀월	蜜月(みつげつ)	미쯔게쯔
밀접	密接(みっせつ)	밋세쯔
밀폐	密閉(みっぺい)	밉뻬-
밀항	密航(みっこう)	믹꼬-
밉다	憎(にく)い 니꾸이 悪(わる)い天気(てんき)が憎(にく)い。 나쁜 날씨가 밉다.	
및	及(およ)び	오요비
밑	下(した)	시따
밑바닥	底(そこ)	소꼬
밑천	元手(もとで) 모또데　元金 모또킹	

ㅂ

바가지	ふくべ 후꾸베
바겐세일	バーゲンセール (bargain sale) 바-겐세-루
바구니	籠(かご) 카고
바깥쪽	外側(そとがわ) 소또가와
바꾸다	変(か)える 카에루 換(か)える 카에루
바나나	バナナ (banana) 바나나
바늘	針(はり) 하리
바다	海(うみ) 우미
바닥	底(そこ) 소꼬
바닷가	浜辺(はまべ) 하마베
바둑	囲碁(いご) 이고 一日中(いちにちじゅう)囲碁を打(う)ちました。 하루종일 바둑을 두었습니다.
바라다	望(のぞ)む 노조무 願(ねが)う 네가우
바라보다	眺(なが)める 나가메루
바람	風(かぜ) 카제
바람직하다	望(のぞ)ましい 노조마시-

	好(この)ましい 코노마시-
바래다	あせる 아세루
바로미터	バロメーター (barometer) 바로메-따-
바로잡다	直(なお)す 나오스
바르다	塗(ぬ)る 누루 (칠하다)
바르다	正(ただ)しい 타다시이(옳다)
바리케이드	バリケード (barricade) 바리께-도
바보	馬鹿(ばか) 바까
	あの馬鹿なやつ！ 저 바보같은 녀석!
바비큐	バーベキュー (barbecue) 바-베뀨-
바쁘다	忙(いそが)しい 이소가시-
바위	岩(いわ) 이와
바이러스	ウイルス (virus) 우이루스
바이브레이션	バイブレーション (vibration) 바이부레-숑
바이올린	バイオリン (violin) 바이오링
바지	ズボン (프 jupon) 즈봉
바치다	捧(ささ)げる 사사게루
바코드	バーコード (bar code) 바-꼬-도
바퀴	輪(わ) 와 車輪(しゃりん) 샤링

ㄱ
ㄴ
ㄷ
ㄹ
ㅁ
ㅂ
ㅅ
ㅇ
ㅈ
ㅊ
ㅋ
ㅌ
ㅍ
ㅎ

바퀴벌레	ゴキブリ 고끼부리
바탕	土台(どだい) 도다이　材料(ざいりょう) 자이료-
박다	差(さ)し込(こ)む 사시꼬무
박물관	博物館(はくぶつかん) 하꾸부쯔깡
박봉	安月給(やすげっきゅう) 야스겍뀨-
박사	博士(はかせ) 하까세
박수	拍手(はくしゅ) 하꾸슈
박스	ボックス (box) 복꾸스
박식한 사람	物知(ものし)り 모노시리
박자	拍子(ひょうし) 효-시
박쥐	蝙蝠(こうもり) 코-모리
박탈	剥奪(はくだつ) 하쿠다츠
박하다	世知辛(せちがら)い 세찌가라이
밖	外(そと) 소또　面(おもて) 오모떼
반	半(はん) 항　半分(はんぶん) 함붕
반	組(くみ) 쿠미(학급)
반감	反感(はんかん) 항깡 反感を買わないように気をつける。 반감을 사지 않도록 조심하다.
반격	反撃(はんげき) 항게끼

반달	半月(はんげつ) 항게쯔
반대	反対(はんたい) 한따이
반도	半島(はんとう) 한또-
반도체	半導体(はんどうたい) 한도-따이
반드시	どうしても 도-시떼모　必(かなら)ず 카나라즈
반란	反乱(はんらん) 한랑
반론	反論(はんろん) 한롱
반바지	半(はん)ズボン 한즈봉
반발	反発(はんぱつ) 함빠쯔
반복	反復(はんぷく) 함뿌꾸
	繰(く)り返(かえ)し 쿠리까에시
반사	反射(はんしゃ) 한샤
반성	反省(はんせい) 한세-
반액	半額(はんがく) 항가꾸
	今日(きょう)だけ半額(はんがく)の割引(わりびき)です。 오늘만 반액 할인입니다.
반영	反映(はんえい) 항에-
반올림	四捨五入(ししゃごにゅう) 시샤고뉴-
반응	反応(はんのう) 한노-
	手応(てごた)え 테고따에

반주	伴奏(ばんそう) 반소–
반죽하다	捏(こ)ねる 코네루　練(ね)る 네루
반지	指輪(ゆびわ) 유비와
반짝반짝	きらきら 키라끼라　ぴかぴか 삐까삐까
반찬	おかず 오까즈
반창고	絆創膏(ばんそうこう) 반소–꼬–
반칙	反則(はんそく) 한소꾸
반팔	半袖(はんそで) 한소데
반품	返品(へんぴん) 헴삥
반하다	惚(ほ)れる 호레루
반항	反抗(はんこう) 항꼬–
반환	返却(へんきゃく) 헹꺄꾸　返還(へんかん) 헹강
받다	受(う)ける 우께루　貰(もら)う 모라우(1인칭)
	頂(いただ)く 이따다꾸(겸손)
받아들이다	受(う)け入(い)れる 우께이레루
받아쓰기	書(か)き取(と)り 카끼또리
발	足(あし) 아시
발각되다	ばれる 바레루
	隠していたことが、ばれてしまった。 감췄던 일이 들통나버렸다.

발견(되다)	発見(はっけん) 학껭	見(み)つかる 미쯔까루
발군	抜群(ばつぐん) 바쯔궁	
발굴	発掘(はっくつ) 학꾸쯔	
발끈하다	かっとなる 캇또나루	
발달	発達(はったつ) 핫따쯔	
발돋움	背伸(せの)び 세노비	
발뒤꿈치	踵(かかと) 카까또	
발등	足(あし)の甲(こう) 아시노코-	
발랄	溌剌(はつらつ) 하쯔라쯔	
발매	発売(はつばい) 하쯔바이	
발명	発明(はつめい) 하쯔메-	
발목	足首(あしくび) 아시꾸비	
발바닥	足(あし)の裏(うら) 아시노우라	
발버둥치다	もがく 모가꾸	足掻(あが)く 아가꾸
발사	発射(はっしゃ) 핫샤	
발생	発生(はっせい) 핫세-	
발송	発送(はっそう) 핫소-	
발신(인)	発信(はっしん) 핫싱	
	差出人(さしだしにん) 사시다시닝	

발언	発言(はつげん) 하쯔겡
발육	発育(はついく) 하쯔이꾸
발음	発音(はつおん) 하쯔옹
발자취	足跡(あしあと) 아시아또 れきしてき　じんぶつ 歴史的な人物の足跡 역사적인 인물의 발자취
발작	発作(ほっさ) 홋사
발전	発展(はってん) 핫뗀
발췌	抜粋(ばっすい) 밧스이
발코니	バルコニー (balcony) 바루꼬니-
발톱	足(あし)の爪(つめ) 아시노쯔메
발판	踏(ふ)み台(だい) 후미다이
	足場(あしば) 아시바
발표	発表(はっぴょう) 핫뾰-
발행	発行(はっこう) 학꼬-
발휘	発揮(はっき) 학끼
밝다	明(あか)るい 아까루이
밝히다	明(あ)かす 아까스
밟다	踏(ふ)む 후무
밤	夜(よ)요　夜(よる) 요루

밤(견과)	栗(くり) 쿠리
밤낮	日夜(にちや) 니찌야
밤중	夜中(よなか) 요나까
밥	ご飯(はん) 고항 あなたのためにご飯を炊きました。 당신을 위해 밥을 지었습니다.
밥공기	茶碗(ちゃわん) 차왕
밧줄	綱(つな) 쯔나
방	部屋(へや) 헤야
방관	傍観(ぼうかん) 보−깡
방귀	屁(へ) 헤　屁(おなら) 오나라
방대한	膨大(ぼうだい)な 보−다이나
방랑	放浪(ほうろう) 호−로−
방면	方面(ほうめん) 호−멩
방문	訪問(ほうもん) 호−몽
방문하다	訪(おとず)れる 오또즈레루
	訪(たず)ねる 타즈네루
방범	防犯(ぼうはん) 보−항
방법	方法(ほうほう) 호−호−　仕方(しかた) 시까따
방부제	防腐剤(ぼうふざい) 보−후자이

ㄱ
ㄴ
ㄷ
ㄹ
ㅁ
ㅂ
ㅅ
ㅇ
ㅈ
ㅊ
ㅋ
ㅌ
ㅍ
ㅎ

방사능	放射能(ほうしゃのう) 호-샤노-
방석	座布団(ざぶとん) 자부똥
방송	放送(ほうそう) 호-소-
방송프로	番組(ばんぐみ) 방구미 お笑いの番組が好きです。 코미디 프로를 좋아해요.
방수	防水(ぼうすい) 보-스이
방식	方式(ほうしき) 호-시끼
방심	油断(ゆだん) 유당
방아쇠	引(ひ)き金(がね) 히끼가네
방어	防御(ぼうぎょ) 보-교-
방영	放映(ほうえい) 호-에-
방울	鈴(すず) 스즈
방위	防衛(ぼうえい) 보-에-
방음	防音(ぼうおん) 보-옹
방임	放任(ほうにん) 호-닝
방정식	方程式(ほうていしき) 호-떼-시끼
방지	防止(ぼうし) 보-시
방충제	防虫剤(ぼうちゅうざい) 보-쮸-자이
방침	方針(ほうしん) 호-싱

방패	盾(たて) 타떼	
방편	方便(ほうべん) 호-벵	
방해	邪魔(じゃま) 쟈마	妨害(ぼうがい) 보-가이
방해하다	妨(さまた)げる 사마따게루	
방향	方向(ほうこう) 호-꼬-	向(む)き 무끼
방화	放火(ほうか) 호-까	
방황	彷徨(ほうこう) 호-꼬-	
밭	畑(はたけ) 하따께 畑を耕す農夫 밭을 경작하는 농부	
배(과일)	梨(なし) 나시	
배(곱절)	倍(ばい) 바이	
배(복부)	腹(はら) 하라	お腹(なか) 오나까
배(선박)	船(ふね) 후네	
배경	背景(はいけい) 하이께-	
배급	配給(はいきゅう) 하이뀨-	
배꼽	臍(へそ) 헤소	
배달	配達(はいたつ) 하이따쯔	
배드민턴	バドミントン (badminton) 바도민똥	
배려	気配(きくば)り 키꾸바리	配慮(はいりょ) 하이료

배멀미	船酔(ふなよ)い 후나요이
배상	賠償(ばいしょう) 바이쇼-
배설	排泄(はいせつ) 하이세쯔
배신하다	裏切(うらぎ)る 우라기루
배열	配列(はいれつ) 하이레쯔
배우	俳優(はいゆう) 하이유-　役者(やくしゃ) 야꾸샤
배우다	習(なら)う 나라우　学(まな)ぶ 마나부
배우자	配偶者(はいぐうしゃ) 하이구-샤
배웅하다	見送(みおく)る 미오꾸루 軍隊(ぐんたい)に入(はい)る息子(むすこ)を見送(みおく)るお母(かあ)さん 군대가는 아들을 배웅하는 어머니
배제	排除(はいじょ) 하이죠
배짱	度胸(どきょう) 도꾜-　胆力(たんりょく) 탄료꾸
배추	白菜(はくさい) 하꾸사이
배출	排出(はいしゅつ) 하이슈쯔
배치	配置(はいち) 하이찌
배타적	排他的(はいたてき) 하이따떼끼
배터리	バッテリー (battery) 밧떼리-
배후	背後(はいご) 하이고
백	百(ひゃく) 햐꾸

백과사전	百科事典(ひゃっかじてん) 학까지뗑
백로	鷺(さぎ) 사기
백만	百万(ひゃくまん) 햐꾸망
백발	白髪(しらが) 시라가
백분율	百分率(ひゃくぶんりつ) 햐꾸분리쯔
백신	ワクチン (vaccine) 와꾸찡
백인	白人(はくじん) 하꾸징
백작	伯爵(はくしゃく) 하꾸샤꾸
백조	白鳥(はくちょう) 햐꾸쬬-
백지	白紙(はくし) 하꾸시
백합	百合(ゆり) 유리
백혈구	白血球(はっけっきゅう) 학껙뀨-
백화점	デパート (department store) 데빠-또
밸런스	バランス (balance) 바란스 スポーツではバランスが大事だ。 스포츠에서는 밸런스가 중요하다.
뱀	蛇(へび) 헤비
뱀장어	鰻(うなぎ) 우나기
뱉다	吐(は)く 하꾸
버드나무	柳(やなぎ) 야나기

버릇	癖(くせ) 쿠세
버릇없음	我(わ)がまま 와가마마
버리다	捨(す)てる 스떼루　見捨(みす)てる 미스떼루
버섯	茸(きのこ) 키노꼬
버스(정류장)	バス (bus) 바스　バス停(てい) 바스떼-
버저	ブザー (buzzer) 부자-
버전	バージョン (version) 바-죵
버터	バター (butter) 바따-
버티다	持(も)ちこたえる 모찌코타에루
	支(ささ)える 사사에루
번갈아	交互(こうご)に 코-고니
번개	稲妻(いなずま) 이나즈마
번거롭다	煩(わずら)わしい 와즈라와시-
번데기	蛹(さなぎ) 사나기
번뜩이다	閃(ひらめ)く 히라메꾸
	いいアイディアが閃いた。 좋은 아이디어가 번뜩였다.
번식	繁殖(はんしょく) 한쇼꾸
번역(하다)	翻訳(ほんやく) 홍야꾸　訳(やく)す 야꾸스
번영(하다)	繁栄(はんえい) 항에-　栄(さか)える 사까에루

번잡	繁雑(はんざつ) 한자쯔
번지다	滲(にじ)む 니지무
번호	番号(ばんごう) 방고–
번화가	繁華街(はんかがい) 항까가이
벌	罰(ばつ) 바쯔
벌(꿀)	蜂(はち) 하찌　蜂蜜(はちみつ) 하찌미쯔
벌금	罰金(ばっきん) 박낑
벌다	稼(かせ)ぐ 카세구　儲(もうけ)る 모–께루
벌레	虫(むし) 무시
벌써	最早(もはや) 모하야
벌어지다	開(ひら)く 히라꾸(열리다)
	起(おこ)る 오꼬루(발생하다)
벌집	蜂(はち)の巣(す) 하찌노스
	まるで蜂の巣をつついたようだ. 마치 벌집을 쑤신 듯하다.
범람	氾濫(はんらん) 한랑
범위	範囲(はんい) 항이
범인	犯人(はんにん) 한닝
범죄	犯罪(はんざい) 한자이
범퍼	バンパー (bumper) 밤빠–

범하다	犯(おか)す 오까스
법	法(ほう) 호-
법률	法律(ほうりつ) 호-리쯔
법정	法廷(ほうてい) 호-떼-
법칙	法則(ほうそく) 호-소꾸
벗겨지다	剥(は)げる 하게루 外(はず)れる 하즈레루
벗기다	剥(は)がす 하가스 剥(む)く 무꾸
벗다	脱(ぬ)ぐ 누구
벚꽃	桜(さくら) 사꾸라
베개	枕(まくら) 마꾸라
베끼다	写(うつ)す 우쯔스
베다	切(き)る 키루 刈(か)る 카루 断(た)つ 타쯔
베란다	ベランダ (veranda) 베란다
베스트	ベスト (best) 베스또
베스트셀러	ベストセラー (best seller) 베스토세라-
베이지	ベージュ (beige) 베-쥬
베일	ベール (veil) 베-루
베테랑	ベテラン (veteran) 베떼랑
베트남	ベトナム (Vietnam) 베또나무

베풀다	施(ほどこ)す 호도꼬스
벤치	ベンチ (bench) 벤찌
벨	ベル (bell) 베루
벨트	ベルト (belt) 베루또
벼	稲(いね) 이네
벼농사	稲作(いなさく) 이나사꾸
벼락부자	成金(なりきん) 나리낑 ロト6に当たって成金になった。 로또에 당첨되어 벼락부자가 되었다.
벼룩	蚤(のみ) 노미
벽	壁(かべ) 카베
벽돌	煉瓦(れんが) 렝가
벽보	張(は)り紙(がみ) 하리가미
벽지	壁紙(かべがみ) 카베가미
변경	変更(へんこう) 헹꼬ー
변기	便器(べんき) 벵끼
변덕	気紛(きまぐ)れ 키마구레
변두리	町外(まちはず)れ 마찌하즈레
변명	弁解(べんかい) 벵까이
	言(い)い訳(わけ) 이이와께

변변치못한	粗末(そまつ)な 소마쯔나
변비	便秘(べんぴ) 벰삐
변신	変身(へんしん) 헨싱
변장	変装(へんそう) 헨소-
변천	変遷(へんせん) 헨셍
변태	変態(へんたい) 헨타이
변하다	変(か)わる 카와루
변함없이	相変(あいか)わらず 아이카와라즈
변혁	変革(へんかく) 헹까꾸
변형	変形(へんけい) 헹께-
변호	弁護(べんご) 벵고
변화	変化(へんか) 헹까
별	星(ほし) 호시
별거	別居(べっきょ) 벡꾜
별관	別館(べっかん) 벡깡
별로	別(べつ)に 베쯔니
별명	仇名(あだな) 아다나 別名(べつめい) 베쯔메-
별자리	星座(せいざ) 세-자
별장	別荘(べっそう) 벳소-

병	瓶(びん) 빙
병	病気(びょうき) 뵤-끼　病(やまい) 야마이
병들다	病(や)みつく 야미쯔꾸
병세	病状(びょうじょう) 뵤-죠- 病状が悪化して入院することになった。 병세가 악화되어 입원하게 되었다.
병실	病室(びょうしつ) 뵤-시쯔
병아리	雛(ひな) 히나　雛(ひよこ) 히요꼬
병원	病院(びょういん) 뵤-잉
병풍	屏風(びょうぶ) 뵤-부
병합	併合(へいごう) 헤-고-
보건	保健(ほけん) 호껭
보고	報告(ほうこく) 호-꼬꾸
보관	保管(ほかん) 호깡
보결	補欠(ほけつ) 호께쯔
보금자리	住(す)みか 스미까　巣(す) 스
보급	普及(ふきゅう) 후뀨-
보내다	送(おく)る 오꾸루
보내주다	届(とど)ける 토도께루 誕生日のプレゼントを届けた。 생일 선물을 보내주었다.

보너스	ボーナス (bonus) 보-나스
보다	見(み)る 미루
보답하다	報(むく)いる 무꾸이루
보도	報道(ほうどう) 호-도-
보디가드	ボディーガード (bodyguard) 보디-가-도
보류	保留(ほりゅう) 호류-
보름달	満月(まんげつ) 망게쯔
보리	大麦(おおむぎ) 오-무기 麦(むぎ) 무기
보물	宝(たから) 타까라
보복	報復(ほうふく) 호-후꾸
	仕返(しかえ)し 시까에시
보살핌	世話(せわ) 세와
보상	補償(ほしょう) 호쇼-
보석	宝石(ほうせき) 호-세끼
보수	報酬(ほうしゅう) 호-슈- (댓가)
보안	保安(ほあん) 호앙
보여주다	見(み)せる 미세루 宝(たから)を見(み)せてください。 보물을 보여주세요.
보유	保有(ほゆう) 호유-

보이다	見(み)える	미에루
보이콧	ボイコット (boycott)	보이꼿또
보자기	風呂敷(ふろしき)	후로시끼
보장	保障(ほしょう)	호쇼-
보조	補助(ほじょ)	호죠
보조	歩調(ほちょう)	호쪼-
보조개	えくぼ	에꾸보
보존	保存(ほぞん)	호종
보증	保証(ほしょう)	호쇼-
보충	補足(ほそく) 호소꾸 補充(ほじゅう) 호쥬-	
보충하다	補(おぎな)う	오기나우
보탬	足(た)し	타시
보통(의)	普通(ふつう) 후쯔- 並(なみ)の 나미노	
보트	ボート (boat)	보-또
보편	普遍(ふへん)	후헹
보행	歩行(ほこう)	호꼬-
보험	保険(ほけん)	호껭

保険(ほけん)に入(はい)るように勧誘(かんゆう)された。
보험에 들라고 권유받았다.

보호	保護(ほご)	호고

ㄱ
ㄴ
ㄷ
ㄹ
ㅁ
ㅂ
ㅅ
ㅇ
ㅈ
ㅊ
ㅋ
ㅌ
ㅍ
ㅎ

복	福(ふく) 후꾸 幸運(こううん) 코-운
복구	復旧(ふっきゅう) 훅뀨-
복권	宝(たから)くじ 타까라꾸지
복귀	復帰(ふっき) 훅끼
복도	廊下(ろうか) 로-까
복사	コピー (copy) 코삐- 複写(ふくしゃ) 후꾸샤
복수	復讐(ふくしゅう) 후꾸슈-
복숭아	桃(もも) 모모
복습	復習(ふくしゅう) 후꾸슈-
복어	河豚(ふぐ) 후구
복용	服用(ふくよう) 후꾸요-
복원	復元(ふくげん) 후꾸겡
복잡한	複雑(ふくざつ)な 후꾸자쯔나
복장	服装(ふくそう) 후꾸소-
복제	複製(ふくせい) 후꾸세-
복종	服従(ふくじゅう) 후꾸쥬-
복지	福祉(ふくし) 후꾸시
복통	腹痛(ふくつう) 후꾸쯔- 胃痛(いつう) 이쯔-
복합	複合(ふくごう) 후꾸고-

볶다	炒(いた)める	이따메루
볶음밥	炒飯(ちゃーはん)	차-항
본격적인	本格的(ほんかくてき)な	홍까꾸떼끼나
본고장	本場(ほんば)	홈바
본관	本館(ほんかん)	홍깡
본능	本能(ほんのう) 혼노-	

本能的な恐れを感じる
ほんのうてき おそ かん
본능적인 두려움을 느끼다

본래	本来(ほんらい)	혼라이
본론	本論(ほんろん)	혼롱
본명	本名(ほんみょう)	홈묘-
본받다	見習(みなら)う	미나라우
본보기	手本(てほん)	테홍
본부	本部(ほんぶ)	홈부
본사	本社(ほんしゃ)	혼샤
본성	本性(ほんしょう)	혼쇼-
본심	本心(ほんしん) 혼싱 本音(ほんね) 혼네	
본인	本人(ほんにん)	혼닝
본점	本店(ほんてん)	혼뗑
본질	本質(ほんしつ)	혼시쯔

	本質的な問題です。 본질적인 문제입니다.
볼	ボール (ball) 보-루
볼	頬(ほお) 호-
볼록렌즈	凸(とつ)レンズ 토쯔렌즈
볼륨	ボリューム (volume) 보류-무
볼링	ボーリング (bowling) 보-링구
볼일	用事(ようじ) 요-지
볼펜	ボールペン (일 ball pen) 보-루뻰
봄	春(はる) 하루
봉급	俸給(ほうきゅう) 호-뀨-
봉사	奉仕(ほうし) 호-시
봉쇄	封鎖(ふうさ) 후-사
봉오리	蕾(つぼみ) 쯔보미
봉우리	峰(みね) 미네
봉투	袋(ふくろ) 후꾸로　封筒(ふうとう) 후-또-
부가	付加(ふか) 후까
부근	付近(ふきん) 후낑
부끄럽다	恥(は)ずかしい 하즈까시-

부담	負担(ふたん) 후땅
부당한	不当(ふとう)な 후또–나
부대	部隊(ぶたい) 부따이
부도	不渡(ふわた)り 후와따리
부도덕	不道徳(ふどうとく) 후도–또꾸
부동산	不動産(ふどうさん) 후도–상
부드러운	和(なご)やかな 나고야까나
	優(やさ)しい 야사시– 彼は優しい性格だ。 그는 부드러운 성격이다.
부드러워지다	和(やわ)らぐ 야와라구
부드럽다	柔(やわ)らかい 야와라까이(탄력)
부디	どうぞ 도–조 どうか 도–까
부딪치다	ぶつかる 부쯔까루
부러워하다	羨(うらや)む 우라야무
부러지다	折(お)れる 오레루
부럽다	羨(うらや)ましい 우라야마시–
부류	部類(ぶるい) 부루이
부르다	呼(よ)ぶ 요부 呼(よ)び掛(か)ける 요비카께루
부리	嘴(くちばし) 쿠찌바시

부메랑	ブーメラン (boomerang) 부–메랑
부모	父母(ふぼ) 후보　親(おや) 오야
부부	夫婦(ふうふ) 후–후　夫婦(めおと) 메오또 夫婦(ふうふ)で旅行(りょこう)に行(い)きました。 부부로 여행을 갔습니다.
부분	部分(ぶぶん) 부붕
부상	負傷(ふしょう) 후쇼–　怪我(けが) 케가
부서	部署(ぶしょ) 부쇼
부서지다	壊(こわ)れる 코와레루
부수다	壊(こわ)す 코와스　潰(つぶ)す 쯔부스
부식	腐食(ふしょく) 후쇼꾸
부양	扶養(ふよう) 후요–
부엌	台所(だいどころ) 다이도꼬로
	キッチン (kitchen) 킷찡
부인	否認(ひにん) 히닝
부인	夫人(ふじん) 후징　奥(おく)さん 오꾸상
부임	赴任(ふにん) 후닝
부자	金持(かねも)ち 카네모찌
부자연스러운	不自然(ふしぜん)な 후시젠나
부작용	副作用(ふくさよう) 후꾸사요–

부장	部長(ぶちょう) 부쪼-
부재	留守(るす) 루스　不在(ふざい) 후자이
부적	お守(まも)り 오마모리
부정(아니오)	否定(ひてい) 히떼-
부정(부정직)	不正(ふせい) 후세-
부정하다	打(う)ち消(け)す 우찌께스
부족	不足(ふそく) 후소꾸 睡眠不足は健康に悪い。 수면부족은 건강에 나쁘다.
부주의	不注意(ふちゅうい) 후쮸-이
부지런히	せっせと 셋세또　真面目(まじめ)に 마지메니
부진	不振(ふしん) 후싱
부채	団扇(うちわ) 우찌와
부채(빚)	負債(ふさい) 후사이
부채질하다	扇(あお)ぐ 아오구
부처	仏(ほとけ) 호또께　仏陀(ぶっだ) 붓다
부추	韮(にら) 니라
부추기다	唆(そそのか)す 소소노까스　煽(あお)る 아오루
부친	父親(ちちおや) 치찌오야
부케	ブーケ (프 bouquet) 부-께

부탁(하다)	頼(たの)み 타노미 頼(たの)む 타노무
부패	腐敗(ふはい) 후하이
부풀다	膨(ふく)らむ 후꾸라무 膨(ふく)れる 후꾸레루
부품	部品(ぶひん) 부힝
부하	部下(ぶか) 부까 手下(てした) 테시따
부화	孵化(ふか) 후까
부활	復活(ふっかつ) 훅까쯔 人間(にんげん)は復活できないと思(おも)う。 인간은 부활할 수 없다고 생각한다.
부흥	復興(ふっこう) 훅꼬-
북	太鼓(たいこ) 타이꼬
북극	北極(ほっきょく) 혹꾜꾸
북부	北部(ほくぶ) 호꾸부
북쪽	北(きた) 키따
북한	北朝鮮(きたちょうせん) 키따쬬-센
분	分(ふん) 훙
분간하다	見分(みわ)ける 미와께루
분개	憤慨(ふんがい) 훙가이
분노	憤怒(ふんど) 훈도
분량	分量(ぶんりょう) 분료-

분류	**分類(ぶんるい)** 분루이
분리	**分離(ぶんり)** 분리
분리하다	**仕分(しわ)ける** 시와께루
분명히	**はっきり** 학끼리 はっきりした返事(へんじ)がほしい。 분명한 답변을 원한다.
분무기	**霧吹(きりふ)き** 키리후끼
	噴霧器(ふんむき) 훔무끼
분배	**分配(ぶんぱい)** 붐빠이
분별	**分別(ぶんべつ)** 붐베쯔
분산	**分散(ぶんさん)** 분상
분석	**分析(ぶんせき)** 분세끼
분수	**噴水(ふんすい)** 훈스이
분신	**分身(ぶんしん)** 분싱
분실	**紛失(ふんしつ)** 훈시쯔
분실물	**忘(わす)れ物(もの)** 와스레모노
분야	**分野(ぶんや)** 붕야
분열	**分裂(ぶんれつ)** 분레쯔
분위기	**雰囲気(ふんいき)** 훙이끼
분재	**盆栽(ぼんさい)** 본사이

ㄱ
ㄴ
ㄷ
ㄹ
ㅁ
ㅂ
ㅅ
ㅇ
ㅈ
ㅊ
ㅋ
ㅌ
ㅍ
ㅎ

분쟁	紛争(ふんそう) 훈소-
분주	奔走(ほんそう) 혼소-
분지	盆地(ぼんち) 본찌
분투	奮闘(ふんとう) 훈또-
분포	分布(ぶんぷ) 붐뿌
분하다	悔(くや)しい 쿠야시-
	忌々(いまいま)しい 이마이마시-
분할	分割(ぶんかつ) 붕까쯔
분해	分解(ぶんかい) 붕까이
분화	噴火(ふんか) 훙까
불	火(ひ) 히 灯(あか)り 아까리
불가능한	不可能(ふかのう)な 후까노-나
불가사의	不思議(ふしぎ) 후시기
불결한	不潔(ふけつ)な 후께쯔나
불경기	不景気(ふけいき) 후께-끼
불고기	焼(や)き肉(にく) 야끼니꾸
불공평	不公平(ふこうへい) 후꼬-헤-
불과	僅(わず)か 와즈까

わずか一週間(いっしゅうかん)しかかからなかった。
불과 1주일밖에 걸리지 않았다.

불교	仏教(ぶっきょう)	북꾜-
불규칙	不規則(ふきそく)	후끼소꾸
불균형	不均衡(ふきんこう)	후낑꼬-
불길	不吉(ふきつ)	후끼쯔
불꽃	火花(ひばな)	히바나
불다	吹(ふ)く	후꾸
불도저	ブルドーザー (bulldozer)	부루도-자-
불량	不良(ふりょう)	후료-
불량배	ならず者(もの) 나라즈모노 やくざ 야꾸자	
불륜	不倫(ふりん)	후링
불리	不利(ふり)	후리
불만	不満(ふまん) 후망 苦情(くじょう) 쿠죠-	
불면증	不眠症(ふみんしょう)	후민쇼-
불명예	不名誉(ふめいよ)	후메-요
불법	不法(ふほう)	후호-
불변	不変(ふへん)	후헹
불복	不服(ふふく)	후후꾸
불분명	不明(ふめい)	후메-
불사신	不死身(ふじみ)	후지미

불상	**仏像**(ぶつぞう) 부쯔조ー
불상사	**不祥事**(ふしょうじ) 후쇼ー지
불신	**不信**(ふしん) 후싱
불쌍한	**可哀想**(かわいそう)**な** 카와이소ー나
불안	**不安**(ふあん) 후앙
불어나다	**増**(ま)**す** 마스
불완전	**不完全**(ふかんぜん) 후깐젠
불운	**不運**(ふうん) 후웅
불의	**不意**(ふい) 후이 不意の事故だからしかたない。 불의의 사고니까 어쩔 수 없다.
불이익	**不利益**(ふりえき) 후리에끼
불충분	**不十分**(ふじゅうぶん) 후쥬ー붕
불친절	**不親切**(ふしんせつ) 후신세쯔
불쾌한	**不愉快**(ふゆかい)**な** 후유까이나
불편	**不便**(ふべん) 후벵
불평	**不平**(ふへい) 후헤ー
불필요	**不要**(ふよう) 후요ー
불합격	**不合格**(ふごうかく) 후고ー까꾸
불합리	**不合理**(ふごうり) 후고ー리

	理不尽(りふじん) 리후징
불행	**不幸(ふこう)** 후꼬- これは不幸中の幸いです。 이건 불행중 다행입니다.
불화	**不和(ふわ)** 후와
불확실한	**不確(ふたし)かな** 후따시까나
불효	**不孝(ふこう)** 후꼬-
붐비다	**混(こ)む** 코무 **込(こ)み合(あ)う** 코미아우
붓	**筆(ふで)** 후데
붓다	**つぎ込(こ)む** 쯔기꼬무 **注(そそ)ぐ** 소소구
붓다	**腫(は)れる** 하레루 (피부)
붕괴	**崩壊(ほうかい)** 호-까이
붕대	**包帯(ほうたい)** 호-따이
붙다	**付(つ)く** 쯔꾸
붙이다	**付(つ)ける** 쯔께루 **貼(は)る** 하루
붙임성	**愛想(あいそ)** 아이소
붙잡다	**掴(つか)む** 츠까무 **捕(とら)える** 토라에루
붙잡히다	**捕(つか)まる** 쯔까마루 結局犯人が捕まった。 결국 범인은 붙잡혔다.
뷔페	**ビュッフェ (buffet)** 뷧훼

브래지어	ブラジャー (brassiere) 부라쟈ー
브랜드	ブランド (brand) 부란도
브레이크	ブレーキ (brake) 부레ー끼
브로치	ブローチ (brooch) 부로ー찌
브로콜리	ブロッコリー (broccoli) 부록꼬리ー
블라우스	ブラウス (blouse) 부라우스
블라인드	ブラインド (blind) 부라인도
비	雨(あめ) 아메
비	箒(ほうき) 호ー끼 (빗자루)
비겁	卑怯(ひきょう) 히꾜ー
비결	こつ 코쯔　秘訣(ひけつ) 히께쯔
비공식	非公式(ひこうしき) 히꼬ー시끼
비관	悲観(ひかん) 히깡
비교(하다)	比較(ひかく) 히까꾸　比(くら)べる 쿠라베루
비굴한	卑屈(ひくつ)な 히꾸쯔나
비극	悲劇(ひげき) 히게끼
비기다	引(ひ)き分(わ)ける 히끼와께루
비꼼	皮肉(ひにく) 히니꾸 皮肉を言うと喧嘩になる。 비꼬아 말하면 싸움이 된다.

비난	非難(ひなん) 히낭
비뇨기과	泌尿器科(ひにょうきか) 히뇨–끼까
비누	石鹸(せっけん) 섹껭
비닐	ビニール (vinyl) 비니–루
비닐봉지	ポリ袋(ぶくろ) (poly-) 포리부꾸로
비다	空(あ)く 아꾸
비단	絹(きぬ) 키누 錦(にしき) 니시끼
비둘기	鳩(はと) 하또
비뚤어지다	ひねくれる 히네꾸레루 歪(ゆが)む 유가무
비례	比例(ひれい) 히레–
비로소	ついに 쯔이니 初(はじ)めて 하지메떼
비록	たとえ 타또에
비료	肥料(ひりょう) 히료–
비린내나다	生臭(なまぐさ)い 나마구사이
비만	肥満(ひまん) 히망
비명	悲鳴(ひめい) 히메–
비밀	秘密(ひみつ) 히미쯔
비밀번호	暗証番号(あんしょうばんごう) 안쇼–방고–
비번	非番(ひばん) 히방

비법	秘法(ひほう) 히호-
비비다	擦(こす)る 코스루 揉(も)む 모무
비상	非常(ひじょう) 히죠-
비상식	非常識(ひじょうしき) 히죠-시끼
비서	秘書(ひしょ) 히쇼
비슷하다	似(に)ている 니떼이루
비싼	高価(こうか)な 코-까나
비애	悲哀(ひあい) 히아이
비약	飛躍(ひやく) 히야꾸 飛躍的(てき)な発展(はってん)がありました。 비약적 발전이 있었습니다.
비열한	卑劣(ひれつ)な 히레쯔나
	下劣(げれつ)な 게레쯔나
비염	鼻炎(びえん) 비엥
비옥	肥沃(ひよく) 히요꾸
비용	費用(ひよう) 히요-
비우다	空(あ)ける 아께루
비웃다	あざける 아자께루 あざ笑(わら)う 아자와라우
비유	比喩(ひゆ) 히유
비율	割合(わりあい) 와리아이 比率(ひりつ) 히리쯔

비자	ビザ (visa) 비자
비장	悲壮(ひそう) 히소- (슬픔)
비장	秘蔵(ひぞう) 히조- (감춰둠)
비전	ビジョン (vision) 비죵
비정	非情(ひじょう) 히죠-
비좁다	せま苦(くる)しい 세마쿠루시-
비중	比重(ひじゅう) 히쥬- 大(おお)きな比重(ひ)を占(し)めている。 큰 비중을 차지하고 있다.
비즈니스	ビジネス (business) 비지네스
비참한	悲惨(ひさん)な 히산나 惨(みじ)めな 미지메나
비추다	照(て)らす 테라스
비축	蓄(たくわ)え 타꾸와에
비축하다	蓄(たくわ)える 타꾸와에루
비치다	写(うつ)る 우쯔루 照(て)る 테루
비키니	ビキニ (bikini) 비끼니
비타민	ビタミン (vitamin) 비따밍
비탈	坂(さか) 사까
비통한	悲痛(ひつう)な 히쯔-나
비틀거리다	よろめく 요로메꾸

비틀다	捻(ねじ)る 네지루　捩(よじ)る 요지루
비판	批判(ひはん) 히항 批判的(ひはんてき)な意見(いけん)も歓迎(かんげい)します。 비판적 의견도 환영합니다.
비평	批評(ひひょう) 히효-
비하	卑下(ひげ) 히게
비행기	飛行機(ひこうき) 히꼬-끼
빈	空(あ)いた 아이따
빈곤	貧乏(びんぼう) 빔보-　貧困(ひんこん) 힝꽁
빈도	頻度(ひんど) 힌도
빈민	貧民(ひんみん) 힘밍
빈번한	頻繁(ひんぱん)な 힘빤나
빈부	貧富(ひんぷ) 힌뿌
빈손	手(て)ぶら 테부라
빈약한	貧弱(ひんじゃく)な 힌쟈꾸나
빈틈	すきま 스끼마
빈혈	貧血(ひんけつ) 힝께쯔
빌다	祈(いの)る 이노루
빌딩	ビル (building) 비루
빌려주다	貸(か)す 카스

빌리다	借(か)りる 카리루
빗	櫛(くし) 쿠시
빗나가다	逸(そ)れる 소레루
빗방울	雨(あま)だれ 아마다레
빙산	氷山(ひょうざん) 효-장 氷山の一角に過ぎない。 빙산의 일각에 불과하다.
빚	借(か)り 카리 借金(しゃっきん) 샥낑
빚쟁이	借金(しゃっきん)取(と)り 샥킨토리
빛	光(ひかり) 히까리 明(あ)かり 아까리
빛나다	光(ひか)る 히까루 輝(かがや)く 카가야꾸
빠뜨리다	抜(ぬ)かす 누까스
빠르다	速(はや)い 하야이
빠져나가다	通(とお)り抜(ぬ)ける 토-리누께루
빠지다	陥(おちい)る 오찌이루
빨강	赤(あか) 아까
빨리	早(はや)く 하야꾸 早速(さっそく) 삿소꾸
빵	パン (포 pao) 빵
빼다	抜(ぬ)く 누꾸 差(さ)し引(ひ)く 사시히꾸
빼앗다	奪(うば)う 우바우

ㄱ ㄴ ㄷ ㄹ ㅁ ㅂ ㅅ ㅇ ㅈ ㅊ ㅋ ㅌ ㅍ ㅎ

빼어나다	秀(ひい)でる 히-데루
뺄셈	引(ひ)き算(ざん) 히끼장
뺨	頬(ほお) 호-
뻐꾸기	郭公(かっこう) 칵꼬-
뻔뻔스럽다	図々(ずうずう)しい 즈-즈-시- 図々しい人は嫌われます。 뻔뻔한 사람은 미움을 받습니다.
뻗다	伸(のば)す 노바스　張(は)る 하루
뼈	骨(ほね) 호네
뽐내다	威張(いば)る 이바루
뽑다	採(と)る 토루　引(ひ)き抜(ぬ)く 히끼누꾸
뾰족해지다	尖(とが)る 토가루
뿌리	根(ね) 네　根本(ねもと) 네모또
뿌리깊다	根強(ねづよ)い 네즈요이
	根深(ねぶか)い 네부까이
뿌리내리다	根付(ねづ)く 네즈꾸　根差(ねざ)す 네자스
뿌리다	撒(ま)く 마꾸　蒔(ま)く 마꾸
뿔	角(つの) 쓰노
삐걱거리다	軋(きし)む 키시무
삐다	挫(くじ)く 쿠지꾸　ねじる 네지루

人

사(4)	四(し) 시 よ 요
사각형	四角(しかく) 시까꾸
사건	事件(じけん) 지껭 出来事(できごと) 데끼고또
사격	射撃(しゃげき) 샤게끼
사고	事故(じこ) 지꼬
사고	思考(しこう) 시꼬- (생각)
사과	林檎(りんご) 링고
사과	詫(わ)び 와비
사과하다	謝(あやま)る 아야마루 詫(わ)びる 와비루 早(はや)く謝(あやま)ってください。 어서 사과하세요.
사교	社交(しゃこう) 샤꼬-
사기	詐欺(さぎ) 사기
사나이	男(おとこ) 오또꼬
사냥	猟(りょう) 료- 狩(か)り 카리
사냥꾼	猟師(りょうし) 료-시
사다	買(か)う 카우

사다리	梯子(はしご) 하시고
사라지다	去(さ)る 사루　消(き)える 키에루
사람	人(ひと) 히또　者(もの) 모노
사람들	人々(ひとびと) 히또비또
사랑	恋(こい) 코이(남녀간)　愛(あい) 아이(일반적)
사랑니	親知(おやし)らず 오야시라즈
사랑스럽다	愛(いと)しい 이또시– 愛しいあなたへ 사랑스러운 당신에게
사랑하다	愛(あい)する 아이스루
사려	思慮(しりょ) 시료
사례	謝礼(しゃれい) 샤레–
사로잡다	生(い)け捕(ど)る 이께도루
사립	私立(しりつ) 시리쯔
사마귀	蟷螂(かまきり) 카마끼리(곤충)
	疣(いぼ) 이보(피부)
사막	砂漠(さばく) 사바꾸
사망	死亡(しぼう) 시보–
사무	事務(じむ) 지무
사물	物事(ものごと) 모노고또

사방	四方(しほう) 시호-
사본	写(うつ)し 우쯔시　写本(しゃほん) 샤홍
사상	思想(しそう) 시소-
사색	思索(しさく) 시사꾸
사생활	私生活(しせいかつ) 시세-까쯔
사소한	些細(ささい)な 사사이나
사슴	鹿(しか) 시까
사실	事実(じじつ) 지지쯔
사양	遠慮(えんりょ) 엔료 遠慮しなくてもいいですよ. 사양하지 않아도 돼요.
사업	事業(じぎょう) 지교-
사용	使用(しよう) 시요-
사용법	使(つか)い方(かた) 츠카이카타
사우나	サウナ (sauna) 사우나
사원	社員(しゃいん) 샤잉
사월	四月(しがつ) 시가쯔
사위	婿(むこ) 무꼬
사육	飼育(しいく) 시이꾸
사의	辞意(じい) 지이

ㄱ
ㄴ
ㄷ
ㄹ
ㅁ
ㅂ
ㅅ
ㅇ
ㅈ
ㅊ
ㅋ
ㅌ
ㅍ
ㅎ

사이	間(あいだ) 아이다　間(ま) 마
사이(관계)	仲(なか) 나까
사이즈	サイズ (size) 사이즈
사이트	サイト (site) 사이또
사인	サイン (signature) 사잉
사인펜	サインペン (일 sign pen) 사임뻥
사임	辞任(じにん) 지닝
사장	社長(しゃちょう) 샤쬬-
사전	事前(じぜん) 지쩽
사전	辞書(じしょ) 지쇼　辞典(じてん) 지뗑
사전교섭	根回(ねまわ)し 네마와시
사정	都合(つごう) 쯔고-　事情(じじょう) 지죠- 都合によって参加できません。 사정 때문에 참가할 수 없습니다.
사족	蛇足(だそく) 다소꾸
사죄	謝罪(しゃざい) 샤자이
사직	辞職(じしょく) 지쇼꾸
사진	写真(しゃしん) 샤싱
사촌형제	従兄弟(いとこ) 이또꼬
사춘기	思春期(ししゅんき) 시슝끼

사치	**贅沢**(ぜいたく) 제-따꾸
사탕	**あめ玉**(だま) 아메다마
사태	**事態**(じたい) 지따이
사투리	**訛**(なま)**り** 나마리
사표	**辞表**(じひょう) 지효-
사항	**事項**(じこう) 지꼬-
사형	**死刑**(しけい) 시께-
사회	**司会**(しかい) 시까이 司会を務めるのは中井さんです。 사회를 맡는 것은 나카이 씨입니다.
사회	**社会**(しゃかい) 샤까이
삭제	**削除**(さくじょ) 사꾸죠
산	**山**(やま) 야마
산꼭대기	**山頂**(さんちょう) 산쬬-
산림	**山林**(さんりん) 산링
산만	**散漫**(さんまん) 삼망
산맥	**山脈**(さんみゃく) 삼먀꾸
산보	**散歩**(さんぽ) 삼뽀
산부인과	**産婦人科**(さんふじんか) 상후징까
산불	**山火事**(やまかじ) 야마카지

산성	酸性(さんせい) 산세-
산소	酸素(さんそ) 산소
산악	山岳(さんがく) 상가꾸
산업	産業(さんぎょう) 상교-
산출	産出(さんしゅつ) 산슈쯔
산타클로스	サンタクロース (Santa Claus) 산따꾸로-스
살구	杏(あんず) 안즈
살균	殺菌(さっきん) 삭낑
살그머니	そっと 솟또
살다	生(い)きる 이끼루　住(す)む 스무
살리다	生(い)かす 이까스
살아남다	助(たす)かる 타스까루
	生(い)き残(のこ)る 이끼노꼬루
살얼음	薄氷(はくひょう) 하꾸효-
살인	殺人(さつじん) 사쯔징
	先週殺人事件がありました。
	지난 주 살인사건이 있었습니다.
살인자	人殺(ひとごろ)し 히또고로시
살찌다	太(ふと)る 후또루　肥(こ)える 코에루
살충제	殺虫剤(さっちゅうざい) 삿쮸-자이

삶	生(せい) 세- 　生存(せいぞん) 세-존
삶다	茹(ゆ)でる 유데루
삼가다	控(ひか)える 히까에루 　慎(つつし)む 쯔쯔시무
삼각형	三角形(さんかくけい) 상까꾸께-
삼월	三月(さんがつ) 상가쯔
삼키다	飲(の)み込(こ)む 노미꼬무
삽	シャベル (shovel) 샤베루
삽입	挿入(そうにゅう) 소-뉴-
상	賞(しょう) 쇼-
상급	上級(じょうきゅう) 죠-뀨-
상냥하다	優(やさ)しい 야사시-
상담	相談(そうだん) 소-당
상당	相当(そうとう) 소-또-
상대	相手(あいて) 아이떼
상류	上流(じょうりゅう) 죠-류- 上流社会(しゃかい)に憧(あこが)れています。 상류사회를 동경하고 있습니다.
상륙	上陸(じょうりく) 죠-리꾸
상복	喪服(もふく) 모후꾸
상사	上司(じょうし) 죠-시

	上役(うわやく) 우와야꾸	
상상	想像(そうぞう) 소-조-	
상세(하다)	詳細(しょうさい) 쇼-사이	
	詳(くわ)しい 쿠와시-	
상속	相続(そうぞく) 소-조꾸	
상쇄	相殺(そうさい) 소-사이	
상순	上旬(じょうじゅん) 죠-즁	
상습	常習(じょうしゅう) 죠-슈-	
상승	上昇(じょうしょう) 죠-쇼-	
상식	常識(じょうしき) 죠-시끼	
상실	喪失(そうしつ) 소-시쯔	
상어	鮫(さめ) 사메	
상업	商業(しょうぎょう) 쇼-교-	
상영	上映(じょうえい) 죠-에-	
상이	相異(そうい) 소-이	
상자	箱(はこ) 하꼬	
상장	賞状(しょうじょう) 쇼-죠-	
상점	商店(しょうてん) 쇼-뗑	
상징	象徴(しょうちょう) 쇼-쪼-	

상처	怪我(けが) 케가 傷(きず) 키즈 脚(あし)の怪我は大丈夫(だいじょうぶ)かい？ 다리 부상은 괜찮니?
상쾌하다	快(こころよ)い 코꼬로요이
	爽(さわ)やかだ 사와야까다
상태	具合(ぐあい) 구아이 様子(ようす) 요-스
상표	銘柄(めいがら) 메-가라
	商標(しょうひょう) 쇼-효-
상품	商品(しょうひん) 쇼-힝
상하	上下(じょうげ) 죠-게
상호	相互(そうご) 소-고
상황	状況(じょうきょう) 죠-꾜-
새	鳥(とり) 토리
새것	新品(しんぴん) 심삥
새기다	刻(きざ)む 키자무
새끼손가락	小指(こゆび) 코유비
새다	漏(も)れる 모레루
새롭다	新(あたら)しい 아따라시- これから新(あたら)しい人間(にんげん)になります。 앞으로 새 사람이 되겠습니다.
새뱃돈	お年玉(としだま) 오토시다마

ㄱ ㄴ ㄷ ㄹ ㅁ ㅂ ㅅ ㅇ ㅈ ㅊ ㅋ ㅌ ㅍ ㅎ

새벽(녘)	明(あ)け方(がた) 아께가따	
	夜明(よあ)け 요아께	
새빨간	真(ま)っ赤(か)な 막까나	
새삼스럽게	今更(いまさら) 이마사라	
새우	海老(えび) 에비	
새치기하다	割(わ)り込(こ)む 와리꼬무	
색	色(いろ) 이로	
색다른	風変(ふうが)わりな 후−가와리나	
색채	色彩(しきさい) 시끼사이	
샌드위치	サンドイッチ (sandwich) 산도잇찌	
샌들	サンダル (sandals) 산다루	
샐러드	サラダ (salad) 사라다	
샘	泉(いずみ) 이즈미	
샘플	サンプル (sample) 삼뿌루	
생	生(なま) 나마	
생각	考(かんが)え 캉가에	思惑(おもわく) 오모와꾸
생각나다	思(おも)いつく 오모이쯔꾸	
생각하다	考(かんが)える 캉가에루	思(おも)う 오모우
생강	生姜(しょうが) 쇼−가	

생계	生計(せいけい) 세-께-
생기다	生(しょう)じる 쇼-지루
생년월일	生年月日(せいねんがっぴ) 세-넹갑삐
생략(하다)	省略(しょうりゃく) 쇼-랴꾸
	省(はぶ)く 하부꾸
생리	生理(せいり) 세-리
생맥주	生(なま)ビール (bier) 나마비-루
생명	生命(せいめい) 세-메-
	生命保険に入ってください。 생명보험에 가입해 주세요.
생물	生物(せいぶつ) 세-부쯔
생산	生産(せいさん) 세-상
생생하다	生々(なまなま)しい 나마나마시-
생선	魚(うお) 우오
생선구이	焼(や)き魚(ざかな) 야끼자까나
생선초밥	鮨(すし) 스시
생선회	刺身(さしみ) 사시미
생식기	生殖器(せいしょくき) 세-쇼꾸끼
생애	生涯(しょうがい) 쇼-가이
생존	生存(せいぞん) 세-종

생활	生活(せいかつ) 세-까쯔　暮(く)らし 쿠라시
생활하다	暮(く)らす 쿠라스
샤워	シャワー (shower) 샤와- シャワーを浴(あ)びると疲(つか)れがとれます。 샤워를 하면 피로가 풀립니다.
샴페인	シャンパン (프 champagne) 샴빵
샴푸	シャンプ (shampoo) 샴뿌
서기	西暦(せいれき) 세-레끼
서늘하다	冷(ひ)やっこい 히약꼬이
서다	建(た)つ 타쯔
서두르다	急(いそ)ぐ 이소구　早(はや)める 하야메루
서랍	引(ひ)き出(だ)し 히끼다시
서로	互(たが)いに 타가이니
서론	序説(じょせつ) 죠세쯔
서류	書類(しょるい) 쇼루이
서리	霜(しも) 시모
서먹서먹하다	水臭(みずくさ)い 미즈꾸사이
	よそよそしい 요소요소시-
서명	署名(しょめい) 쇼메-
서민	庶民(しょみん) 쇼밍

서바이벌	サバイバル (survival) 사바이바루
서버	サーバー (server) 사ー바ー
서비스	サービス (service) 사ー비스
서서히	徐々(じょじょ)に 죠죠니
서양	西洋(せいよう) 세ー요ー
서적	書籍(しょせき) 쇼세끼
서점	書店(しょてん) 쇼뗑
서쪽	西(にし) 니시
서커스	サーカス (circus) 사ー까스
서클	サークル (circle) 사ー꾸루
서투른	下手(へた)な 헤따나
	不器用(ぶきよう)な 부끼요ー나 下手(じ)な字(じ)で恥(は)ずかしいです。 서투른 글씨라서 부끄럽습니다.
서포터	サポーター (supporter) 사뽀ー따ー
서핑	サーフィン (surfing) 사ー휭
석가	釈迦(しゃか) 샤까
석간	夕刊(ゆうかん) 유ー깡
석고	石膏(せっこう) 섹꼬ー
석류	石榴(ざくろ) 자꾸로

ㄱ
ㄴ
ㄷ
ㄹ
ㅁ
ㅂ
ㅅ
ㅇ
ㅈ
ㅊ
ㅋ
ㅌ
ㅍ
ㅎ

석방	釈放(しゃくほう) 샤꾸호–
석사	修士(しゅうし) 슈–시
석양	夕日(ゆうひ) 유–히 ここは夕日がきれいな町だね。 여기는 석양이 아름다운 동네구나.
석유	石油(せきゆ) 세끼유
석탄	石炭(せきたん) 세끼땅
섞다	混(ま)ぜる 마제루
섞이다	混(ま)じる 마지루
선거	選挙(せんきょ) 셍꾜
선고	宣告(せんこく) 셍꼬꾸
선구자	先駆者(せんくしゃ) 셍꾸샤
선글라스	サングラス (sunglasses) 상구라스
선동	扇動(せんどう) 센도–
선두	先頭(せんとう) 센또–
선량한	善良(ぜんりょう)な 젠료–나
선망	羨望(せんぼう) 셈보–
선명	鮮明(せんめい) 센메–
선명한	鮮(あざ)やかな 아자야까나
선물	贈(おく)り物(もの) 오꾸리모노

	手土産(てみやげ) 테미야게 訪問(ほうもん)する際(さい)は手土産(てみやげ)を買(か)わなくちゃ。 방문할 경우엔 선물을 사야지.
선박	**船舶(せんぱく)** 셈빠꾸
선반	**棚(たな)** 타나
선발	**選抜(せんばつ)** 셈바쯔
선배	**先輩(せんぱい)** 셈빠이
선불	**前払(まえばら)い** 마에바라이
선사하다	**贈(おく)る** 오꾸루
선생	**先生(せんせい)** 센세-
선서	**宣誓(せんせい)** 센세-
선수	**選手(せんしゅ)** 센슈
선악	**善悪(ぜんあく)** 젱아꾸
선약	**先約(せんやく)** 센야꾸
선언	**宣言(せんげん)** 셍겡
선의	**善意(ぜんい)** 젱이
선인장	**サボテン** (스 sapoten) 사보뗑
선입관	**先入観(せんにゅうかん)** 센뉴-깡
선장	**船長(せんちょう)** 센쪼-
선전	**宣伝(せんでん)** 센뎅

선정	選定(せんてい) 센떼-
선진국	先進国(せんしんこく) 센싱꼬꾸
선출	選出(せんしゅつ) 센슈쯔
선택(하다)	選択(せんたく) 센따꾸 選(えら)ぶ 에라부
선풍기	扇風機(せんぷうき) 셈뿌-끼
설교	説教(せっきょう) 섹꾜-
설날	元日(がんじつ) 간지쯔
설득(하다)	説得(せっとく) 셋또꾸 口説(くど)く 쿠도꾸
설립	設立(せつりつ) 세쯔리쯔
설명	説明(せつめい) 세쯔메-
설사	下痢(げり) 게리
설욕	雪辱(せつじょく) 세쯔죠꾸
설정	設定(せってい) 셋떼-
설치하다	据(す)える 스에루 設置(せっち)する 셋치스루 事務室(じむしつ)にコピー機(き)を設置しました。 사무실에 복사기를 설치했습니다.
설탕	砂糖(さとう) 사또-
섬	島(しま) 시마
섬세한	繊細(せんさい)な 센사이나
섬유	繊維(せんい) 셍이

섭취	**摂取(せっしゅ)** 셋슈	
성	**城(しろ)** 시로	
성격	**性格(せいかく)** 세-까꾸	
성경	**聖書(せいしょ)** 세-쇼	
성공	**成功(せいこう)** 세-꼬-	
성과	**成果(せいか)** 세-까	
성급한	**せっかちな** 섹까찌나	
성내다	**腹(はら)を立(た)てる** 하라오타떼루	
성냥	**マッチ (match)** 맛찌	
성능	**性能(せいのう)** 세-노-	
성대한	**盛大(せいだい)な** 세-다이나	
성립	**成立(せいりつ)** 세-리쯔	
성명	**氏名(しめい)** 시메- **姓名(せいめい)** 세-메-	
	氏名を書いてください。 이름을 적어주세요.	
성별	**性別(せいべつ)** 세-베쯔	
성분	**成分(せいぶん)** 세-붕	
성숙	**成熟(せいじゅく)** 세-쥬꾸	
성실한	**誠実(せいじつ)な** 세-지쯔나	
성씨	**名字(みょうじ)** 묘-지	

ㄱ ㄴ ㄷ ㄹ ㅁ ㅂ **ㅅ** ㅇ ㅈ ㅊ ㅋ ㅌ ㅍ ㅎ

성원	声援(せいえん) 세-엥 皆(みな)さんの声援(せいえん)に感謝(かんしゃ)します。 여러분의 성원에 감사드립니다.
성의	誠意(せいい) 세-이
성인	成人(せいじん) 세-징
성장	成長(せいちょう) 세-쬬-
성적	成績(せいせき) 세-세끼
성질	性質(せいしつ) 세-시쯔　質(たち) 타찌
성취	成就(じょうじゅ) 죠-쥬
성품	人(ひと)となり 히또또나리
	気性(きしょう) 키쇼-
성희롱	セクハラ (sexual harassment) 세꾸하라
세계	世界(せかい) 세까이
세관	税関(ぜいかん) 제-깡
세균	細菌(さいきん) 사이낑
세금	税金(ぜいきん) 제-낑
세기	強(つよ)さ 쯔요사　強(つよ)み 쯔요미
세기	世紀(せいき) 세-끼
세뇌	洗脳(せんのう) 센노-
세다	数(かぞ)える 카조에루

세대	世代(せだい) 세다이
세대	所帯(しょたい) 쇼따이 (가정)
세력	勢力(せいりょく) 세-료꾸
세련	洗練(せんれん) 센렝
세례	洗礼(せんれい) 센레-
세로	縦(たて) 타떼
세면대	洗面台(せんめんだい) 셈멘다이
세무	税務(ぜいむ) 제-무
세상	世(よ)の中(なか) 요노나까
	世間(せけん) 세껭
세심한	細心(さいしん)の 사이신노 細心の注意を払うべきだ。 세심한 주의를 기울여야 한다.
세우다	建(た)てる 타떼루
세월	歳月(さいげつ) 사이게쯔 月日(つきひ) 쯔끼히
세일	セール (sale) 세-루
세제	洗剤(せんざい) 센자이
세탁	洗濯(せんたく) 센따꾸
세트	セット (set) 셋또
세포	細胞(さいぼう) 사이보-

ㄱ ㄴ ㄷ ㄹ ㅁ ㅂ ㅅ ㅇ ㅈ ㅊ ㅋ ㅌ ㅍ ㅎ

섹스	**セックス (sex)** 섹꾸스
센서	**センサー (sensor)** 센사ー
센스	**センス (sense)** 센스
센터	**センター (center)** 센따ー
센티멘털한	**センチメンタルな (sentimental)** 센치멘따루나
센티미터	**センチメートル (centimeter)** 센찌메ー또루
셀프서비스	**セルフサービス (self-service)** 세루후사ー비스
셋집	**貸家(かしや)** 카시야　**借家(しゃくや)** 샤꾸야
셔츠	**シャツ (shirt)** 샤쯔
소	**牛(うし)** 우시
소개	**紹介(しょうかい)** 쇼ー까이 短く自己紹介をしてください。 짧게 자기소개를 해주세요.
소극적	**消極的(しょうきょくてき)** 쇼ー꾜꾸떼끼
소금	**塩(しお)** 시오
소나기	**夕立(ゆうだち)** 유ー다찌
	にわか雨(あめ) 니와까아메
소나무	**松(まつ)** 마쯔
소녀	**少女(しょうじょ)** 쇼ー죠
소년	**少年(しょうねん)** 쇼ー넹

소독	消毒(しょうどく) 쇼-도꾸
소동	騒動(そうどう) 소-도-
소득	所得(しょとく) 쇼또꾸
소란	騒(さわ)ぎ 사와기
소량	少量(しょうりょう) 쇼-료-
소리	物音(ものおと) 모노오또　音(おと) 오또
소망	望(のぞ)み 노조미
소매	袖(そで) 소데 (옷)
소모	消耗(しょうもう) 쇼-모-
소문	噂(うわさ) 우와사
소문자	小文字(こもじ) 코모지
소박한	素朴(そぼく)な 소보꾸나 素朴な人が好きです。 소박한 사람을 좋아합니다.
소변	おしっこ 오식꼬　小便(しょうべん) 쇼-벵
소비	消費(しょうひ) 쇼-히
소설	小説(しょうせつ) 쇼세쯔
소속	所属(しょぞく) 쇼조꾸
소스	ソース (sauce) 소-스
소시지	ソーセージ (sausage) 소-세-지

ㄱ ㄴ ㄷ ㄹ ㅁ ㅂ 人 ㅇ ㅈ ㅊ ㅋ ㅌ ㅍ ㅎ

소식	便(たよ)り 타요리
소아과	小児科(しょうにか) 쇼-니까
소용돌이	渦(うず) 우즈　渦巻(うずま)き 우즈마끼
소원	願(ねが)い 네가이
소유	所有(しょゆう) 쇼유-
소음	騒音(そうおん) 소-옹
소재지	所在地(しょざいち) 쇼자이찌
소주	焼酎(しょうちゅう) 쇼-쮸-
소중하다	大事(だいじ)だ 다이지다 時間(じかん)を大事(だいじ)にしないといけない。 시간을 소중히 해야 한다.
소지품	持(も)ち物(もの) 모찌모노
소질	素質(そしつ) 소시쯔
소집	招集(しょうしゅう) 쇼-슈-
소쿠리	笊(ざる) 자루
소탈한	気軽(きがる)な 키가루나
소파	ソファー (sofa) 소화-
소포	小包(こづつみ) 코즈쯔미
소풍	遠足(えんそく) 엔소꾸
소프트웨어	ソフトウェア (software) 소후또웨아

소형	**小型(こがた)** 코가따
소홀히하다	**疎(おろそ)かにする** 오로소까니 스루
소화	**消化(しょうか)** 쇼–까
속	**中(なか)** 나까　**内部(ないぶ)** 나이부
속눈썹	**まつ毛(げ)** 마쯔게
속담	**諺(ことわざ)** 코또와자
속도	**速度(そくど)** 소꾸도　**速(はや)さ** 하야사
속박	**束縛(そくばく)** 소꾸바꾸
속삭이다	**囁(ささや)く** 사사야꾸
속어	**俗語(ぞくご)** 조꾸고
속옷	**下着(したぎ)** 시따기
속이다	**騙(だま)す** 다마스　**誤魔化(ごまか)す** 고마까스
속하다	**属(ぞく)する** 조꾸스루
손	**手(て)** 테
손가락	**指(ゆび)** 유비
손금	**手相(てそう)** 테소– 私の手相を見てください。 내 손금을 봐주세요.
손님	**お客(きゃく)** 오캬꾸
손등	**手(て)の甲(こう)** 테노꼬–

ㄱ
ㄴ
ㄷ
ㄹ
ㅁ
ㅂ
ㅅ
ㅇ
ㅈ
ㅊ
ㅋ
ㅌ
ㅍ
ㅎ

손목	**手首**(てくび) 테꾸비
손목시계	**腕時計**(うでどけい) 우데도께-
손바닥	**手**(て)**の平**(ひら) 테노히라
손상	**損傷**(そんしょう) 손쇼-
손색	**引**(ひ)**け目**(め) 히께메
손수건	**ハンカチ** (handkerchief) 항까찌
손쉬운	**手軽**(てがる)**な** 테가루나
손실	**損失**(そんしつ) 손시쯔 **ロス (loss)** 로스
손익	**損得**(そんとく) 손또꾸
손자	**孫**(まご) 마고
손잡이	**摘**(つ)**まみ** 쯔마미 **取**(と)**っ手**(て) 톳떼
손질	**手入**(てい)**れ** 테이레
손짓	**手振**(てぶ)**り** 테부리
손톱(깎이)	**爪**(つめ) 츠메 **爪切**(つめき)**り** 츠메키리
손해	**損**(そん) 손 **損害**(そんがい) 송가이 しょうじきもの 正直者が損をすることもある。 정직한 사람이 손해보는 경우도 있다.
솔	**刷毛**(はけ) 하께
솔직	**率直**(そっちょく) 솟쪼꾸
솜	**綿**(わた) 와따

솜씨	手並(てな)み 테나미　手際(てぎわ) 테기와
솟다	湧(わ)く 와꾸 (물)　そびえる 소비에루 (건물)
송곳	錐(きり) 키리
송곳니	牙(きば) 키바
송금	送金(そうきん) 소-낑
송년회	忘年会(ぼうねんかい) 보-넹까이
송별	送別(そうべつ) 소-베쯔
송신	送信(そうしん) 소-싱
솥	釜(かま) 카마
쇄도	殺到(さっとう) 삿또-
쇠고기	牛肉(ぎゅうにく) 규-니꾸
쇠사슬	鎖(くさり) 쿠사리
쇠약	衰弱(すいじゃく) 스이쟈꾸
쇠퇴(하다)	衰退(すいたい) 스이따이
	衰(おとろ)える 오또로에루
쇼크	ショック (shock) 쇽꾸
쇼핑	ショッピング (shopping) 숍삥구
수	数(かず) 카즈　数(すう) 스-
수건	手拭(てぬぐ)い 테누구이

수고	手間(てま) 테마　手数(てすう) 테스-
수금	集金(しゅうきん) 슈-낑
수난	受難(じゅなん) 쥬낭
수납	収納(しゅうのう) 슈-노-
수녀	修道女(しゅうどうじょ) 슈-도-죠
수다	お喋(しゃべ)り 오샤베리
수단	手段(しゅだん) 슈당 目的達成のための手段 もくてきたっせい 목적 달성을 위한 수단
수당	手当(てあ)て 테아떼
수도	首都(しゅと) 슈또　都(みやこ) 미야꼬
수도	水道(すいどう) 스이도-
수동	手動(しゅどう) 슈도-
수동	受動(じゅどう) 쥬도-
수라장	修羅場(しゅらば) 슈라바
수료	修了(しゅうりょう) 슈-료-
수류탄	手榴弾(しゅりゅうだん) 슈류-당
수리	修理(しゅうり) 슈-리
	改修(かいしゅう) 카이슈-
수면(부족)	睡眠(すいみん) 스이밍

	寝不足(ねぶそく) 네부소꾸	
수명	寿命(じゅみょう) 쥬묘-	
수박	西瓜(すいか) 스이까	
수배	手配(てはい) 테하이	
수법	手口(てぐち) 테구찌	
수분	水分(すいぶん) 스이붕　潤(うるお)い 우루오이	
수비	守備(しゅび) 슈비　守(まも)り 마모리	
수사	捜査(そうさ) 소-사	
수상	首相(しゅしょう) 슈쇼-	
	総理大臣(そうりだいじん) 소-리다이징	
수상	受賞(じゅしょう) 쥬쇼-	
수상하다	怪(あや)しい 아야시-	
	いかがわしい 이까가와시-	
수색	捜索(そうさく) 소-사꾸	
수석	首席(しゅせき) 슈세끼	
수소	水素(すいそ) 스이소	
수속	手続(てつづ)き 테쯔즈끼	
수송	輸送(ゆそう) 유소-	
수수께끼	謎(なぞ) 나조	

수수료	**手数料(てすうりょう)** 테스-료-
수수함	**地味(じみ)** 지미 地味なスカートがいいです。 수수한 스커트가 좋아요.
수술	**手術(しゅじゅつ)** 슈쥬쯔
수습	**収拾(しゅうしゅう)** 슈-슈-
수신	**受信(じゅしん)** 쥬-싱
수신인	**宛先(あてさき)** 아떼사끼
수업	**授業(じゅぎょう)** 쥬교-
수염	**髭(ひげ)** 히게
수영(복)	**水泳(すいえい)** 스이에- **水着(みずぎ)** 미즈기
수완	**手腕(しゅわん)** 슈왕
수요	**需要(じゅよう)** 쥬요-
수요일	**水曜日(すいようび)** 스이요-비
수용	**収容(しゅうよう)** 슈-요-
수월하다	**容易(たやす)い** 타야스이
수위	**水位(すいい)** 스이이
수은	**水銀(すいぎん)** 스이깅
수익	**収益(しゅうえき)** 슈-에끼
수입	**収入(しゅうにゅう)** 슈-뉴-

	こんげつ 今月の収入はいくらですか。 이달 수입은 얼마입니까?
수입	輸入(ゆにゅう) 유뉴-
수정	修正(しゅうせい) 슈-세-
수정	水晶(すいしょう) 스이쇼-
수족관	水族館(すいぞくかん) 스이조꾸깡
수준	水準(すいじゅん) 스이쥰
수줍어하다	はにかむ 하니까무
수증기	水蒸気(すいじょうき) 스이죠-끼
수직	垂直(すいちょく) 스이쪼꾸
수질	水質(すいしつ) 스이시쯔
수집	収集(しゅうしゅう) 슈-슈-
수채화	水彩画(すいさいが) 스이사이가
수첩	手帳(てちょう) 테쬬-
수축	収縮(しゅうしゅく) 슈-슈꾸
수출	輸出(ゆしゅつ) 유슈쯔
수치	恥(はじ) 하지
수컷	雄(おす) 오스
수표	小切手(こぎって) 코깃떼

ㄱ
ㄴ
ㄷ
ㄹ
ㅁ
ㅂ
ㅅ
ㅇ
ㅈ
ㅊ
ㅋ
ㅌ
ㅍ
ㅎ

수프	スープ (soup) 스-뿌
수필	随筆(ずいひつ) 즈이히쯔
수하물	手荷物(てにもつ) 테니모쯔 手荷物預かり所はどこですか。 수하물 취급소는 어디입니까?
수학	数学(すうがく) 스-가꾸
수행	遂行(すいこう) 스이꼬-
수험	受験(じゅけん) 쥬껭
수혈	輸血(ゆけつ) 유께쯔
수화	手話(しゅわ) 슈와
수확	収穫(しゅうかく) 슈-까꾸
	取(と)り入(い)れ 토리이레
숙녀	淑女(しゅくじょ) 슈꾸죠
숙련	熟練(じゅくれん) 쥬꾸렝
숙박	宿泊(しゅくはく) 슈꾸하꾸
숙소	宿(やど) 야도
숙이다(고개)	俯(うつむ)く 우쯔무꾸
숙제	宿題(しゅくだい) 슈꾸다이
순간	瞬間(しゅんかん) 슝깡
순경	お巡(まわ)りさん 오마와리상

순교	殉教(じゅんきょう) 줌꾜-
순금	純金(じゅんきん) 즁낑
순서	順番(じゅんばん) 쥼방　順序(じゅんじょ) 준죠
순수성	純粋性(じゅんすいせい) 쥰스이세-
순수한	素直(すなお)な 스나오나
	純粋(じゅんすい)な 쥰스이나
순위	順位(じゅんい) 즁이
순조로운	順調(じゅんちょう)な 쥰쪼-나
	好調(こうちょう)な 코-쪼-나
순종	従順(じゅうじゅん)な 쥬-즁
순진한	無邪気(むじゃき)な 무쟈끼나
순찰차	パトカー (patrol car) 파또까-
순환	循環(じゅんかん) 즁깡
숟가락	スプーン (spoon) 스푼　匙(さじ) 사지
술(잔)	酒(さけ) 사께　杯(さかずき) 사까즈끼
술집	飲(の)み屋(や) 노미야　酒場(さかば) 사까바
숨	息(いき) 이끼 息を殺して歩きました。 숨을 죽이고 걸었습니다.
숨기다	隠(かく)す 카꾸스

숨다	隠(かく)れる 카꾸레루
숫자	数字(すうじ) 스-지
숭고	崇高(すうこう) 스-꼬-
숭배	崇拝(すうはい) 스-하이
숯	炭(すみ) 스미
숲	林(はやし) 하야시
쉬다	休(やす)む 야스무
	休憩(きゅうけい)する 큐-께-스루
쉽다	易(やさ)しい 야사시- 易(やす)い 야스이
슈퍼	スーパー (super) 스-빠-
슛	シュート (shot) 슈-또
스낵	スナック (snack) 스낙꾸
스노보드	スノーボード (snowboard) 스노-보-도
스릴	スリル (thrill) 스리루
스마트폰	スマホ (smart phone) 스마호 スマホよりは本(ほん)を読もう。 스마트폰보다는 책을 읽자.
스며들다	染(し)みる 시미루
스모	相撲(すもう) 스모-
스무살	二十歳(はたち) 하따찌

스웨터	**セーター** (sweater) 세−따−
스위치	**スイッチ** (switch) 스잇찌
스윙	**スイング** (swing) 스잉구
스카치테이프	**セロテープ** (cellophane tape) 세로떼−뿌
스카프	**スカーフ** (scarf) 스까−후
스캔들	**スキャンダル** (scandal) 스꺈다루
스커트	**スカート** (skirt) 스까−또 スカートをはくと女性らしいね。 스커트를 입으면 여성스럽네.
스케이트	**スケート** (skate) 스께−또
스케일	**スケール** (scale) 스께−루
스케줄	**スケジュール** (schedule) 스께쥬−루
스코어	**スコア** (score) 스꼬아
스크린	**スクリーン** (screen) 스꾸리−잉
스키	**スキー** (ski) 스끼−
스킨십	**スキンシップ** (일 skinship) 스킨십뿌
스타	**スター** (star) 스따−
스타일	**スタイル** (style) 스따이루
스타킹	**ストッキング** (stockings) 스똑낑구
스타트	**スタート** (start) 스따−또

스태프	スタッフ (staff) 스땁후
스테이크	ステーキ (steak) 스떼−끼
스텝	ステップ (step) 스텝뿌
스토리	ストーリー (story) 스또−리−
스토커	ストーカー (stalker) 스또−까−
스톱	ストップ (stop) 스똡뿌
스튜어디스	キャビンアテンダント (cabin attendant) 캬빈 아텐단또
스트레스	ストレス (stress) 스또레스
스트레치	ストレッチ (stretch) 스또렛찌
스파게티	スパゲッティ (이 spaghetti) 스빠겟띠
스파이	スパイ (spy) 스빠이
스펀지	スポンジ (sponge) 스뽄지
스페셜	スペシャル (special) 스뻬샤루
스펠링	スペル (spell) 스뻬루
스포츠	スポーツ (sports) 스뽀−쯔
스프레이	スプレー (spray) 스뿌레−
스피드	スピード (speed) 스삐−도
스피커	スピーカー (speaker) 스삐−까−
슬럼프	スランプ (slump) 스람뿌

슬로	スロー (slow) 스로-
슬리퍼	スリッパ (slippers) 스립빠
슬림	スリム (slim) 스리무
슬슬	そろそろ 소로소로 そろそろ出かけよう。 슬슬 나가보자.
슬퍼하다	悲(かな)しむ 카나시무
슬프다	悲(かな)しい 카나시-
슬픔	悲(かな)しみ 카나시미
습격	襲撃(しゅうげき) 슈-게끼
습관	習慣(しゅうかん) 슈-깡
습기	湿気(しっけ) 식께
습도	湿度(しつど) 시쯔도
승객	乗客(じょうきゃく) 죠-꺄꾸
승낙	承知(しょうち) 쇼-찌
	承諾(しょうだく) 쇼-다꾸 いよいよ承諾を得ました。 드디어 승낙을 얻었습니다.
승률	勝率(しょうりつ) 쇼-리쯔
승리	勝利(しょうり) 쇼-리 勝(か)ち 카찌
승마	乗馬(じょうば) 죠-바

ㄱ
ㄴ
ㄷ
ㄹ
ㅁ
ㅂ
ㅅ
ㅇ
ㅈ
ㅊ
ㅋ
ㅌ
ㅍ
ㅎ

승무원	乗務員(じょうむいん) 죠-무잉
승부	勝負(しょうぶ) 쇼-부
승인	承認(しょうにん) 쇼-닝
승진	昇進(しょうしん) 쇼-싱
승차	乗車(じょうしゃ) 죠-샤
승패	勝敗(しょうはい) 쇼-하이
시	市(し) 시
시	詩(し) 시
시	時(じ) 지
시간	時間(じかん) 지깡
	そこまで、どれくらい時間がかかりますか。 거기까지 얼마나 시간이 걸립니까?
시계	時計(とけい) 토께-
시골	田舎(いなか) 이나까
시금치	ほうれん草(そう) 호-렌소-
시급	時給(じきゅう) 지뀨-
시기	時期(じき) 지끼
시끄럽다	うるさい 우루사이
	騒(さわ)がしい 사와가시-
시내	市内(しない) 시나이

시너	シンナー (thinner) 신나—	
시네마	シネマ (cinema) 시네마	
시다	酸(す)っぱい 습빠이	
시달리다	苦(くる)しむ 쿠루시무	
시대	時代(じだい) 지다이	
시도하다	試(こころ)みる 코꼬로미루	
시들다	枯(か)れる 카레루　萎(しお)れる 시오레루	
시력	視力(しりょく) 시료꾸	
시련	試練(しれん) 시렝	
시리즈	シリーズ (series) 시리—즈	
시멘트	セメント (cement) 시멘또	
시민	市民(しみん) 시민	
시사	時事(じじ) 지지(현정세)	
시선	視線(しせん) 시셍　眼差(まなざ)し 마나자시 彼女の視線をそらした。 그녀의 시선을 피했다.	
시설	施設(しせつ) 시세쯔	
시세	相場(そうば) 소—바	
시속	時速(じそく) 지소꾸	
시스템	システム (system) 시스떼무	

ㄱ
ㄴ
ㄷ
ㄹ
ㅁ
ㅂ
ㅅ
ㅇ
ㅈ
ㅊ
ㅋ
ㅌ
ㅍ
ㅎ

시시하다	つまらない 쯔마라나이
시식	試食(ししょく) 시쇼꾸
시아버지	しゅうと 슈-또
시야	視野(しや) 시야
시어머니	しゅうとめ 슈-또메
시외	市外(しがい) 시가이
시원하다	涼(すず)しい 스즈시-
시월	十月(じゅうがつ) 쥬-가쯔
시인	詩人(しじん) 시징
시작(되다)	始(はじ)まり 하지마리 始(はじ)まる 하지마루
시작하다	始(はじ)める 하지메루
시장	市場(いちば) 이찌바(재래시장)
	市場(しじょう) 시죠-(추상적 개념)
시종	終始(しゅうし) 슈-시
시중들다	付(つ)き添(そ)う 쯔끼소우
	仕(つか)える 쯔까에루
시차	時差(じさ) 지사
시청	市役所(しやくしょ) 시야꾸쇼
시청자	視聴者(しちょうしゃ) 시쬬-샤

시체	死体(したい) 시따이　しかばね 시까바네
시키다	させる 사세루
시합	試合(しあい) 시아이
시행	施行(しこう) 시꼬- 試行錯誤も勉強になる。 しこうさくご　べんきょう 시행착오도 공부가 된다.
시험	試験(しけん) 시껭
시험하다	試(ため)す 타메스
시효	時効(じこう) 지꼬-
식기	食器(しょっき) 쇽끼
식다	冷(さ)める 사메루
식당	食堂(しょくどう) 쇼꾸도-
식량	食糧(しょくりょう) 쇼꾸료-
식물	植物(しょくぶつ) 쇼꾸부쯔
식비	食費(しょくひ) 쇼꾸히
식빵	食(しょく)パン 쇼꾸팡 *구어체는 しょっパン 쇽팡
식사	食事(しょくじ) 쇼꾸지　飯(めし) 메시
식생활	食生活(しょくせいかつ) 쇼꾸세-까쯔
식욕	食欲(しょくよく) 쇼꾸요꾸

ㄱ
ㄴ
ㄷ
ㄹ
ㅁ
ㅂ
ㅅ
ㅇ
ㅈ
ㅊ
ㅋ
ㅌ
ㅍ
ㅎ

今朝(けさ)は食欲がありません。
오늘 아침은 식욕이 없습니다.

식중독	食(しょく)あたり 쇼꾸아따리
식초	酢(す) 스
식칼	包丁(ほうちょう) 호-쬬-
식품	食品(しょくひん) 쇼꾸힝
식후	食後(しょくご) 쇼꾸고
식히다	冷(さ)ます 사마스, 冷(ひ)やす 히야스
신	神(かみ) 카미
신경	神経(しんけい) 싱께-
신고	届(とど)け 토도께 申告(しんこく) 싱꼬꾸
신규	新規(しんき) 싱끼
신기록	新記録(しんきろく) 싱끼로꾸
신기해하다	珍(めずら)しがる 메즈라시가루
신년	新年(しんねん) 신넹
신다	履(は)く 하꾸
신드롬	シンドローム (syndrome) 신도로-무
신랄한	辛辣(しんらつ)な 신라쯔나
신랑	新郎(しんろう) 신로-
	花婿(はなむこ) 하나무꼬

	新郎新婦の登場です。 しんぷ とうじょう 신랑 신부의 등장입니다.
신뢰	信頼(しんらい) 신라이
신맛	酸味(さんみ) 삼미
신문	新聞(しんぶん) 심붕
신발	履物(はきもの) 하끼모노
신부	花嫁(はなよめ) 하나요메　新婦(しんぷ) 심뿌
신분	身分(みぶん) 미붕
신비	神秘(しんぴ) 심삐
신빙성	信憑性(しんぴょうせい) 심뾰-세-
신사	紳士(しんし) 신시
신선	新鮮(しんせん) 신셍
신속	迅速(じんそく) 진소꾸
신앙	信仰(しんこう) 싱꼬-
신용	信用(しんよう) 싱요-
신용카드	クレジットカード (credit card)쿠레짓토카-도
신음하다	うめく 우메꾸　うなる 우나루
신인	新人(しんじん) 신징
신장	腎臓(じんぞう) 진조-

신장	**身長**(しんちょう) 신쬬-	
신중	**慎重**(しんちょう) 신쬬-	
신진대사	**新陳代謝**(しんちんたいしゃ) 신찐따이샤	
신청	**申**(もう)**し込**(こ)**み** 모-시꼬미	
	申請(しんせい) 신세-	
신체	**身体**(しんたい) 신따이	
신축	**伸縮**(しんしゅく) 신슈꾸	
신칸센	**新幹線**(しんかんせん) 싱깐셍	
신형	**新型**(しんがた) 싱가따	
신호	**合図**(あいず) 아이즈	**信号**(しんごう) 싱고-
신혼	**新婚**(しんこん) 싱꽁 新婚旅行(りょこう)はどちらへ行(い)きますか。 신혼여행은 어디로 가십니까?	
신화	**神話**(しんわ) 싱와	
싣다	**載**(の)**せる** 노세루	
	積(つ)**み込**(こ)**む** 쯔미꼬무	
실	**糸**(いと) 이또	
실격	**失格**(しっかく) 식까꾸	
실내	**室内**(しつない) 시쯔나이	
실력	**実力**(じつりょく) 지쯔료꾸	

실례	失礼(しつれい) 시쯔레-	
실리콘	シリコン (silicon) 시리꽁	
실마리	糸口(いとぐち) 이또구찌	
	手掛(てが)かり 테가까리	
실망(하다)	失望(しつぼう) 시쯔보-	
	がっかりする 각까리스루	
실물	実物(じつぶつ) 지쯔부쯔	
	実物がもっときれいです。 실물이 더 예쁩니다.	
실수	間違(まちが)い 마찌가이	
실습	実習(じっしゅう) 짓슈-	
실시	実施(じっし) 짓시	
실신	失神(しっしん) 싯싱	
실언	言(い)い間違(まちが)い 이이마찌가이	
실업	失業(しつぎょう) 시쯔교-	
실연	失恋(しつれん) 시쯔렝	
실용	実用(じつよう) 지쯔요-	
실재	実在(じつざい) 지쯔자이	
실적	実績(じっせき) 짓세끼	
실제	実際(じっさい) 짓사이	

실종	失踪(しっそう) 싯소-
실컷	思(おも)い切(き)り 오모이키리
실패	失敗(しっぱい) 십빠이
실행	実行(じっこう) 직꼬-
실험	実験(じっけん) 직껜
실현	実現(じつげん) 지쯔겡
실효	実効(じっこう) 직꼬-
싫어하다	嫌(きら)う 키라우
싫은	嫌(きら)いな 키라이나 嫌(いや)な 이야나
싫증나다	飽(あ)きる 아끼루
심각한	深刻(しんこく)な 싱꼬꾸나 おい, 深刻(ひょうじょう)な表情たな。 어이, 심각한 표정이군.
심다	植(う)える 우에루
심리	心理(しんり) 신리
심볼	シンボル (symbol) 심보루
심부름	使(つか)い 쯔까이
심술궂은	意地悪(いじわる)な 이지와루나
심신	心身(しんしん) 신싱
심야	深夜(しんや) 싱야

심장	心臓(しんぞう) 신조-
심판	審判(しんぱん) 심빵
심플	シンプル (simple) 심뿌루
심하다	酷(ひど)い 히도이
심호흡	深呼吸(しんこきゅう) 싱꼬뀨-
십이월	十二月(じゅうにがつ) 쥬-니가쯔
십일월	十一月(じゅういちがつ) 쥬-이찌가쯔
싱글	シングル (single) 싱구루
싱글벙글	にこにこ 니꼬니꼬
싱싱하다	瑞々(みずみず)しい 미즈미즈시-
싱크대	流(なが)し 나가시
싸다(저렴)	安(やす)い 야스이
싸다(포장)	包(つつ)む 쯔쯔무
싸우다	戦(たたか)う 타따까우
싸움	争(あらそ)い 아라소이　喧嘩(けんか) 켕까 夫婦げんかは何回やった？ 부부싸움은 몇번 했어?
싹	芽(め) 메
싹트다	芽生(めば)える 메바에루
싼	安(やす)い 야스이

쌀	米(こめ) 코메
쌍	双(そう) 소– 対(つい) 쯔이
쌍꺼풀	二重瞼(ふたえまぶた) 후따에마부따
쌍둥이	双子(ふたご) 후따고
쌓다	積(つ)む 쯔무 築(きず)く 키즈꾸
쌓이다	積(つ)もる 쯔모루
썩다	腐(くさ)る 쿠사루
썰물	引(ひ)き潮(しお) 히끼시오
쏘다	射(さ)す 사스
쑥스러워하다	照(て)れる 테레루
쓰다(글)	書(か)く 카꾸
쓰다(맛)	苦(にが)い 니가이
쓰다(사용)	使(つか)う 쯔까우 用(もち)いる 모찌이루
쓰다(소비)	費(つい)やす 쯔이야스
쓰다듬다	なでる 나데루
쓰레기	ごみ 고미 屑(くず) 쿠즈
쓴웃음	苦笑(くしょう) 쿠쇼–
	苦笑(にがわら)い 니가와라이
쓸개	胆囊(たんのう) 탄노–

쓸다	**掃(は)く** 하꾸
쓸데없는	**無駄(むだ)な** 무다나
	余計(よけい)な 요께-나 それは余計なお世話だよ。 그건 쓸데없는 참견이야.
쓸모(있다)	**取(と)り柄(え)** 토리에
	役立(やくだ)つ 야꾸다쯔
쓸쓸하다	**寂(さび)しい** 사비시-
씨	**さん** 상 **氏(し)** 시
씨앗	**種(たね)** 타네
씹다	**噛(か)む** 카무
씻다	**洗(あら)う** 아라우

ㄱ
ㄴ
ㄷ
ㄹ
ㅁ
ㅂ
ㅅ
ㅇ
ㅈ
ㅊ
ㅋ
ㅌ
ㅍ
ㅎ

O

아가미	**えら** 에라
아가씨	**お嬢(じょう)さん** 오죠-상
아기	**赤(あか)ちゃん** 아까짱
	赤(あか)ん坊(ぼう) 아깜보-
아까	**さっき** 삭끼　**先(さき)ほど** 사끼호도
아깝다	**惜(お)しい** 오시-
아날로그	**アナログ (analog)** 아나로구
아내	**妻(つま)** 쯔마
아늑하다	**こじんまりしている** 코짐마리시떼이루
아는사람	**知(し)り合(あ)い** 시리아이
	知人(ちじん) 치징
아니오	**いいえ** 이이에　**いや** 이야
아동	**児童(じどう)** 지도-
아들	**息子(むすこ)** 무스꼬 息子(むすこ)が一人(ひとり)、娘(むすめ)が２人(ふたり)います。 아들이 하나 딸이 둘 있습니다.
아래	**下(した)** 시따

아르바이트	アルバイト (독 Arbeit) 아루바이또	ㄱ
아름답다	美(うつく)しい 우쯔꾸시-	ㄴ
	麗(うるわ)しい 우루와시-	ㄷ
아마	おそらく 오소라꾸　多分(たぶん) 타붕	
아마추어	アマチュア (amateur) 아마쮸아	ㄹ
아몬드	アーモンド (almond) 아-몬도	ㅁ
아무것도	何(なに)も 나니모	
아무리	いくら 이꾸라	ㅂ
아버지	お父(とう)さん 오또-상　父(ちち) 치찌	ㅅ
	お父さんに会いたい。 아버지를 보고 싶다.	
아부	おべっか 오벡까	ㅇ
아빠	パパ (papa) 파파	ㅈ
아스파라거스	アスパラガス (asparagus) 아스파라가스	
아스팔트	アスファルト (asphalt) 아스화루또	ㅊ
아슬아슬하다	際(きわ)どい 키와도이	ㅋ
아시아	アジア (Asia) 아지아	
아웃	アウト (out) 아우또	ㅌ
아이	子供(こども) 코도모	ㅍ
아이돌	アイドル (idol) 아이도루	ㅎ

아이디어	アイディア (idea) 아이디아
아이섀도	アイシャドー (eye shadow) 아이샤도—
아이쇼핑	ウインドーショッピング (window-shopping) 우인도—숍삥구
아이스	アイス (ice) 아이스
아이스크림	アイスクリーム (ice cream) 아이스쿠리—무
아이콘	アイコン (icon) 아이꽁
아주	とても 토떼모
아주머니	おばさん 오바상
아직	未(ま)だ 마다
아첨	へつらい 헤쯔라이
아침	朝(あさ) 아사
아침밥	朝食(ちょうしょく) 죠—쇼꾸
	朝御飯(あさごはん) 아사고항 朝ごはんはいつも食(た)べている。 아침밥은 항상 먹는다.
아킬레스건	アキレス腱(けん) (Achilles-) 아키레스껭
아토피	アトピー (atopy) 아또삐—
아파트	アパート (apartment) 아빠—또
아프다	痛(いた)い 이따이

아프리카	**アフリカ (Aftrica)** 아후리까
아픔	**痛(いた)み** 이따미
악기	**楽器(がっき)** 각끼
악마	**悪魔(あくま)** 아꾸마
악몽	**悪夢(あくむ)** 아꾸무
악보	**楽譜(がくふ)** 가꾸후
악성	**悪性(あくせい)** 아꾸세–
악수	**握手(あくしゅ)** 아꾸슈 彼らは握手を交(か)わした。 그들은 악수를 주고 받았다.
악어	**わに** 와니
악용	**悪用(あくよう)** 아꾸요–
악인	**悪者(わるもの)** 와루모노
악질적인	**悪質(あくしつ)な** 아꾸시쯔나
악취	**悪臭(あくしゅう)** 아꾸슈–
악화	**悪化(あっか)** 악까
안	**内(うち)** 우찌　**中(なか)** 나까
안개	**霧(きり)** 키리　**霞(かすみ)** 카스미
안경	**眼鏡(めがね)** 메가네
안과	**眼科(がんか)** 강까

ㄱ
ㄴ
ㄷ
ㄹ
ㅁ
ㅂ
ㅅ
ㅇ
ㅈ
ㅊ
ㅋ
ㅌ
ㅍ
ㅎ

안내	案内(あんない) 안나이　手引(てび)き 테비끼
안다	抱(だ)く 다꾸
안마	按摩(あんま) 암마
안부	安否(あんぴ) 암삐
안색	顔色(かおいろ) 카오이로
안심	安心(あんしん) 안싱
안심하다	ほっとする 홋또스루
안이한	安易(あんい)な 앙이나
안전	安全(あんぜん) 안젱
안정	安定(あんてい) 안떼-
안주	肴(さかな) 사까나
안쪽	内側(うちがわ) 우찌가와
안타깝다	もどかしい 모도까시-
	焦(じ)れったい 지렛따이
안테나	アンテナ (antenna) 안떼나
앉다	座(すわ)る 스와루
	腰掛(こしか)ける 코시까께루 あんまり長(なが)く座るのはよくない。 너무 오래 앉는 것은 좋지 않다.
알다	分(わ)かる 와까루　知(し)る 시루

알람	**アラーム** (alarm) 아라-무
알레르기	**アレルギー** (allergy) 아레루기-
알로에	**アロエ** (aloe) 아로에
알루미늄	**アルミニウム** (aluminum) 아루미니우무
알리다	**知(し)らせる** 시라세루
알리바이	**アリバイ** (alibi) 아리바이
알맞은	**手頃(てごろ)な** 테고로나
알맹이	**中身(なかみ)** 나까미
알몸	**裸(はだか)** 하다까
알선	**斡旋(あっせん)** 앗셍
알아차리다	**見抜(みぬ)く** 미누꾸
	気(き)が付(つ)く 키가쯔꾸
알콜	**アルコール** (alcohol) 아루꼬-루
암	**癌(がん)** 강
암기	**暗記(あんき)** 앙끼
암살	**暗殺(あんさつ)** 안사쯔 その大統領(だいとうりょう)は暗殺された。 그 대통령은 암살당했다.
암석	**岩石(がんせき)** 간세끼
암시	**暗示(あんじ)** 안지

암컷	雌(めす) 메스
암탉	雌鳥(めんどり) 멘도리
암호	暗号(あんごう) 앙고-
암흑	暗黒(あんこく) 앙꼬꾸
	真(ま)っ黒(くろ) 막꾸로
압력	圧力(あつりょく) 아쯔료꾸
압박	圧迫(あっぱく) 압빠꾸
압수	押収(おうしゅう) 오-슈-
압축	圧縮(あっしゅく) 앗슈꾸
앙케트	アンケート (불 enquête) 앙께-또
앞	先(さき) 사끼 前(まえ) 마에
앞니	前歯(まえば) 마에바
앞머리	前髪(まえがみ) 마에가미
앞으로	これから 코레까라 今後(こんご) 콩고
앞지르다	追(お)い越(こ)す 오이꼬스
애교	愛嬌(あいきょう) 아이꾜- 女(おんな)は愛嬌(あいきょう), 男(おとこ)は度胸(どきょう)。 여자는 애교 남자는 배짱. (속담)
애니메이션	アニメ (animation) 아니메
애도하다	弔(とむら)う 토무라우

애쓰다	気(き)づかう 키즈까우
애인	恋人(こいびと) 코이비또
	愛人(あいじん) 아이징
애정	愛情(あいじょう) 아이죠-
애칭	愛称(あいしょう) 아이쇼-
애프터서비스	アフターサービス (after-service) 아후따-사-비스
액세서리	アクセサリー (accessories) 아꾸세사리-
액센트	アクセント (accent) 아꾸센또
액셀(자동차)	アクセル (accelerator) 아꾸세루
액션	アクション (action) 아꾸송
액자	額(がく) 가꾸 額縁(がくぶち) 가꾸부찌
액정	液晶(えきしょう) 에끼쇼-
액체	液体(えきたい) 에끼따이
앨범	アルバム (album) 아루바무
앵무새	おうむ 오-무
야간	夜間(やかん) 야깡
야구	野球(やきゅう) 야뀨-
야만적인	野蛮(やばん)な 야반나

ㄱ
ㄴ
ㄷ
ㄹ
ㅁ
ㅂ
ㅅ
ㅇ
ㅈ
ㅊ
ㅋ
ㅌ
ㅍ
ㅎ

야망	野望(やぼう) 야보-
야박하다	世知辛(せちがら)い 세찌가라이 世知辛い世の中になった。 야박한 세상이 되었다.
야심	野心(やしん) 야싱
야외	野外(やがい) 야가이
야위다	痩(や)せる 야세루
야유	野次(やじ) 야지
야채	野菜(やさい) 야사이
야행성	夜行性(やこうせい) 야꼬-세-
약	薬(くすり) 쿠스리
약간	少(すこ)し 스꼬시　若干(じゃっかん) 작깡
약국	薬局(やっきょく) 약꼬꾸
약도	略図(りゃくず) 랴꾸즈
약속	約束(やくそく) 야꾸소꾸
약점	弱(よわ)み 요와미　弱点(じゃくてん) 쟈꾸뗑
약초	薬草(やくそう) 야꾸소-
약품	薬品(やくひん) 야꾸힝
약하다	弱(よわ)い 요와이　もろい 모로이
약해지다	弱(よわ)る 요와루

약혼	婚約(こんやく) 콩야꾸 これは婚約指輪(ゆびわ)です. 이건 약혼반지입니다.
약화시키다	弱(よわ)める 요와메루
약효	薬効(やっこう) 약꼬-
얄밉다	憎(にく)らしい 니꾸라시-
얇다	薄(うす)い 우스이
얌전하다	大人(おとな)しい 오또나시-
양(수량)	量(りょう) 료-
양(동물)	羊(ひつじ) 히쯔지
양념	薬味(やくみ) 야꾸미
양도(하다)	譲渡(じょうと) 죠-또 譲(ゆず)る 유즈루
양력	新暦(しんれき) 신레끼
양립	両立(りょうりつ) 료-리쯔
양말	靴下(くつした) 쿠쯔시따
양배추	キャベツ (cabbage) 캬베쯔
양보	譲歩(じょうほ) 죠-호
양복	洋服(ようふく) 요-후꾸
	背広(せびろ) 세비로[남성정장]
양산	日傘(ひがさ) 히가사

ㄱ
ㄴ
ㄷ
ㄹ
ㅁ
ㅂ
ㅅ
ㅇ
ㅈ
ㅊ
ㅋ
ㅌ
ㅍ
ㅎ

양성	**良性**(りょうせい) 료-세-
양식	**養殖**(ようしょく) 요-쇼꾸
양심	**良心**(りょうしん) 료-싱
양육하다	**養**(やしな)**う** 야시나우
양자	**養子**(ようし) 요-시
양쪽	**両方**(りょうほう) 료-호-
	両側(りょうがわ) 료-가와
양파	**玉**(たま)**ねぎ** 타마네기 ぶたにく には 玉ねぎが 似合うよ。 돼지고기엔 양파가 어울려.
양해	**了解**(りょうかい) 료-까이
양호한	**良好**(りょうこう)**な** 료-꼬-나
얕다	**浅**(あさ)**い** 아사이
어긋나다	**ずれる** 즈레루
어기다	**背**(そむ)**く** 소무꾸
어깨	**肩**(かた) 카따
어느	**どの** 도노
어느것	**どれ** 도레
어느 정도	**どれ程**(ほど) 도레호도
어느 쪽	**どちら** 도찌라 **どっち** 돗찌

어둠	闇(やみ) 야미　暗闇(くらやみ) 쿠라야미
어둡다	暗(くら)い 쿠라이
어드바이스	アドバイス (advice) 아도바이스
어디	どこ 도꼬
어디까지	あくまで 아꾸마데
어딘가	どこか 도꼬까
어떤	どんな 돈나
어떻게	どうして 도-시떼　どう 도-
어렴풋이	ぼんやりと 봉야리또
어렵다	難(むずか)しい 무즈까시-
어른	大人(おとな) 오또나
어리다	幼(おさな)い 오사나이
어리둥절하다	戸惑(とまど)う 토마도우
어리석은	愚(おろ)かな 오로까나 愚かな人間(にんげん)は治(なお)らない。 어리석은 사람은 고쳐지지 않는다.
어린이	子供(こども) 코도모
어머니	お母(かあ)さん 오카-상　母(はは) 하하
어묵	かまぼこ 카마보꼬
어부	漁師(りょうし) 료-시

어선	漁船(ぎょせん) 교셍
어수선하다	慌(あわ)ただしい 아와따다시-
어업	漁業(ぎょぎょう) 교교-
어울리다	相応(ふさわ)しい 후사와시-
	似合(にあ)う 니아우
어음	手形(てがた) 테가따
어이없다	呆(あき)れる 아끼레루
어제	昨日(きのう) 키노- 昨日(さくじつ) 사꾸지쯔
어젯밤	昨夜(さくや) 사꾸야 夕(ゆう)べ 유-베
어지럽다	目(め)まいが する 메마이가 스루
어지르다	乱(みだ)す 미다스
어쨌든	どにかく 도니까꾸
어차피	どうせ 도-세 どうせ人間は死ぬ。 어차피 인간은 죽는다.
어촌	漁村(ぎょそん) 교송
어학	語学(ごがく) 고가꾸
어휘	語彙(ごい) 고이
억	億(おく) 오꾸
억류	抑留(よくりゅう) 요꾸류-

억압	抑圧(よくあつ) 요꾸아쯔
억울하다	悔(くや)しい 쿠야시–
억제(하다)	抑制(よくせい) 요꾸세–
	抑(おさ)える 오사에루
언덕	丘(おか) 오까
언뜻	ちらっと 치랏또　一見(いっけん) 익껭
언론	言論(げんろん) 겐롱
언어	言語(げんご) 겡고
언쟁	口喧嘩(くちげんか) 쿠찌겡까
언제	いつ 이쯔
언제나	いつも 이쯔모　常(つね)に 쯔네니
얻다	得(え)る 에루
얼굴	顔(かお) 카오
얼다	凍(こお)る 코–루　凍(こご)える 코고에루 水(みず)が凍(こお)ると氷(こおり)になる。 물이 얼면 얼음이 된다.
얼룩	斑(まだら) 마다라　染(し)み 시미
얼마나	どれほど 도레호도
얼버무리다	紛(まぎ)らわす 마기라와스
얼빠진	間抜(まぬ)けな 마누께나

ㄱ ㄴ ㄷ ㄹ ㅁ ㅂ ㅅ **ㅇ** ㅈ ㅊ ㅋ ㅌ ㅍ ㅎ

얼음	氷(こおり) 코-리
엄격한	厳格(げんかく)な 겡까꾸나
엄금	厳禁(げんきん) 겡낑
엄숙한	厳粛(げんしゅく)な 겐슈꾸나
엄지손가락	親指(おやゆび) 오야유비
엄청나다	夥(おびただ)しい 오비타다시이
	とてつもない 토떼쯔모나이
엄하다	厳(きび)しい 키비시-
업계	業界(ぎょうかい) 교-까이
업다	おんぶする 옴부스루
업무	業務(ぎょうむ) 교-무
업적	業績(ぎょうせき) 교-세끼
없다	無(な)い 나이 持(も)たない 모따나이
없애다	取(と)り除(のぞ)く 토리노조꾸
없어지다	無(な)くなる 나꾸나루
엉덩이	尻(しり) 시리
엉망진창	滅茶苦茶(めちゃくちゃ) 메쨔꾸쨔
엉성하다	粗末(そまつ)だ 소마쯔다
엉터리	出(で)たら目(め) 데따라메

엎드리다	伏(ふ)す 후스　伏(ふ)せる 후세루 速(はや)く伏せろ！ 빨리 엎드려!
엎어지다	ぶっ倒(たお)れる 붓타오레루
엎지르다	こぼす 코보스
에너지	エネルギー (energy) 에네루기-
에너지절약	省(しょう)エネ 쇼-에네
에누리	掛(か)け値(ね) 카께네
에러	エラー (error) 에라-
에스컬레이터	エスカレーター (escalator) 에스까레-따-
에어로빅	エアロビクス (aerobics) 에아로비꾸스
에어컨	エアコン (air conditioner) 에아꽁
에이스	エース (ace) 에-스
에이즈	エイズ (AIDS) 에이즈
에티켓	エチケット (프 etiquette) 에찌껫또
엑기스	エキス (extract) 에끼스
엔진	エンジン (engine) 엔징
엘리베이터	エレベーター (elevator) 에레베-따- 3階(さんかい)はエレベーターじゃなくて階段(かいだん)で行(い)こう。 3층은 엘리베이터가 아니라 계단으로 가자.
엘리트	エリート (elite) 에리-또

ㄱ ㄴ ㄷ ㄹ ㅁ ㅂ ㅅ **ㅇ** ㅈ ㅊ ㅋ ㅌ ㅍ ㅎ

여가	暇(ひま) 히마 余暇(よか) 요까
여객	旅客(りょきゃく) 료캬꾸
여관	ホテル 호테루 旅館(りょかん) 료깡
여권	パスポート (passport) 파스뽀-또
	旅券(りょけん) 료껭
여기	ここ 코꼬
여기저기	あちこち 아찌꼬찌
	所々(ところどころ) 토꼬로도꼬로
여당	与党(よとう) 요또-
여덟	八(はち) 하찌
여동생	妹(いもうと) 이모-또
여드름	面皰(にきび) 니끼비
여러가지	色々(いろいろ) 이로이로
	様々(さまざま) 사마자마
여름	夏(なつ) 나쯔
여배우	女優(じょゆう) 죠유-
여분	余(あま)り 아마리 余分(よぶん) 요붕
여사	女史(じょし) 죠시
여성	女性(じょせい) 죠세-

여신	女神(めがみ) 메가미
여왕	女王(じょおう) 죠오–
여우	狐(きつね) 키쯔네 狐につままれたようだ。 여우한테 홀린 듯하다.
여운	余韻(よいん) 요잉
여유	余裕(よゆう) 요유–　ゆとり 유또리
여의사	女医(じょい) 죠이
여자	女(おんな) 온나　女子(じょし) 죠시
여자답다	女(おんな)らしい 온나라시–
여전히	相変(あいか)わらず 아이카와라즈
여지	余地(よち) 요찌
여행	旅行(りょこう) 료꼬–　旅(たび) 타비
역	駅(えき) 에끼 (열차역)
역겹다	嫌(いや)らしい 이야라시–
역경	逆境(ぎゃっきょう) 갹꾜– 苦境(くきょう) 쿠꾜–
역사	歴史(れきし) 레끼시
역술가	易者(えきしゃ) 에끼샤
역습	逆襲(ぎゃくしゅう) 갸꾸슈–

역시	やはり 야하리
역전	逆転(ぎゃくてん) 갸꾸뗑 一発逆転のチャンスが来た。 한방에 역전 찬스가 왔다.
역할	役割(やくわり) 야꾸와리
연	凧(たこ) 타꼬
연간	年間(ねんかん) 넹깡
연결(하다)	連結(れんけつ) 렝께쯔　繋(つな)ぐ 쯔나구
연계	連携(れんけい) 렝께-
연고	縁故(えんこ) 엥꼬
연고	軟膏(なんこう) 낭꼬- [약품]
연구	研究(けんきゅう) 켕뀨-
연극	芝居(しばい) 시바이　演劇(えんげき) 엥게끼
연근	蓮根(れんこん) 렝꽁
연금	年金(ねんきん) 넹낑
연기	煙(けむり) 케무리
연기	延期(えんき) 엥끼 一日延期してもいいですか。 하루 연기해도 됩니까?
연기(하다)	演技(えんぎ) 엥기　演(えん)じる 엔지루
연도	年度(ねんど) 넨도

연락	連絡(れんらく) 렌라꾸	便(たよ)り 타요리
연령	年齢(ねんれい) 넨레-	
연료	燃料(ねんりょう) 넨료-	
연립	連立(れんりつ) 렌리쯔	
연말	年末(ねんまつ) 넨마쯔	
	年(とし)の暮(く)れ 토시노쿠레	
연못	池(いけ) 이께	
연봉	年俸(ねんぽう) 넴뽀-	
연상	年上(としうえ) 토시우에	
연상	連想(れんそう) 렌소-	
연설	演説(えんぜつ) 엔제쯔	
연속	連続(れんぞく) 렌조꾸	
연수	研修(けんしゅう) 켄슈-	
연수입	年収(ねんしゅう) 넨슈-	
연습	練習(れんしゅう) 렌슈-	稽古(けいこ) 케-꼬
연애	恋愛(れんあい) 렝아이	
연어	鮭(さけ) 사께	
연예인	芸能人(げいのうじん) 게-노-징	
연월일	年月日(ねんがっぴ) 넹갑삐	

연인	**恋人**(こいびと) 코이비또
연장	**延長**(えんちょう) 엔쬬-
연주(하다)	**演奏**(えんそう) 엔소- **弾**(ひ)く 히꾸
연줄	**コネ** (connections) 코네
연중	**年中**(ねんじゅう) 넨쥬-
연체	**延滞**(えんたい) 엔따이
연필	**鉛筆**(えんぴつ) 엠삐쯔
연하	**年下**(としした) 토시시따
연합	**連合**(れんごう) 렝고-
연회	**宴会**(えんかい) 엥까이
	祝宴(しゅくえん) 슈꾸엥
연휴	**連休**(れんきゅう) 렝뀨-
열	**熱**(ねつ) 네쯔
열광	**熱狂**(ねっきょう) 넥꾜- **熱狂的**(てき)**な歓迎**(かんげい)**でした。** 열광적인 환영이었습니다.
열다	**開**(あ)**ける** 아께루 **開**(ひら)く 히라꾸
열대야	**熱帯夜**(ねったいや) 넷따이야
열도	**列島**(れっとう) 렛또-
열등	**劣等**(れっとう) 렛또-

열렬한	熱烈(ねつれつ)な 네쯔레쯔나
열리다	開(あ)く 아꾸 開(ひら)ける 히라께루
열리다(열매)	生(な)る 나루
열매	実(み) 미 木(こ)の実(み) 코노미
열쇠	鍵(かぎ) 카기
열심히	一生懸命(いっしょうけんめい) 잇쇼-껨메- 一生懸命働(はたら)いています. 열심히 일하고 있습니다.
열악한	劣悪(れつあく)な 레쯔아꾸나
열의	熱意(ねつい) 네쯔이
열차	列車(れっしゃ) 렛샤
엷다	薄(うす)い 우스이
염가판매	安売(やすう)り 야스우리
염려하다	気遣(きづか)う 키즈까우
염분	塩分(えんぶん) 엠붕
염색	染色(せんしょく) 센쇼꾸
염소	山羊(やぎ) 야기
염원	念願(ねんがん) 넹강
염증	炎症(えんしょう) 엔쇼-
엿	飴(あめ) 아메

ㄱ
ㄴ
ㄷ
ㄹ
ㅁ
ㅂ
ㅅ
ㅇ
ㅈ
ㅊ
ㅋ
ㅌ
ㅍ
ㅎ

영감	霊感(れいかん) 레-깡
영광	光栄(こうえい) 코-에-
영국	イギリス (포 Inglez) 이기리스
	英国(えいこく) 에-꼬꾸
영리하다	賢(かしこ)い 카시꼬이
	利口(りこう)だ 리꼬-다
영상	映像(えいぞう) 에-조-
영수증	領収書(りょうしゅうしょ) 료-슈-쇼
영양	栄養(えいよう) 에-요-
영어	英語(えいご) 에-고
영업	営業(えいぎょう) 에-교-
영예	栄誉(えいよ) 에-요
영웅	英雄(えいゆう) 에-유-
영원한	永遠(えいえん)の 에-엔노 僕の決心は永遠に変わりません。 내 결심은 영원히 변치 않습니다.
영주	永住(えいじゅう) 에-쥬-
영토	領土(りょうど) 료-도
영하	零下(れいか) 레-까
	氷点下(ひょうてんか) 효-텐까

영향	**影響(えいきょう)** 에-꾜-
영혼	**霊魂(れいこん)** 레-꽁
영화	**映画(えいが)** 에-가
옆	**傍(そば)** 소바　**横(よこ)** 요꼬
예	**例(れい)** 레-
예감	**予感(よかん)** 요깡
예고	**予告(よこく)** 요꼬꾸 予告もなしにキスされた。 예고도 없이 키스를 받았다.
예금	**預金(よきん)** 요낑
예년	**例年(れいねん)** 레-넹
예를들면	**例(たと)えば** 타또에바
예매	**前売(まえう)り** 마에우리
예민한	**鋭敏(えいびん)な** 에-빈나
예방	**予防(よぼう)** 요보-
예보	**予報(よほう)** 요호-
예비	**予備(よび)** 요비
예쁜	**綺麗(きれい)な** 키레-나
예산	**予算(よさん)** 요상
예상	**予想(よそう)** 요소-　**見込(みこ)み** 미꼬미

ㄱ
ㄴ
ㄷ
ㄹ
ㅁ
ㅂ
ㅅ
ㅇ
ㅈ
ㅊ
ㅋ
ㅌ
ㅍ
ㅎ

예선	予選(よせん) 요셍
예술	芸術(げいじゅつ) 게-쥬쯔
예습	予習(よしゅう) 요슈-
예약	予約(よやく) 요야꾸
예언	予言(よげん) 요겡
예외	例外(れいがい) 레-가이
예의	礼儀(れいぎ) 레-기
예의바르다	礼儀正(れいぎただ)しい 레-기타다시-
예정	予定(よてい) 요떼-
예측	予測(よそく) 요소꾸
옛날	昔(むかし) 무까시
오늘	今日(きょう) 쿄-　今日(こんにち) 콘니찌
오늘밤	今晩(こんばん) 콤방　今夜(こんや) 콩야
오늘 아침	今朝(けさ) 케사
오다	来(く)る 쿠루
오두막집	小屋(こや) 코야
오디오	オーディオ (audio) 오-디오
오락	娯楽(ごらく) 고라꾸
오래간만	久(ひさ)し振(ぶ)り 히사시부리

	久し振りに会いました. 오랜만에 만났습니다.
오래되다	古(ふる)い 후루이
오렌지	オレンジ (orange) 오렌지
오로지	専(もっぱ)ら 몹빠라
오르다	昇(のぼ)る 노보루 上(あ)がる 아가루
오른쪽	右(みぎ) 미기
오른팔	右腕(みぎうで) 미기우데
오리	鴨(かも) 카모
오목렌즈	凹面(おうめん)レンズ 오-멘렌즈
오빠	兄(あに) 아니 お兄(にい)さん 오니-상
오산	誤算(ごさん) 고상
오아시스	オアシス (oasis) 오아시스
오염	汚染(おせん) 오셍
오월	五月(ごがつ) 고가쯔
오이	胡瓜(きゅうり) 큐-리
오전	午前(ごぜん) 고젱
오점	汚点(おてん) 오뗑 汚点を残さないようにしよう. 오점을 남기지 않도록 하자.

오줌	おしっこ 오식꼬
오징어	烏賊(いか) 이까
오케이	オーケー (O.K.) 오-께-
오토매틱	オートマチック (automatic) 오-또마찍꾸
오토바이	オートバイ (motorcycle) 오-토바이
오피스	オフィス (office) 오휘스
오한	悪寒(おかん) 오깡
오해	誤解(ごかい) 고까이
오후	午後(ごご) 고고
오히려	それどころか 소레도꼬로까
	却(かえ)って 카엣떼
옥	玉(たま) 타마
	これが玉にきずです。 이것이 옥에티입니다.
옥상	屋上(おくじょう) 오꾸죠-
옥수수	玉蜀黍(とうもろこし) 토-모로꼬시
옥외	屋外(おくがい) 오꾸가이
온갖	あらゆる 아라유루
온건한	穏健(おんけん)な 옹껜나
온도	温度(おんど) 온도

온라인	オンライン (on-line) 온라잉
온실	温室(おんしつ) 온시쯔
온종일	四六時中(しろくじちゅう) 시로꾸지쮸-
온천	温泉(おんせん) 온셍
온화한	穏(おだ)やかな 오다야까나.
	穏和(おんわ)な 옹와나
올라가다	登(のぼ)る 노보루
올리다	上(あ)げる 아게루
올림픽	オリンピック (Olympic) 오림삑꾸
	五輪(ごりん) 고링
올빼미	ふくろう 후꾸로-
올챙이	お玉杓子(たまじゃくし) 오따마쟈꾸시
올해	今年(ことし) 코또시
옮기다	移(うつ)す 우쯔스
옳다	正(ただ)しい 타다시-
옷	服(ふく) 후꾸 衣服(いふく) 이후꾸
	衣(ころも) 코로모
옷걸이	ハンガー (hanger) 항가-
옷깃	襟(えり) 에리

ㄱ
ㄴ
ㄷ
ㄹ
ㅁ
ㅂ
ㅅ
ㅇ
ㅈ
ㅊ
ㅋ
ㅌ
ㅍ
ㅎ

옷장	箪笥(たんす) 탄스
옷차림	身(み)なり 미나리 明日(あした)は身(み)なりに気(き)をつけましょう。 내일은 옷차림에 신경을 씁시다.
와이셔츠	ワイシャツ (white shirt) 와이샤쯔
와인	ワイン (wine) 와잉
완고한	頑固(がんこ)な 강꼬나
완구	玩具(がんぐ) 강구
완료	完了(かんりょう) 칸료-
완만한	緩(ゆる)やかな 유루야까나
완벽	完璧(かんぺき) 캄뻬끼
완성	完成(かんせい) 칸세-
완성되다	出来上(できあ)がる 데끼아가루
완수하다	果(は)たす 하따스
	成(な)し遂(と)げる 나시또게루
완전한	完全(かんぜん)な 칸젠나
완쾌	全快(ぜんかい) 젱까이
완화	緩和(かんわ) 캉와
왕	王様(おうさま) 오-사마
왕국	王国(おうこく) 오-꼬꾸

왕래	**往来**(おうらい) 오-라이
	人通(ひとどお)**り** 히또도-리
왕복	**往復**(おうふく) 오-후꾸
왕비	**王妃**(おうひ) 오-히
왕성한	**盛**(さか)**んな** 사깐나
왕자	**王子**(おうじ) 오-지
	白馬に乗った王子様を待っています。
	백마 탄 왕자님을 기다리고 있습니다.
왕조	**王朝**(おうちょう) 오-쬬-
왜	**何故**(なぜ) 나제 **どうして** 도-시떼
왜곡	**歪曲**(わいきょく) 와이꾜꾸
왜냐하면	**何故**(なぜ)**なら** 나제나라
외교	**外交**(がいこう) 가이꼬-
외국인	**外国人**(がいこくじん) 가이코꾸징
외다	**唱**(とな)**える** 토나에루
외래어	**外来語**(がいらいご) 가이라이고
외롭다	**寂**(さび)**しい** 사비시-
외면하다	**そむける** 소무께루
외부	**外部**(がいぶ) 가이부
외식	**外食**(がいしょく) 가이쇼꾸

ㄱ ㄴ ㄷ ㄹ ㅁ ㅂ ㅅ **ㅇ** ㅈ ㅊ ㅋ ㅌ ㅍ ㅎ

외출(하다)	**外出**(がいしゅつ) 가이슈쯔
	出掛(でか)**ける** 데까께루
외치다	**叫**(さけ)**ぶ** 사께부
왼손잡이	**左利**(ひだりき)**き** 히다리키끼 私の彼は左利きです。 내 남친은 왼손잡이입니다.
왼쪽	**左**(ひだり) 히다리
요가	**ヨガ** (yoga) 요가
요구	**要求**(ようきゅう) 요-뀨-
요금	**料金**(りょうきん) 료-낑
요령	**要領**(ようりょう) 요-료-
요리	**料理**(りょうり) 료-리
요소	**要素**(ようそ) 요-소
요약	**要約**(ようやく) 요-야꾸　**まとめ** 마또메
요인	**要因**(よういん) 요-잉
요점	**要**(かなめ) 카나메　**要点**(ようてん) 요-뗑
요즘	**近頃**(ちかごろ) 치까고로
	この頃(ごろ) 코노고로
요철	**凸凹**(でこぼこ) 데꼬보꼬
요청	**要請**(ようせい) 요-세-

	申(もう)し込(こ)み 모-시코미	ㄱ
요건대	要(よう)するに 요-스루니	ㄴ
요통	腰痛(ようつう) 요-쯔-	ㄷ
요행	まぐれ 마구레	
욕	悪口(わるくち) 와루꾸찌	ㄹ
욕망	欲望(よくぼう) 요꾸보-	ㅁ
욕실	浴室(よくしつ) 요꾸시쯔	
욕심(쟁이)	欲(よく) 요꾸 欲張(よくば)り 요꾸바리	ㅂ
욕조	浴槽(よくそう) 요꾸소-	ㅅ
용	竜(りゅう) 류- たつ 타쯔	**ㅇ**
용감한	勇敢(ゆうかん)な 유-깐나	
	勇(いさ)ましい 이사마시-	ㅈ
용건	用件(ようけん) 요-껭	ㅊ
용기	勇気(ゆうき) 유-끼 勇気を持(も)って話(はな)しかけました。 용기를 갖고 말을 걸었습니다.	ㅋ
용도	用途(ようと) 요-또	ㅌ
용돈	小遣(こづか)い 코즈까이	
용모	容貌(ようぼう) 요-보-	ㅍ
용무	用(よう) 요- 用事(ようじ) 요-지	ㅎ

용서	**勘弁(かんべん)** 캄벵　**容赦(ようしゃ)** 요-샤
용수철	**ばね** 바네
용암	**溶岩(ようがん)** 요-강
용의	**容疑(ようぎ)** 요-기
용이한	**容易(ようい)な** 요-이나
용지	**用紙(ようし)** 요-시
우대	**優遇(ゆうぐう)** 유-구-
우동	**うどん** 우동
우두머리	**親方(おやかた)** 오야까따
우등	**優等(ゆうとう)** 유-또-
우량	**優良(ゆうりょう)** 유-료-
우러러보다	**見上(みあ)げる** 미아게루　**仰(あお)ぐ** 아오구
우려	**憂慮(ゆうりょ)** 유-료
우리	**我々(われわれ)** 와레와레
	私(わたし)たち 와따시따찌
우물	**井戸(いど)** 이도
우박	**ひょう** 효-
우산	**傘(かさ)** 카사 傘をさして歩(ある)いています。 우산을 쓰고 걷고 있습니다.

우상	**偶像**(ぐうぞう) 구-조-
우선	**先**(ま)**ず** 마즈 **取**(と)**り敢**(あ)**えず** 토리아에즈
우세	**優勢**(ゆうせい) 유-세-
우수	**優秀**(ゆうしゅう) 유-슈-
우습다	**おかしい** 오까시-
우승	**優勝**(ゆうしょう) 유-쇼-
우아한	**優美**(ゆうび)**な** 유-비나
	優雅(ゆうが)**な** 유-가나
우연(히)	**偶然**(ぐうぜん) 구-젱　**たまたま** 타마타마 ただ偶然の一致(いっち)ですよ. 그저 우연의 일치예요.
우열	**優劣**(ゆうれつ) 유-레쯔
우울(해지다)	**憂鬱**(ゆううつ) 유-우쯔　**滅入**(めい)**る** 메이루
우월감	**優越感**(ゆうえつかん) 유-에쯔깡
우위	**優位**(ゆうい) 유-이
우유	**牛乳**(ぎゅうにゅう) 규-뉴-
우정	**友情**(ゆうじょう) 유-죠-
우주	**宇宙**(うちゅう) 우쮸-
우쭐대다	**己惚**(うぬぼ)**れる** 우누보레루
우측	**右側**(みぎがわ) 미기가와

우편	**郵便**(ゆうびん) 유-빙
우표	**切手**(きって) 킷떼
우호	**友好**(ゆうこう) 유-꼬-
우회	**迂回**(うかい) 우까이
	遠回(とおまわ)**り** 토-마와리
우회전	**右折**(うせつ) 우세쯔
운	**運**(うん) 웅
운동	**運動**(うんどう) 운도-
운명	**運命**(うんめい) 움메-
	運命のいたずらに泣_なきました。 운명의 장난에 울었습니다.
운반하다	**運**(はこ)**ぶ** 하꼬부
	持(も)**ち運**(はこ)**ぶ** 모찌하꼬부
운세	**運勢**(うんせい) 운세-
운송	**運送**(うんそう) 운소-
운영	**運営**(うんえい) 웅에-
운전	**運転**(うんてん) 운뗑
운하	**運河**(うんが) 웅가
울다	**鳴**(な)**く** 나꾸(동물) **泣**(な)**く** 나꾸(사람)
울리다	**鳴**(な)**る** 나루 **響**(ひび)**く** 히비꾸

울보	泣(な)き虫(むし) 나끼무시
울타리	垣根(かきね) 카끼네　柵(さく) 사꾸
울퉁불퉁한	ごつごつした 고쯔고쯔시따
움직이다	動(うご)く 우고꾸
움직임	動(うご)き 우고끼
웃기다	笑(わら)わせる 와라와세루
웃다	笑(わら)う 와라우
웅덩이	水溜(みずた)まり 미즈따마리
웅크리다	しゃがむ 샤가무
원가	原価(げんか) 겡까
원격	遠隔(えんかく) 엥까꾸
원고(출판)	原稿(げんこう) 겡꼬-
원고(재판)	原告(げんこく) 겡꼬꾸
원금	元金(がんきん) 강낑
원동력	原動力(げんどうりょく) 겐도-료꾸
원래	元々(もともと) 모또모또
	元来(がんらい) 간라이
원료	原料(げんりょう) 겐료-
원리	原理(げんり) 겐리

ㄱ
ㄴ
ㄷ
ㄹ
ㅁ
ㅂ
ㅅ
ㅇ
ㅈ
ㅊ
ㅋ
ㅌ
ㅍ
ㅎ

원만한	円満(えんまん)な 엠만나
원망하다	恨(うら)む 우라무 恨んでも無駄だ。 원망해도 소용없다.
원산지	原産地(げんさんち) 겐산찌
원서	願書(がんしょ) 간쇼
원수	仇(あだ / かたき) 아다 / 카타키
원숭이	猿(さる) 사루
원앙	鴛鴦(おしどり) 오시도리
원액	原液(げんえき) 겡에끼
원양	遠洋(えんよう) 엥요-
원예	ガーデニング (gardening) 가-데닝구
원인	原因(げんいん) 겡잉
원자	原子(げんし) 겐시
원작	原作(げんさく) 겐사꾸
원점	原点(げんてん) 겐뗑
원정	遠征(えんせい) 엔세-
원조	援助(えんじょ) 엔죠
원칙	原則(げんそく) 겐소꾸
원하다	願(ねが)う 네가우　望(のぞ)む 노조무

원한	**恨(うら)み** 우라미
	恨みをはらしたい。 원한을 풀고싶다.
원형	**原型(げんけい)** 겡께-
월경	**月経(げっけい)** 겍께-
	メンス (독 Menstruation) 멘스
월급	**月給(げっきゅう)** 겍뀨-
월요일	**月曜日(げつようび)** 게쯔요-비
웨이트리스	**ウエイトレス** (waitress) 우에이또레스
위	**上(うえ)** 우에
위	**胃(い)** 이
위기	**危機(きき)** 키끼
위대한	**偉大(いだい)な** 이다이나
위독	**危篤(きとく)** 키또꾸
위력	**威力(いりょく)** 이료꾸
위로	**慰労(いろう)** 이로- **慰(なぐさ)め** 나구사메
위로하다	**慰(なぐさ)める** 나구사메루
위반	**違反(いはん)** 이항
위생	**衛生(えいせい)** 에-세-
위선	**偽善(ぎぜん)** 기젱

ㄱ
ㄴ
ㄷ
ㄹ
ㅁ
ㅂ
ㅅ
ㅇ
ㅈ
ㅊ
ㅋ
ㅌ
ㅍ
ㅎ

위성	**衛星**(えいせい) 에-세-
위엄	**威厳**(いげん) 이겡
위인	**偉人**(いじん) 이징
위임	**委任**(いにん) 이닝
위자료	**慰謝料**(いしゃりょう) 이샤료- 慰謝料の請求訴訟 위자료청구소송
위장	**胃腸**(いちょう) 이쪼-
위장	**偽装**(ぎそう) 기소-
위조	**偽造**(ぎぞう) 기조-
위축	**萎縮**(いしゅく) 이슈꾸
위치	**位置**(いち) 이찌
위풍당당	**威風堂々**(いふうどうどう) 이후-도-도-
위하여	**ために** 타메니
위험(하다)	**危険**(きけん) 키껭 **危**(あぶ)**ない** 아부나이
위협(하다)	**脅**(おど)**し** 오도시 **脅**(おど)**す** 오도스
윗도리	**上着**(うわぎ) 우와기
윗사람	**目上**(めうえ) 메우에
유감	**遺憾**(いかん) 이깡
유감스러운	**残念**(ざんねん)**な** 잔넨나

유괴	誘拐(ゆうかい)	유-까이
유교	儒教(じゅきょう)	쥬꾜-
유권자	有権者(ゆうけんしゃ)	유-껜샤
유능한	有能(ゆうのう)な	유-노-나
유니크	ユニーク (unique)	유니-꾸
유니폼	ユニホーム (uniform)	유니호-무
유도	柔道(じゅうどう)	쥬-도-
유래	由来(ゆらい)	유라이
유럽	ヨーロッパ (Europe)	요-롭빠
	欧州(おうしゅう)	오-슈-
유력한	有力(ゆうりょく)な	유-료꾸나
	有力な政治家になりました。 유력한 정치가가 되었습니다.	
유령	幽霊(ゆうれい)	유-레-
유로	ユーロ(Euro)	유-로
유료	有料(ゆうりょう)	유-료-
유리	ガラス (네 glas)	가라스
유리한	有利(ゆうり)な	유-리나
유머	ユーモア (humor)	유-모아
유명한	有名(ゆうめい)な	유-메-나

ㄱ ㄴ ㄷ ㄹ ㅁ ㅂ ㅅ ㅇ ㅈ ㅊ ㅋ ㅌ ㅍ ㅎ

유모차	乳母車(うばぐるま) 우바구루마
유발	誘発(ゆうはつ) 유-하쯔
유방	乳房(ちぶさ) 치부사
유별난	物好(ものず)きな 모노즈끼나
유복한	裕福(ゆうふく)な 유-후꾸나
유사	類似(るいじ) 루이지
유산	遺産(いさん) 이상 遺産相続のおかげで金持ちになった。 유산상속 덕분에 부자가 되었다.
유서	遺書(いしょ) 이쇼
유성	流(なが)れ星(ぼし) 나가레보시
유아	幼児(ようじ) 요-지
유언	遺言(ゆいごん) 유이공
유연한	柔軟(じゅうなん)な 쥬-난나
유예	猶予(ゆうよ) 유-요
유용한	有用(ゆうよう)な 유-요-나
유원지	遊園地(ゆうえんち) 유-엔찌
유월	六月(ろくがつ) 로꾸가쯔
유익	有益(ゆうえき) 유-에끼
유일한	唯一(ゆいいつ)の 유이이쯔노

유입	流入(りゅうにゅう)	류-뉴-
유적	遺跡(いせき)	이세끼
유전	遺伝(いでん)	이뎅
유족	遺族(いぞく)	이조꾸
유죄	有罪(ゆうざい)	유-자이
유지(하다)	維持(いじ) 이지　保(たも)つ	타모쯔
유창하게	流暢(りゅうちょう)に	류-쬬-니
유출	流出(りゅうしゅつ)	류-슈쯔
유치원	幼稚園(ようちえん)	요-찌엥
유치한	幼稚(ようち)な	요-찌나
유쾌한	愉快(ゆかい)な 유까이나 とても愉快な時間でした。 아주 유쾌한 시간이었습니다.	
유통	流通(りゅうつう)	류-쯔-
유포	流布(るふ)	루후
유품	遺品(いひん)	이힝
유학	留学(りゅうがく)	류-가꾸
유해한	有害(ゆうがい)な	유-가이나
유행	流行(りゅうこう)	류-꼬-
	流行(はや)り	하야리

ㄱ
ㄴ
ㄷ
ㄹ
ㅁ
ㅂ
ㅅ
ㅇ
ㅈ
ㅊ
ㅋ
ㅌ
ㅍ
ㅎ

유행하다	流行(はや)る 하야루
유형	類型(るいけい) 루이께–
유혹	誘惑(ゆうわく) 유–와꾸 誘惑に勝つことが勝利 유혹을 이기는 것이 승리
유화	油絵(あぶらえ) 아부라에
유황	硫黄(いおう) 이오–
유효	有効(ゆうこう) 유–꼬–
유희	遊戯(ゆうぎ) 유–기
육감	霊感(れいかん) 레–깡 勘(かん) 깡
육교	歩道橋(ほどうきょう) 호도–꾜–
육군	陸軍(りくぐん) 리꾸궁
육식	肉食(にくしょく) 니꾸쇼꾸
육아	育児(いくじ) 이꾸지
육지	陸地(りくち) 리꾸찌
육체	肉体(にくたい) 니꾸따이
윤곽	輪郭(りんかく) 링까꾸
윤기	艶(つや) 쯔야
윤년	閏年(うるうどし) 우루우도시
윤리	倫理(りんり) 린리

융자	**融資(ゆうし)** 유-시
융통	**融通(ゆうずう)** 유-즈-
융합	**融合(ゆうごう)** 유-고-
으리으리한	**堂々(どうどう)たる** 도-도-따루
은	**銀(ぎん)** 깅
은유	**隠喩(いんゆ)** 잉유
은인	**恩人(おんじん)** 온징
은퇴	**引退(いんたい)** 인따이
은하수	**銀河(ぎんが)** 깅가
	天(あま)の川(がわ) 아마노가와
은행	**銀行(ぎんこう)** 깅꼬-
은행(나무)	**銀杏(いちょう)** 이쬬-
은행(열매)	**銀杏(ぎんなん)** 긴낭
은혜	**恩(おん)** 옹 **恩恵(おんけい)** 옹께- 恩を返します。 은혜를 갚겠습니다.
음	**陰(いん)** 잉
음료	**飲料(いんりょう)** 인료-
음모	**陰謀(いんぼう)** 임보-
음미	**吟味(ぎんみ)** 김미

ㄱ ㄴ ㄷ ㄹ ㅁ ㅂ ㅅ **ㅇ** ㅈ ㅊ ㅋ ㅌ ㅍ ㅎ

음성	音声(おんせい) 온세-
음식	飲食(いんしょく) 인쇼꾸
	食(た)べ物(もの) 타베모노
음악	音楽(おんがく) 옹가꾸
음치	音痴(おんち) 온찌
음침한	陰気(いんき)な 잉끼나
음향	音響(おんきょう) 옹꾜-
응급	応急(おうきゅう) 오-뀨-
응달	陰(かげ) 카게
응답	返事(へんじ) 헨지 応答(おうとう) 오-또-
응석부리다	甘(あま)える 아마에루 女(おんな)だから甘えるんじゃないよ。 여자라고 응석부리지 마.
응어리	しこり 시꼬리 蟠(わだかま)り 와다까마리
응용	応用(おうよう) 오-요-
응원	応援(おうえん) 오-엥
응접실	応接室(おうせつしつ) 오-세쯔시쯔
응하다	応(おう)じる 오-지루
의견	意見(いけん) 이껭
의논	話(はな)し合(あ)い 하나시아이

의도	意図(いと) 이또
의리	義理(ぎり) 기리
의무	義務(ぎむ) 기무
의문	疑問(ぎもん) 기몽
의미	意味(いみ) 이미
의복	衣服(いふく) 이후꾸
의사	意思(いし) 이시(생각)
의사	医者(いしゃ) 이샤 お医者さん！ 의사 선생님！
의상	衣装(いしょう) 이쇼-
의식주	衣食住(いしょくじゅう) 이쇼꾸쥬-
의심(하다)	疑(うたが)い 우따가이　疑(うたが)う 우따가우
의심스럽다	疑(うたが)わしい 우따가와시-
의외의	意外(いがい)な 이가이나
의욕	遣(や)る気(き) 야루끼　意欲(いよく) 이요꾸
의원	議員(ぎいん) 기잉
의자	椅子(いす) 이스
의장	議長(ぎちょう) 기쪼-
의제	議題(ぎだい) 기다이

ㄱ ㄴ ㄷ ㄹ ㅁ ㅂ ㅅ ㅇ ㅈ ㅊ ㅋ ㅌ ㅍ ㅎ

의존	**依存(いぞん)** 이존
의존하다	**頼(たよ)る** 타요루
의지	**意志(いし)** 이시
의향	**意向(いこう)** 이꼬–
의혹	**疑惑(ぎわく)** 기와꾸
의회	**議会(ぎかい)** 기까이
이	**この** 코노
이것	**これ** 코레
이기다	**勝(か)つ** 카쯔　**打(う)ち勝(か)つ** 우찌까쯔 **年(とし)には勝てない。** 나이를 이길 순 없다.
이기주의	**利己主義(りこしゅぎ)** 리꼬슈기
이끌다	**導(みちび)く** 미찌비꾸
이끼	**苔(こけ)** 코께
이내	**以内(いない)** 이나이
이단자	**異端者(いたんしゃ)** 이딴샤
이동	**移動(いどう)** 이도–
이래	**以来(いらい)** 이라이
이런	**こんな** 콘나
이력	**履歴(りれき)** 리레끼

이례적인	異例(いれい)の 이레-노
이론	理論(りろん) 리롱
이루다	成(な)す 나스 遂(と)げる 토게루
이루어지다	成(な)り立(た)つ 나리따쯔
	叶(かな)う 카나우
이륙	離陸(りりく) 리리꾸
이르다(시기)	早(はや)い 하야이
이름	名(な) 나 名前(なまえ) 나마에
이마	額(ひたい) 히따이 おでこ 오데꼬
이메일	イーメール (e-mail) 이-메-루
이미	既(すで)に 스데니
이민	移民(いみん) 이밍
이발	散髪(さんぱつ) 삼빠쯔
이발소	床屋(とこや) 토꼬야
이번	今度(こんど) 콘도 今回(こんかい) 콩까이
이벤트	イベント (event) 이벤또
이별	離別(りべつ) 리베쯔 別(わか)れ 와까레 別(わか)れは出会(であ)いのはじめ。 이별은 만남의 시작.
이불	布団(ふとん) 후똥

ㄱ
ㄴ
ㄷ
ㄹ
ㅁ
ㅂ
ㅅ
ㅇ
ㅈ
ㅊ
ㅋ
ㅌ
ㅍ
ㅎ

이비인후과	耳鼻咽喉科(じびいんこうか) 지비잉꼬–까
이사	理事(りじ) 리지 [직함]
이사	転居(てんきょ) 텡꾜
	引(ひ)っ越(こ)し 힉꼬시
이사하다	引(ひ)っ越(こ)す 힉꼬스
이산화탄소	二酸化炭素(にさんかたんそ) 니상까딴소
이상	理想(りそう) 리소–
이상	以上(いじょう) 이죠–
이상한	変(へん)な 헨나,
	異常(いじょう)な 이죠–나
이성	理性(りせい) 리세–
이성	異性(いせい) 이세–
이슬	露(つゆ) 쯔유
이슬람교	イスラム教(きょう) (Islam-) 이스라무꾜–
이승	この世(よ) 코노요
이식	移植(いしょく) 이쇼꾸
이쑤시개	楊枝(ようじ) 요–지
이야기	物語(ものがたり) 모노가따리
	話(はなし) 하나시

	<ruby>面白<rt>おもしろ</rt></ruby>い<ruby>物語<rt>ものがたり</rt></ruby>がある。 재미있는 이야기가 있다.
이야기하다	**話(はな)す** 하나스
	語(かた)る 카따루(문어체)
이어받다	**引(ひ)き継(つ)ぐ** 히끼쯔구
이어지다	**繁(つな)がる** 쯔나가루
이외	**以外(いがい)** 이가이
이용	**利用(りよう)** 리요–
이웃	**近所(きんじょ)** 킨죠　**隣(となり)** 토나리
이월	**二月(にがつ)** 니가쯔
이유	**理由(りゆう)** 리유–　**訳(わけ)** 와께
이윤	**利潤(りじゅん)** 리쥰
이율	**利率(りりつ)** 리리쯔
이의	**異議(いぎ)** 이기
이익	**利益(りえき)** 리에끼
이자	**利息(りそく)** 리소꾸　**利子(りし)** 리시
이전	**以前(いぜん)** 이젱
이전	**移転(いてん)** 이뗑
이정표	**道標(みちしるべ)** 미찌시루베

ㄱ
ㄴ
ㄷ
ㄹ
ㅁ
ㅂ
ㅅ
ㅇ
ㅈ
ㅊ
ㅋ
ㅌ
ㅍ
ㅎ

이제	**もう** 모-
	もういいです。 이제 됐습니다.
이주	**移住**(いじゅう) 이쥬-
이중	**二重**(にじゅう) 니쥬-　**二重**(ふたえ) 후따에
이쪽	**こっち** 콧찌
이치	**理屈**(りくつ) 리꾸쯔
이틀	**二日**(ふつか) 후쯔까
이하	**以下**(いか) 이까
이해	**理解**(りかい) 리까이
	物分(ものわ)**かり** 모노와까리
이행	**移行**(いこう) 이꼬-
이혼	**離婚**(りこん) 리꽁
이후	**以後**(いご) 이고
익명	**匿名**(とくめい) 토꾸메-
익사	**溺死**(できし) 데끼시
익숙해지다	**慣**(な)**れる** 나레루　**馴染**(なじ)**む** 나지무
익히다	**煮**(に)**る** 니루(삶아서 익히다)
	よく煮たほうがいい。 잘 익히는 게 좋아.
인간	**人間**(にんげん) 닝겡

인감	印鑑(いんかん) 잉깡
인격	人格(じんかく) 징까꾸
인공	人工(じんこう) 징꼬-
인구	人口(じんこう) 징꼬-
인권	人権(じんけん) 징껭
인기	人気(にんき) 닝끼
인내	忍耐(にんたい) 닌따이
인도(건네줌)	引(ひ)き渡(わた)し 히끼와타시
인도(안내)	引導(いんどう) 인도-
인력	引力(いんりょく) 인료꾸
인류	人類(じんるい) 진루이
인맥	人脈(じんみゃく) 짐먀꾸
인명	人命(じんめい) 짐메-
인물	人物(じんぶつ) 짐부쯔
인사	挨拶(あいさつ) 아이사쯔, 礼(れい) 레-
인상	印象(いんしょう) 인쇼-
인색한	けちな 케찌나 けちをするのは男(おとこ)らしくない。 인색하게 구는 건 남자답지 않다.
인생	人生(じんせい) 진세-

ㅇ

인쇄	**印刷(いんさつ)** 인사쯔
인수하다	**引(ひ)き取(と)る** 히끼또루
인슐린	**インシュリン (insulin)** 인슈링
인스턴트	**インスタント (instant)** 인스딴또
인스톨	**インストール (install)** 인스또–루
인식	**認識(にんしき)** 닌시끼
인어	**人魚(にんぎょ)** 닝교
인용	**引用(いんよう)** 인요–
인원	**人員(じんいん)** 징잉
인재	**人材(じんざい)** 진자이
인정	**人情(にんじょう)** 닌죠–
인정(하다)	**認定(にんてい)** 닌떼– **認(みと)める** 미또메루
인조	**人造(じんぞう)** 진조–
인종	**人種(じんしゅ)** 진슈
인주	**朱肉(しゅにく)** 슈니꾸
인질	**人質(ひとじち)** 히또지찌
인체	**人体(じんたい)** 진따이
인출	**引(ひ)き出(だ)し** 히끼다시
인터넷	**インターネット (Internet)** 인따–넷또

인터뷰	**インタビュー** (interview) 인따뷰–
인품	**人柄**(ひとがら) 히또가라
인형	**人形**(にんぎょう) 닌교–
일	**仕事**(しごと) 시고또, **働**(はたら)**き** 하따라끼
일곱	**七**(なな)**つ** 나나쯔
일과	**日課**(にっか) 닉까
일관성	**一貫性**(いっかんせい) 익깐세–
일기	**日記**(にっき) 닉끼
일기예보	**天気予報**(てんきよほう) 텡끼요호– テレビの天気予報、見た？ 티비 일기예보 봤어?
일년	**一年**(いちねん) 이찌넹
일단	**一応**(いちおう) 이찌오–
일등	**一等**(いっとう) 잇또–
일몰	**日没**(にちぼつ) 니찌보쯔
일반	**一般**(いっぱん) 입빵
일본	**日本**(にほん) 니홍　**にっぽん** 닙퐁 *두가지로 읽음
일부	**一部**(いちぶ) 이찌부
일부러	**わざと** 와자또 わざと負けてやった。 일부러 져줬다.

ㄱ
ㄴ
ㄷ
ㄹ
ㅁ
ㅂ
ㅅ
ㅇ
ㅈ
ㅊ
ㅋ
ㅌ
ㅍ
ㅎ

일사병	**日射病(にっしゃびょう)** 닛샤뵤-	
일상	**日常(にちじょう)** 니찌죠-	
일생	**一生(いっしょう)** 잇쇼-	
일석이조	**一石二鳥(いっせきにちょう)** 잇세끼니쬬-	
일손	**人手(ひとで)** 히또데	
일시	**一時(ひととき)** 히또또끼	
일식	**和食(わしょく)** 와쇼꾸	
일어나다	**起(お)きる** 오끼루	
	起(お)き上(あ)がる 오끼아가루	
일요일	**日曜日(にちようび)** 니찌요-비	
일월	**一月(いちがつ)** 이찌가쯔	
일으키다	**起(お)こす** <u>오꼬스</u>	
	引(ひ)き起(お)こす 히끼오꼬스	
일인분	**一人前(いちにんまえ)** 이찌님마에	
일전에	**この間(あいだ)** 코노아이다	
일정	**日程(にってい)** 닛떼-	
일정한	**一定(いってい)の** 잇떼-노	
일지	**日誌(にっし)** 닛시	
일찍이	**かつて** 카쯔떼	

	かつてそんな経験もした。 일찍이 그런 경험도 했다.
일차	一次(いちじ) 이찌지
일체	一切(いっさい) 잇사이
일출	日(ひ)の出(で) 히노데
일치	一致(いっち) 잇찌
일하다	働(はたら)く 하따라꾸
일행	一行(いっこう) 익꼬-
읽다	読(よ)む 요무
잃다	無(な)くす 나꾸스 失(うしな)う 우시나우
임금	賃金(ちんぎん) 칭깅
임대	賃貸(ちんたい) 친따이
임명	任命(にんめい) 님메-
임무	役目(やくめ) 야꾸메 任務(にんむ) 님무
임산부	妊婦(にんぷ) 님뿌
임시	臨時(りんじ) 린지
임시의	仮(かり)の 카리노
임신	妊娠(にんしん) 닌싱
임의	任意(にんい) 닝이
임자	持(も)ち主(ぬし) 모찌누시

ㄱ ㄴ ㄷ ㄹ ㅁ ㅂ ㅅ ㅇ ㅈ ㅊ ㅋ ㅌ ㅍ ㅎ

임종	**臨終(りんじゅう)** 린쥬-
	最期(さいご) 사이고 息子(むすこ)だから最期(さいご)を見届(みとど)ける。 아들이니까 임종을 지켜보다.
입	**口(くち)** 쿠찌
입구	**入(い)り口(ぐち)** 이리구찌
입국	**入国(にゅうこく)** 뉴-꼬꾸
입금	**入金(にゅうきん)** 뉴-낑
입다	**着(き)る** 키루 **はく** 하쿠(하반신)
입덧	**悪阻(つわり)** 쯔와리
입력	**入力(にゅうりょく)** 뉴-료꾸
입문	**入門(にゅうもん)** 뉴-몽
입법	**立法(りっぽう)** 립뽀-
입사	**入社(にゅうしゃ)** 뉴-샤
입수	**入手(にゅうしゅ)** 뉴-슈
입술	**唇(くちびる)** 쿠찌비루
입시	**入試(にゅうし)** 뉴-시
입원	**入院(にゅういん)** 뉴-잉
입장	**立場(たちば)** 타찌바
입주	**入居(にゅうきょ)** 뉴-꾜

입증	**立証(りっしょう)** 릿쇼-
입체	**立体(りったい)** 릿따이
입하	**入荷(にゅうか)** 뉴-까
입학	**入学(にゅうがく)** 뉴-가꾸
입후보	**立候補(りっこうほ)** 릭꼬-호
잇다	**継(つ)ぐ** 쯔구
잇달아	**次々(つぎつぎ)** 쯔기쯔기 一連の事件が次々と起きた。 일련의 사건이 잇달아 일어났다.
잇몸	**歯茎(はぐき)** 하구끼
있다	**いる** 이루(사람. 동물) **ある** 아루(사물)
있을 수 없다	**有(あ)り得(え)ない** 아리에나이
있을 수 있다	**有(あ)り得(う)る** 아리우루
잉꼬	**インコ** 잉꼬
잉어	**鯉(こい)** 코이
잉여	**剰余(じょうよ)** 죠-요
잊다	**忘(わす)れる** 와스레루
잎	**葉(は)** 하

ス

자	**定規**(じょうぎ) 죠-기
자각	**自覚**(じかく) 지까꾸
자갈	**砂利**(じゃり) 쟈리
자격	**資格**(しかく) 시까꾸
자국	**跡**(あと) 아또
자궁	**子宮**(しきゅう) 시뀨-
자극	**刺激**(しげき) 시게끼
자금	**資金**(しきん) 시낑
자기	**自己**(じこ) 지꼬　**自分**(じぶん) 지붕
자다	**眠**(ねむ)**る** 네무루　**寝**(ね)**る** 네루
자동	**自動**(じどう) 지도-
자두	**李**(すもも) 스모모
자라다	**育**(そだ)**つ** 소다쯔
자랑	**自慢**(じまん) 지망　**誇**(ほこ)**り** 호꼬리
	先週のど**自慢**に**出**てみた。 지난주 노래자랑에 나가봤다.
자랑하다	**誇**(ほこ)**る** 호꼬루

자력	**自力**(じりき) 지리끼
자료	**資料**(しりょう) 시료-
자르다	**切**(き)**る** 키루
자리	**職**(しょく) 쇼꾸 **席**(せき) 세끼
자립	**自立**(じりつ) 지리쯔
자릿수	**桁**(けた) 케따
자막	**字幕**(じまく) 지마꾸
자매	**姉妹**(しまい) 시마이
자멸	**自滅**(じめつ) 지메쯔
자물쇠	**錠**(じょう) 죠- **錠前**(じょうまえ) 죠-마에
자본	**資本**(しほん) 시홍
자비	**慈悲**(じひ) 지히
자산	**資産**(しさん) 시상
자살	**自殺**(じさつ) 지사쯔
자석	**磁石**(じしゃく) 지샤꾸
자세	**姿勢**(しせい) 시세- 学校では姿勢を正しておく。 학교에선 자세를 똑바로한다.
자세히	**つぶさに** 쯔부사니
자손	**子孫**(しそん) 시송

ㅈ

자수	**刺繡**(ししゅう) 시슈–
자식	**子供**(こども) 코도모
	お子(こ)**さん** 오꼬상(높임말)
자신	**自分**(じぶん) 지붕
자신	**自信**(じしん) 지싱
자연	**自然**(しぜん) 시젱
자외선	**紫外線**(しがいせん) 시가이셍
자원	**資源**(しげん) 시겡
자원봉사자	**ボランティア** (volunteer) 보란띠아
자유	**自由**(じゆう) 지유–
자재	**資材**(しざい) 시자이
자전거	**自転車**(じてんしゃ) 지뗀샤
자제	**自制**(じせい) 지세–
자존심	**自尊心**(じそんしん) 지손싱
	それは私の自尊心が許さない。 그건 내 자존심이 허락하지 않는다.
자주	**しばしば** 시바시바　**頻**(しき)**りに** 시끼리니
자질	**資質**(ししつ) 시시쯔
자취	**自炊**(じすい) 지스이
자치	**自治**(じち) 지찌

		ㄱ
자택	**自宅**(じたく) 지따꾸	
자폐증	**自閉症**(じへいしょう) 지헤-쇼-	ㄴ
자회사	**子会社**(こがいしゃ) 코가이샤	ㄷ
작가	**作家**(さっか) 삭까	
작곡	**作曲**(さっきょく) 삭꾜꾸	ㄹ
작년	**昨年**(さくねん) 사꾸넹 **去年**(きょねん) 쿄넹	ㅁ
작다	**小**(ちい)**さい** 치이사이	
작문	**作文**(さくぶん) 사꾸붕	ㅂ
작별	**別**(わか)**れ** 와까레	ㅅ
작성	**作成**(さくせい) 사꾸세-	
작업	**作業**(さぎょう) 사교-	ㅇ
작용	**作用**(さよう) 사요-	ㅈ
작전	**作戦**(さくせん) 사꾸셍	
작정	**つもり** 쯔모리 そのつもりではなかった. 그럴 작정은 아니었다.	ㅊ
작품	**作品**(さくひん) 사꾸힝	ㅋ
잔고	**残高**(ざんだか) 잔다까	
잔돈	**小銭**(こぜに) 코제니	ㅌ
잔디	**芝生**(しばふ) 시바후	ㅍ
		ㅎ

잔소리	小言(こごと) 코고또
잔액	残額(ざんがく) 장가꾸
잔업	残業(ざんぎょう) 장교–
잔혹한	残酷(ざんこく)な 장꼬꾸나
잘	良(よ)く 요꾸 宜(よろ)しく 요로시꾸
잘다	細(こま)かい 코마까이
잘라내다	切(き)り離(はな)す 키리하나스
잘못	過(あやま)ち 아야마찌 だれ 誰もが過ちをおかす。 누구나 잘못을 저지른다.
잘못되다	間違(まちが)う 마찌가우
잘못하다	間違(まちが)える 마찌가에루
잠	眠(ねむ)り 네무리
잠그다	閉(し)める 시메루
잠기다(문)	閉(し)まる 시마루
잠기다(물에)	浸(つ)かる 쯔까루 沈(しず)む 시즈무
잠깐	ちょっと 촛또
잠꼬대	寝言(ねごと) 네고또
잠꾸러기	朝寝坊(あさねぼう) 아사네보–
잠들다	寝込(ねこ)む 네꼬무

잠복	潜伏(せんぷく) 셈뿌꾸	
잠수(하다)	潜水(せんすい) 센스이	潜(もぐ)る 모구루
잠시	ちょっと 쫏또	暫(しばら)く 시바라꾸
잠옷	寝巻(ねまき) 네마끼	
잠자다	眠(ねむ)る 네무루	
잠자리(곤충)	蜻蛉(とんぼ) 톰보	
잠재	潜在(せんざい) 센자이	
잡다	握(にぎ)る 니기루	取(と)る 토루
잡담	雑談(ざつだん) 자쯔당	
잡동사니	がらくた 가라꾸따	
잡무	雑務(ざつむ) 자쯔무	
잡아당기다	引(ひ)っ張(ぱ)る 힙빠루	
잡종	雑種(ざっしゅ) 잣슈	
잡지	雑誌(ざっし) 잣시	
잡초	雑草(ざっそう) 잣소-	
장	枚(まい) 마이(세는 단위)	
장갑	手袋(てぶくろ) 테부꾸로	
	花嫁(はなよめ)は手袋をはめている。 신부는 장갑을 끼고 있다.	
장교	将校(しょうこう) 쇼-꼬-	

장군	**将軍(しょうぐん)** 쇼-궁
장기	**将棋(しょうぎ)** 쇼-기
장기	**長期(ちょうき)** 초-끼
장난(감)	**悪戯(いたずら)** 이따즈라　**おもちゃ** 오모쟈
장난치다	**ふざける** 후자께루
장남	**長男(ちょうなん)** 초-낭
장녀	**長女(ちょうじょ)** 초-죠
장대	**竿(さお)** 사오
장딴지	**脹(ふく)らはぎ** 후꾸라하기
장래	**将来(しょうらい)** 쇼-라이
장례식	**葬儀(そうぎ)** 소-기　**葬式(そうしき)** 소-시끼
장르	**ジャンル** (프 genre) 쟝루
장마	**梅雨(つゆ/ばいう)** 쯔유 / 바이우
장면	**場面(ばめん)** 바멩
장모	**姑(しゅうと)** 슈-또
	義理(ぎり)の母(はは) 기리노하하
장미	**薔薇(ばら)** 바라
장부	**帳簿(ちょうぼ)** 초-보
장비	**装備(そうび)** 소-비

장사	商売(しょうばい)	쇼-바이
장소	場所(ばしょ)	바쇼
장수	長生(ながい)き	나가이끼
장식	装飾(そうしょく)	소-쇼꾸
	飾(かざ)り	카자리
장애	障害(しょうがい)	쇼-가이
장어	うなぎ 우나기	

うなぎ丼を食べます。
장어덮밥을 먹겠습니다.

장엄한	荘厳(そうごん)な	소-곤나
장점	長所(ちょうしょ)	초-쇼
장치	装置(そうち) 소-찌 仕掛(しか)け 시까께	
장편	長編(ちょうへん)	초-헹
장학금	奨学金(しょうがくきん)	쇼-가꾸낑
장화	長靴(ながぐつ)	나가구쯔
재	灰(はい)	하이
재개	再開(さいかい)	사이까이
재고	在庫(ざいこ)	자이꼬
재난	災難(さいなん)	사이낭
재능	才能(さいのう)	사이노-

ㄱ
ㄴ
ㄷ
ㄹ
ㅁ
ㅂ
ㅅ
ㅇ
ㅈ
ㅊ
ㅋ
ㅌ
ㅍ
ㅎ

	あなたの才能を発揮してくれ。 당신의 재능을 발휘해 줘.
재량	**裁量**(さいりょう) 사이료–
재력	**財力**(ざいりょく) 자이료꾸
재료	**材料**(ざいりょう) 자이료–
재무	**財務**(ざいむ) 자이무
재미있다	**面白**(おもしろ)**い** 오모시로이
재발	**再発**(さいはつ) 사이하쯔
재배	**栽培**(さいばい) 사이바이
재벌	**財閥**(ざいばつ) 자이바쯔
재봉	**裁縫**(さいほう) 사이호–
재빠르다	**素早**(すばや)**い** 스바야이
재산	**財産**(ざいさん) 자이상
재생	**再生**(さいせい) 사이세–
재앙	**災**(わざわ)**い** 와자와이　**祟**(たた)**り** 타따리 災いは下から。 재앙은 아랫사람이 원인. (속담)
재우다	**寝**(ね)**かす** 네까스
재원	**才媛**(さいえん) 사이엥
재작년	**一昨年**(おととし) 오또또시
재정	**財政**(ざいせい) 자이세–

재주있는	器用(きよう)な 키요-나	
재주	才能(さいのう) 사이노-	手際(てぎわ) 테기와
재질	材質(ざいしつ) 자이시쯔	
재채기	くしゃみ 쿠샤미	
재촉(하다)	催促(さいそく) 사이소꾸	急(せ)かす 세까스
재치	才覚(さいかく) 사이카꾸	
재판	裁判(さいばん) 사이방	
재학	在学(ざいがく) 자이가꾸	
재해	災害(さいがい) 사이가이	
재현	再現(さいげん) 사이겡	
쟁반	お盆(ぼん) 오봉	
저	あの 아노	
저	私(わたし) 와따시	
저것	あれ 아레	
저금	貯金(ちょきん) 초낑	
저기	あそこ 아소꼬	
저녁	夕方(ゆうがた) 유-가따	晩(ばん) 방
저녁놀	夕焼(ゆうや)け 유-야께	
저녁밥	夕飯(ゆうはん) 유-항	

	夕食(ゆうしょく) 유-쇼꾸
저당	**抵当(ていとう)** 테-또- **質(しち)** 시찌
저런	**あんな** 안나 あんな人はダメだ。 저런 사람은 안 된다.
저력	**底力(そこぢから)** 소꼬지까라
저리다	**痺(しび)れる** 시비레루
저명한	**著名(ちょめい)な** 초메-나
저속한	**低俗(ていぞく)な** 테-조꾸나
저술하다	**著(あらわ)す** 아라와스
저온	**低温(ていおん)** 테-옹
저울	**秤(はかり)** 하까리
저자	**著者(ちょしゃ)** 초샤
저장	**貯蔵(ちょぞう)** 초조-
저조한	**低調(ていちょう)な** 테이쪼-나
저주	**呪(のろ)い** 노로이
저축	**貯蓄(ちょちく)** 초찌꾸
저택	**館(やかた)** 야까따 **邸宅(ていたく)** 테-따꾸
저하	**低下(ていか)** 테-까
저항	**抵抗(ていこう)** 테-꼬-

저혈압	低血圧(ていけつあつ) 테-께쯔아쯔
적	敵(かたき) 카따끼 敵(てき) 테끼
적극적인	積極的(せっきょくてき)な 섹꾜꾸떼끼나
적나라	赤裸々(せきらら) 세끼라라
적다	書(か)き込(こ)む 카끼꼬무
	記(しる)す 시루스
적다	少(すく)ない 스꾸나이 給料(きゅうりょう)が少なくてやめる。 급여가 적어서 그만두겠다.
적당한	適当(てきとう)な 테끼또-나
적도	赤道(せきどう) 세끼도-
적성	適性(てきせい) 테끼세-
적시다	濡(ぬ)らす 누라스
적어도	少(すく)なくとも 스꾸나꾸또모
적외선	赤外線(せきがいせん) 세끼가이셍
적용	適用(てきよう) 테끼요-
적응	適応(てきおう) 테끼오-
적임	適任(てきにん) 테끼닝
적자	赤字(あかじ) 아까지
적절한	適切(てきせつ)な 테끼세쯔나

ㄱ
ㄴ
ㄷ
ㄹ
ㅁ
ㅂ
ㅅ
ㅇ
ㅈ
ㅊ
ㅋ
ㅌ
ㅍ
ㅎ

적중	的中(てきちゅう) 테끼쮸-
적합	適合(てきごう) 테끼고-
전가	転嫁(てんか) 텡까 責任を転嫁するのは卑怯だ。 책임을 전가하는 건 비겁하다.
전갈	蠍(さそり) 사소리
전개	展開(てんかい) 텡까이
전공	専攻(せんこう) 셍꼬-
전구	電球(でんきゅう) 뎅뀨-
전국	全国(ぜんこく) 젱꼬꾸
전근	転勤(てんきん) 텡낑
전기	電気(でんき) 뎅끼
전념	専念(せんねん) 센넹
전단지	散(ち)らし 치라시
전달	伝達(でんたつ) 덴따쯔
전당포	質屋(しちや) 시찌야
전도	伝導(でんどう) 덴도-
전등	電灯(でんとう) 덴또-
전락	転落(てんらく) 텐라꾸
전람회	展覧会(てんらんかい) 텐랑까이

전략	戦略(せんりゃく) 센랴꾸
전력	戦力(せんりょく) 센료꾸
전력	全力(ぜんりょく) 젠료꾸
전례	前例(ぜんれい) 젠레- 前例のない出来事。 전례가 없는 사건.
전류	電流(でんりゅう) 덴류-
전망	展望(てんぼう) 템보-
	見張(みは)らし 미하라시
전망(하다)	見通(みとお)し 미또-시
	眺(なが)める 나가메루
전면	全面(ぜんめん) 젬멩
전멸	全滅(ぜんめつ) 젬메쯔
전문	専門(せんもん) 셈몽
전문가	玄人(くろうと) 쿠로우또
전반	前半(ぜんはん) 젱항
전방	前方(ぜんぽう) 젬뽀-
전부	全(すべ)て 스베떼　全部(ぜんぶ) 젬부
전사	戦死(せんし) 센시
전생	前世(ぜんせ) 젠세

ㄱ ㄴ ㄷ ㄹ ㅁ ㅂ ㅅ ㅇ ㅈ ㅊ ㅋ ㅌ ㅍ ㅎ

전선	電線(でんせん) 덴셍
전설	伝説(でんせつ) 덴세쯔
전성기	全盛期(ぜんせいき) 젠세-끼
	最盛期(さいせいき) 사이세-끼
전세	貸(か)し切(き)り 카시끼리
전송	転送(てんそう) 텐소-
전수	伝授(でんじゅ) 덴쥬
전술	戦術(せんじゅつ) 센쥬쯔
전시	展示(てんじ) 텐지
전신	全身(ぜんしん) 젠싱
전압	電圧(でんあつ) 뎅아쯔
전언	伝言(でんごん) 뎅공,
	言付(ことづ)け 코또즈께
전염	伝染(でんせん) 덴셍
전용	専用(せんよう) 셍요-
전원	電源(でんげん) 뎅겡 パソコンの電源が切れてしまった。 컴퓨터 전원이 끊겼다.
전이	転移(てんい) 텡이
전자	電子(でんし) 덴시

전자	電磁(でんじ) 덴지
전자계산기	電卓(でんたく) 덴따꾸
전자동	全自動(ぜんじどう) 젠지도-
전쟁	戦争(せんそう) 센소-
전제	前提(ぜんてい) 젠떼-
전조	前兆(ぜんちょう) 젠쪼-
전주곡	前奏曲(ぜんそうきょく) 젠소-교꾸
전직	転職(てんしょく) 텐쇼꾸
전진	前進(ぜんしん) 젠싱
전천후	全天候(ぜんてんこう) 젠뗑꼬-
전철	電車(でんしゃ) 덴샤 電車賃はスイカで払う。 전철요금은 스이카로 지불한다.
전체	全体(ぜんたい) 젠따이
전통	伝統(でんとう) 덴또-
전투	戦闘(せんとう) 센또-
전파	電波(でんぱ) 뎀빠
전하다	伝(つた)える 쯔따에루
전학	転校(てんこう) 텡꼬-
전해지다	伝(つた)わる 쯔따와루

전혀	**全然(ぜんぜん)** 젠젱
전형	**典型(てんけい)** 텡께-
전화	**電話(でんわ)** 뎅와
전환	**転換(てんかん)** 텡깡
전후	**前後(ぜんご)** 젱고
절	**お辞儀(じぎ)** 오지기
절	**寺(てら)** 테라
절교	**絶交(ぜっこう)** 젝꼬-
절단	**切断(せつだん)** 세쯔당
절대	**絶対(ぜったい)** 젯따이
절도	**窃盗(せっとう)** 셋또-
절망	**絶望(ぜつぼう)** 제쯔보-
절박	**切迫(せっぱく)** 셉빠꾸
절반	**半分(はんぶん)** 함붕
절벽	**崖(がけ)** 가께
절실한	**切実(せつじつ)な** 세쯔지쯔나
절약	**節約(せつやく)** 세쯔야꾸
	倹約(けんやく) 켕야꾸 こづか つか 小遣いは節約して遣いなさい。 용돈은 절약해서 쓰거라.

절정	絶頂(ぜっちょう)	젯쬬-
절제	節制(せっせい)	셋세-
절충	折衝(せっしょう)	셋쇼-
절하다	拝(おが)む	오가무
절호	絶好(ぜっこう)	젝꼬-
젊다	若(わか)い	와까이
젊어지다	若返(わかがえ)る	와까가에루
젊은이	若者(わかもの)	와까모노
젊음	若(わか)さ	와까사
점(얼굴의)	黒子(ほくろ)	호꾸로
점(길흉)	占(うらな)い 占いが当たった。 점이 들어맞았다.	우라나이
점(점수)	点(てん)	텡
점령	占領(せんりょう)	센료-
점막	粘膜(ねんまく)	넴마꾸
점선	点線(てんせん)	텐셍
점수	点数(てんすう)	텐스-
점심시간	昼休(ひるやす)み	히루야스미
점심식사	昼食(ちゅうしょく)	추-쇼꾸

	昼御飯(ひるごはん) 히루고항
점원	**店員(てんいん)** 텡잉
점유	**占有(せんゆう)** 셍유-
점쟁이	**占(うらな)い師(し)** 우라나이시
점점	**段々(だんだん)** 단당　**益々(ますます)** 마스마스
점화	**点火(てんか)** 텡까
접근(하다)	**接近(せっきん)** 섹낑
	近寄(ちかよ)る 치까요루
접다	**畳(たた)む** 타따무
	折(お)り返(かえ)す 오리까에스
접대	**接待(せったい)** 셋따이
접속	**接続(せつぞく)** 세쯔조꾸
접수하다	**受(う)け付(つ)ける** 우께쯔께루
	イーメールでも受け付けます. 이메일로도 접수합니다.
접시	**皿(さら)** 사라
접착제	**接着剤(せっちゃくざい)** 셋짜꾸자이
접촉	**接触(せっしょく)** 셋쇼꾸
접하다	**接(せっ)する** 셋스루
젓가락	**箸(はし)** 하시

정	情(じょう) 죠- 情(なさ)け 나사께
정가	定価(ていか) 테-까
정각	定刻(ていこく) 테-꼬꾸
정강이	脛(すね) 스네
	向(む)こう脛(ずね) 무꼬-즈네
정계	政界(せいかい) 세-까이
정국	政局(せいきょく) 세-꾜꾸
정권	政権(せいけん) 세-껭
정글	ジャングル (jungle) 쟝구루
정기(휴일)	定期(ていき) 테-끼
	定休日(ていきゅうび) 테-뀨-비
정년	定年(ていねん) 테-넹
정답	正解(せいかい) 세-까이
정당	政党(せいとう) 세-또-
정당	正当(せいとう) 세-또-
정도	程(ほど) 호도 程度(ていど) 테-도
정돈	整頓(せいとん) 세-똥
정력	精力(せいりょく) 세-료꾸
정렬	整列(せいれつ) 세-레쯔

ㅈ

정류장	停留所(ていりゅうじょ) 테-류-죠
정리(되다)	整理(せいり) 세-리　片付(かたづ)く 카따즈꾸
정리하다	片付(かたづ)ける 카따즈께루 書類(しょるい)を片付けています。 서류를 정리하고 있습니다.
정맥	静脈(じょうみゃく) 죠-먀꾸
정면	正面(しょうめん) 쇼-멩
정문	正門(せいもん) 세-몽
정밀	精密(せいみつ) 세-미쯔
정반대	正反対(せいはんたい) 세-한따이
정보	情報(じょうほう) 죠-호-
정복	征服(せいふく) 세-후꾸
정부	政府(せいふ) 세-후
정비	整備(せいび) 세-비
정사각형	正方形(せいほうけい) 세-호-께-
정상	頂上(ちょうじょう) 초-죠-　てっぺん 텝뻰
정상적인	正常(せいじょう)な 세-죠-나
정서	情緒(じょうちょ) 죠-쬬
정설	定説(ていせつ) 테-세쯔
정세	情勢(じょうせい) 죠-세-

정숙한	淑(しと)やかな 시또야까나
정시	定時(ていじ) 테-지
정식	正式(せいしき) 세-시끼
정식	定食(ていしょく) 테-쇼꾸 日替わり定食をお願いします。 오늘의 정식을 부탁합니다.
정신	精神(せいしん) 세-싱
정신과의사	精神科医(せいしんかい) 세-싱까이
정열	情熱(じょうねつ) 죠-네쯔
정오	正午(しょうご) 쇼-고
정원	定員(ていいん) 테-잉
정원	庭園(ていえん) 테-엥
정월	正月(しょうがつ) 쇼-가쯔
정육점	肉屋(にくや) 니꾸야
정의	正義(せいぎ) 세-기
정자	精子(せいし) 세-시
정적인	静的(せいてき)な 세-떼끼나
정전	停電(ていでん) 테-뎅
정전기	静電気(せいでんき) 세-뎅끼
정점	頂点(ちょうてん) 초-뗑

ㄱ ㄴ ㄷ ㄹ ㅁ ㅂ ㅅ ㅇ ㅈ ㅊ ㅋ ㅌ ㅍ ㅎ

정정	訂正(ていせい) 테-세-
정조	貞操(ていそう) 테-소-
정중한	丁寧(ていねい)な 테-네-나
정지	停止(ていし) 테-시
정직	正直(しょうじき) 쇼-지끼
정차	停車(ていしゃ) 테-샤
정착	定着(ていちゃく) 테-쨔꾸
정찰	偵察(ていさつ) 테-사쯔
정책	政策(せいさく) 세-사꾸
정체	正体(しょうたい) 쇼-따이 犯人(はんにん)は正体(しょうたい)を表(あら)わした。 범인은 정체를 드러냈다.
정체	停滞(ていたい) 테-따이
정치	政治(せいじ) 세-지
정하다	決(き)める 키메루　定(さだ)める 사다메루
정해지다	決(き)まる 키마루
정확	正確(せいかく) 세-까꾸
젖	乳(ちち) 치찌
젖다	濡(ぬ)れる 누레루 上着(うわぎ)が雨(あめ)に濡(ぬ)れた。 웃옷이 비에 젖었다.

젖소	乳牛(にゅうぎゅう) 뉴-규-
제거(하다)	除去(じょきょ) 죠꾜 除(のぞ)く 노조꾸
제공	提供(ていきょう) 테-꾜-
제국	帝国(ていこく) 테-꼬꾸
제기	提起(ていき) 테-끼
제대	除隊(じょたい) 죠따이
제도	制度(せいど) 세-도
제로	ゼロ (zero) 제로
제명	除名(じょめい) 죠메-
제목	題名(だいめい) 다이메-
제물	お供(そな)え 오소나에
제발	どうぞ 도-조 どうか 도-까
제방	堤(つつみ) 쯔쯔미 堤防(ていぼう) 테-보-
제복	制服(せいふく) 세-후꾸
제비	燕(つばめ) 쯔바메
제비뽑기	福引(ふくび)き 후꾸비끼
	くじ引(び)き 쿠지비끼
제소	提訴(ていそ) 테-소
제스처	ジェスチャー (gesture) 제스쨔-

ㄱ
ㄴ
ㄷ
ㄹ
ㅁ
ㅂ
ㅅ
ㅇ
ㅈ
ㅊ
ㅋ
ㅌ
ㅍ
ㅎ

제시	**提示**(ていじ) 테-지
제안	**提案**(ていあん) 테-앙
제어	**制御**(せいぎょ) 세-교
제왕	**帝王**(ていおう) 테-오- あの子は帝王切開で生まれた。 저 아이는 제왕절개로 태어났다.
제외	**除外**(じょがい) 죠가이
제일	**第一**(だいいち) 다이이찌
제자	**弟子**(でし) 데시
제작	**作**(つく)**り** 쯔꾸리　**製作**(せいさく) 세-사꾸
제재	**制裁**(せいさい) 세-사이
제조	**製造**(せいぞう) 세-조-
제출	**提出**(ていしゅつ) 테-슈쯔
제품	**製品**(せいひん) 세-힝
제한(하다)	**制限**(せいげん) 세-겡　**限**(かぎ)**る** 카기루 10人に限って 10명에 한하여
제휴	**提携**(ていけい) 테-께-
젤리	**ゼリー** (jelly) 제리-
조각(하다)	**彫刻**(ちょうこく) 쪼-꼬꾸　**彫**(ほ)**る** 호루
조개(껍질)	**貝**(かい) 카이　**貝殻**(かいがら) 카이가라

조건	条件(じょうけん)	죠–껭
조국	祖国(そこく)	소꼬꾸
조금	少(すこ)し	스꼬시
조기	早期(そうき)	소–끼
조깅	ジョギング (jogging)	죠깅구
조끼	チョッキ (포 jaque)	촉끼
조난	遭難(そうなん)	소–난
조달	調達(ちょうたつ)	초–따쯔
조례	条例(じょうれい)	죠–레–
조류	鳥類(ちょうるい)	초–루이
조르다	せびる 세비루 ねだる 네다루	
조리	筋道(すじみち)	스지미찌
	辻褄(つじつま)	쯔지쯔마
조리법	レシピ (recipe)	레시삐
조립하다	組(く)み立(た)てる	쿠미따떼루
조만간	遅(おそ)かれ早(はや)かれ	오소까레하야까레
조명	照明(しょうめい)	쇼–메–
조모	祖母(そぼ)	소보
조미료	調味料(ちょうみりょう)	초–미료–

ㄱ
ㄴ
ㄷ
ㄹ
ㅁ
ㅂ
ㅅ
ㅇ
ㅈ
ㅊ
ㅋ
ㅌ
ㅍ
ㅎ

조부	祖父(そふ) 소후
조사	調査(ちょうさ) 초-사, 調(しら)べ 시라베
조사하다	調(しら)べる 시라베루
	取(と)り調(しら)べる 토리시라베루
조상	祖先(そせん) 소센
조선	造船(ぞうせん) 조-센
조선	朝鮮(ちょうせん) 초-센
조성	助成(じょせい) 죠세-
조소	嘲笑(ちょうしょう) 초-쇼-
조수	助手(じょしゅ) 죠슈
조숙한	早熟(そうじゅく)な 소-쥬꾸나
조심	用心(ようじん) 요-징
	ガスレンジに用心しなさい。 가스레인지를 조심해라.
조심스러운	控(ひか)え目(め)な 히까에메나
조약	条約(じょうやく) 죠-야꾸
조언	助言(じょげん) 죠겡
조업	操業(そうぎょう) 소-교-
조연	脇役(わきやく) 와끼야꾸
조용하다	静(しず)かだ 시즈까다

	おとなしい 오또나시- [성격]
조율	**調律**(ちょうりつ) 초-리쯔
조작	**操作**(そうさ) 소-사
조잡	**大**(おお)**ざっぱ** 오-잡빠
조절	**調節**(ちょうせつ) 초-세쯔
조정(하다)	**調整**(ちょうせい) 초-세-
	整(ととの)**える** 토또노에루
조종	**操縦**(そうじゅう) 소-쥬-
조직	**組織**(そしき) 소시끼
조짐	**兆**(きざ)**し** 키자시
	よくなる兆しが見える。 잘될 징조가 보인다.
조치	**措置**(そち) 소찌
조카	**甥**(おい) 오이
조크	**ジョーク** (joke) 죠-꾸
조퇴	**早退**(そうたい) 소-따이
조합	**組合**(くみあい) 쿠미아이
조항	**条項**(じょうこう) 죠-꼬-
조화	**調和**(ちょうわ) 초-와
	釣(つ)**り合**(あ)**い** 쯔리아이

족하다	足(た)りる 타리루
존경(하다)	尊敬(そんけい)する 송께ー
	敬(うやま)う 우야마우
존엄	尊厳(そんげん) 송겡
존재	存在(そんざい) 손자이
존중	尊重(そんちょう) 손쪼ー
졸다	居眠(いねむ)りする 이네무리스루
졸렬	拙劣(せつれつ) 세쯔레쯔
졸리다	眠(ねむ)い 네무이
졸업	卒業(そつぎょう) 소쯔교ー
졸음	眠気(ねむけ) 네무께
좀 더	もう少(すこ)し 모ー스꼬시
좀먹다	蝕(むしば)む 무시바무
좀처럼	滅多(めった)に 멧따니　なかなか 나까나까
좁다	狭(せま)い 세마이
종	鐘(かね) 카네
종교	宗教(しゅうきょう) 슈ー꾜ー 宗教の話はやめよう。 _{はなし} 종교 얘기는 그만두자.
종기	おでき 오데끼　腫物(はれもの) 하레모노

종래	従来(じゅうらい) 쥬-라이
종료	終了(しゅうりょう) 슈-료-
종류	類(るい) 루이　種類(しゅるい) 슈루이
종목	種目(しゅもく) 슈모꾸
종속	従属(じゅうぞく) 쥬-조꾸
종업원	従業員(じゅうぎょういん) 쥬-교-잉
종이	紙(かみ) 카미
종자	種子(しゅし) 슈시
종점	終点(しゅうてん) 슈-뗑
종족	種族(しゅぞく) 슈조꾸
종지부	終止符(しゅうしふ) 슈-시후
종착역	終着駅(しゅうちゃくえき) 슈-짜꾸에끼
종합	総合(そうごう) 소-고-
좋고싫음	好(す)き嫌(きら)い 스끼끼라이
좋다	良(よ)い 요이　いい 이이
좋아하는	好(す)きな 스끼나
좋아하다	好(この)む 코노무
좌석	席(せき) 세끼　座席(ざせき) 자세끼
좌우	左右(さゆう) 사유-

좌우간	**とにかく** 토니까꾸
좌절	**挫折(ざせつ)** 자세쯔 そんなことで挫折するな! 그런 일로 좌절하지 마!
좌파	**左派(さは)** 사하
좌회전	**左折(させつ)** 사세쯔
죄	**罪(つみ)** 쯔미
죄다	**締(し)める** 시메루 **引(ひ)き締(し)める** 히끼시메루
죄인	**罪人(つみびと)** 쯔미비또
주간	**昼間(ちゅうかん)** 추–깡
주거	**住居(じゅうきょ)** 쥬–꾜
주걱	**しゃもじ** 샤모지
주관	**主観(しゅかん)** 슈깡
주권	**主権(しゅけん)** 슈껭
주근깨	**雀斑(そばかす)** 소바까스
주기	**周期(しゅうき)** 슈–끼
주다	**遣(や)る** 야루 **与(あた)える** 아따에루
주도	**主導(しゅどう)** 슈도– 彼が主導権を握っている。 그가 주도권을 잡고 있다.

주로	主(おも)に 오모니
주름	皺(しわ) 시와 (피부) 襞(ひだ) 히다 (옷)
주말	週末(しゅうまつ) 슈-마쯔
주먹	拳(こぶし) 코부시
주목	注目(ちゅうもく) 추-모꾸
주무르다	揉(も)む 모무
주문(마법)	呪(まじな)い 마지나이　呪文(じゅもん) 쥬몽
주문(요구)	注文(ちゅうもん) 추-몽
주민	住民(じゅうみん) 쥬-밍
주방	厨房(ちゅうぼう) 추보-
주변	辺(へん) 헹　周辺(しゅうへん) 슈-헹
주부	主婦(しゅふ) 슈후
주사	注射(ちゅうしゃ) 추-샤
주사위	さいころ 사이꼬로
주소	住所(じゅうしょ) 쥬-쇼
	宛(あ)て先(さき) 아떼사끼
주스	ジュース (juice) 쥬-스
주식	株式(かぶしき) 카부시끼
주심	主審(しゅしん) 슈싱

ㄱ
ㄴ
ㄷ
ㄹ
ㅁ
ㅂ
ㅅ
ㅇ
ㅈ
ㅊ
ㅋ
ㅌ
ㅍ
ㅎ

주야	**昼夜(ちゅうや)** 추-야
주역	**主役(しゅやく)** 슈야꾸
주옥	**珠玉(しゅぎょく)** 슈교꾸
주요한	**主要(しゅよう)な** 슈요-나
주위	**周囲(しゅうい)** 슈-이 **周(まわ)り** 마와리
주유소	**ガソリンスタンド (일 gasoline stand)** 가소린스딴도 **ガソリンスタンドでバイトしています。** 주유소에서 알바를 하고 있습니다.
주의	**用心(ようじん)** 요-징 **注意(ちゅうい)** 추-이
주의	**主義(しゅぎ)** 슈기
주의하다	**心(こころ)がける** 코꼬로가께루
주인	**持(も)ち主(ぬし)** 모찌누시
주인공	**主人公(しゅじんこう)** 슈징꼬-
주장	**主張(しゅちょう)** 슈쬬-
주장하다	**申(もう)し立(た)てる** 모-시타떼루
주저(하다)	**躊躇(ちゅうちょ)** 추-쬬 **ためらう** 타메라우
주전자	**薬缶(やかん)** 야깡
주제	**主題(しゅだい)** 슈다이
주주	**株主(かぶぬし)** 카부누시
주차	**駐車(ちゅうしゃ)** 추-샤

	この区域は駐車禁止です。 이 구역은 주차금지입니다.
주차장	**駐車場(ちゅうしゃじょう)** 추-샤죠-
주체	**主体(しゅたい)** 슈따이
주최	**主催(しゅさい)** 슈사이
주택	**住宅(じゅうたく)** 쥬-따꾸
주파수	**周波数(しゅうはすう)** 슈-하스-
주행	**走行(そうこう)** 소-꼬-
죽	**粥(かゆ)** 카유
죽다	**死(し)ぬ** 시누
죽음	**死(し)** 시
죽이다	**殺(ころ)す** 코로스
준비	**用意(ようい)** 요-이　**準備(じゅんび)** 쥼비
준수	**遵守(じゅんしゅ)** 준수
줄	**綱(つな)** 쯔나
줄곧	**続(つづ)けて** 쯔즈께떼
줄기	**幹(みき)** 미끼　**茎(くき)** 꾸끼
줄다	**減(へ)る** 헤루　**縮(ちぢ)む** 치지무
줄이다	**縮(ちぢ)める** 치지메루　**減(へ)らす** 헤라스

	新しいズボンのたけを縮める 새 바지 기장을 줄이다
줍다	拾(ひろ)う 히로우
중	お坊(ぼう)さん 오보—상
	坊主(ぼうず) 보—즈
중간	中間(ちゅうかん) 추—깡
중개	仲介(ちゅうかい) 추—까이
중고	中古(ちゅうこ) 추—꼬
중공업	重工業(じゅうこうぎょう) 쥬—꼬—교—
중국	中国(ちゅうごく) 추—고꾸
중급	中級(ちゅうきゅう) 추—뀨—
중년	年輩(ねんぱい) 넴빠이
	中年(ちゅうねん) 추—넹
중단	中断(ちゅうだん) 추—당
중대한	重大(じゅうだい)な 쥬—다이나
중도	中途(ちゅうと) 추—또
중독	中毒(ちゅうどく) 추—도꾸
중량	重量(じゅうりょう) 쥬—료—
중류	中流(ちゅうりゅう) 추—류—
중립	中立(ちゅうりつ) 추—리쯔

중매	媒酌(ばいしゃく) 바이샤꾸
중매쟁이	仲人(なこうど) 나꼬-도
중복	重複(じゅうふく) 쥬-후꾸
중상	重傷(じゅうしょう) 쥬-쇼- (부상)
중소기업	中小企業 (ちゅうしょうきぎょう) 추-쇼-키교-
중순	中旬(ちゅうじゅん) 추-즁
중시	重視(じゅうし) 쥬-시
중시하다	重(おも)んじる 오몬지루
중심	中心(ちゅうしん) 추-싱
중앙	中央(ちゅうおう) 추-오-
중얼거리다	つぶやく 쯔부야꾸 ぶつぶつつぶやくの、やめて。 투덜투덜 중얼거리는 거 그만해.
중역	重役(じゅうやく) 쥬-야꾸
중요한	重要(じゅうよう)な 쥬-요-나
	肝心(かんじん)な 칸진나
중재	仲裁(ちゅうさい) 추-사이
중점	重点(じゅうてん) 쥬-뗑
중지	中止(ちゅうし) 추-시

중지	中指(なかゆび) 나까유비
중지하다	取(と)り止(や)める 토리야메루
중태	重体(じゅうたい) 쥬ー따이
중퇴	中退(ちゅうたい) 추ー따이
중학교	中学校(ちゅうがっこう) 추ー각꼬ー
중화	中和(ちゅうわ) 추ー와
중화요리	中華料理(ちゅうかりょうり) 추ー까료ー리
쥐	鼠(ねずみ) 네즈미
쥐다	摘(つ)まむ 쯔마무
즉	即(すなわ)ち 스나와찌
즉석	即席(そくせき) 소꾸세끼
즉효	即効(そっこう) 속꼬ー
즐거움	楽(たの)しみ 타노시미 彼とのデート、楽しみです。 그와의 데이트가 기대됩니다.
즐겁다	楽(たの)しい 타노시ー
즐기다	楽(たの)しむ 타노시무
즙	汁(しる) 시루
증가	増加(ぞうか) 조ー까
증거	証拠(しょうこ) 쇼ー꼬, 証(あか)し 아까시

증기	蒸気(じょうき) 죠-끼
증명	照明(しょうめい) 쇼-메-
증명하다	裏付(うらづ)ける 우라즈께루
증발	蒸発(じょうはつ) 죠-하쯔
증상	症状(しょうじょう) 쇼-죠-
증서	証書(しょうしょ) 쇼-쇼
증세	増税(ぞうぜい) 조-제-
증손자	曾孫(ひまご) 히마고
증언	証言(しょうげん) 쇼-겡 彼女の証言は聴取しました。 그녀의 증언은 청취했습니다.
증오	憎悪(ぞうお) 조-오
증인	証人(しょうにん) 쇼-닝
증정	贈呈(ぞうてい) 조-떼-
증조부	曾祖父(そうそふ) 소-소후
증폭	増幅(ぞうふく) 조-후꾸
지가	地価(ちか) 치까
지각	遅刻(ちこく) 치꼬꾸
지갑	財布(さいふ) 사이후
지구	地球(ちきゅう) 지뀨-

지금	今(いま) 이마　只今(ただいま) 타다이마
지금쯤	今頃(いまごろ) 이마고로
지급	支給(しきゅう) 시뀨-
지나다	過(す)ぎる 스기루　経(へ)る 헤루(시간)
지난달	先月(せんげつ) 셍게쯔
지난주	先週(せんしゅう) 센슈-
지느러미	鰭(ひれ) 히레
지능	知能(ちのう) 치노- あなたの知能指数はいくつ? 당신 지능지수는 얼마야?
지다(꽃)	散(ち)る 치루
지다(패배)	負(ま)ける 마께루
지대	地帯(ちたい) 치따이
지도	指導(しどう) 시도-
지도	地図(ちず) 치즈
지독하다	酷(ひど)い 히도이
지렁이	みみず 미미즈
지렛대	梃子(てこ) 테꼬 梃子があれば、持ち上げられる。 지렛대가 있으면 들어올릴 수 있다.
지뢰	地雷(じらい) 지라이

지루하다	退屈(たいくつ)だ 타이꾸쯔다
지류	支流(しりゅう) 시류-
지름길	近道(ちかみち) 치까미찌
지리	地理(ちり) 치리
지명	指名(しめい) 시메-
지명	地名(ちめい) 치메-
지명도	知名度(ちめいど) 치메-도
지문	指紋(しもん) 시몽
지방	脂肪(しぼう) 시보-
지방	地方(ちほう) 치호-
지배	支配(しはい) 시하이
지병	持病(じびょう) 지뵤-
지부	支部(しぶ) 시부
지불	支払(しはら)い 시하라이
지붕	屋根(やね) 야네
지사	支社(ししゃ) 시샤
지상	地上(ちじょう) 치죠- この島が地上の楽園だ。 이 섬이 지상낙원이다.
지성	知性(ちせい) 치세-

지속	持続(じぞく) 지조꾸
지시	指示(しじ) 시지
지식	知識(ちしき) 치시끼
지역	地域(ちいき) 치이끼
지연	遅延(ちえん) 치엥
지옥	地獄(じごく) 지고꾸
지우개	消(け)しゴム 케시고무
지우다	消(け)す 케스
지원	支援(しえん) 시엥
지원	志願(しがん) 시강
지위	地位(ちい) 치이
지장	支障(ししょう) 시쇼-
	差(さ)し支(つか)え 사시쯔까에
지적	指摘(してき) 시떼끼
지적인	知的(ちてき) 치떼끼나
지점	支店(してん) 시뗑
지정	指定(してい) 시떼-
지주	支柱(しちゅう) 시쮸-
지지	支持(しじ) 시지

	幅広(はばひろ)い支持(し)を受(う)けています。 폭넓은 지지를 받고 있습니다.
지지난주	先々週(せんせんしゅう) 센센슈-
지진	地震(じしん) 지싱
지참	持参(じさん) 지상
지출	支出(ししゅつ) 시슈쯔 出費(しゅっぴ) 슙삐 支出(ししゅつ)を切(き)り詰(つ)めるのが金持(かねも)ちになるコツです。 지출을 줄이는 것이 부자가 되는 비결입니다.
지치다	疲(つか)れる 쯔까레루
	くたびれる 쿠따비레루
지켜보다	見守(みまも)る 미마모루
지키다	守(まも)る 마모루
지탱하다	持(も)ち堪(こた)える 모찌코따에루
지팡이	杖(つえ) 쯔에
지평선	地平線(ちへいせん) 치헤-셍
지폐	札(さつ) 사쯔 紙幣(しへい) 시헤-
지푸라기	藁屑(わらくず) 와라쿠즈
지하(상가)	地下(ちか) 치까 地下街(ちかがい) 치까가이
지하실	地下室(ちかしつ) 치까시쯔
지하철	地下鉄(ちかてつ) 치까떼쯔
지향하다	目指(めざ)す 메자스

지형	**地形**(ちけい) 치께-
지혜	**知恵**(ちえ) 치에
지휘	**指揮**(しき) 시끼
직각	**直角**(ちょっかく) 촉까꾸
직감	**直感**(ちょっかん) 촉깡
직경	**直徑**(ちょっけい) 촉께-
직면	**直面**(ちょくめん) 초꾸멩
직무	**職務**(しょくむ) 쇼꾸무 職務を怠ると首になります。 직무를 태만히 하면 잘립니다.
직사각형	**長方形**(ちょうほうけい) 초-호-께-
직선	**直線**(ちょくせん) 초꾸셍
직업	**職業**(しょくぎょう) 쇼꾸교-
직원	**職員**(しょくいん) 쇼꾸잉
직장	**職場**(しょくば) 쇼꾸바
직전	**間際**(まぎわ) 마기와　**寸前**(すんぜん) 슨젱
직접	**直接**(ちょくせつ) 초꾸세쯔　**直**(じか)**に** 지까니
직진	**直進**(ちょくしん) 초꾸싱
직통	**直通**(ちょくつう) 초꾸쯔-
직함	**肩書**(かたが)**き** 카따가끼

직행	**直行**(ちょっこう) 촉꼬-	
진급	**進級**(しんきゅう) 싱뀨-	
진눈깨비	**みぞれ** 미조레	
진단	**診断**(しんだん) 신당	
진동	**振動**(しんどう) 신도-	
진로	**進路**(しんろ) 신로	
진료	**診療**(しんりょう) 신료-	
진리	**真理**(しんり) 신리	
진보	**進歩**(しんぽ) 심뽀	
진부한	**陳腐**(ちんぷ)**な** 찜뿌나	
진상	**真相**(しんそう) 신소-	
진술(하다)	**陳述**(ちんじゅつ) 친쥬쯔	**述**(の)**べる** 노베루
진실	**本当**(ほんとう) 혼또-	**真実**(しんじつ) 신지쯔
진심	**本気**(ほんき) 홍끼 **真心**(まごころ) 마고꼬로 本気で告白してみた。 진심으로 고백해봤다.	
진압	**鎮圧**(ちんあつ) 칭아쯔	
진열	**陳列**(ちんれつ) 친레쯔	
진의	**真意**(しんい) 싱이	
진전	**進展**(しんてん) 신뗑	

ㄱ
ㄴ
ㄷ
ㄹ
ㅁ
ㅂ
ㅅ
ㅇ
ㅈ
ㅊ
ㅋ
ㅌ
ㅍ
ㅎ

ㅈ

진정시키다	鎮(しず)める 시즈메루
진정제	鎮静剤(ちんせいざい) 친세-자이
진주	真珠(しんじゅ) 신쥬
진지한	真剣(しんけん)な 싱껜나
진짜	本物(ほんもの) 홈모노
진찰	診察(しんさつ) 신사쯔
진척되다	はかどる 하까도루
진출	進出(しんしゅつ) 신슈쯔
진통제	鎮痛剤(ちんつうざい) 친쯔-자이
진하다	濃(こ)い 코이
진학	進学(しんがく) 싱가꾸
진행(하다)	進行(しんこう) 싱꼬-
	進(すす)める 스스메루
진화	進化(しんか) 싱까
진흙	泥(どろ) 도로
질량	質量(しつりょう) 시쯔료-
질리다	こりる 코리루
질문	質問(しつもん) 시쯔몽
질색	苦手(にがて) 니가떼

	<ruby>数学<rt>すうがく</rt></ruby>は<ruby>苦手<rt></rt></ruby>でした。 수학은 질색이었습니다.
질서	**秩序(ちつじょ)** 치쯔죠
질소	**窒素(ちっそ)** 칫소
질식	**窒息(ちっそく)** 칫소꾸
질주	**疾走(しっそう)** 싯소–
질책	**叱責(しっせき)** 싯세끼
질투	**嫉妬(しっと)** 싯또
질투하다	**妬(ねた)む** 네따무
짊어지다	**担(にな)う** 니나우 **背負(せお)う** 세오우
짐	**荷物(にもつ)** 니모쯔 **に** 니
짐승	**獣(けだもの)** 케다모노
짐작	**見当(けんとう)** 켄또–
집	**家(いえ)** 이에 **家(うち)** 우찌
집계	**集計(しゅうけい)** 슈–께–
집념	**執念(しゅうねん)** 슈–넹 <ruby>執念深<rt>ぶか</rt></ruby>い<ruby>人<rt>ひと</rt></ruby>が<ruby>勝<rt>か</rt></ruby>ちます。 집념이 강한 사람이 이깁니다.
집단	**集団(しゅうだん)** 슈–당
집세(보증금)	**家賃(やちん)** 야찡 **敷金(しききん)** 시끼낑
집어던지다	**放(ほう)り投(な)げる** 호–리나게루

집어들다	取(と)り上(あ)げる	토리아게루
집오리	あひる	아히루
집요	執拗(しつよう)	시쯔요-
집주인	家主(やぬし) 야누시 大家(おおや)	오-야
집중	集中(しゅうちゅう)	슈-쮸-
집착	執着(しゅうちゃく)	슈-쨔꾸
집필	執筆(しっぴつ)	십삐쯔
집합	集合(しゅうごう)	슈-고-
집회	集会(しゅうかい)	슈-까이
짓	仕草(しぐさ)	시구사
짓다	建(た)てる	타떼루 [집]
짓밟다	踏(ふみ)にじる	후미니지루
징그럽다	いやらしい	이야라시-
징수	徴収(ちょうしゅう)	초-슈-
징역	懲役(ちょうえき)	초-에끼
징크스	ジンクス (jinx)	징꾸스
징후	兆候(ちょうこう)	초-꼬-
짖다	吠(ほ)える	호에루
짚	藁(わら)	와라

짜다(맛)	**しょっぱい** 숍빠이	ㄱ
짜다(실)	**織(お)る** 오루　**編(あ)む** 아무	ㄴ
짜다(압착)	**搾(しぼ)る** 시보루	ㄷ
짜다(편성)	**組(く)む** 쿠무	ㄹ
짜증	**癇癪(かんしゃく)** 칸샤꾸	ㅁ
짝사랑	**片想(かたおも)い** 카타오모이 いつまでも片想い状態です。 언제까지나 짝사랑 상태입니다.	ㅂ
짝수	**偶数(ぐうすう)** 구-스-	ㅅ
짧다	**短(みじか)い** 미지까이	
쩔쩔매다	**手(て)こずる** 테코즈루	ㅇ
~쪽	**側(がわ)** 가와	ㅈ
쫓다	**追(お)う** 오우	
쫓아가다	**追(お)いかける** 오이까께루	ㅊ
쫓아내다	**追(お)い出(だ)す** 오이다스	ㅋ
쭉쭉	**伸(の)び伸(の)びと** 노비노비또	
찌그러진	**歪(いびつ)な** 이비쯔나	ㅌ
찌다	**ふかす** 후까스 さつま芋をふかした。 고구마를 쪘다.	ㅍ
찌르다	**突(つ)く** 쯔꾸　**刺(さ)す** 사스	ㅎ

찍다	撮(と)る 토루(사진)	押(お)す 오스(도장)
찔러넣다	差(さ)し込(こ)む 사시꼬무	
찔리다	刺(さ)さる 사사루	
찢다	突(つ)き破(やぶ)る 쯔끼야부루	
	千切(ちぎ)る 치기루	
찢어지다	裂(さ)ける 사께루	

え

차	お茶(ちゃ) 오짜
차	車(くるま) 쿠루마
차가워지다	冷(ひ)える 히에루
차갑다	冷(つめ)たい 츠메따이
차고	車庫(しゃこ) 샤꼬
차기	次期(じき) 지끼
차남	次男(じなん) 지낭
차다	蹴(け)る 케루
차다(가득)	満(み)ちる 미찌루 みず 水がいっぱい満ちている。 물이 가득차 있다.
차단(하다)	遮断(しゃだん) 샤당　遮(さえぎ)る 사에기루
차라리	むしろ 무시로
차량	車両(しゃりょう) 샤료-
차례	手順(てじゅん) 테쥰
차마	とても 토떼모
차별	差別(さべつ) 사베쯔

차분히	落(お)ち着(つ)いて 오찌쯔이떼
차비	運賃(うんちん) 운찡
차선	車線(しゃせん) 샤셍
차압	差(さ)し押(おさ)え 사시오사에
차액	差額(さがく) 사가꾸
차원	次元(じげん) 지겡
차이	違(ちが)い 치가이
차지하다	占(し)める 시메루
착각	勘違(かんちが)い 칸찌가이
	錯覚(さっかく) 삭까꾸
착륙	着陸(ちゃくりく) 차꾸리꾸
착석	着席(ちゃくせき) 차꾸세끼
착수	着手(ちゃくしゅ) 차꾸슈
착실함	真面目(まじめ) 마지메 真面目(かいしゃいん)な会社員がいいです。 착실한 회사원이 좋아요.
착용	着用(ちゃくよう) 차꾸요-
착취	搾取(さくしゅ) 사꾸슈
찬성	賛成(さんせい) 산세-
찬스	チャンス (chance) 찬스

찬양하다	持(も)て囃(はや)す	모떼하야스
찬장	戸棚(とだな)	토다나
찰과상	擦(す)り傷(きず)	스리끼즈
찰나	刹那(せつな)	세쯔나
찰흙	粘土(ねんど)	넨도
참가	参加(さんか)	상까
참견	お節介(せっかい)	오섹까이
참고	参考(さんこう)	상꼬-
참깨	胡麻(ごま)	고마
참다	堪(こら)える 코라에루 耐(た)える 타에루
참새	雀(すずめ)	스즈메
참석	出席(しゅっせき)	슛세끼
참신한	斬新(ざんしん)な	잔신나
참을 수 없다	堪(たま)らない	타마라나이
참음	我慢(がまん) 가망 辛抱(しんぼう) 심보- こんかい 今回だけは我慢してやる。 이번만은 참아주겠다.
참치	鮪(まぐろ)	마구로
창고	物置(ものおき) 모노오끼 倉庫(そうこ) 소-꼬
창구	窓口(まどぐち)	마도구찌

창문	窓(まど) 마도
창백하다	青白(あおじろ)い 아오지로이
창설	創設(そうせつ) 소-세쯔
창업	創業(そうぎょう) 소-교-
창자	腸(はらわた) 하라와따
창작	創作(そうさく) 소-사꾸
창조	創造(そうぞう) 소-조-
창피	恥(はじ) 하지
찾다	探(さが)す 사가스
찾아내다	見(み)つける 미쯔께루
	見出(みいだ)す 미-다스
채결	採決(さいけつ) 사이께쯔
채널	チャンネル (channel) 찬네루
채무	債務(さいむ) 사이무
채색	彩(いろど)り 이로도리
채식주의자	菜食主義者 (さいしょくしゅぎしゃ) 사이쇼꾸슈기샤
채용	採用(さいよう) 사이요-
채우다	詰(つ)める 쯔메루 満(み)たす 미따스

채점	採点(さいてん) 사이뗑
채택	採択(さいたく) 사이따꾸
책(꽂이)	本(ほん) 홍　本立(ほんたて) 혼따떼
책방	本屋(ほんや) 홍야
책상(다리)	机(つくえ) 쯔꾸에　胡座(あぐら) 아구라 長(なが)く胡座(あぐら)をかいている。 오래 책상다리로 앉아 있다.
책임	責任(せきにん) 세끼닝
책장	本棚(ほんだな) 혼다나
처	妻(つま) 쯔마
처녀	乙女(おとめ) 오또메　処女(しょじょ) 쇼죠
처리	処理(しょり) 쇼리
처방	処方(しょほう) 쇼호-
처벌	処罰(しょばつ) 쇼바쯔
처분	処分(しょぶん) 쇼붕
처우	処遇(しょぐう) 쇼구-
처음(으로)	初(はじ)め 하지메　初(はじ)めて 하지메떼
처치	処置(しょち) 쇼찌
척도	尺度(しゃくど) 샤꾸도
척척	てきぱき 테끼빠끼

	てきぱき片^{かた}づけていこう。 척척 해치워나가자.
척추	**脊椎**(せきつい) 세끼쯔이
천	**千**(せん) 셍
천국	**天国**(てんごく) 텡고꾸
천둥	**雷**(かみなり) 카미나리
천리	**千里**(せんり) 센리
천벌	**天罰**(てんばつ) 템바쯔
천부	**天賦**(てんぶ) 템부
천사	**天使**(てんし) 텐시
천성	**素性**(すじょう) 스죠-
천식	**喘息**(ぜんそく) 젠소꾸
천연	**天然**(てんねん) 텐넹
천장	**天井**(てんじょう) 텐죠-
천재	**天才**(てんさい) 텐사이
천적	**天敵**(てんてき) 텐떼끼
천주교	**カトリック教**(きょう) 카또릭꾸꾜-
천지	**天地**(てんち) 텐찌
천직	**天職**(てんしょく) 텐쇼꾸
천진난만하다	**あどけない** 아도께나이

	あどけないお嬢<ruby>嬢<rt>じょう</rt></ruby>さんが美<ruby>美<rt>うつく</rt></ruby>しい。 천진난만한 아가씨가 아름답다.
천천히	**ゆっくり** 육꾸리
천하	**天下(てんか)** 텡까
천하다	**卑(いや)しい** 이야시-
천황	**天皇(てんのう)** 텐노-
철	**鉄(てつ)** 테쯔
철강	**鉄鋼(てっこう)** 텍꼬-
철골	**鉄骨(てっこつ)** 텍꼬쯔
철도	**鉄道(てつどう)** 테쯔도-
철망	**金網(かなあみ)** 카나아미
철물	**金物(かなもの)** 카나모노
철벽	**鉄壁(てっぺき)** 텝뻬끼
철봉	**鉄棒(てつぼう)** 테쯔보-
철사	**針金(はりがね)** 하리가네
철새	**渡(わた)り鳥(どり)** 와따리도리
철야	**徹夜(てつや)** 테쯔야
철자	**綴(つづ)り** 쯔즈리
철저	**徹底(てってい)** 텟떼-
철조망	**鉄条網(てつじょうもう)** 테쯔죠-모-

철판	**鉄板**(てっぱん) 텝빵
철학	**哲学**(てつがく) 테쯔가꾸
철회	**撤回**(てっかい) 텍까이
첨가물	**添加物**(てんかぶつ) 텡까부쯔
첨단	**先端**(せんたん) 센땅
첨부(하다)	**添付**(てんぷ) 템뿌 **添**(そ)**える** 소에루 写真を添付して発送した。 사진을 첨부하여 발송했다.
첨삭	**添削**(てんさく) 텐사꾸
첩	**妾**(めかけ) 메까께
첩경	**早道**(はやみち) 하야미찌
첫눈	**初雪**(はつゆき) 하쯔유끼
첫사랑	**初恋**(はつこい) 하쯔코이
첫째	**一番**(いちばん) 이찌방
청각	**聴覚**(ちょうかく) 초-까꾸
청결	**清潔**(せいけつ) 세-께쯔
청구	**請求**(せいきゅう) 세-뀨-
청년	**青年**(せいねん) 세-넹
청력	**聴力**(ちょうりょく) 초-료꾸
청문회	**聴聞会**(ちょうもんかい) 초-몽까이

청부	請負(うけおい) 우께오이
청소	掃除(そうじ) 소-지　清掃(せいそう) 세-소-
청소년	青少年(せいしょうねん) 세-쇼-넹
청중	聴衆(ちょうしゅう) 초-슈-
청초한	清楚(せいそ)な 세-소나 清楚な少女だから持てる。 청초한 소녀니까 인기가 있다.
청춘	青春(せいしゅん) 세-슝
청취	聴取(ちょうしゅ) 초-슈
	聞(き)き取(と)り 키끼또리
체격	体格(たいかく) 타이까꾸
체결	締結(ていけつ) 테-께쯔
체계	体系(たいけい) 타이께-
체념	思(おも)い切(き)り 오모이끼리
체력	体力(たいりょく) 타이료꾸
체면	体面(たいめん) 타이멩　面子(めんつ) 멘쯔
체온	体温(たいおん) 타이옹
체육	体育(たいいく) 타이이꾸
체재	滞在(たいざい) 타이자이
체제	体制(たいせい) 타이세-

ㄱ
ㄴ
ㄷ
ㄹ
ㅁ
ㅂ
ㅅ
ㅇ
ㅈ
ㅊ
ㅋ
ㅌ
ㅍ
ㅎ

체조	**体操**(たいそう) 타이소-
체중	**体重**(たいじゅう) 타이쥬- 体重を量るのが怖い。 체중을 재는 것이 두렵다.
체질	**体質**(たいしつ) 타이시쯔
체포	**逮捕**(たいほ) 타이호
체험	**体験**(たいけん) 타이껭
체형	**体型**(たいけい) 타이께-
초(양초)	**蝋燭**(ろうそく) 로-소꾸
초(식초)	**酢**(す) 스
초	**秒**(びょう) 뵤-
초과	**超過**(ちょうか) 초-까
초급	**初級**(しょきゅう) 쇼뀨-
초기	**初期**(しょき) 쇼끼
초능력	**超能力**(ちょうのうりょく) 초-노-료꾸
초대	**招待**(しょうたい) 쇼-따이
초등학교	**小学校**(しょうがっこう) 쇼-각꼬-
초등학생	**小学生**(しょうがくせい) 쇼-가꾸세-
초라하다	**見窄**(みすぼ)**らしい** 미스보라시-
초면	**初対面**(しょたいめん) 쇼따이멩

초보	初歩(しょほ)	쇼호
초보자	素人(しろうと)	시로우또
	初心者(しょしんしゃ)	쇼신샤
초본	抄本(しょうほん)	쇼-홍
초상	肖像(しょうぞう)	쇼-조-
초순	初旬(しょじゅん)	쇼즁
초승달	三日月(みかづき)	미까즈끼
초안	草案(そうあん)	소-앙
	下書(したが)き	시따가끼
초원	草原(そうげん)	소-겡
초월	超越(ちょうえつ)	쵸-에쯔
초음파	超音波(ちょうおんぱ)	쵸-옴빠
초인	超人(ちょうじん)	쵸-징
초점	焦点(しょうてん)	쇼-뗑
초조해하다	焦(あせ)る	
	焦らないで,もう少し待っていなさい。	
	초조해하지 말고 좀더 기다려봐라.	
초콜릿	チョコレート (chocolate)	초꼬레-또
촉각	触覚(しょっかく)	속까꾸
촉진	促進(そくしん)	소꾸싱

일본어 단어 | 733

ㄱ ㄴ ㄷ ㄹ ㅁ ㅂ ㅅ ㅇ ㅈ ㅊ ㅋ ㅌ ㅍ ㅎ

촌스러운	野暮(やぼ)な 야보나
총	鉄砲(てっぽう) 텝뽀- 銃(じゅう) 쥬-
총계	総計(そうけい) 소-께-
총명한	聡明(そうめい)な 소-메-나
총알	弾(たま) 타마
총액	総額(そうがく) 소-가꾸
촬영	撮影(さつえい) 사쯔에-
최고	最高(さいこう) 사이꼬-
최근	最近(さいきん) 사이낑
최대	最大(さいだい) 사이다이
최면술	催眠術(さいみんじゅつ) 사이민쥬쯔
최선	最善(さいぜん) 사이젱 最善を尽くせば後悔が残らない。 최선을 다하면 후회가 남지 않는다.
최소	最小(さいしょう) 사이쇼-
최소한	せめて 세메떼 最小限(さいしょうげん) 사이쇼-겡
최신	最新(さいしん) 사이싱
최악	最悪(さいあく) 사이아꾸
최종	最終(さいしゅう) 사이슈-

최초	最初(さいしょ) 사이쇼
최후	最後(さいご) 사이고
추가	追加(ついか) 쯔이까
추격	追撃(ついげき) 쯔이게끼
추구	追求(ついきゅう) 쯔이뀨—
추돌	追突(ついとつ) 쯔이또쯔
추락	墜落(ついらく) 쯔이라꾸
추리	推理(すいり) 스이리 少年は推理小説が好きだった。 소년은 추리소설을 좋아했다.
추방	追放(ついほう) 쯔이호—
추분	秋分(しゅうぶん) 슈—붕
추상	抽象(ちゅうしょう) 추—쇼—
추억	思(おも)い出(で) 오모이데
추워지다	冷(ひ)え込(こ)む 히에꼬무
추월	追(お)い越(こ)し 오이꼬시
추위	寒(さむ)さ 사무사
추이	推移(すいい) 스이이
추적	追跡(ついせき) 쯔이세끼
추정	推定(すいてい) 스이떼—

추진	**推進(すいしん)** 스이싱
추천(하다)	**推薦(すいせん)** 스이셍
	薦(すす)める 스스메루
추첨	**抽選(ちゅうせん)** 추―셍
추측	**推測(すいそく)** 스이소꾸
축구	**サッカー (soccer)** 삭까―
축복	**祝福(しゅくふく)** 슈꾸후꾸
축소	**縮小(しゅくしょう)** 슈꾸쇼―
축적	**蓄積(ちくせき)** 치꾸세끼
축제	**祭(まつ)り** 마쯔리
축하(하다)	**お祝(いわ)い** 오이와이 **祝(いわ)う** 이와우
춘분	**春分(しゅんぶん)** 슘붕
출구	**出口(でぐち)** 데구찌 しぶやえき　さんばん　　　あ 渋谷駅の３番出口で会いましょう。 시부야역 3번출구에서 만납시다.
출국	**出国(しゅっこく)** 슉꼬꾸
출근	**出勤(しゅっきん)** 슉낑
출력	**出力(しゅつりょく)** 슈쯔료꾸
출발(하다)	**出発(しゅっぱつ)** 슙빠쯔 **発(た)つ** 타쯔
출산	**出産(しゅっさん)** 슛상

출생	出生(しゅっせい) 슛세-
출석	出席(しゅっせき) 슛세끼
출세	出世(しゅっせ) 슛세
출신	出身(しゅっしん) 슛싱
출연	出演(しゅつえん) 슈쯔엥
출입	出入(でい)り 데이리　立入(たちい)り 타치이리 この部屋(へや)は立入禁止(たちいりきんし)です。 이 방은 출입금지입니다.
출장	出張(しゅっちょう) 슛쬬-
출중하다	抜(ぬき)ん出(で)る 누낀데루
출처	出(で)どころ 데도꼬로
출판	出版(しゅっぱん) 슙빵
출하	出荷(しゅっか) 슉카
출현	出現(しゅつげん) 슈쯔겡
출혈	出血(しゅっけつ) 슉께쯔
춤(추다)	踊(おど)り 오도리　踊(おど)る 오도루
춥다	寒(さむ)い 사무이
충격	衝撃(しょうげき) 쇼-게끼
충고	忠告(ちゅうこく) 추-꼬꾸
충돌	衝突(しょうとつ) 쇼-또쯔

ㄱ
ㄴ
ㄷ
ㄹ
ㅁ
ㅂ
ㅅ
ㅇ
ㅈ
ㅊ
ㅋ
ㅌ
ㅍ
ㅎ

충동	**衝動**(しょうどう) 쇼-도-
충분한	**十分**(じゅうぶん)**な** 쥬-분나
충실	**充実**(じゅうじつ) 쥬-지쯔
충전	**充電**(じゅうでん) 쥬-뎅
충치	**虫歯**(むしば) 무시바
취급	**扱**(あつか)**い** 아쯔까이
	取(と)**り扱**(あつか)**い** 토리아쯔까이
취급하다	**扱**(あつか)**う** 아쯔까우
취기	**酔**(よ)**い** 요이
취득	**取得**(しゅとく) 슈또꾸
취미	**趣味**(しゅみ) 슈미
취소하다	**取**(と)**り消**(け)**す** 토리께스 ホテルの予約(よやく)を取り消します。 호텔 예약은 취소하겠습니다.
취임	**就任**(しゅうにん) 슈-닝
취재	**取材**(しゅざい) 슈자이
취지	**旨**(むね) 무네　**趣**(おもむき) 오모무끼
취직	**就職**(しゅうしょく) 슈-쇼꾸
측량	**測量**(そくりょう) 소꾸료-
치과의사	**歯医者**(はいしゃ) 하이샤

치다	打(う)つ 우쯔　叩(たた)く 타따꾸	
치료	治療(ちりょう) 치료-　手当(てあ)て 테아떼	
치명적	致命的(ちめいてき) 치메-떼끼	
치밀한	緻密(ちみつ)な 치미쯔나	
	まず、緻密(ちみつ)な計画(けいかく)が必要(ひつよう)です。	
	우선 치밀한 계획이 필요합니다.	
치석	歯石(しせき) 시세끼	
치수	寸法(すんぽう) 슴뽀-	
치안	治安(ちあん) 치앙	
치약	歯(は)みがき粉(こ) 하미가끼꼬	
치욕	恥辱(ちじょく) 치죠꾸	
치우다	退(ど)ける 도께루	
치우치다	偏(かたよ)る 카따요루	
치즈	チーズ (cheese) 치-즈	
치질	痔(じ) 지	
치통	歯痛(しつう) 시쯔-	
친구	友達(ともだち) 토모다찌	
	友人(ゆうじん) 유-징	
친권	親権(しんけん) 싱껭	
친근감	親近感(しんきんかん) 싱낑깡	

ㄱ
ㄴ
ㄷ
ㄹ
ㅁ
ㅂ
ㅅ
ㅇ
ㅈ
ㅊ
ㅋ
ㅌ
ㅍ
ㅎ

친목	親睦(しんぼく) 심보꾸
친밀한	親密(しんみつ)な 심미쯔나
친숙함	親(した)しみ 시따시미
친절	親切(しんせつ) 신세쯔
친정	実家(じっか) 직까
친척	親戚(しんせき) 신세끼
친하다	親(した)しい 시따시-
칠석	七夕(たなばた) 타나바따
칠월	七月(しちがつ) 시찌가쯔
칠판	黒板(こくばん) 코꾸방
칠하다	塗(ぬ)る 누루　彩(いろど)る 이로도루
침	よだれ 요다레　唾(つば) 쯔바
침대	寝台(しんだい) 신다이
침략	侵略(しんりゃく) 신랴꾸
침몰	沈没(ちんぼつ) 침보쯔
침묵	沈黙(ちんもく) 침모꾸
침수	浸水(しんすい) 신스이
침실	寝室(しんしつ) 신시쯔
침입	侵入(しんにゅう) 신뉴-

침착성	落(お)ち着(つ)き 오찌쯔끼
	落ち着きを失うと、だめになる。 침착성을 잃으면 잘못된다.
침착한	沈着(ちんちゃく)な 친쨔꾸나
침체	沈滞(ちんたい) 친따이
침투	浸透(しんとう) 신또-
침해	侵害(しんがい) 싱가이
칫솔	歯(は)ブラシ 하브라시
칭찬하다	褒(ほ)める 호메루　称(たた)える 타따에루

카네이션	**カーネーション** (carnation) 카-네-숑
카드	**カード** (card) 카-도
카레	**カレー** (curry) 카레-
카리스마	**カリスマ** (charisma) 카리스마
카메라	**カメラ** (camera) 카메라
카세트	**カセット** (cassette) 카셋또
카운슬러	**カウンセラー** (counselor) 카운세라-
카운터	**カウンター** (counter) 카운따-
카탈로그	**カタログ** (catalog) 카따로구
카페	**カフェ** (cafe) 카훼
카페인	**カフェイン** (caffeine) 카훼잉
칵테일	**カクテル** (cocktail) 카꾸떼루
칼	**刀**(かたな) 카따나 **太刀**(たち) 타찌 刀折れ矢尽きる。 칼 부러지고 화살은 떨어지고(재기불능이 되다)(속담)
칼럼	**コラム** (column) 코라무
칼로리	**カロリー** (calorie) 카로리-

칼슘	**カルシウム** (calcium) 카루시우무
칼집	**鞘**(さや) 사야
캐나다	**カナダ** (Canada) 카나다
캐릭터	**キャラクター** (character) 캬라꾸따ー
캐주얼	**カジュアル** (casual) 카쥬아루
캔	**缶**(かん) 깡
캔디	**キャンデー** (candy) 캰데ー
캔슬	**キャンセル** (cancel) 캰세루
캘린더	**カレンダー** (calendar) 카렌다ー
캠페인	**キャンペーン** (campaign) 캼뻰ー
캠프	**キャンプ** (camp) 캼뿌
캡슐	**カプセル** (capsule) 카뿌세루 カプセルの薬は飲みやすい。 캡슐 약은 먹기 편하다.
캡틴	**キャプテン** (captain) 캬뿌뗑
커미션	**コミッション** (commission) 코밋숑
커버	**カバー** (cover) 카바ー
커브	**カーブ** (curve) 카ー부
커트	**カット** (cut) 캇또
커튼	**カーテン** (curtain) 카ー뗑

커플	カップル (couple) 캅뿌루
커피	コーヒー (coffee) 코-히-
컨디션(건강)	体調(たいちょう) 타이쬬-
컨셉트	コンセプト (concept) 콘세뿌또
컨트롤	コントロール (control) 콘또로-루
컬러	カラー (color) 카라-
컴퓨터	コンピューター(computer) 콤쀼-따-
컵	コップ (네 kop) 콥뿌 カップ (cup) 캅뿌
케이블	ケーブル (cable) 케-부루
케이크	ケーキ (cake) 케-끼
케첩	ケチャップ (catchup) 케짭뿌
켜다	点(つ)ける 쯔께루 灯(とも)す 토모스 居間の電灯をつけた。 거실 전등을 켰다.
코	鼻(はな) 하나
코골기	いびき 이비끼
코끼리	象(ぞう) 조-
코멘트	コメント (comment) 코멘또
코미디	コメディ (comedy) 코메디
코뿔소	さい 사이

코스	コース (course) 코-스
	道順(みちじゅん) 미찌즁
코스모스	コスモス (cosmos) 코스모스
코인	コイン (coin) 코잉
코치	コーチ (coach) 코-찌
코트	コート (coat) 코-또
콘서트	コンサート (concert) 콘사-또
콘센트	コンセント (concentric plug) 콘센또
콘크리트	コンクリート (concrete) 콩꾸리-또
콘테스트	コンテスト (contest) 콘떼스또
콜라	コーラ (coke) 코-라
콜레스테롤	コレステロール (cholesterol) 코레스떼로-루
콤팩트	コンパクト (compact) 콤빠꾸또
콤플렉스	コンプレックス (complex) 콤뿌렉꾸스 背が低いことがコンプレックスです。 키가 작은 것이 컴플렉스입니다.
콩	豆(まめ) 마메　大豆(だいず) 다이즈
콩나물	もやし 모야시
콩팥	腎臓(じんぞう) 진조-
쾌감	快感(かいかん) 카이깡

쾌속	**快速**(かいそく) 카이소꾸
쾌적	**快適**(かいてき) 카이떼끼
쾌활한	**快活**(かいかつ)**な** 가이까쯔나
크기	**大**(おお)**きさ** 오–끼사
크다	**大**(おお)**きい** 오–끼–
크레인	**クレーン** (crane) 쿠렌–
크리스마스	**クリスマス** (Christmas) 쿠리스마스
클라이맥스	**クライマックス** (climax) 쿠라이막꾸스
클래식	**クラシック** (classic) 쿠라식꾸
클럽	**クラブ** (club) 쿠라부
클리닉	**クリニック** (clinic) 쿠리닉꾸
클릭	**クリック** (click) 쿠릭꾸
키	**背**(せ) 세 背(せ)が高(たか)い男性(だんせい)が好(す)きです。 키가 큰 남자를 좋아합니다.
키보드	**キーボード** (keyboard) 키–보–도–
키스	**キス** (kiss) 키스
키우다	**育**(そだ)**てる** 소다떼루
킬로그램	**キログラム** (kilogram) 키로구라무
킬로미터	**キロメートル** (kilometer) 키로메–또루

ㅌ

타겟	ターゲット (target) 타-겟또
타격	打撃(だげき) 다게끼 敵(てき)に打撃(だげき)を与(あた)えた。 적에게 타격을 주었다.
타결	妥結(だけつ) 다께쯔
타는곳	乗(の)り場(ば) 노리바
타다(불)	焼(や)ける 야께루 焦(こ)げる 코게루
타다(승차)	乗(の)る 노루
타당	妥当(だとう) 다또-
타도	打倒(だとう) 다또-
타락	堕落(だらく) 다라꾸
타박상	打撲傷(だぼくしょう) 다보꾸쇼-
타산적	打算的(ださんてき) 다산떼끼
타액	唾液(だえき) 다에끼
타올	タオル (towel) 타오루
타워	タワー (tower) 타와-
타원	楕円(だえん) 다엥

타의	**他意**(たい) 타이
타이머	**タイマー (timer)** 타이마ー
타이밍	**タイミング (timing)** 타이밍구
타이어	**タイヤ (tire)** 타이야
타이틀	**タイトル (title)** 타이또루
타인	**他人**(たにん) 타닝
타일	**タイル (tile)** 타이루
타임	**タイム (time)** 타이무
타입	**タイプ (type)** 타이뿌
타협	**妥協**(だきょう) 다꾜ー
탁구	**卓球**(たっきゅう) 탁뀨ー ふくはらあい 福原愛は卓球のスターです。 후쿠하라 아이는 탁구 스타입니다.
탁월	**卓越**(たくえつ) 타꾸에쯔
탄광	**炭鉱**(たんこう) 탕꼬ー
탄력	**弾力**(だんりょく) 단료꾸
탄산	**炭酸**(たんさん) 탄상
탄소	**炭素**(たんそ) 탄소
탄식(하다)	**嘆**(なげ)**き** 나게끼　**嘆**(なげ)**く** 나게꾸
탄압	**弾圧**(だんあつ) 당아쯔

탄환	**弾丸(だんがん)** 당강
탈것	**乗(の)り物(もの)** 노리모노
탈락	**脱落(だつらく)** 다쯔라꾸
탈모	**脱毛(だつもう)** 다쯔모-
탈선	**脱線(だっせん)** 닷셍 せいしょうねん の脱線は社会的な問題です。 청소년의 탈선은 사회적 문제입니다.
탈세	**脱税(だつぜい)** 다쯔제-
탈수	**脱水(だっすい)** 닷스이
탈출	**脱出(だっしゅつ)** 닷슈쯔
탈퇴	**脱退(だったい)** 닷따이
탐구	**探求(たんきゅう)** 탕뀨-
탐나다	**欲(ほ)しい** 호시-
탐내다	**貪(むさぼ)る** 무사보루
탐욕	**貪欲(どんよく)** 동요꾸
탐험	**探検(たんけん)** 탕껭
탑	**塔(とう)** 토-
탑승	**搭乗(とうじょう)** 토-죠-
탓	**せい** 세- あなたのせいではない。 네탓은 아니다.

ㄱ ㄴ ㄷ ㄹ ㅁ ㅂ ㅅ ㅇ ㅈ ㅊ ㅋ ㅌ ㅍ ㅎ

태도	態度(たいど) 타이도
태만	怠慢(たいまん) 타이만
태양	太陽(たいよう) 타이요-
태어나다	生(う)まれる 우마레루
태연한	平気(へいき)な 헤-끼나
태우다(승차)	乗(の)せる 노세루
태우다(연소)	焼(や)く 야꾸　燃(も)やす 모야스
태평양	太平洋(たいへいよう) 타이헤-요-
태평한	暢気(のんき)な 농끼나
태풍	台風(たいふう) 타이후-
택배	宅配(たくはい) 타꾸하이
택시	タクシー (taxi) 타꾸시-
탤런트	タレント (talent) 타렌또
탬버린	タンバリン (tambourine) 탐바링
탱크	タンク (tank) 탕꾸
터널	トンネル (tunnel) 톤네루
터득하다	心得(こころえ)る 코꼬로에루
터무니없다	とんでもない 톤데모나이 とんでもない計画(けいかく)です。 터무니없는 계획입니다.

터미널	**ターミナル** (terminal) 타ー미나루	
터부	**タブー** (taboo) 타부ー	
터지다	**弾(はじ)ける** 하지께루	
터치	**タッチ** (touch) 탓찌	
터프	**タフ** (tough) 타후	
턱	**顎(あご)** 아고	
털	**毛(け)** 케	
테니스	**テニス** (tennis) 테니스	
테니스라켓	**テニスラケット** 테니스라켓토	
테두리	**枠(わく)** 와꾸	
테러	**テロ** (terrorism) 테로	
테마	**テーマ** (theme) 테마	
테스트	**テスト** (test) 테스또	
테이블	**テーブル** (table) 테ー부루	
테이크아웃	**テイクアウト** (takeout) 테이꾸아우또	
테이프	**テープ** (tape) 테ー뿌	
테크닉	**テクニック** (technique) 테꾸닉꾸	
텔레비전	**テレビ** (television) 테레비	
텔레파시	**テレパシー** (telepathy) 테레빠시ー	

ㄱ
ㄴ
ㄷ
ㄹ
ㅁ
ㅂ
ㅅ
ㅇ
ㅈ
ㅊ
ㅋ
ㅌ
ㅍ
ㅎ

템포	**テンポ** (tempo) 템뽀
토끼	**兎**(うさぎ) 우사기
토너먼트	**トーナメント** (tournament) 토–나멘또
토대	**土台**(どだい) 도다이
토라지다	**拗**(す)**ねる** 스네루 彼女は、すねてばかりいる。 그녀는 늘 토라져 있다.
토론	**討論**(とうろん) 토–롱
토마토	**トマト** (tomato) 토마또
토요일	**土曜日**(どようび) 도요–비
토지	**土地**(とち) 토찌
토탈	**トータル** (total) 토따루
토하다	**吐**(は)**く** 하꾸
톤	**トン** (ton) 통
톱	**鋸**(のこぎり) 노꼬기리
톱니모양	**ぎざぎざ** 기자기자 切手にはぎざぎざがある。 우표엔 톱니 모양이 있다.
톱니바퀴	**歯車**(はぐるま) 하구루마
통	**筒**(つつ) 쯔쯔
통계	**統計**(とうけい) 토–께–

통고	**通告**(つうこく) 쯔-꼬꾸	
통과(하다)	**通過**(つうか) 쯔-까	**通**(とお)**る** 토-루
통나무	**丸太**(まるた) 마루따	
통념	**通念**(つうねん) 쯔-넹	
통렬	**痛烈**(つうれつ) 쯔-레쯔	
	痛烈な自己反省が必要です。 통렬한 자기반성이 필요합니다.	
통로	**通路**(つうろ) 쯔-로	
통상	**通常**(つうじょう) 쯔-죠-	
통솔	**統率**(とうそつ) 토-소쯔	
통신	**通信**(つうしん) 쯔-싱	
통역	**通訳**(つうやく) 쯔-야꾸	
통일	**統一**(とういつ) 토-이쯔	
통장	**通帳**(つうちょう) 쯔-쬬-	
통제	**統制**(とうせい) 토-세-	
통조림	**缶詰**(かんづめ) 칸즈메	
통증	**痛**(いた)**み** 이따미	
통지	**通知**(つうち) 쯔-찌	
통찰력	**洞察力**(どうさつりょく) 도-사쯔료꾸	
통치	**統治**(とうち) 토-찌	

ㄱ ㄴ ㄷ ㄹ ㅁ ㅂ ㅅ ㅇ ㅈ ㅊ ㅋ **ㅌ** ㅍ ㅎ

통하다	通(つう)じる 쯔-지루
통합	統合(とうごう) 토-고-
통행	通行(つうこう) 쯔-꼬-
통화	通話(つうわ) 쯔-와
퇴각	退却(たいきゃく) 타이꺄꾸
퇴색하다	褪(あ)せる 아세루
퇴원	退院(たいいん) 타이잉
퇴장	退場(たいじょう) 타이죠-
퇴직	退職(たいしょく) 타이쇼꾸
퇴치	退治(たいじ) 타이지
퇴학	退学(たいがく) 타이가꾸
투고	投稿(とうこう) 토-꼬-
투명	透明(とうめい) 토-메-
투어	ツアー (tour) 쯔아-
투자	投資(とうし) 토-시
투쟁	闘争(とうそう) 토-소-
투지	闘志(とうし) 토-시
투표	投票(とうひょう) 토-효-
튀기다(기름)	揚(あ)げる 아게루

튀기다(탄력)	弾(はじ)く 하지꾸 服(ふく)の上(うえ)をはっていた蟻(あり)をはじいた。 옷위를 기어다니는 개미를 튕겨냈다.
튀김	天麩羅(てんぷら) 템뿌라
튀다	撥(は)ねる 하네루　弾(はず)む 하즈무
튜브	チューブ (tube) 추-부
튤립	チューリップ (tulip) 추-립뿌
트러블	トラブル (trouble) 토라부루
트럭	トラック (truck) 토락꾸
트리오	トリオ (trio) 토리오
트릭	トリック (trick) 토릭꾸
트림	げっぷ 겝뿌
트윈	ツイン (twin) 쯔잉
특가	特価(とっか) 톡까
특권	特権(とっけん) 톡껭 特権階級(かいきゅう)は認(みと)められません。 특권계급은 인정되지 않습니다.
특급	特急(とっきゅう) 톡뀨-
특기	特技(とくぎ) 토꾸기
특별	特別(とくべつ) 토꾸베쯔
특색	特色(とくしょく) 토꾸쇼꾸

ㄱ ㄴ ㄷ ㄹ ㅁ ㅂ ㅅ ㅇ ㅈ ㅊ ㅋ ㅌ ㅍ ㅎ

특이	**特異**(とくい) 토꾸이
특정	**特定**(とくてい) 토꾸떼–
특집	**特集**(とくしゅう) 토꾸슈–
특징	**特徴**(とくちょう) 토꾸쬬–
특히	**特**(とく)**に** 토꾸니
튼튼한	**健**(すこ)**やかな** 스꼬야까나
	頑丈(がんじょう)**な** 칸죠–나
틀	**枠**(わく) 와꾸
틀니	**入**(い)**れ歯**(ば) 이레바
틀리다	**誤**(あやま)**る** 아야마루
틀림	**間違**(まちが)**い** 마찌가이
틀림없다	**違**(ちが)**いない** 치가이나이
틀어박히다	**閉**(と)**じ籠**(こ)**もる** 토지꼬모루
틈	**隙**(すき) 스끼　**隙間**(すきま) 스끼마
티끌	**塵**(ちり) 치리 ちりも積もれば山となる。 티끌 모아 태산이다.(속담)
티켓	**チケット** (ticket) 치껫또
팀	**チーム** (team) 치–무

ㅍ

파	葱(ねぎ) 네기
파견	派遣(はけん) 하껭
파괴	破壊(はかい) 하까이
파국	破局(はきょく) 하꾜꾸
파기	破棄(はき) 하끼
파내다	掘(ほ)り出(だ)す 호리다스
파노라마	パノラマ (panorama) 파노라마
파다	掘(ほ)る 호루
파도	波(なみ) 나미
파랗다	青(あお)い 아오이
파렴치	破廉恥(はれんち) 하렌찌
파리	蝿(はえ) 하에
파마	パーマ (permanent wave) 파-마
파면	罷免(ひめん) 히멩
파멸	破滅(はめつ) 하메쯔
파문	波紋(はもん) 하몽

	その行為が波紋を投げかけた。 그 행위가 파문을 던졌다.
파벌	派閥(はばつ) 하바쯔
파산	破産(はさん) 하상
파손	破損(はそん) 하송
파악	把握(はあく) 하아꾸
파업	ストライキ (strike) 스또라이끼
파열	破裂(はれつ) 하레쯔
파울	ファウル (foul) 화우루
파이프	パイプ (pipe) 파이쁘
파인애플	パイナップル (pineapple) 파이납뿌루
파일	ファイル (file) 화이루
파일럿	パイロット (pilot) 파이롯또
파자마	パジャマ (pajamas) 파쟈마
파출소	交番(こうばん) 코－방
파트너	パートナー (partner) 파－또나－
파트타임	パートタイム (part-time) 파－또따이무
판가름하다	裁(さば)く 사바꾸
판결	判決(はんけつ) 항께쯔

	判事が判決を下した。 판사가 판결을 내렸다.
판단	判断(はんだん) 한당
판매	販売(はんばい) 함바이
판명	判明(はんめい) 함메—
판사	判事(はんじ) 한지
판정	判定(はんてい) 한떼—
팔	腕(うで) 우데
팔꿈치	肘(ひじ) 히지
팔다	売(う)る 우루
팔리다	売(う)れる 우레루
팔월	八月(はちがつ) 하찌가쯔
팔찌	腕輪(うでわ) 우데와
팝송	ポップス (pops) 폽뿌스
팥	小豆(あずき) 아즈끼
패권	覇権(はけん) 하껭
패닉	パニック (panic) 파닉꾸
패배	敗北(はいぼく) 하이보꾸 負(ま)け 마께 敗北は大きな屈辱だ。 패배는 커다란 굴욕이다.

ㄱ ㄴ ㄷ ㄹ ㅁ ㅂ ㅅ ㅇ ㅈ ㅊ ㅋ ㅌ ㅍ ㅎ

패션	ファッション (fashion) 홧숑
패스워드	パスワード (password) 파스와ー도
패스트푸드	ファーストフード (fast food) 화ー스또후ー도
패하다	敗(やぶ)れる 야부레루
팬	ファン (fan) 환
팬티	パンティー (panties) 판띠ー
팸플릿	パンフレット (pamphlet) 팜후렛또
팽개치다	なげうつ 나게우쯔
팽이	独楽(こま) 코마
팽창	膨張(ぼうちょう) 보ー쬬ー
퍼센트	パーセント (percent) 파ー센또
퍼즐	パズル (puzzle) 파즈루
퍼지다	広(ひろ)がる 히로가루
펀치	パンチ (punch) 판찌
펄럭이다	はためく 하따메꾸
펌프	ポンプ (pump) 폼뿌
펑크	パンク (puncture) 팡꾸
페널티	ペナルティー (penalty) 페나루띠ー 遅刻者(ちこくしゃ)にはペナルティーがあります。 지각자에겐 페널티가 있습니다.

페어	フェア (fair) 훼아
페어	ペア (pair) 페아
페이지	ページ (page) 페-지
페인트	ペンキ (네 pek) 펭끼　ペイント (paint) 페인또
페트	ペット (pet) 뻿또
펜	ペン (pen) 펜
펜던트	ペンダント (pendant) 펜단또
펴다	伸(の)ばす 노바스
편	便(びん) 빙
편견	偏見(へんけん) 헹껭 偏見をいだいている人が多い。 편견을 가진 사람이 많다.
편도	片道(かたみち) 카따미찌
편도선	扁桃腺(へんとうせん) 헨또-셍
편두통	偏頭痛(へんずつう) 헨즈쯔-
편들다	味方(みかた)に なる 미카따니 나루
편리	便利(べんり) 벤리
편성	編成(へんせい) 헨세-
편안한	安(やす)らかな 야스라까나
편의	便宜(べんぎ) 벵기

편의점	コンビニ (convenience store) 콤비니
편지	手紙(てがみ) 테가미
편집	編集(へんしゅう) 헨슈-
편한	楽(らく)な 라꾸나
편히	楽々(らくらく) 라꾸라꾸
펼치다	広(ひろ)げる 히로게루
평(넓이)	坪(つぼ) 쯔보
평가	評価(ひょうか) 효-까
평균	平均(へいきん) 헤-낑
평등	平等(びょうどう) 뵤-도-
평면	平面(へいめん) 헤-멩
평방	平方(へいほう) 헤-호-
평방미터	平方(へいほう)メートル (square meter) 헤-호- 메-또루
평범한	平凡(へいぼん)な 헤-본나 平凡な意見(いけん)に過(す)ぎない。 평범한 의견에 불과하다.
평생	一生(いっしょう) 잇쇼-
평소	普段(ふだん) 후당
평야	平野(へいや) 헤-야
평일	平日(へいじつ) 헤-지쯔

평정	平静(へいせい)	헤-세-
평판	評判(ひょうばん)	효-방
평평하다	平(たい)らだ	타이라다
평행	平行(へいこう)	헤-꼬-
평화	平和(へいわ)	헤-와
폐(피해)	迷惑(めいわく)	메-와꾸
폐(허파)	肺(はい)	하이
폐기물	廃棄物(はいきぶつ)	하이끼부쯔
폐렴	肺炎(はいえん)	하이엥
폐쇄	閉鎖(へいさ)	헤-사
폐지	廃止(はいし)	하이시
폐해	弊害(へいがい)	헤-가이
폐허	廃虚(はいきょ)	하이꾜
포개다	重(かさ)ねる	카사네루
포괄	包括(ほうかつ)	호-까쯔
포근하다	ふんわりしている	훙와리 시떼이루
포기	放棄(ほうき)	호-끼
포도	葡萄(ぶどう)	부도-
포로	虜(とりこ) 토리꼬 捕虜(ほりょ) 호료	

ㄱ ㄴ ㄷ ㄹ ㅁ ㅂ ㅅ ㅇ ㅈ ㅊ ㅋ ㅌ ㅍ ㅎ

포르노	**ポルノ** (pornography) 포루노
포부	**抱負**(ほうふ) 호-후
포상	**褒美**(ほうび) 호-비
	あなたにはご褒美をあげます。 당신에겐 포상을 드리겠습니다.
포옹	**抱擁**(ほうよう) 호-요-
포유류	**哺乳類**(ほにゅうるい) 호뉴-루이
포인트	**ポイント** (point) 포인또
포장	**包装**(ほうそう) 호-소-
포장도로	**舗道**(ほどう) 호도-
포장마차	**屋台**(やたい) 야따이
포즈	**ポーズ** (pose) 포-즈
포켓	**ポケット** (pocket) 포켓또
포크	**フォーク** (fork) 훠-꾸
포함하다	**含**(ふく)**む** 후꾸무
포화	**飽和**(ほうわ) 호-와
폭	**幅**(はば) 하바
폭격	**爆撃**(ばくげき) 바꾸게끼
폭넓다	**幅広**(はばひろ)**い** 하바히로이
폭동	**暴動**(ぼうどう) 보-도-

폭락	暴落(ぼうらく) 보-라꾸
폭력	暴力(ぼうりょく) 보-료꾸 暴力を振うのはいけません。 폭력을 휘두르는 것은 안됩니다.
폭로	暴露(ばくろ) 바꾸로
폭발	爆発(ばくはつ) 바꾸하쯔
폭언	暴言(ぼうげん) 보-겡
폭주	暴走(ぼうそう) 보-소-
폭탄	爆弾(ばくだん) 바꾸당
폭파	爆破(ばくは) 바꾸하
폭포	滝(たき) 타끼
폭풍	嵐(あらし) 아라시 暴風(ぼうふう) 보-후-
폭행	暴行(ぼうこう) 보-꼬-
표(도안)	表(ひょう) 효-
표(선거)	票(ひょう) 효-
표(티켓)	切符(きっぷ) 킵뿌 券(けん) 켕
표(표시)	印(しるし) 시루시
표결	票決(ひょうけつ) 효-께쯔 予算案は票決された。 예산안은 표결처리되었다.
표류	漂流(ひょうりゅう) 효-류-

표면	表面(ひょうめん) 효-멩 うわべ 우와베
표명	表明(ひょうめい) 효-메-
표본	標本(ひょうほん) 효-홍
표시	表示(ひょうじ) 효-지
표적	的(まと) 마또 標的(ひょうてき) 효-떼끼
표절	剽窃(ひょうせつ) 효-세쯔
표정	表情(ひょうじょう) 효-죠
표준	標準(ひょうじゅん) 효-쥰
표지	表紙(ひょうし) 효-시
표창	表彰(ひょうしょう) 효-쇼-
표현	表現(ひょうげん) 효-겡
푸다	汲(く)む 쿠무
푸르다	青(あお)い 아오이
풀	草(くさ) 쿠사
풀(접착)	糊(のり) 노리
풀다(감정해소)	晴(は)らす 하라스 彼は鬱憤を晴らした。 그는 울분을 풀었다
풀다(문제)	解(と)く 토꾸
풀다(엉킨것)	解(ほぐ)す 호구스 解(ほど)く 호도꾸

풀리다	綻(ほころ)びる	호꼬로비루
풀리다	解(と)ける	토께루(문제, 속박)
	解(ほぐ)れる	호구레루(엉킨 것)
품	懐(ふところ)	후또꼬로
품다	抱(いだ)く	이다꾸
품목	品目(ひんもく)	힘모꾸
품위	品位(ひんい)	힝이
품질	質(しつ) 시쯔 品質(ひんしつ)	힌시쯔
풍경	風景(ふうけい)	후-께-
풍류	風流(ふうりゅう)	후-류-
풍부한	豊(ゆた)かな	유따까나
	豊富(ほうふ)な	호-후나
풍선	風船(ふうせん)	후-셍
풍속	風俗(ふうぞく)	후-조꾸
풍습	習(なら)わし	나라와시
	風習(ふうしゅう)	후-슈-
풍자	風刺(ふうし)	후-시
풍차	風車(かざぐるま)	카자구루마,
	風車(ふうしゃ)	후-샤

풍채	風采(ふうさい) 후-사이
풍토	風土(ふうど) 후-도
프라이드	プライド (pride) 프라이도
프라이버시	プライバシー (privacy) 프라이바시-
프라이팬	フライパン (frying pan) 후라이빵
프랑스	フランス (France) 후란스
프런트	フロント (front desk) 후론또
프레젠트	プレゼント (present) 푸레젠또
프로	プロ (pro) 푸로
프로그램	プログラム (program) 푸로구라무
프로젝트	プロジェクト (project) 푸로제꾸또
프로포즈	プロポーズ (propose) 푸로뽀-즈 彼女はプロポーズされて喜んでいた。 그녀는 프로포즈를 받고 기뻐했다.
프로필	プロフィール (profile) 푸로휘-루
프리랜서	フリーランサー (freelancer) 후리-란사-
프린터	プリンター (printer) 푸린따-
플라스틱	プラスチック (plastic) 푸라스찍꾸
플래시	フラッシュ (flashlight) 후랏슈
플래카드	プラカード (placard) 푸라까-도

플랫폼	**プラットホーム** (platform) 푸랏또호-무
플러스	**プラス** (plus) 푸라스
피	**血(ち)** 치
피고	**被告(ひこく)** 히꼬꾸
피난	**避難(ひなん)** 히난
피다	**咲(さ)く** 사꾸
피라미드	**ピラミッド** (pyramid) 피라밋도
피로	**疲(つか)れ** 쓰까레　**疲労(ひろう)** 히로- 疲れがたまらないように十分寝てください。 피로가 쌓이지 않도록 충분히 잠을 자세요.
피로연	**披露宴(ひろうえん)** 히로-엥
피리	**笛(ふえ)** 후에
피망	**ピーマン** (프 piment) 피-망
피부	**皮膚(ひふ)** 히후　**肌(はだ)** 하다
피아노	**ピアノ** (piano) 피아노
피아니스트	**ピアニスト** (pianist) 피아니스또
피앙세	**フィアンセ** (프 fiancée) 휘안세
피우다	**おこす** 오꼬스(불)　**吸(す)う** 스우(담배)
피임	**避妊(ひにん)** 히닝
피자	**ピザ** (이 pizza) 피자

ㄱ
ㄴ
ㄷ
ㄹ
ㅁ
ㅂ
ㅅ
ㅇ
ㅈ
ㅊ
ㅋ
ㅌ
ㅍ
ㅎ

피크닉	**ピクニック (picnic)** 피꾸닉꾸
피하다	**避(さ)ける** 사께루 **避(よ)ける** 요께루
피해	**被害(ひがい)** 히가이
핀	**ピン (pin)** 핀
핀셋	**ピンセット (프 pincette)** 핀셋또
필기	**筆記(ひっき)** 힉끼
필수	**必須(ひっす)** 힛스
필수품	**必需品(ひつじゅひん)** 히쯔쥬힝
필연	**必然(ひつぜん)** 히쯔젱 それが必然的な帰結です。 그것이 필연적인 귀결입니다.
필요(하다)	**必要(ひつよう)** 히쯔요- **要(い)る** 이루
필자	**筆者(ひっしゃ)** 힛샤
필적	**匹敵(ひってき)** 힛떼끼
필터	**フィルター (filter)** 휘루따-
핑계	**言訳(いいわけ)** 이이와께
핑크	**ピンク (pink)** 삥꾸

ㅎ

하객	賀客(がきゃく) 가꺄꾸
하급	下級(かきゅう) 카뀨-
하나	一(ひと)つ 히또쯔
하나하나	逐一(ちくいち) 치꾸이찌
하녀	女中(じょちゅう) 죠쮸-
하늘	空(そら) 소라　天(てん) 텡
하다	する 스루　致(いた)す 이따스
하드웨어	ハードウェア (hardware) 하-도웨아
하락	下落(げらく) 게라꾸
하루	一日(いちにち) 이찌니찌
하루종일	一日中(いちにちじゅう) 이치니치쥬- 一日中、本を読んでいる。 하루종일 책을 읽고 있다.
하류	下流(かりゅう) 카류-
하모니카	ハーモニカ (harmonica) 하-모니까
하반신	下半身(かはんしん) 카한싱
하수도	下水道(げすいどう) 게스이도-

하숙	下宿(げしゅく) 게슈꾸
하순	下旬(げじゅん) 게즁
하얗다	白(しろ)い 시로이
하위	下位(かい) 카이
하이킹	ハイキング (hiking) 하이낑구
하이힐	ハイヒール (high-heel) 하이히-루
하인	召(め)し使(つか)い 메시쯔까이
하중	荷重(かじゅう) 카쥬-
하차	下車(げしゃ) 게샤
하찮다	つまらない 츠마라나이 つまらない 物ですが。 변변치않은 물건입니다만(선물을 건넬 때)
하천	河川(かせん) 카셍
하청	下請(したう)け 시따우께
하품	欠伸(あくび) 아꾸비
하필이면	選(よ)りに選(よ)って 요리니욧떼
학	鶴(つる) 쯔루
학과	学科(がっか) 각까
학교	学校(がっこう) 각꼬-
학급	学級(がっきゅう) 각뀨-

학기	**学期**(がっき)	각끼
학년	**学年**(がくねん)	가꾸넹
학대	**虐待**(ぎゃくたい)	갸꾸따이
학력	**学歴**(がくれき)	가꾸레끼
학문	**学問**(がくもん)	가꾸몽
학비	**学費**(がくひ)	가꾸히
학생	**生徒**(せいと) 세-또　**学生**(がくせい) 가꾸세-	
학습	**学習**(がくしゅう)	가꾸슈-
학원	**塾**(じゅく)	쥬꾸
학위	**学位**(がくい)	가꾸이
한 개	**一個**(いっこ)	익꼬
한번	**一度**(いちど)	이찌도
한벌	**一式**(いっしき)	잇시끼
	一揃(ひとそろ)**い**	히또소로이
한조각	**一切**(ひとき)**れ**	히또끼레
한가하다	**暇**(ひま)**だ** 히마다 あした 明日は暇です。 내일은 한가합니다.	
한겨울	**真冬**(まふゆ)	마후유
한결	**もっと**	못또

한계	限界(げんかい) 겡까이
한국	韓国(かんこく) 캉꼬꾸
한글	ハングル 항구루
한기	寒気(さむけ) 사무께
한낮	真昼(まひる) 마히루
한눈팔다	よそ見(み)する 요소미스루
한도	限度(げんど) 겐도
한때	一頃(ひところ) 히또꼬로
한마디	一言(ひとこと) 히또꼬또
한문	漢文(かんぶん) 캄붕
한밤중	真夜中(まよなか) 마요나까
한사람	一人(ひとり) 히또리
한숨	溜(た)め息(いき) 타메이끼
	溜め息をつくのはよくない。 한숨을 쉬는 건 좋지 않아.
한심하다	情(なさ)けない 나사께나이
한여름	真夏(まなつ) 마나쯔-
한입	一口(ひとくち) 히또꾸찌
한자	漢字(かんじ) 칸지
한잔	一杯(いっぱい) 입빠이

한쪽	**一方**(いっぽう) 입뽀− **片方**(かたほう) 카따호−
한창때	**盛**(さか)**り** 사카리
한탄	**嘆**(なげ)**き** 나게끼
한턱 내다	**奢**(おご)**る** 오고루
한파	**寒波**(かんぱ) 캄빠
할 수 없다	**出来**(でき)**ない** 데끼나이
할 수 있다	**出来**(でき)**る** 데끼루
할당	**割**(わ)**り当**(あ)**て** 와리아떼
할말	**言**(い)**い分**(ぶん) 이이붕
할머니	**おばあさん** 오바−상
할복	**切腹**(せっぷく) 셉뿌꾸
	腹切(はらき)**り** 하라끼리
할부	**分割払**(ぶんかつばら)**い** 붕까쯔바라이
할아버지	**おじいさん** 오지−상 **じいさん** 지−상
할인	**割引**(わりびき) 와리비끼 割引券を持っています。 けん も 할인권을 갖고 있습니다.
할퀴다	**引**(ひ)**っ掻**(か)**く** 힉까꾸
핥다	**舐**(な)**める** 나메루
함께	**共**(とも)**に** 토모니

함락	陥落(かんらく) 칸라꾸
함부로	やたら 야따라
함유	含有(がんゆう) 강유–
함정(덫)	罠(わな) 와나
합격	合格(ごうかく) 고–까꾸
합계	合計(ごうけい) 고–께–
합동	合同(ごうどう) 고–도–
합류	合流(ごうりゅう) 고–류–
합리	合理(ごうり) 고–리
합법	合法(ごうほう) 고–호–
합병	合併(がっぺい) 갑뻬–
합성	合成(ごうせい) 고–세–
합의	合意(ごうい) 고–이
합창	合唱(がっしょう) 갓쇼–
합치다	合(あ)わせる 아와세루 みんな力(ちから)を合わせましょう。 모두 힘을 합칩시다.
핫도그	ホットドッグ (hot dog) 홋또독구
항공	航空(こうくう) 코–꾸–
항구	港(みなと) 미나또

항목	項目(こうもく) 코-모꾸
항문	肛門(こうもん) 코-몽
항복	降参(こうさん) 코-상
항상	いつも 이쯔모
항아리	壺(つぼ) 쯔보
항의	抗議(こうぎ) 코-기
항해	航海(こうかい) 코-까이
해	日(ひ) 히
해	害(がい) 가이
해결	解決(かいけつ) 카이께쯔
해고	解雇(かいこ) 카이코
해골	骸骨(がいこつ) 가이코쯔
해군	海軍(かいぐん) 카이궁
해답	解答(かいとう) 카이또-
해명	釈明(しゃくめい) 샤꾸메-
해바라기	向日葵(ひまわり) 히마와리
해방	解放(かいほう) 카이호-
해변	磯(いそ) 이소
	海辺(うみべ) 우미베

	海辺で戯れる恋人たち。 해변에서 장난하는 연인들.
해부	**解剖**(かいぼう) 카이보-
해산	**解散**(かいさん) 카이상
해산물	**シーフード** (seafood) 씨-후-도
	海産物(かいさんぶつ) 카이삼부쯔
해상	**海上**(かいじょう) 카이죠-
해석	**解釈**(かいしゃく) 카이샤꾸
해설	**解説**(かいせつ) 카이세쯔
해소	**解消**(かいしょう) 카이쇼-
해수욕	**海水浴**(かいすいよく) 카이스이요꾸
해안	**海岸**(かいがん) 카이강
해약	**解約**(かいやく) 카이야꾸
해외	**海外**(かいがい) 카이가이
해이해지다	**だらける** 다라께루
해일	**津波**(つなみ) 쯔나미
해적	**海賊**(かいぞく) 카이조꾸
해제	**解除**(かいじょ) 카이죠
해질녘	**日暮**(ひぐ)**れ** 히구레

해초	海草(かいそう) 카이소-
해충	害虫(がいちゅう) 가이쮸-
해치다	害(がい)する 가이스루
	損(そこ)なう 소꼬나우
해치우다	しあげる 시아게루
	片付(かたづ)ける 카타즈케루 宿題(しゅくだい)を早(はや)く片付(かたづ)けよう。 숙제를 얼른 해치우자.
해프닝	ハプニング (happening) 하뿌닝구
해피엔드	ハッピーエンド (happy ending) 합삐-엔도
해협	海峡(かいきょう) 카이꾜-
핵심	核心(かくしん) 카꾸싱
핸드백	ハンドバッグ (handbag) 한도박꾸
핸들	ハンドル (handle) 한도루
핸디캡	ハンディキャップ (handicap) 한디깝뿌
햄버거	ハンバーガー (hamburger) 함바-가-
햇살	日差(ひざ)し 히자시
햇수	年数(ねんすう) 넨스-
행동	行動(こうどう) 코-도-

ㄱ
ㄴ
ㄷ
ㄹ
ㅁ
ㅂ
ㅅ
ㅇ
ㅈ
ㅊ
ㅋ
ㅌ
ㅍ
ㅎ

	振(ふ)る舞(ま)い 후루마이	
행동거지	行儀(ぎょうぎ) 교-기	
행동하다	振(ふ)る舞(ま)う 후루마우	
행렬	行列(ぎょうれつ) 교-레쯔	
행방	行方(ゆくえ) 유꾸에	
행복	幸(さち) 사찌	
행복한	幸(しあわ)せな 시아와세나	
	幸福(こうふく)な 코-후꾸나	
	幸せな結婚生活を夢見る。 행복한 결혼생활을 꿈꾸다.	
행사	行事(ぎょうじ) 교-지	
행선지	行(ゆ)く先(さき) 유꾸사끼	
행운	幸運(こううん) 코-웅	
행위	業(わざ) 와자 行為(こうい) 코-이	
행정	行政(ぎょうせい) 교-세-	
행진	行進(こうしん) 코-싱	
행하다	行(おこな)う 오꼬나우	
향기	香(かお)り 카오리	
향상	上達(じょうたつ) 죠-따쯔	
향수	郷愁(きょうしゅう) 쿄-슈-	

향수	香水(こうすい) 코-스이
향하다	向(む)かう 무까우 向(む)く 무꾸
허가	許可(きょか) 쿄까 許(ゆる)し 유루시
	お許しください。 허락해 주십시오.
허구	虚構(きょこう) 쿄꼬-
허니문	ハネムーン (honeymoon) 하네무-웅
허덕이다	喘(あえ)ぐ 아에구
허둥거리다	うろたえる 우로따에루
허들	ハードル (hurdle) 하-도루
허락하다	許(ゆる)す 유루스
허리	腰(こし) 코시
허무	虚無(きょむ) 쿄무
허무하다	儚(はかな)い 하까나이 虚(むな)しい 무나시-
허세	虚勢(きょせい) 쿄세-
허수아비	案山子(かかし) 카까시
허약	虚弱(きょじゃく) 쿄쟈꾸
허영심	虚栄心(きょえいしん) 쿄에-싱
허용하다	許容(きょよう) 쿄요-
허위	虚偽(きょぎ) 쿄기

허전하다	物寂(ものさび)しい 모노사비시-
허풍	大(おお)げさ 오-게사 いつも大(おお)げさにしゃべると信用(しんよう)できない。 항상 허풍을 떨면 신용할 수 없다.
헌금	献金(けんきん) 켕낑
헌법	憲法(けんぽう) 켐뽀-
헌신	献身(けんしん) 켄싱
헌책	古本(ふるほん) 후루홍
헌혈	献血(けんけつ) 겡께쯔
헐뜯다	貶(けな)す 케나스
험담	険口(かげくち) 카게쿠찌
험하다	険(けわ)しい 케와시-
헛소리	譫言(うわごと) 우와고또
헛수고	徒労(とろう) 토로-
	無駄骨(むだぼね) 무다보네
헝클어지다	こんがらかる 콩가라까루
헤드라이트	ヘッドライト (headlight) 헷도라이또
헤드폰	ヘッドホン (headphone) 헷도홍
헤매다	さ迷(まよ)う 사마요우
헤아리다	計(はか)る 하까루

헤어	ヘア (hair)	헤아
헤어지다	別(わか)れる	와까레루
헤어짐	別(わか)れ	와까레
헤엄치다	泳(およ)ぐ	오요구
헬리콥터	ヘリコプター (helicopter)	헤리꼬뿌따–
헬멧	ヘルメット (helmet)	헤루멧또
헷갈리게하다	紛(まぎ)らす	마기라스
헷갈리다	紛(まぎ)れる	마기레루
헹구다	濯(すす)ぐ 스스구　濯(ゆす)ぐ 유스구	
혀	舌(した)	시따
혁명	革命(かくめい)	카구메–
현	県(けん)	켕
현관	玄関(げんかん)	겡깡
현금	現金(げんきん)	겡낑
현기증	目眩(めまい) 메마이	
	いきなり立(た)ち上(あ)がると目眩(めまい)がする。 갑자기 일어나면 현기증이 난다.	
현대	現代(げんだい)	겐다이
현명한	賢明(けんめい)な	켐메–나
현미	玄米(げんまい)	겜마이

현미경	顕微鏡(けんびきょう) 켐비꾜–
현상	現象(げんしょう) 겐쇼–
현실	現実(げんじつ) 겐지쯔
현역	現役(げんえき) 겡에끼
현인	賢人(けんじん) 켄징
현장	現場(げんば) 겜바
현재	現在(げんざい) 겐자이
현저하다	著(いちじる)しい 이찌지루시–
현주소	現住所(げんじゅうしょ) 겐쥬–쇼
현지	現地(げんち) 겐찌
혈관	血管(けっかん) 켁깡
혈압	血圧(けつあつ) 케쯔아쯔
혈액	血液(けつえき) 케쯔에끼
혈연	血縁(けつえん) 케쯔엥
혐오	嫌悪(けんお) 켕오
협력	協力(きょうりょく) 쿄–료꾸 ご協力をお願いいたします。 협력을 부탁드립니다.
협박	脅迫(きょうはく) 쿄–하꾸
협정	協定(きょうてい) 쿄–떼–

협회	**協会**(きょうかい) 쿄-까이
형	**兄**(あに) 아니 **お兄**(にい)**さん** 오니-상
형광등	**蛍光灯**(けいこうとう) 케-꼬-또-
형벌	**刑罰**(けいばつ) 케-바쯔
형사	**刑事**(けいじ) 케-지
형성	**形成**(けいせい) 케-세-
형식	**形式**(けいしき) 케-시끼
형제	**兄弟**(きょうだい) 쿄-다이
형태	**形**(かたち) 카따찌 **形態**(けいたい) 케-따이
형편	**都合**(つごう) 쯔고- **成**(な)**りゆき** 나리유끼 都合のいい時間(じかん)を教(おし)えてください。 형편이 좋은 시간을 알려주세요.
혜택	**恵**(めぐ)**み** 메구미
혜택받다	**恵**(めぐ)**まれる** 메구마레루
호감	**好感**(こうかん) 코-깡
호경기	**好景気**(こうけいき) 코-께-끼
호기	**好機**(こうき) 코-끼
호기심	**好奇心**(こうきしん) 코-끼싱
호두	**胡桃**(くるみ) 쿠루미
호랑이	**虎**(とら) 토라

일본어 단어 | 785

호르몬	**ホルモン (hormone)** 호루몽
호리호리한	**ほっそりした** 훗소리시따
호박	**カボチャ** 카보쨔(야채)
호소하다	**訴(うった)える** 웃따에루
호수	**湖(みずうみ)** 미즈우미 **静かな湖のような心** 잔잔한 호수같은 마음
호스	**ホース (hose)** 호–스
호의	**好意(こうい)** 코–이
호적	**戸籍(こせき)** 코세끼
호전	**好転(こうてん)** 코–뗑
호출	**呼(よ)び出(だ)し** 요비다시
호치키스	**ホチキス (Hotchkiss)** 호찌끼스
호텔	**ホテル (hotel)** 호떼루
호통치다	**怒鳴(どな)る** 도나루
호평	**好評(こうひょう)** 코–효–
호화로운	**豪華(ごうか)な** 고–까나
호환	**互換(ごかん)** 고깡
호흡	**呼吸(こきゅう)** 코뀨–
혹	**こぶ** 코부

혹성	惑星(わくせい) 와꾸세–
혹시	もしか 모시까
혹은	それとも 소레또모
혼	魂(たましい) 타마시– 一寸(いっすん)の虫(むし)にも五分(ごぶ)の魂(たましい)。 한치의 벌레에게도 다섯 푼의 혼이 있다. (속담)
혼내주다	こらしめる 코라시메루
혼동	混同(こんどう) 콘도–
혼란	混乱(こんらん) 콘랑
혼례	婚礼(こんれい) 콘레–
혼성	混成(こんせい) 콘세–
혼자	一人(ひとり)で 히또리데
혼잡	混雑(こんざつ) 콘자쯔
	雑踏(ざっとう) 잣또–
혼잡하다	込(こ)み合(あ)う 코미아우
혼잣말	独(ひと)り言(ごと) 히또리고또
혼합	混合(こんごう) 콩고–
혼혈인	ハーフ (half) 하–후
홀	ホール (hall) 호–루
홀딱 반하다	とりこになる 토리꼬니 나루

ㄱ
ㄴ
ㄷ
ㄹ
ㅁ
ㅂ
ㅅ
ㅇ
ㅈ
ㅊ
ㅋ
ㅌ
ㅍ
ㅎ

홀수	奇数(きすう) 키스-
홈	ホーム (home) 호-무
홈런	ホームラン (home run) 호-무랑
홈스테이	ホームステイ (homestay) 호-무스떼이
홈페이지	ホームページ (home page) 호-무페-지
홍보	広報(こうほう) 코-호-
홍수	洪水(こうずい) 코-즈이
홍차	紅茶(こうちゃ) 코-쨔
화(재난)	災(わざわ)い 와자와이 口(くち)は災(わざわ)いの元(もと)。 입은 재앙의 근본. (속담)
화가	画家(がか) 가까
화내다	怒(おこ)る 오꼬루
화려한	派手(はで)な 하데나
	華(はな)やかな 하나야까나
화로	火鉢(ひばち) 히바찌
화면	画面(がめん) 가멩
화목하다	睦(むつ)まじい 무쯔마지-
화물	貨物(かもつ) 카모쯔
화산	火山(かざん) 카장

화살(표)	矢(や) 야 矢印(やじるし) 야지루시
화상	画像(がぞう) 가조-
화상	火傷(やけど) 야께도
화석	化石(かせき) 카세끼
화술	話術(わじゅつ) 와쥬쯔
화약	火薬(かやく) 카야꾸
화요일	火曜日(かようび) 카요-비
화장	化粧(けしょう) 케쇼-
화장실	トイレ (toilet) 토이레
	お手洗(てあら)い 오테아라이
화장품	化粧品(けしょうひん) 케쇼-힌
화재	火事(かじ) 카지 火災(かさい) 카사이
화제	話題(わだい) 와다이
화폐	貨幣(かへい) 카헤-
화학	化学(かがく) 카가꾸
화합	化合(かごう) 카고-
화해	仲直(なかなお)り 나까나오리
	和解(わかい) 와까이 君(きみ)と仲直りしたい。 너와 화해하고 싶다.

ㅎ

확대	**拡大**(かくだい) 카꾸다이
확률	**確率**(かくりつ) 카꾸리쯔
확보	**確保**(かくほ) 카꾸호
확신	**確信**(かくしん) 카꾸싱
확실한	**確**(たし)**かな** 타시까나
	確実(かくじつ)**な** 카꾸지쯔나
확실히	**正**(まさ)**しく** 마사시꾸
확인	**確認**(かくにん) 카꾸닝
확장	**拡張**(かくちょう) 카꾸쪼-
확정	**確定**(かくてい) 카꾸떼-
환각	**幻覚**(げんかく) 겡까꾸
환경	**環境**(かんきょう) 캉꾜-
환기	**換気**(かんき) 캉끼
환부	**患部**(かんぶ) 캄부
환불	**払**(はら)**い戻**(もど)**し** 하라이모도시
환산	**換算**(かんさん) 칸상
환상	**幻想**(げんそう) 겐소- **幻**(まぼろし) 마보로시
	幻のような風景(ふうけい)です！ 환상같은 풍경입니다!
환성	**歓声**(かんせい) 칸세-

환영(회)	**歓迎(かんげい)** 캉게-
	歓迎会(かんげいかい) 캉게-카이
환자	**患者(かんじゃ)** 칸쟈
환전	**両替(りょうがえ)** 료-가에
환희	**歓喜(かんき)** 캉끼
활	**弓(ゆみ)** 유미
활기	**活気(かっき)** 칵끼
활동	**活動(かつどう)** 카쯔도-
활발한	**活発(かっぱつ)な** 캅빠쯔나
활약	**活躍(かつやく)** 카쯔야꾸
활용	**活用(かつよう)** 카쯔요-
활주로	**滑走路(かっそうろ)** 캇소-로
황금	**黄金(おうごん)** 오-공
황량	**荒涼(こうりょう)** 코-료-
황야	**荒野(こうや)** 코-야
황제	**皇帝(こうてい)** 코-떼-
황태자	**皇太子(こうたいし)** 코-따이시
황폐	**荒廃(こうはい)** 코-하이
황혼	**夕暮(ゆうぐ)れ** 유-구레

ㄱ
ㄴ
ㄷ
ㄹ
ㅁ
ㅂ
ㅅ
ㅇ
ㅈ
ㅊ
ㅋ
ㅌ
ㅍ
ㅎ

	黄昏(たそがれ) 타소가레 **黄昏の女の瞳** 황혼녘 여자의 눈동자
회견	**会見**(かいけん) 카이껭
회계	**会計**(かいけい) 카이께-
회고하다	**顧**(かえり)**みる** 카에리미루
회관	**会館**(かいかん) 카이깡
회담	**会談**(かいだん) 카이당
회답	**回答**(かいとう) 카이또-
회복	**回復**(かいふく) 카이후꾸
회비	**会費**(かいひ) 카이히
회사	**会社**(かいしゃ) 카이샤
회상	**回想**(かいそう) 카이소-
회색	**灰色**(はいいろ) 하이이로
회생	**回生**(かいせい) 카이세-
회수	**回収**(かいしゅう) 카이슈-
회신	**返信**(へんしん) 헨싱
회오리바람	**竜巻**(たつまき) 타쯔마끼
회원	**会員**(かいいん) 카이잉
회의	**会議**(かいぎ) 카이기

회장	会長(かいちょう) 카이쬬-
회전	回転(かいてん) 카이뗑
회피	回避(かいひ) 카이히
회화	会話(かいわ) 카이와
획기적인	画期的(かっきてき)な 칵끼떼끼나
획득	獲得(かくとく) 카꾸또꾸
횟수	度(ど) 도 回(かい) 까이
	回数(かいすう) 카이스-
횡단	横断(おうだん) 오-당 横断歩道を渡ります。 횡단보도를 건넙니다.
횡령	横領(おうりょう) 오-료-
효과	効果(こうか) 코-까 効(き)き目(め) 키끼메
효도	親孝行(おやこうこう) 오야코-꼬-
효력	効力(こうりょく) 코-료꾸
효모	酵母(こうぼ) 코-보
효소	酵素(こうそ) 코-소
효율	効率(こうりつ) 코-리쯔
후	後(のち) 노찌 後(ご) 고
후계자	後継者(こうけいしゃ) 코-께-샤

ह

	跡継(あとつ)ぎ 아또쯔기
후련하다	すっきりする 슥끼리스루
후반	後半(こうはん) 코–항
후배	後輩(こうはい) 코–하이
후보	候補(こうほ) 코–호 彼は会長の候補です。 그는 회장후보입니다.
후세	後世(こうせい) 코–세–
후예	末裔(まつえい) 마쯔에–
후원하다	引(ひ)き立(た)てる 히끼따떼루
후유증	後遺症(こういしょう) 코–이쇼–
후일	後日(ごじつ) 고지쯔
후임	後任(こうにん) 코–닝
후자	後者(こうしゃ) 코–샤
후진국	後進国(こうしんこく) 코–싱꼬꾸
후회(하다)	後悔(こうかい) 코–까이　悔(く)やむ 쿠야무
훈련	訓練(くんれん) 쿤렝
훈장	勲章(くんしょう) 쿤쇼–
훌륭한	見事(みごと)な 미고또나
	立派(りっぱ)な 립빠나

훔치다	盗(ぬす)む	누스무
휘날리다	靡(なび)く	나비꾸
휘다	撓(たわ)む	타와무
휘두르다	振(ふ)り回(まわ)す	후리마와스
휘젓다	搔(か)き回(まわ)す	카끼마와스
휘파람	口笛(くちぶえ) 쿠찌부에 夜(よる)に口笛(くちぶえ)を吹(ふ)くと蛇(へび)が出(で)る。 밤에 휘파람을 불면 뱀이 나온다. (미신)	
휩쓸다	荒(あら)す	아라스
휴가	休暇(きゅうか)	큐-까
휴게	休憩(きゅうけい)	큐-께-
휴게소	休憩所(きゅうけいじょ)	큐-케-죠
휴대	携帯(けいたい)	케-따이
휴대폰	ケータイ	케-타이
	携帯電話(けいたいでんわ)	케-타이뎅와
휴머니즘	ヒューマニズム (humanism)	휴-마니즈무
휴식	休息(きゅうそく) 큐-소꾸 休(やす)み 야스미	
휴업	休業(きゅうぎょう)	큐-교-
휴일	休日(きゅうじつ)	큐-지쯔
휴전	休戦(きゅうせん)	큐-셍

휴지	塵紙(ちりがみ) 치리가미
휴직	休職(きゅうしょく) 큐―쇼꾸
흉내	真似(まね) 마네　物真似(ものまね) 모노마네
흐려지다	惚(ぼ)ける 보께루
흐르다	流(なが)れる 나가레루
흐름	流(なが)れ 나가레
흐리다	曇(くも)る 쿠모루
흐림	曇(くも)り 쿠모리 朝(あさ)は晴(は)れだったが、今(いま)は曇(くも)りだ。 아침엔 맑았지만 지금은 흐리다.
흐뭇하다	微笑(ほほえ)ましい 호호에마시―
흐트러지다	乱(みだ)れる 미다레루
흑백	白黒(しろくろ) 시로꾸로
흑인	黒人(こくじん) 코꾸징
흑자	黒字(くろじ) 쿠로지
흔들거리다	ぶらつく 부라쯔꾸
흔들다	振(ふ)る 후루　揺(ゆ)さぶる 유사부루
흔들리다	揺(ゆ)れる 유레루　ぐらつく 구라쯔꾸
흔적	名残(なごり) 나고리
흔한	ありふれた 아리후레따

흘러가다	流(なが)れて いく	나가레떼 이꾸
흘리다	零(こぼ)す 코보스　流(なが)す 나가스	
흙	土(つち) 쯔찌	
흠	傷(きず) 키즈	
흠모하다	慕(した)う 시따우	
흡사	まるで 마루데	
흡수	吸収(きゅうしゅう) 큐-슈-	
흡연	喫煙(きつえん) 키쯔엥	
흥미	興味(きょうみ) 쿄-미	
흥분	興奮(こうふん) 코-훙	
흥정	駆(か)け引(ひ)き 카께히끼	
흩어지다	散(ち)らかる 치라까루	
희다	白(しろ)い 시로이	
	しろ すなはま あそ	
	白い砂浜で遊んでいる。	
	하얀 백사장에서 놀고 있다.	
희롱하다	もてあそぶ 모떼아소부	
	冷(ひや)かす 히야까스	
희망	希望(きぼう) 키보-　望(のぞ)み 노조미	
희미한	微(かす)かな 카스까나	
희미해지다	ぼやける 보야께루	

ㄱ
ㄴ
ㄷ
ㄹ
ㅁ
ㅂ
ㅅ
ㅇ
ㅈ
ㅊ
ㅋ
ㅌ
ㅍ
ㅎ

희생	**犠牲**(ぎせい) 기세-
흰색	**白**(しろ) 시로
히라가나	**平仮名**(ひらがな) 히라가나
히스테리	**ヒステリー** (hysteria) 히스떼리-
히터	**ヒーター** (heater) 히-따-
히트	**ヒット** (hit) 힛또
힌트	**ヒント** (hint) 힌또
힘	**力**(ちから) 치까라 **勢**(いきお)**い** 이끼오이
힘겹다	**手**(て)**ごわい** 테고와이
힘껏	**精一杯**(せいいっぱい) 세-입빠이 精一杯、頑張ったから、成功できた。 힘껏 노력했으니까 성공할 수 있었다.
힘들다	**きつい** 키쯔이
힘쓰다	**努**(つと)**める** 쯔또메루 **励**(はげ)**む** 하게무

초보자를 위한 컴팩트 일한+한일 단어

초판 9쇄 발행 │ 2023년 8월 30일

엮은이 │ 이형석
편 집 │ 이말숙
디자인 │ 유형숙, 이지숙
제 작 │ 선경프린테크
펴낸곳 │ Vitamin Book
펴낸이 │ 박영진

등 록 │ 제318-2004-00072호
주 소 │ 07251 서울특별시 영등포구 영신로 40길 18 윤성빌딩 405호
전 화 │ 02) 2677-1064
팩 스 │ 02) 2677-1026
이메일 │ vitaminbooks@naver.com

잘못 만들어진 책은 바꿔 드립니다.